INSTITUT ÉLECTROTECHNIQUE DE L'UNIVERSITÉ DE GRENOBLE

COURS MUNICIPAL D' ÉLECTRICITÉ INDUSTRIELLE

PAR

L. BARBILLION

PROFESSEUR A L'UNIVERSITÉ, DIRECTEUR DE L'INSTITUT

TOME II
COURANTS ALTERNATIFS

DEUXIÈME ÉDITION
Revue et augmentée avec la collaboration de

P. BERGEON
SOUS-DIRECTEUR DE L'INSTITUT

PREMIER FASCICULE
(GÉNÉRALITÉS, ALTERNATEURS, MOTEURS SYNCHRONES)

PARIS
LIBRAIRIE DES SCIENCES ET DE L'INDUSTRIE
L. GEISLER, IMPRIMEUR-ÉDITEUR
1, Rue de Médicis, 1

1910

LIBRAIRIE DES SCIENCES ET DE L'INDUSTRIE
1, rue de Médicis, Paris.

COURS PROFESSÉS AUX ÉCOLES D'ARTS ET MÉTIERS

COURS
DE
MÉCANIQUE

PAR

A. BAZARD

SOUS-DIRECTEUR DE L'ÉCOLE D'ARTS ET MÉTIERS D'ANGERS
ANCIEN PROFESSEUR AUX ÉCOLES DE CHALONS ET DE CLUNY

Premier volume :
MÉCANIQUE THÉORIQUE
Un vol. in-8° jésus de 508 pages et 443 figures. *Prix broché* : **10** f

Deuxième volume :
MÉCANIQUE APPLIQUÉE
Un vol. in-8° jésus de 536 pages et 456 figures. *Prix broché* : **10** fr

Troisième volume :
HYDRAULIQUE
Un vol. in-8° jésus de 500 pages et 298 figures. *Prix broché* : **10** fr

Quatrième volume :
MACHINES A VAPEUR ET TURBINES A VAPEUR
Un vol. in-8° jésus de 500 pages et 400 figures. *Prix broché* : **10** fr.

Prix de l'ouvrage complet : **40 francs.**

COURS MUNICIPAL

D'ÉLECTRICITÉ

INDUSTRIELLE

Papier et Impression L. GEISLER

AUX CHATELLES

PAR RAON-L'ÉTAPE (VOSGES).

INSTITUT ÉLECTROTECHNIQUE DE L'UNIVERSITÉ DE GRENOBLE

COURS MUNICIPAL
D'
ÉLECTRICITÉ
INDUSTRIELLE

PAR

L. BARBILLION
PROFESSEUR A L'UNIVERSITÉ, DIRECTEUR DE L'INSTITUT

TOME II
COURANTS ALTERNATIFS

DEUXIÈME ÉDITION
Revue et augmentée avec la collaboration de
P. BERGEON
SOUS-DIRECTEUR DE L'INSTITUT

PREMIER FASCICULE
(GÉNÉRALITÉS, ALTERNATEURS, MOTEURS SYNCHRONES)

PARIS
LIBRAIRIE DES SCIENCES ET DE L'INDUSTRIE
L. GEISLER, IMPRIMEUR-ÉDITEUR
1, Rue de Médicis, 1

1910

AVERTISSEMENT DE L'ÉDITEUR

La deuxième partie du *Cours Municipal d'Électricité industrielle*, consacrée à l'étude des courants alternatifs, que nous présentons aujourd'hui au lecteur, rencontrera, nous en sommes persuadés, le même succès que le premier volume consacré aux courants continus.

Le Cours Municipal d'Électricité industrielle de l'Université de Grenoble, instigatrice en France de ce genre d'enseignement, a su acquérir depuis de longues années déjà, par la valeur des maîtres successifs qui en ont assumé la charge, une haute réputation de valeur scientifique et pratique à la fois.

Le succès du « Cours Municipal » (Première partie. — Courants continus), dont notre maison a assumé la publication, a dépassé tellement les prévisions, même les plus optimistes, que plusieurs éditions successives, ainsi que la traduction de cet ouvrage en diverses langues étrangères, n'ont pu encore faire vieillir ces excellentes leçons, qui constituent un véritable modèle, dans la littérature électrotechnique, de science et d'expérience pratique, sous une forme voulue et à dessein légère et concise.

La deuxième partie du « Cours Municipal » que nous offrons maintenant au public ne rencontrera pas, nous en sommes convaincus, une moindre faveur. Le lecteur y retrouvera, avec plaisir, réunies les qualités de clarté, de précision et de documentation vécue et personnelle qui lui ont fait hautement apprécier la première partie, et les difficultés relativement plus grandes du sujet aujourd'hui traité par l'auteur, les Courants Alternatifs, rendront encore plus précieuse une méthode d'enseignement dont le moindre mérite n'est pas de supprimer au praticien toute difficulté théorique inutile, et de faire porter les efforts de l'étudiant, à l'exclusion de tout hors-d'œuvre, sur les parties *réellement capitales* de la science qu'il veut approfondir.

PRÉFACE DE LA DEUXIÈME ÉDITION

Nous avons déjà signalé, lors de l'apparition de la première partie de notre « Cours Municipal », les conditions particulières dans lesquelles nous avions été amené à publier ces leçons, primitivement destinées à nos seuls élèves.

Le caractère spécial que nous nous étions efforcé de donner à notre enseignement, caractère lié à la fusion la plus étroite possible des domaines de la théorie et de la pratique, et à l'illustration immédiate des règles et lois de l'une par des exemples tirés de l'autre, avait décidé quelques-uns de nos auditeurs à nous demander de donner une forme définitive à des leçons qu'ils avaient bien voulu écouter avec un intérêt dont nous leur sommes fort reconnaissant.

C'est à la partie de l'électrotechnique la plus délicate, celle de l'étude des courants alternatifs, qu'est consacrée la deuxième partie de notre « Cours Municipal ».

Les leçons figurant dans cet ouvrage sont en principe celles professées à nos élèves durant les années scolaires 1902-1903, 1904-1905, 1906-1907, années pendant lesquelles nous avons plus spécialement assumé la charge de l'enseignement des courants alternatifs à l'Institut Électrotechnique de l'Université de Grenoble.

Nous avons cru également bon d'incorporer dans ces leçons plusieurs conférences dues à notre excellent sous-directeur, M. Bergeon, et plus spécialement consacrées à l'étude de questions liées à la construction et au calcul des alternateurs. La forme même sous laquelle ont été établies ces conférences les distingue à peine du reste de l'ouvrage, conformément du reste aux traditions, chères à notre Institut et vivaces chez nos professeurs, d'unité dans l'enseignement et d'identité parfaite de vues en ce qui concerne la formation technique de nos jeunes ingénieurs.

Les réserves que nous faisions il y a quelques années, lors de l'apparition de notre premier volume, sur son utilité, réserves basées sur la richesse, voire la pléthore de la littérature électrotechnique, subsistent tout entières et doivent même être accentuées aujourd'hui, mais l'accueil si universellement bienveillant qui a déjà été fait à notre « Cours Municipal », tant en France qu'à l'étranger, nous autorise à penser que, cette fois encore, cet ouvrage pourra rendre quelques services et trouver une place à côté des œuvres de maints savants confrères.

BARBILLION.

Grenoble, septembre 1909.

COURS MUNICIPAL
D'ÉLECTRICITÉ INDUSTRIELLE

PREMIÈRE LEÇON

GÉNÉRALITÉS — RAPPEL DE NOTIONS FONDAMENTALES FORCES ÉLECTROMOTRICES ALTERNATIVES

Observation. — Nous supposerons connues : la notion de différence de potentiel, continue ou alternative, celle de l'intensité d'un courant électrique, les lois d'Ohm et de Kirchoff, enfin les actions réciproques élémentaires des champs et des courants, pour lesquels le lecteur voudra bien se reporter à la première partie de ce cours [1].

RAPPEL DE LA LOI DE LAPLACE

Déplacement d'un conducteur parcouru par un courant dans un champ magnétique.

FORME SIMPLE : *Action réciproque d'un champ et d'un courant qui parcourt un conducteur rectiligne filiforme.* — Un conducteur parcouru par un courant I (exprimé en unités CGS), se déplaçant dans un champ constant de $\mathcal{H}$ gauss, est soumis à une force mécanique de valeur :

$$F = \mathcal{H} L I \sin \alpha,$$

(α, angle du champ et du conducteur, L, longueur de ce conducteur). Si le conducteur est libre de se déplacer, il le fait suivant une direction perpendiculaire au plan $\mathcal{H}$AB (fig. 1).

---

[1]. *Cours municipal d'Électricité Industrielle. Courants continus.* L. Geisler, éditeur, à Paris.

Des deux directions f et f' possibles, celle correspondant au déplacement est donnée par la règle des trois doigts appliquée à la main droite, et synthétisée par le schéma suivant (fig. 2) :

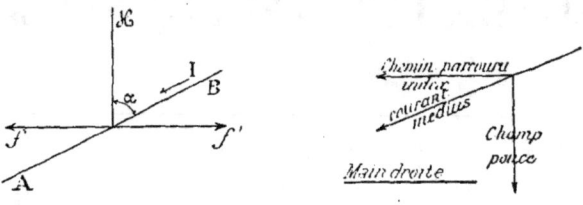

Fig. 1. Fig. 2.
Règle de Laplace (moteur).

Cette règle est applicable toutes les fois que le plan $\mathcal{H}$ AB existe réellement, c'est-à-dire tant que le conducteur et le champ ne coïncident pas en direction. Au contraire, dans ce cas, il n'y a pas de déplacement.

Le déplacement du conducteur AB parcouru par un courant I sous l'action du champ $\mathcal{H}$ constitue la réalisation d'un moteur électrique élémentaire.

Généralisation.

Champ variable, conducteur filiforme et non rectiligne. — Formons, pour chaque élément dl (fig. 3), le produit :

$$\mathcal{H} I dl \sin \alpha.$$

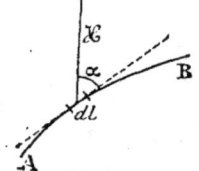

On aura pour la force totale exercée :

$$F = \int_A^B \mathcal{H} I dl \sin \alpha,$$

ou, comme I est constant :

Fig. 3. — Règle de Laplace (cas général).
$$F = I \int_A^B \mathcal{H} dl \sin \alpha.$$

PHÉNOMÈNE INVERSE

Induction magnétique. — Induction dans un conducteur déplacé dans un champ magnétique.

Déplaçons un conducteur dans un champ magnétique. On constate la production d'une f.é.m., dite d'induction, au moyen des appareils ordinaires de mesure des tensions (voltmètres par exemple).

GÉNÉRALITÉS — RAPPEL DE NOTIONS FONDAMENTALES

Caractères du phénomène. — La f.e.m. cesse de se manifester quand le déplacement cesse. Si l'on tire de la règle des 3 doigts appliquée à la main droite et donnée précédemment, le sens du courant, ou, si le circuit est ouvert, de la f.é.m. qui lui donne naissance, le déplacement et le champ étant fixés, on constate que la direction de cette f.é.m. obtenue expérimentalement est opposée à celle qui résultait de la loi de Laplace appliquée à la main droite.

On peut, en remarquant que les deux mains sont opposables, et en utilisant la main gauche, obtenir par la même règle des 3 doigts dans le cas de l'induction développée dans un conducteur, la direction de la f.é.m. (fig. 4).

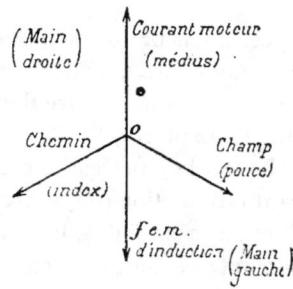

Fig. 4. — Règle de Laplace (génératrice).

Génératrice élémentaire. — La réalisation mécanique de la production de cette f.é.m. d'induction, par déplacement dans un champ magnétique d'un conducteur, constitue une génératrice électrique élémentaire.

Cas d'un conducteur faisant partie d'un circuit fermé. — On constate en outre, au cours du déplacement, les phénomènes suivants :

Création d'un courant ;

Nécessité d'un effort mécanique pour entraîner ce conducteur, quel que soit le sens du déplacement, et partant, d'un travail mécanique W pour l'amener d'une position I à une position II.

Echauffement du circuit sous l'influence d'une chaleur dite de Joule qui est numériquement équivalente au travail mécanique W, transformation complète du travail mécanique en chaleur (dégradation de l'énergie) par l'intermédiaire d'une production d'énergie électrique.

Constance de la quantité d'électricité induite, quelle que soit la durée du déplacement. En d'autres termes, si l'on appelle i, i', i'', les courants aux instants successifs du déplacement t, $t + dt$, $+ 2dt$, etc., on a :

$$Q = \Sigma i dt + i'dt + \ldots = C^{te},$$

quel que soit le temps employé. La quantité Q d'électricité induite est indépendante du temps. Elle ne dépend que des positions initiale et finale. (Voir *Cours Municipal*, 1ʳᵉ partie, courants continus.)

Loi de Lenz. — Nous constatons ainsi la production d'un courant, au cours d'un déplacement imposé, de sens contraire au courant qui aurait dû circuler pour que le déplacement fût spontané. (Loi de Laplace.)

La loi de Lenz est contenue tout entière dans ce fait. Le courant d'induction (ou, à circuit ouvert, la tendance au courant d'induction, c'est-à-dire la f.é.m.) tend toujours à s'opposer au mouvement, c'est-à-dire à en créer un autre de sens opposé.

Vérifications. — 1. Nous vérifierons seulement la première de ces propriétés (c'est-à-dire le sens de la f.é.m., et la coexistence de cette f.é.m. avec le déplacement).

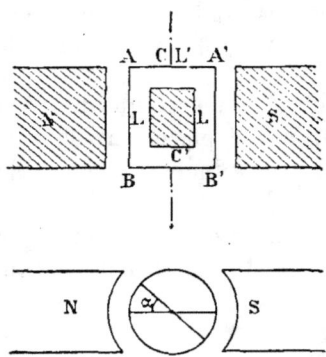

Fig. 5. — Galvanomètre à cadre mobile.

Un galvanomètre associé à une grande résistance peut, comme on sait, servir de voltmètre.

L'équipage mobile d'un galvanomètre, Despretz d'Arsonval par exemple, est soumis à une action mécanique de la part du champ NS quand le cadre est parcouru par un champ (fig. 5).

Si $\mathcal{H}$ est le champ pratiquement constant dans l'entrefer embrassé par les cornes polaires, L la longueur de la portion verticale du fil, L' la longueur CA', la force exercée par N sur le cadre est :

$$F = n\mathcal{H}LI,$$

n étant le nombre de tours de fil du cadre.

La force exercée par S sur la portion correspondante du cadre aura la même valeur.

Il en résulte un couple de valeur :

$$C = 2n\mathcal{H}LIL'.$$

Ce couple est équilibré par la valeur du couple de torsion du fil de suspension, proportionnel à l'angle d'écart, soit $C_0 \alpha$. On a donc :

$$C_0 \alpha = 2n\mathcal{H}LL'I,$$

ou :

$$\alpha = AI.$$

A étant la constante définie par l'égalité :

$$A = \frac{2n\mathcal{H}LL'}{C_0}.$$

Amplifions ces déplacements angulaires, toujours faibles, par le procédé suivant. Installons un miroir sur l'équipage mobile et éclairons ce miroir par un rayon lumineux dirigé perpendiculairement à la position de repos. Le miroir réfléchit le rayon sur une règle divisée. S'il a tourné d'un angle α, le rayon lumineux a dévié d'un angle 2α, en vertu d'une propriété bien connue de physique élémentaire (fig. 6). On aura donc :

$$\frac{MN}{NP} = \operatorname{tg} 2\theta,$$

ou, comme NP est constant et α toujours très faible :

$$MN = A'\alpha = AA'I = KI,$$

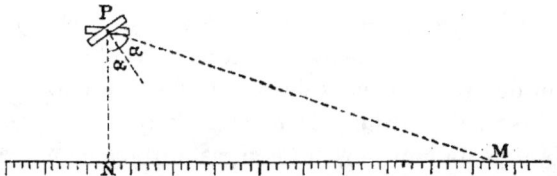

Fig. 6. — Galvanomètre. Amplification des déviations.

A, A' et K représentant des constantes appropriées et MN représentant le nombre de déviations lues δ sur l'échelle divisée.

On a donc :

$$\delta = KI,$$

K étant la constante du galvanomètre. Le sens de déviation changera évidemment avec le sens du courant.

II. On peut vérifier d'une façon immédiate l'apparition et la disparition de la f.e.m. d'induction, phénomènes simultanés avec la production ou la cessation du déplacement.

Quant au sens de cette f.e.m. d'induction, nous pouvons le déterminer ainsi :

En supposant réalisées les conditions du schéma, d'après la règle des 3 doigts appliquée à la main gauche, on voit que la f.é.m. est dirigée suivant la flèche, le point B jouant le rôle de pôle positif [générateur].

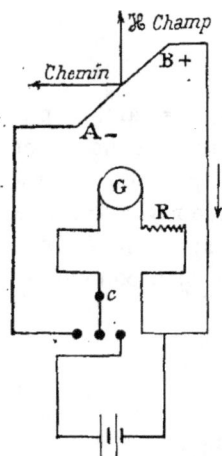

Relions le galvanomètre associé à une résistance convenable R; il pourra nous donner des renseignements sur la f.é.m, car il fournit :

$$i = \frac{E}{R}$$

c'est-à-dire E à une constante près] aux bornes d'une pile suivant le schéma ci-contre (fig. 7). Un commutateur C permet de relier le galvanomètre, soit aux bornes de la pile, soit à celles du conducteur. On constatera aisément, avec le mode de couplage adopté, que les déviations doivent être dans le même sens, au galvanomètre, c'est-à-dire que le conducteur AB joue le rôle d'un élément de pile dont le pôle positif serait en B.

Fig. 7. — Vérification du sens de la f.é.m. d'induction.

Autre règle mnémonique (Thomson). — Il est quelquefois commode d'utiliser la règle mnémonique suivante due à Thomson, permettant de prévoir le sens des f.é.m. d'induction.

Supposons tracée sur un pôle Nord, la lettre N. D'après la règle des 3 doigts (main gauche), la f.é.m. est dirigée de A vers B dans

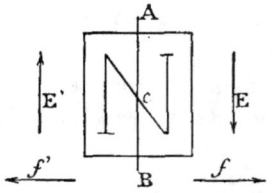 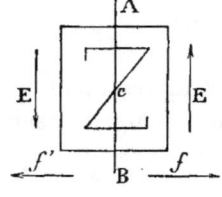

Fig. 8.   Fig. 9.
Règle de Thomson (f. é. m. d'induction).

AB, lorsque ce conducteur se déplace suivant le sens f. On voit que le point fictif C, intersection de AB avec la barre transversale, de N, se déplace dans le même sens que le courant auquel donnerait lieu la f.é.m. (fig. 8).

Soit le déplacement dirigé vers f'. La f.é.m. est inversée. De même nos conclusions sont renversées dans ce cas (fig. 9).

Devant un pôle Sud, déplaçons un conducteur AB. Inscrivons la

lettre Z sur ce pôle Sud. Le point d'intersection C de AB avec la barre transversale du Z se déplace suivant la flèche représentative de la f.é.m.

Autre forme. — Sur un pôle Nord, traçons des hachures inclinées comme la barre transversale de l'N, déplaçons un écran percé d'une fente rectangulaire représentant le conducteur AB (fig. 10).

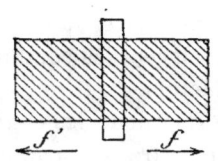

Fig. 10. — Règle de Thomson (f.é.m. d'induction).

Quand le mouvement s'effectue vers f, les hachures semblent descendre et quand c'est vers f', elles semblent monter.

Forme algébrique de la force électromotrice d'induction. — Supposons, pour fixer les idées, que nous ayons affaire à un circuit fermé. S'il y a f.é.m. d'induction, il y a courant, et l'effort mécanique à développer F est, en vertu de la loi de Lenz, égal à l'effort résistant dû à l'action du courant induit I sur le champ $\mathcal{H}$. On a donc :

$$F = \mathcal{H} L I.$$

Le travail mécanique nécessaire pour déplacer le circuit de la quantité l est Fl, et si le temps du déplacement est T, la puissance correspondante est :

$$P = \frac{Fl}{T} = FV.$$

V étant la vitesse linéaire du déplacement. On aura donc, cette puissance tout entière étant transformée en puissance électrique :

$$EI = FV = \mathcal{H} I L V,$$

d'où :

$$E_{\text{C.G.S.}} = \mathcal{H} L V,$$

ou, en volts :

$$e_{\text{volts}} = \mathcal{H} L V \times 10^{-8}.$$

Application. — Soit :

$$\begin{cases} \mathcal{H} = 50 \text{ gauss.} \\ L = 1 \text{ dm.} = 10 \text{ cm.} \\ V = 30 \text{ m./sec.} = 3.000 \text{ cm./sec.} \end{cases}$$

On a :

$$E_{\text{C.G.S}} = 1,5 \times 10^6,$$

ou :

$$e_{\text{volts}} = 0^{\text{volt}},015.$$

On peut constater la faiblesse de la force électromotrice ainsi développée. Industriellement, on renforce considérablement la valeur des champs en créant des circuits magnétiques presque fermés, c'est-à-dire ne présentant que de faibles entrefers où se déplacent les conducteurs destinés à la production de f.é.m. d'induction.

La valeur des champs dans ces entrefers de circuits magnétiques peut être très accrue (5.000 gauss par exemple). Elle prend dans ce cas particulier le nom, du reste peu heureux, d'*induction*, et se représente par ℬ. (Voir *Cours municipal*, 1re partie, courants continus.)

Constitution d'une génératrice d'induction. — Elle est donnée en principe par le schéma (fig. 11) ci-contre, c'est-à-dire par un

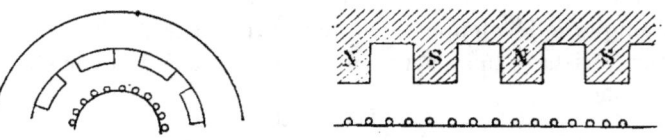

Fig. 11. Fig. 12.
Constitution des génératrices d'induction.

ensemble de conducteurs se déplaçant dans des champs magnétiques. Fendons-la suivant un plan axial. Nous obtenons le schéma (fig. 12) ci-contre, qui n'est autre que le développement d'un système de conducteurs parcourus par des courants alternatifs ou plus généralement sièges de f.é.m. d'induction, ces conducteurs étant mobiles par rapport aux champs magnétiques fixes.

FORCES ÉLECTROMOTRICES PÉRIODIQUES ALTERNATIVES

Classification de ces f.é.m. Mode de représentation. — Considérons une machine développée comme précédemment. Un conducteur n se déplaçant perpendiculairement à ce champ est le siège de la f.é.m.

$$E = ℬLV,$$

ℬ étant l'induction dans l'entrefer (fig. 13 et 14).

Représentons par une courbe cette induction (ordonnées positives, celles correspondant aux lignes de force abandonnant un pôle Nord, et ordonnées négatives, celles correspondant aux lignes de force regagnant un pôle Sud). Les ordonnées de notre courbe représentent les valeurs des inductions ℬ (nombre de lignes de

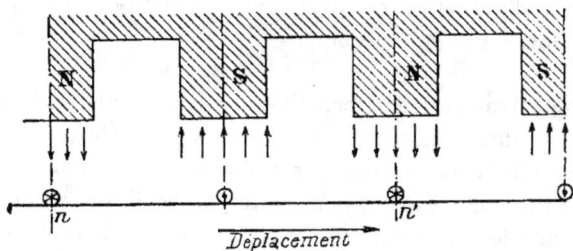

Fig. 13. — Induction dans l'entrefer et f.é.m. d'induction.

force par centimètre carré) correspondant aux diverses positions du conducteur.

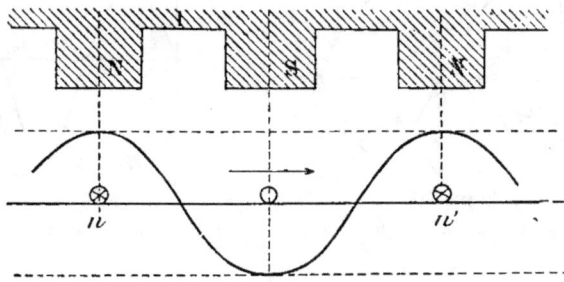

Fig. 14. — Courbe d'induction dans l'entrefer et f.é.m. d'induction.

Force électromotrice périodique. — La force électromotrice engendrée peut être représentée par la même courbe, en convenant par exemple de représenter par des ordonnées positives les f.é.m. correspondant au sens d'avant en arrière ⊕, et par des ordonnées négatives, celles correspondant au sens d'arrière en avant ⊙ [1].

Soit le champ, ou plutôt l'induction dans l'entrefer, représenté par une courbe pouvant se superposer exactement à elle-même quand on la fait glisser d'une longueur nn' correspondant à l'écart de deux pôles de même nom NN' par exemple.

On dit que cette induction se reproduisant ainsi par simple translation est une fonction périodique de la position du conduc-

---

[1]. Ces signes correspondent respectivement à une flèche vue par ses pennes ou vue par sa pointe. (Voir *Cours Municipal*, 1re partie, courants continus.)

teur AB situé d'abord en n. La période est la distance nn' séparant deux pôles de même nom, comme nous l'avons dit. La force électromotrice d'induction est également périodique, puisqu'elle est proportionnelle à l'induction $\mathcal{B}$.

Force électromotrice alternative. — Soit la portion de la courbe au-dessous des abcisses pouvant être recouverte exactement par la portion située au-dessus, celle-ci étant rabattue par une rotation de 180° autour de l'axe $y'y$ perpendiculaire à l'axe des abcisses, et passant par le point O de la courbe. La fonction représentée par le schéma ci-dessous remplit ces conditions (schéma 15).

La fonction représentée par le schéma 16 est simplement périodique.

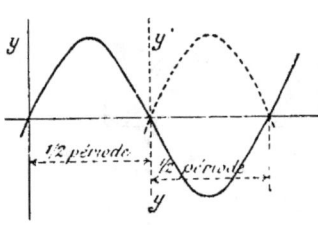
Fig. 15.
Fonction périodique alternative.

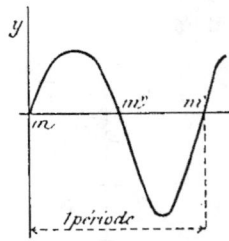
Fig. 16.
Fonction périodique non alternative.

ALTERNATEURS

Principe. — C'est le nom réservé à toute machine produisant une force électromotrice alternative, c'est-à-dire une force électromotrice due au déplacement de conducteurs devant des champs

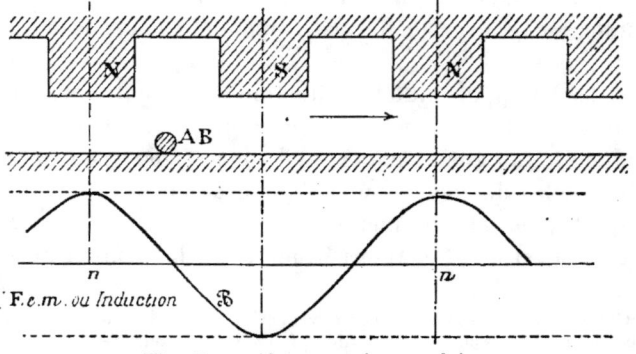
Fig. 17. — Alternateur hétéropolaire.

magnétiques, et non devant un champ magnétique uniforme (f.é.m. continue dans ce cas. Voir *Cours Municipal*, 1re partie, courants continus).

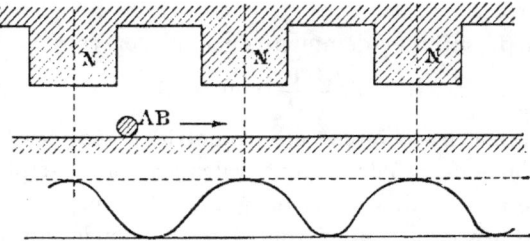

Fig. 18. — Alternateur homopolaire.

Ces champs peuvent être constitués par des pôles alternés (hétéropolaires) ou par des pôles de même signe (homopolaires). Dans les deux cas, la *période* est l'*écartement* (au sens géométrique du mot) des axes de deux pôles de même nom.

FORCES ÉLECTROMOTRICES POLYPHASÉES
ALTERNATEURS POLYPHASÉS

En outre des forces électromotrices simples ou monophasées, nous allons étudier les forces électromotrices dites polyphasées.

Dans ce qui suit, nous considérerons toujours, sauf avis contraire, des champs hétéropolaires.

FORCES ÉLECTROMOTRICES TRIPHASÉES

Disposons par exemple trois conducteurs 1, 2, 3, écartés chacun d'un tiers de période. Les f.é.m développées dans les 3 conducteurs au moment où 1 occupe la position 0, sont données par les ordonnées 22' et 33' ou 12" et 13".

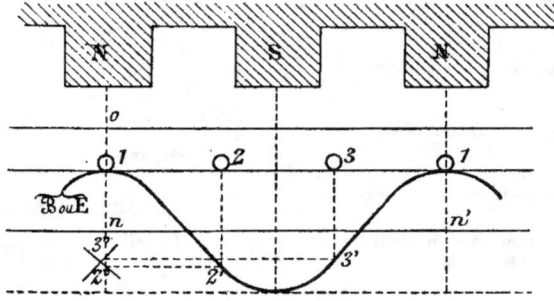

Fig. 19. — Forces électromotrices triphasées.

Il est intéressant de construire deux courbes II et III donnant les forces électromotrices 2 et 3 aux divers moments où 1, considéré comme un index, occupe les diverses positions possibles dans son déplacement.

Pour cela, il suffit évidemment de déplacer vers la gauche I de $\frac{nn'}{3}$ (pour réaliser II et de $\frac{2nn'}{3}$ (pour réaliser III).

On aura ainsi les 3 forces électromotrices décalées l'une par rapport à l'autre de 1/3 de période. Elles sont dites triphasées.

Les 3 conducteurs ainsi constitués, associés comme nous le verrons à des séries d'autres, convenablement choisis sur la surface de l'alternateur, constituent un système triphasé. Un tel système a 6 extrémités libres en évidence.

$$a_1, \quad a_2, \quad a_3,$$
$$b_1, \quad b_2, \quad b_3.$$

Donnons une extrémité commune à chacun d'eux en reliant ces trois points métalliquement. Nous aurons le schéma de la figure 21;

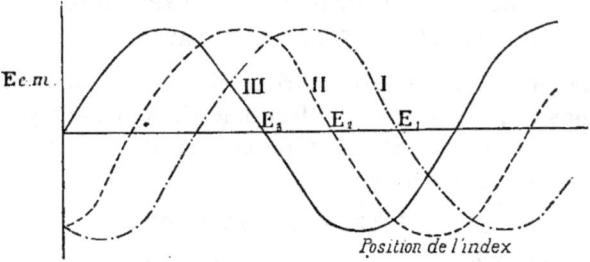

Fig. 20. — Forces électromotrices triphasées.

a_1, a_2, a_3 constituent les bornes de la distribution, b_1, b_2, b_3 constituent le point neutre. Le couplage ainsi constitué est dit couplage

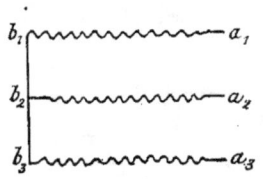
Fig. 21. — Extrémités d'une distribution triphasée en étoile.

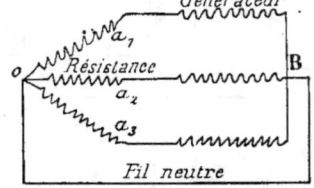
Fig. 22. — Distribution triphasée en étoile (avec quatrième fil, neutre ou de retour).

en étoile (3 ou 4 fils) couplage réalisé quand on fermera les circuits

sur des résistances extérieures, en utilisant ou non le point neutre (fig. 22 et 23).

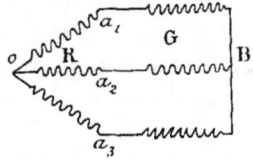
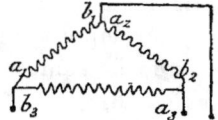

Fig. 23. — Distribution triphasée en étoile sans fil neutre. Fig. 24. — Distribution triphasée en triangle.

Au contraire, faisons les connexions a_1b_3, b_2a_3, b_1a_2 **nous aurons le couplage en triangle** (ou en polygone pour système n phasé). Plus de point neutre. Trois ou n bornes de distribution.

FORCES ÉLECTROMOTRICES DIPHASÉES

Considérons de même l'espace correspondant à l'écartement de deux pôles. Partageons cet espace en 4 et soient 1, 2, 3, 4 les conducteurs qui occupent les points de division.

1 et 3 sont le siège des forces électromotrices d'induction égales et opposées. Il en résulte que si nous faisons un rabattement de 90° de la figure 25 (vue de la machine développée pour un observateur couché suivant une génératrice), le schéma de la figure 25 *bis* nous donnera les situations relatives des diverses f.é.m.

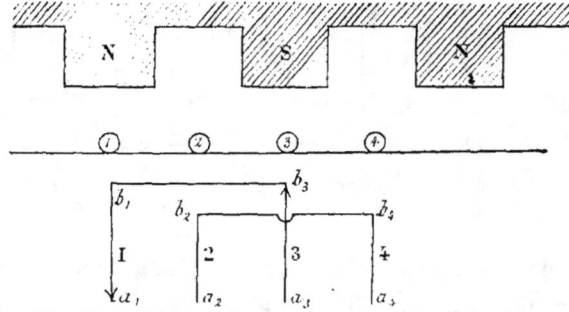

Fig. 25 et 25 *bis*. — Forces électromotrices diphasées.

Celles développées dans 2 et 4 sont très faibles, car l'induction est pratiquement nulle dans les régions où se trouvent ces conducteurs.

On voit que si l'on associe par exemple les extrémités b_1 et b_3, b_2 et b_4 par des connexions latérales, on aura en a_1a_3, a_2a_4 deux systèmes de f.é.m. dont la valeur pour a_1a_3 est double de celle développée dans a_1 ou a_3. De même pour a_2 et a_4 si petites que soient ces f.é.m.

Un tel système constitue un ensemble de f.é.m. diphasées. On voit que la f.é.m. totale E_{13} développée entre a_1 et a_3 et la f.é.m. totale E_{24} développée entre a_2 et a_4 sont décalées d'un 1/4 de période l'une de l'autre. Elles sont représentables par le schéma ci-contre (fig. 26) :

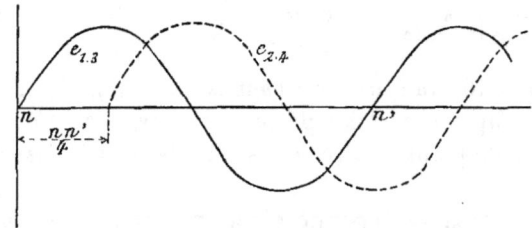

Fig. 26. — Représentation graphique de deux f. é. m. diphasées.

Les extrémités a_1 et a_3, a_2 et a_4 peuvent être reliées à deux circuits différents sans aucun point commun. On a alors un véritable système alternatif monophasé double (fig. 27).

On peut aussi donner une extrémité commune a_3 et a_4 par exemple, aux deux circuits, ce qui ne fait que fixer les potentiels. On a alors (fig. 28) un système diphasé à fil de retour (expression impropre), commun.

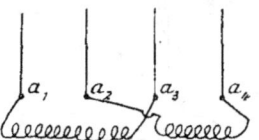 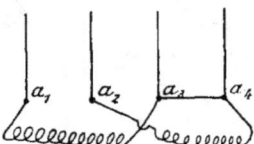

Fig. 27. — Système diphasé à circuits indépendants. Fig. 28. — Système diphasé avec fil commun.

Expression des forces électromotrices d'induction en fonction du temps. — Nous avons jusqu'ici rapporté ces f.é.m. d'induction à la distance (arc S) séparant le conducteur dans son mouvement d'une position origine. Si V, vitesse du déplacement, est constante, on a, ce qui est logique :

$$S = Vt = \alpha R = \frac{D}{2}\omega t.$$

Si t est le temps, R le rayon du mouvement circulaire, D son diamètre, α l'arc parcouru, et ω la vitesse angulaire du mouvement.

On aura donc la possibilité, en choisissant une échelle convenable, de représenter E, f.é.m. d'induction, en fonction du temps.

Forme de l'induction dans l'entrefer et la force électromotrice d'induction. — Force électromotrice sinusoïdale. — Cette induction en chaque point peut être représentée, comme nous l'avons vu, par un vecteur.

Bien que, en pratique, les inductions diffèrent toujours plus ou moins de la forme sinusoïdale, on admet que cette induction, et par suite la force électromotrice, possèdent cette forme, la plus simple des fonctions périodiques alternatives, de telle sorte qu'en appelant S l'arc parcouru depuis l'origine o, R le rayon du cylindre engendré et α l'angle décrit :

$$E = E_0 \cos p\alpha = E_0 \cos \frac{pS}{R}.$$

E_0 étant la valeur maxima de la force électromotrice. Elle correspond avec l'origine adoptée pour les arcs, à :

$$S = 0.$$

D'autre part :

$$\alpha = \omega t$$

et T étant la durée d'une période, on a :

$$E = E_0 \cos p\omega t = E_0 \cos \frac{2\pi}{T} t.$$

On a, comme on l'a vu :

$$T = \frac{1}{pN}.$$

Si Ω est posé égal à $p\omega$, il vient donc :

$$E = E_0 \cos p\omega t = E_0 \cos \Omega t.$$

FORCES ÉLECTROMOTRICES POLYPHASÉES

Nous aurons dans le cas des forces électromotrices polyphasées, triphasées, par exemple (fig. 19 et 20) :

$E_1 = E_0 \cos p\alpha = E_0 \cos p\omega t$.... conducteur 1,

$$E_2 = E_0 \cos\left(p\alpha + \frac{2\pi}{3}\right) = E_0 \cos\left(p\omega t + \frac{2\pi}{3}\right) \ldots \text{conducteur 2,}$$

$$E_3 = E_0 \cos\left(p\alpha + \frac{4\pi}{3}\right) = E_0 \cos\left(p\omega t + \frac{4\pi}{3}\right) \ldots \text{conducteur 3,}$$

De même dans le cas des forces électromotrices diphasées :
$$E_{1-3} = 2E_0 \cos p\alpha = 2E_0 \cos p\omega t \ldots \text{système 1-3.}$$
$$E_{2-4} = 2E_0 \cos\left(p\alpha + \frac{\pi}{2}\right) = -2E_0 \sin p\omega t \ldots \text{système 2-4.}$$

Définitions :

T s'appelle la durée de la période, ou plus simplement période.

ωT, arc parcouru pendant la période, est en relation avec le pas de l'alternateur, distance séparant les axes de deux pôles consécutifs.

ω vitesse angulaire de déplacement du conducteur dans l'entrefer, ou, ce qui revient au même, de la machine.

N Nombre de tours par seconde.

Pour une machine bipolaire : $T = \frac{1}{N}$.

— à $2p$ pôles (hétéropolaire) $T = \frac{1}{PN}$.

— à p' pôles (homopolaire) $T = \frac{1}{p'N}$.

F fréquence de la force électromotrice est, par définition, le nombre de périodes par seconde.

$$F = pN \quad \text{ou} \quad p'N,$$

suivant que la machine est hétéropolaire ou homopolaire.

Ω pulsation. Par définition :
$$\Omega = \frac{2\pi}{T}.$$
$$\Omega = 2\pi pN = 2\pi p'N.$$

Alternance : c'est une demi-période.

Cycle : c'est une période complète.

Fréquences industriellement adoptées. — Elles oscillent entre 50 et 25. On adopte généralement le premier chiffre pour les transports d'énergie, l'éclairage, la force motrice, l'électrochimie.

Dans certains cas de transmissions de puissance par courants alternatifs avec stations de transformation pour courant continu de traction, il y a souvent lieu de choisir une fréquence de 25 périodes, comme on le verra plus tard [1].

Liaison des fréquences avec les données mécaniques d'établissement de la machine. — Il y a évidemment avantage pour une machine de puissance donnée à réaliser une vitesse linéaire la plus grande possible. Or :
$$F = pN,$$
$$V = \pi DN.$$
d'où
$$D = \frac{V}{\pi N} = \frac{Vp}{\pi F}.$$

V est généralement de 30^m sec. soit 3.000^{cm} sec. On connait F. Donc D est une fonction linéaire de p.

On a rassemblé dans le tableau ci-dessous les relations existant entre N, p et D dans un alternateur hétéropolaire pour une fréquence de 50 cycles par seconde.

Tableau des relations existant entre N, p et D.

p	N tours/min.	N tours/sec.	D
1	3.000	50	$0^m,19$
2	1.500	25	$0^m,38$
3	1.000	16,66	$0^m,57$
4	750	12,5	$0^m,76$
5	600	10	$0^m,95$
6	500	8,33	$1^m,15$
7	426	7,14	$1^m,34$
8	375	6,25	$1^m,53$
9	333	5,50	$1^m,74$
10	300	5	$1^m,90$
15	200	3,33	$2^m,85$
20	150	2,5	$3^m,80$

On voit qu'un alternateur bipolaire ne peut convenir que pour de faibles puissances, étant données les dimensions réduites de la partie tournante.

Par conséquent, un alternateur de grande puissance nécessitera un nombre de pôles assez grand, ce qui permettra d'avoir une partie tournante de grand diamètre, et donnera toute latitude pour placer les conducteurs induits devant fournir la puissance demandée

---

[1]. On a été amené, dans certaines applications (traction par courants alternatifs) à adopter des fréquences encore plus basses, inférieures à 15 et même de 13 cycles par seconde.

DEUXIÈME LEÇON

ALTERNATEURS INDUSTRIELS

NOTIONS PRÉLIMINAIRES — ENROULEMENTS — CLASSIFICATIONS

PRINCIPES D'ÉTABLISSEMENT DES ALTERNATEURS — RAPPEL

Ce sont, comme nous l'avons dit, des machines destinées à la production des f.é.m. alternatives, les champs inducteurs pouvant être hétéropolaires ou homopolaires et le mouvement relatif de l'inducteur par rapport à l'induit pouvant être réalisé par le déplacement de l'induit (inducteur alors fixe) ou même par le déplacement de l'inducteur (induit fixe).

L'emploi de tensions élevées dans l'induit ou même de courants considérables légitime le choix d'un induit fixe (prise de courants par bornes et non par bagues et frotteurs).

On rencontre ainsi des facilités plus grandes pour le maintien d'un bon isolement et la collection d'un courant puissant.

L'enroulement induit peut être effectué suivant le mode disque, anneau ou tambour.

Dans le disque aujourd'hui abandonné, les fils actifs sont répartis sur les faces latérales d'un induit plat, suivant les rayons d'une circonférence, section du cylindre par un plan perpendiculaire à l'axe. La bobine active est donc dans un plan perpendiculaire à l'axe.

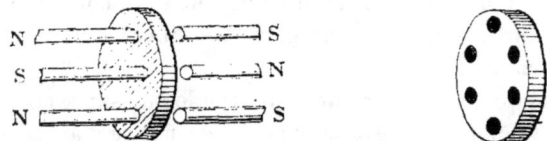

Fig. 29. — Induit. Disque (anciens alternateurs).

Le disque tourne entre deux couronnes de pôles inducteurs (fig. 29).

Dans l'anneau, les conducteurs actifs sont les seuls conducteurs périphériques établis suivant les génératrices du cylindre induit.

Les liaisons des conducteurs actifs sont établies par des conducteurs passant à l'intérieur de l'anneau. Le plan de la spire A B C D est donc axial dans l'anneau.

Les côtés AB, DC sont soumis à des inductions faibles et dont les valeurs du reste se détruisent (f.é.m. en opposition). Enfin BD est dans une région d'induction pratiquement nulle. Reste donc simplement AC, qui constitue le conducteur réellement actif.

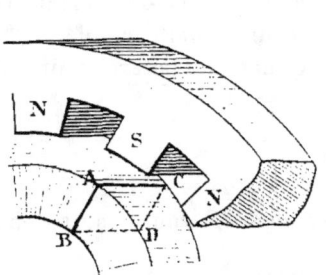

Fig. 30. — Induit. Anneau (abandonné).

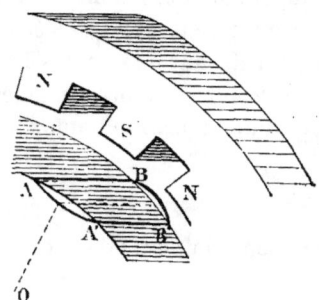

Fig. 31. — Induit. Tambour (alternateurs actuels).

Le tambour est constitué par des conducteurs actifs répartis suivant les génératrices du cylindre, mais sans fils de connexion passant par l'intérieur de l'induit. Le plan de la spire active est donc, sinon tangent, au moins sécant, suivant une corde perpendiculaire au plan axial passant par le centre de symétrie de la bobine (association de 2 ou de 3 conducteurs).

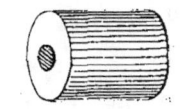

Le tambour constitue une économie évidente par rapport à l'anneau, en supprimant les fils de retour internes. Le tambour est universellement adopté aujourd'hui pour les alternateurs.

Fig. 32. — Surface dorsale d'un tambour

Tensions usuelles adoptées dans l'industrie. — Nous avons vu (1ʳᵉ leçon) la faiblesse de la f.é.m. ($0^v,015$ se développant dans un conducteur unique se déplaçant dans des conditions normales (vitesse V et longueur L) au sein d'un champ d'induction $\mathfrak{B}$ de valeur également usuelle ($\mathfrak{B} = 5.000$ gauss).

Les applications électrochimiques réclament des tensions d'au moins 40 volts (arcs et fours). L'éclairage et la force motrice nécessitent en général 110 à 120 volts. Enfin les transmissions d'énergie exigent souvent des tensions énormes (5.000 à 50.000 volts) mais obtenues, il est vrai, par le secours de transformateurs. Il y a donc lieu de prévoir une association de conducteurs en série pour réaliser la tension convenable. Les chaînes des conducteurs ainsi constituées peuvent du reste être elles-mêmes accouplées en parallèle, de manière à supporter l'intensité convenable réclamée à la machine.

Rappel de définitions. — Rappelons qu'on appelle T la durée de la période de temps qui s'écoule entre le passage d'un même conducteur devant deux pôles Nord consécutifs, par exemple.

Soit $2p$ le nombre de pôles d'une machine hétéropolaire et p' celui d'une machine homopolaire. Nous aurons, si

$$\theta = \frac{1}{N}$$

représente la durée d'un tour en secondes (N, tours par seconde),

$$T = \frac{\theta}{p} = \frac{1}{pN} \text{ (hétéropolaire)},$$

$$T = \frac{\theta}{p'} = \frac{1}{p'N} \text{ (homopolaire)}.$$

La fréquence est
$$F = pN,$$
ou
$$F = p'N.$$

Le pas de l'alternateur est la distance angulaire, évaluée sur la circonférence d'induit, séparant les axes de deux pôles inducteurs consécutifs.

Pour les alternateurs homopolaires, le pas équivaut à la période.

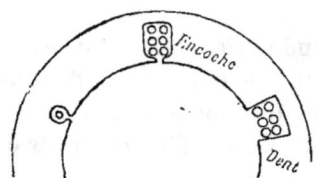

Fig. 33. — Encoches d'alternateurs.

Encoches. — On emploie pour loger les conducteurs des trous ou encoches circulaires, rectangulaires à angles arrondis, repercés ou non, situés très près de la circonférence extérieure (fig. 33). Les *dents* (encoches ouvertes partout sur la même longueur) sont moins utilisées, car le bobinage avec bobines de forme présente un intérêt restreint dans le cas des génératrices à courants alternatifs, où l'on emploie toujours peu de conducteurs périphériques.

ENROULEMENTS DES ALTERNATEURS

Remarque. — Dans ce qui va suivre, nous nous occuperons exclusivement des alternateurs hétéropolaires, à tambour, les plus répandus.

Nous généraliserons ensuite nos théories.

I. Alternateurs hétéropolaires monophasés.

Groupement des fils induits. — Considérons par exemple le développement de la figure ci-dessous (fig. 34).

On a toujours affaire pratiquement non à un, mais à plusieurs conducteurs situés dans une même encoche. Associons par exemple deux conducteurs situés dans la même encoche de même façon, c'est-à-dire superposés ou très voisins (valeur à peu près identique de l'induction pour chacun d'eux).

Nous pourrons les réunir par un fil transversal A'B, mais alors naîtra dans ce dernier conducteur une f.é.m. égale à celle E développée dans AB ou A'B' et qui, dans cette association en série, se mettra en opposition avec les deux autres, de telle sorte qu'on ne récoltera jamais que la f.é.m.

$$2E - E = E.$$

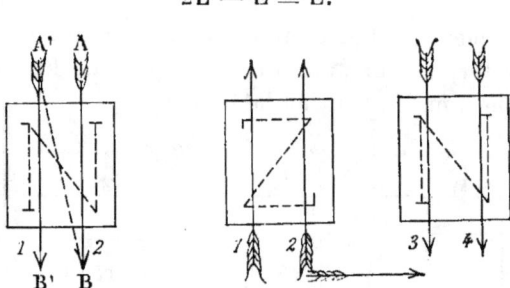

Fig. 34. — Association de f. é. m.

On doit donc chercher à associer un conducteur tel que 2, à un conducteur occupant une position symétrique, ou au moins convenable, au moyen de connexions échappant à l'induction magnétique.

Dans cette dernière voie, deux modes sont possibles.

Par bobines courtes, dont l'écart angulaire vaut la moitié du pas.

Par bobines longues, dont l'écart angulaire vaut le pas.

Il est rappelé que le pas d'un alternateur est la distance mesurée sur la face de l'induit adjacente à l'entrefer qui sépare les axes de deux pôles consécutifs (pour les alternateurs hétéropolaires, le pas équivaut à une demi-période).

A. MONOPHASÉS — BOBINES COURTES, DEUX TROUS PAR POLE.

Principe. — Compléter la spire active par un conducteur situé dans une région d'induction nulle.

Ce mode suppose deux encoches ou trous par pôle. Si cette condition est observée pour toutes les positions de la spire, les inductions $\mathfrak{B}$ et les f.é.m. engendrées dans les quatre conducteurs seront toujours de même sens (deux au plus nulles, cas de la figure 36).

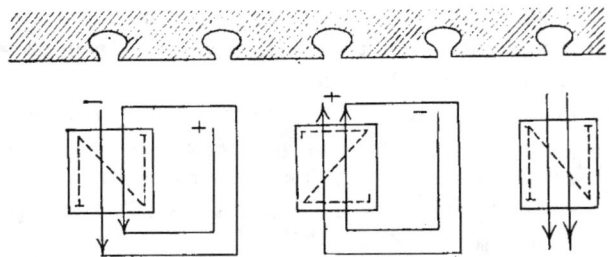

Fig. 35 (schéma A). — Alternateurs monophasés (bobines courtes).

Cet enroulement peut être représenté schématiquement sous les deux autres formes suivantes (fig. 36 et 37). La fig. 36 donne la vue des connexions en bout ou latérales.

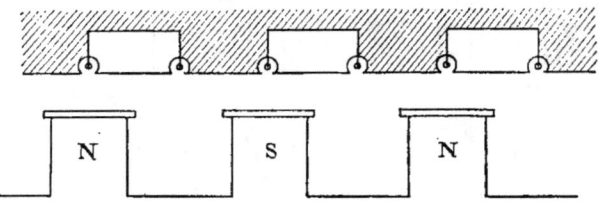

Fig. 36 (schéma B). — Alternateurs monophasés (bobines courtes).

Le schéma (fig. 37) suppose qu'on ait fendu l'induit suivant des génératrices et écrasé celui-ci sur un plan, les génératrices directrices devenant les rayons de la représentation circulaire ainsi obtenue.

Dans le cas précédent nous avons une section ou bobine par pôle. Les bobines peuvent comporter un plus ou moins grand nombre de conducteurs.

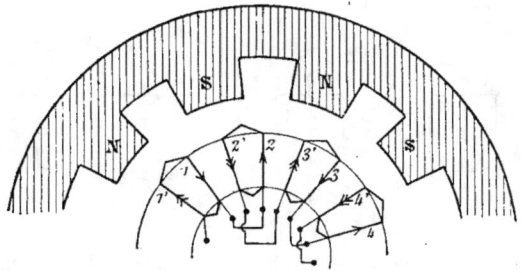

Fig. 37 (schéma C). — Alternateurs monophasés (bobines courtes).

↑ Courant dû à la f.é.m. d'induction.
↑ Courant circulant dans les conducteurs dits d'action nulle.

Nota. — Les conducteurs 1, 2, 3, 4, dits d'action nulle, doivent être placés sur la figure au milieu de l'espace interpolaire, c'est-à-dire doivent coïncider avec les axes neutres tandis que les conducteurs 1' 2' 3' 4' (sièges de f.é.m. induites) doivent, sur la figure, coïncider avec les axes polaires.

Parmi ces conducteurs, il n'y a d'intéressants que ceux qui ouvrent et ferment la chaine, de telle sorte que l'on peut représenter les sections, si compliquées soient-elles, par une seule spire d'extrémités libres. On voit sur le schéma C, notamment, que les f.é.m. induites dans les deux sections sont de sens contraires.

Pratiquement toutes les sections sont posées (toutes faites) ou bobinées sur la machine même, de la même façon. On doit donc croiser les connexions de bobines entre elles, suivant le mode indiqué sur le schéma C, pour sommer les forces électromotrices.

REMARQUE. — Le schéma B (fig. 36) montre que l'on peut ouvrir l'induit sans difficulté pour réparer une section avariée, c'est-à-dire qu'il est inutile pour cette opération de toucher à une section voisine. Cet enroulement est du type dit *à coupure*.

B. MONOPHASÉS — BOBINES LONGUES, UN TROU PAR POLE.

α) **Ondulé.** — Association directe de deux conducteurs d'états électriques inverses, ce qui suppose un trou par pôle.

Soit un conducteur par pôle. Les connexions étant établies en marchant toujours dans le même sens, on a un enroulement ondulé (applicable aux alternateurs ondulés pour électrochimie), les conducteurs induits étant constitués par des barres (schémas A,B,C, figures 38, 39, 40).

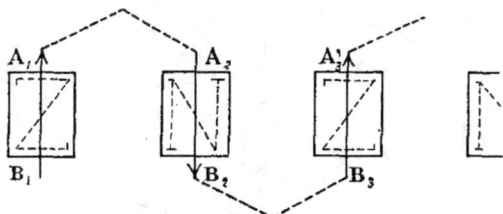

Fig. 38 (schéma A). — Alternateurs ondulés (bobines longues).

Les schémas A,B,C représentent ce mode d'enroulement. Les connexions latérales s'établissent alternativement de chaque côté de l'induit. Ces bobinages sont assez rares dans le cas des alterna-

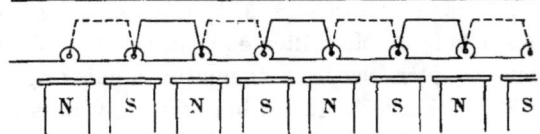

Fig. 39 (schéma B). — Alternateurs ondulés (bobines longues).

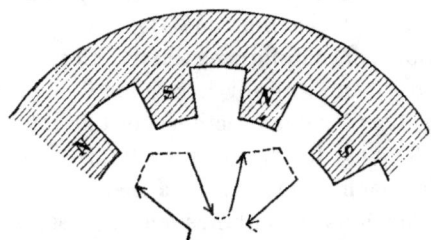

Fig. 40 (schéma C). — Alternateurs ondulés (bobines longues).

teurs; quelquefois, à la suite de transformations opérées, on trouve cependant l'enroulement A', fig. 41 (ondulé en parallèle).

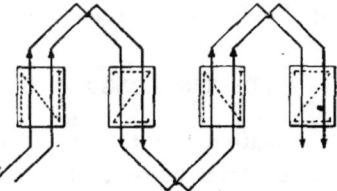

Fig. 41 (schéma A'). — Alternateur ondulé-parallèle (bobines longues).

On y remarque alors deux ou plusieurs conducteurs en parallèle dans des encoches très voisines, ou mieux, dans la même encoche.

β) **Imbriqué**. — Le cas général est celui de l'enroulement dit « bouclé » ou imbriqué (retour sur soi-même en effectuant les connexions dans un sens déterminé).

Les schémas A, B, C représentent un tel enroulement pour 1 trou par pôle avec 4 conducteurs par trou (applicable aux alternateurs de f.é.m. moyenne et élevée).

Le schéma C montre la liaison à établir entre les bobines [croisement des connexions toujours effectuées de la même façon].

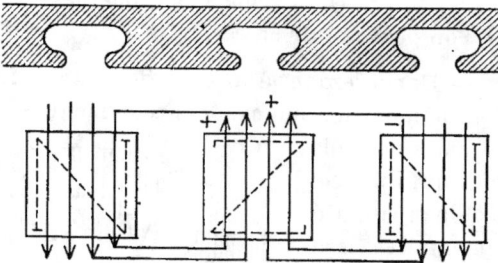

Fig. 42 (schéma A). — Alternateurs imbriqués (bobines longues).

Fig. 43 (schéma B). — Alternateurs imbriqués (bobines longues).

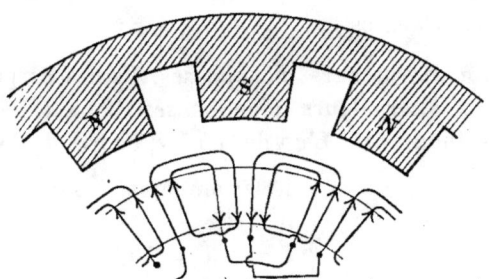

Fig. 44 (schéma C). — Alternateurs imbriqués (bobines longues).

Bobinage d'alternateurs pour rôle mixte éventuel.

La tendance actuelle consiste manifestement à affecter plusieurs trous à chaque pôle, de manière à ménager une possibilité souvent utile de transformation d'enroulement. Le mode le plus fréquent est le suivant :

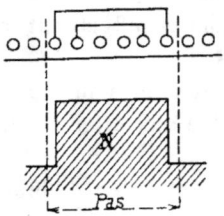

Fig. 45 (schéma A).
Alternateur monophasé à transformation éventuelle.

6 trous par pôle, les trous intérieurs restant inoccupés, car le faible gain de f.é.m. qu'on obtiendrait peut-être en les utilisant (2 f.é.m. presque en opposition) ne compenserait pas l'accroissement de résistance ohmique de la machine.

On a donc deux bobines de dimensions différentes qu'on peut réunir en série.

REMARQUE. — *Enroulement à une section par paire de pôles.* — On emploie de moins en moins les enroulements supposant une section par paire de pôles avec des trous multiples correspondant à la création de bobines élémentaires associées en série pour constituer une section. La raison de ce fait réside en ce que les f.é.m. ainsi réalisées s'écartent beaucoup de la sinusoïde.

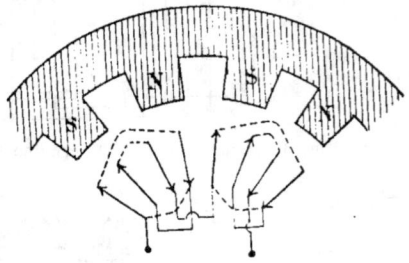

Fig. 46. — Alternateur à une section par paire de pôles.

Dans ces enroulements, la liaison des sections s'effectue dans l'ordre naturel. Une section par paire de pôles, chaque section formée de deux bobines de dimensions différentes.

Exemple d'alternateurs monophasés. Usines Bergès de Lancey (Isère). — 2 alternateurs monophasés Labour. — Inducteurs mobiles. — Induit fixe. L'un de 200 kw, l'autre de 350 kw.

1° alternateur :
$$\begin{cases} 1\,800 \text{ ampères,} \quad 110 \text{ volts.} \\ p = 8, \\ F = pN = 53,3, \\ N \text{ t./min.} = 400, \\ N' \text{ t./sec.} = 6,66, \\ D = 1^m,20. \end{cases}$$

L'induit comprend 16 bobines donnant chacune 110 v. et :

$$\frac{1.800}{16} = 112^{amp},3.$$

Chaque bobine comprend 10 spires.
Chaque spire fournit

$$\frac{110}{10} = 11 \text{ volts}.$$

Chaque côté des spires (bobines longues) donne

$$\frac{11}{2} = 5^{volts},5,$$

4 encoches affectées à chaque bobine.

II. Alternateurs hétéropolaires polyphasés.

Un alternateur polyphasé constitue en somme un groupe de plusieurs alternateurs monophasés.
Les alternateurs triphasés sont les plus employés.

a) ALTERNATEURS TRIPHASÉS

Ils comprennent trois groupes de bobines passant par le même état électrique, mais pas à la fois.
On réalise ainsi 3 systèmes de f.é.m. décalées les unes par rapport aux autres de 1/3 de périodes et dites triphasées.
Un très grand nombre d'enroulements sont adoptés. Nous ne citerons que les principaux ou, plutôt, les prototypes des diverses classes.

BOBINES COURTES. 2 TROUS PAR POLES ET PAR PHASE.

Encombrant, peu employé.

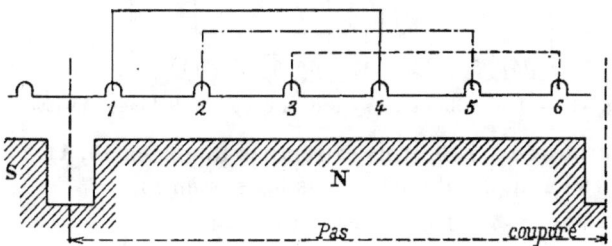

Fig. 47. — Alternateurs triphasés. Bobines courtes, 2 trous par pôle et par phase.

Type avec coupure. — *Impossible à réaliser.* Voyons, à titre d'exercice, si nous pouvons réaliser un type à coupure ici encore. Pour le réaliser, il suffit de numéroter les encoches 1, 2, 3, 4, 5, etc., et de remplir 1, 2, 3 par les conducteurs de gauche, par exemple des bobines, les connexions se faisant toujours dans le même sens. Une fois le couplage en série des diverses sections effectué, on aura en évidence six extrémités libres sur lesquelles on peut faire les connexions classiques (triangle, étoile); mais il est facile de voir que les f.é.m. ainsi développées dans les 3 chaînes terminées en 1, 2, 3, par exemple, sont décalées de 1/6 de pas, soit 1/2 de période (fig. 48).

Ce ne seraient pas des f.é.m. triphasées (décalage de 1/3 de période); on ne récoltera donc pas entre 1-10, 2-11, 3-12, des f.é.m. triphasées. Ce mode est à rejeter.

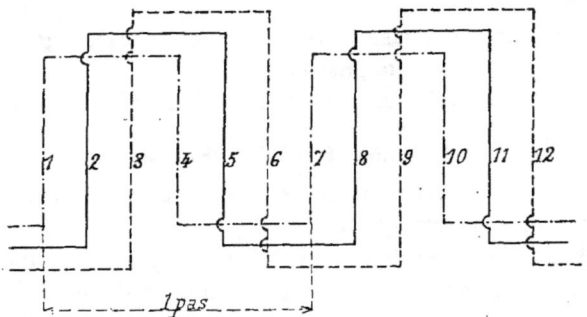

Fig. 48. — Impossibilité du système à coupure. (Bobines courtes.)

Exemple de cette impossibilité. — Alternateur hétéropolaire, bipolaire à 12 trous triphasé, bobine courte, 2 trous par pôle et par phase. Relions 4-7, 5-8, 6-9 (fig. 49).

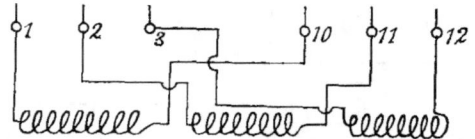

Fig. 49. — Impossibilité du système à coupure. (Bobines courtes.)

Nous aurons en 1, 2, 3, trois extrémités libres, en 10, 11, 12 également. Les f.é.m. développées dans les systèmes

$$1\text{-}4\text{-}7\text{-}10, \qquad 2\text{-}5\text{-}3\text{-}11, \qquad 3\text{-}6\text{-}9\text{-}12,$$

sont triphasées et décalées de 1/12 de période les uns par rapport aux autres.

Type sans coupure. — On peut employer un second mode dit « sans coupure » qui, bien que plus encombrant que celui consistant dans l'emploi de bobines longues, est souvent utile quand on prévoit la transformation possible de la machine en hexapolaire.

On le réalise en numérotant 1, 2, 3, etc., les encoches et en divisant l'enroulement en deux parts.

1re série. — Conducteurs de gauche des bobines occupant les encoches 1, 5, 9, etc., d'où un système à 6 extrémités libres donc 1, 5, 9, [f.é.m. décalées de 1/3 de période].

2e série. — Conducteurs de gauche occupant les encoches 7, 11, 3.

Exemple d'un alternateur bipolaire hétéropolaire triphasé 12 encoches (2 trous par pôle et par phase.) — Les deux chaines I, II, III, I'II'III', constituent des systèmes triphasés. Comme les f.é.m. dans chacun de ces systèmes sont en opposition, il faut relier 4 à 10, 8 à 2, 12 à 6. On a entre

$$1\text{-}7, \quad 5\text{-}11, \quad 9\text{-}3,$$

un système triphasé (fig. 50).

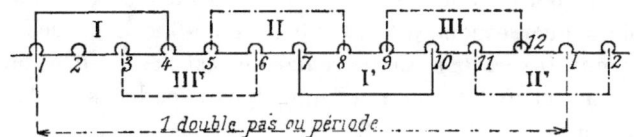

Fig. 50. — Alternateur bipolaire à bobines courtes sans coupure.

Si l'on n'effectuait pas les connexions précédentes entre 4-10, 8-2, 12-6, on aurait 6 chaines aux extrémités libres

$$1\text{-}4, \quad 3\text{-}6, \quad 5\text{-}8, \quad 7\text{-}10, \quad 9\text{-}12, \quad 11\text{-}2.$$

entre lesquelles on pourrait récolter un système de 6 f.é.m. hexaphasées [décalées de 1/6 de période].

BOBINES LONGUES. — TYPE, 1 TROU PAR POLE ET PAR PHASE

On distingue encore deux classes savoir, avec ou sans coupure.

Mode à coupure. — *Exemple* : Alternateur tétrapolaire triphasé 1 trou par pôle et par phase.

Nous avons le développement analogue à celui donné plus haut dans le cas de l'enroulement par bobines courtes sans coupure, à cette exception près que les conducteurs 1 et 4, 7 et 10 pour la première phase, et ainsi de suite pour les autres, sont le siège de f.é.m. inverses et égales en valeur absolues, alors que dans l'enroulement par bobines courtes, si 1 occupait par exemple la position d'induction maxima, 4 occupait la position d'induction nulle (fig. 51).

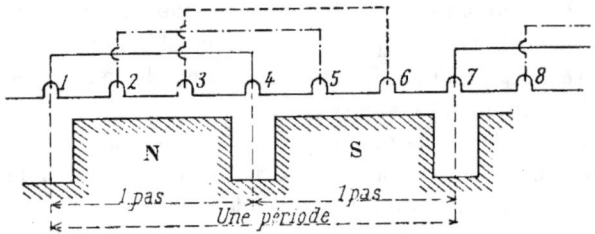

Fig. 51. — Alternateur à coupure. (Bobines longues.)

Ce mode à coupure a été adopté longtemps par la Société Alioth. Il est délaissé généralement en vertu de l'encombrement produit sur les joues (faces latérales de la machine) par les connexions des bobines se croisant et se chevauchant successivement et surtout pour la raison suivante.

Les f.é.m. créées dans les conducteurs 1, 2, 3, par exemple, extrémités des chaînes, sont décalées de 1/6 de période et non de 1/3. Il faut donc des précautions spéciales pour utiliser cet enroulement.

La phase I correspond à 1-4, la phase II à 3-6, et la phase III à 5-2 (connexions inversées). Cette remarque est très utile pour les applications et évitera de faux montages avec leurs déplorables conséquences.

Mode sans coupure. — Comme nous l'avons dit plus haut, on réalise le bobinage en affectant les encoches 1, 3, 5, etc., aux

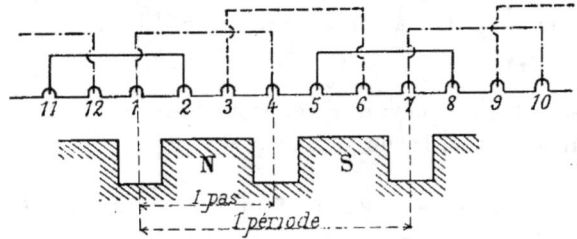

Fig. 52. — Alternateurs sans coupure. (Bobine longue.)

conducteurs de gauche, par exemple, des bobines, 2, 4, 6, étant affectés aux conducteurs de droite.

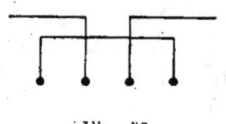

Fig. 53.

Alternateur triphasé tétrapolaire hétéropolaire. — 1 trou par pôle et par phase (bobines longues). — Cet enroulement peut être représenté schématiquement comme l'indique les figures 52 et 53.

Réalisation et avantages pratiques du second mode. — Les bobines sont successivement relevées, ou appliquées contre le bâti, ou maintenues dans le plan des encoches en avant des premières, ce qui donne un encombrement beaucoup moindre.

Remarque. — Dans le cas où le nombre de paires de pôles est impair, il y a une bobine tordue qui participe à la fois des deux modes décrits. Il est très facile de s'en rendre compte. Cette remarque est intéressante car on serait souvent amené à première inspection à considérer cette disposition comme une erreur de montage.

Exemple (fig. ci-contre). — Dans ce mode d'enroulement, les chaînes terminées par 1, 3, 5, par exemple, possèdent des f.é.m. décalées rigoureusement d'un tiers de période, ce qui est extrêmement commode et symétrique pour les montages (fig. 54, alternateur hexapolaire).

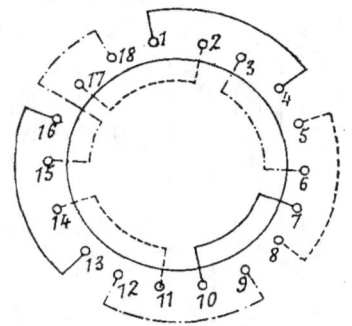

Fig. 54. — Alternateur sans coupure. Bobines longues. Nombre de paires de pôles impair.

Variante : 2 trous par phase et par pôle. Avec coupures (rares) ou sans coupure. — On peut encore réaliser le mode avec coupure et le mode sans coupure. Les sections sont constituées par des

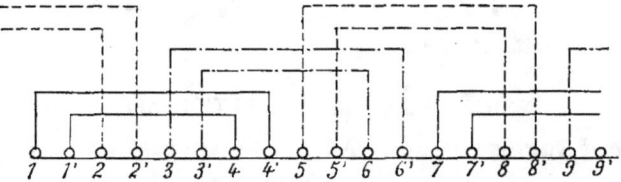

Fig. 55. — Alternateur triphasé, 2 trous par phase et par pôle. Système sans coupure.

bobines longues, associées en série avec des bobines courtes enfermées à l'intérieur des premières (fig. 55 et 56).

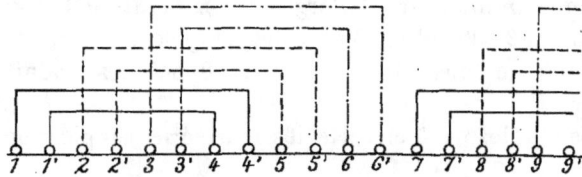

Fig. 56. — Alternateur triphasé, 2 trous par pôle et par phase. Système à coupure.

Exemple d'enroulements d'alternateurs. — A titre d'exemple, nous donnons ci-après le schéma de l'enroulement d'un alternateur triphasé hétéropolaire quadripolaire (fig. 57).

Couplage en étoile. — 10-12-2 reliés à un point neutre (fig. 58).

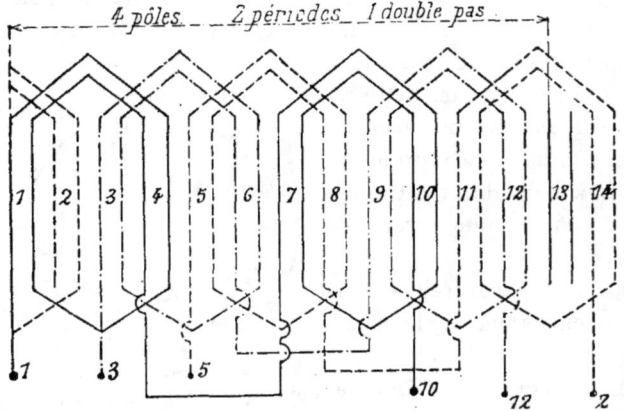

Fig. 57. — Alternateur triphasé à 4 pôles hétéropolaire. (Exemple.)

Couplage en triangle. — Connecter (fig. 58) :

10-3, 12-5, 2-1.

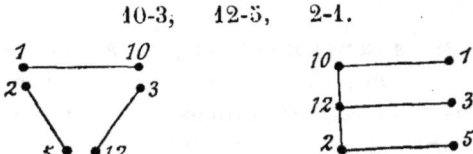

Fig. 58. — Couplages en étoile et en triangle.

EXEMPLE D'ALTERNATEURS TRIPHASÉS

Usine d'Engins (Isère). — Alternateur triphasé Labour.

350 kw., 125 volts, étoile, bobines en parallèle,

$$\begin{cases} p = 10, \\ N = 5, \end{cases} \quad F = pN = 50.$$

Usine de Champ (Fure et Morge, Isère). — Alternateur triphasé Brown-Boveri 3.000 volts, 50 périodes, 20 pôles.

Inducteurs mobiles. Induit étoilé, 10 bobines induites par phase.

Bobines réunies par 5 en série, les deux séries couplées en parallèle.

18 spires par bobine.

ALTERNATEURS DIPHASÉS

De moins en moins employés; on utilise les bobinages dérivant des prototypes à un trou par pôle et par phase, et à deux trous.

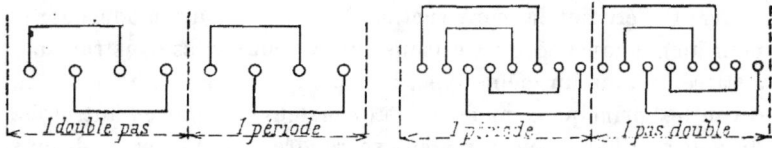

Fig. 59. — Alternateur diphasé.

Ce que nous avons dit plus haut des alternateurs monophasés et triphasés permettra facilement de généraliser.

ALTERNATEURS HOMOPOLAIRES

Dans ces alternateurs, dont le type tend aujourd'hui à disparaître, on laisse l'induit et l'inducteur fixes, mais on crée des variations de flux au moyen du déplacement d'une cloche dentée en fer (ou en métal magnétique) venant tour à tour combler à peu près les vides d'un circuit magnétique, sur lequel sont montés à la fois l'inducteur et l'induit (réluctance

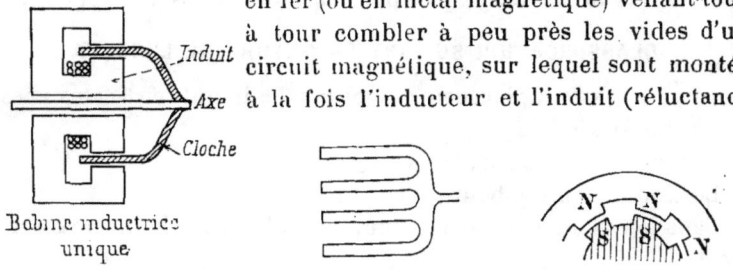

Fig. 60. — Coupe. Fig. 61. — Partie mobile. Fig. 62. — Partie fixe.
Alternateurs homopolaires.

minima), puis au contraire, portant cette réluctance du minimum au maximum quand les dents de la cloche se trouvent en face des vides interpolaires du système inducteur fixe. D'après ce que nous avons vu, il est facile de constater que la période étant ici égale au pas, les mêmes règles générales sont applicables à cette modification près.

CLASSIFICATION ET ÉTUDE DES ANCIENS TYPES D'ALTERNATEURS

Généralités.

Autrefois les types d'alternateurs étaient très nombreux et très variés, mais peu à peu les constructeurs, en abandonnant les dispositifs mauvais et les formes vicieuses, sont arrivés à adopter tous un certain nombre de dispositions qui font qu'actuellement, les alternateurs sortant des ateliers de divers pays ne diffèrent plus entre eux que par des détails souvent sans importance.

Avant d'étudier la construction des alternateurs modernes, et pour bien comprendre les raisons qui ont poussé les constructeurs à s'arrêter tous au même type, il est bon de passer rapidement en revue les principaux modèles d'alternateurs employés autrefois. On pourra ainsi beaucoup mieux se rendre compte des conditions auxquelles les alternateurs doivent satisfaire et des dispositions que l'on doit éviter.

D'autre part, si l'on a abandonné depuis quelques années la construction des différents types d'alternateurs que l'on va décrire maintenant, il n'en existe pas moins plusieurs de ces anciens modèles encore en fonctionnement.

Tout alternateur étant composé de deux parties bien distinctes, l'induit et l'inducteur, on étudiera successivement les différentes formes qui ont été employées pour chacune de ces deux parties.

CLASSIFICATION SUIVANT LA NATURE DE L'INDUIT

Nous avons vu que l'on peut ranger tous les induits en 3 catégories :
Les induits à disque ;
Les induits à anneau ;
Les induits en tambour.

Dans le cas du courant continu, on a d'ailleurs la même classification.

I. — **Induits à disque.**

Les alternateurs avec induit à disque les plus connus sont : ceux de Siemens (1878), qui furent très employés en Allemagne ; ceux de Ferranti (1882) en Angleterre, puis en France ; ceux de Ferranti-Patin, en France surtout ; et ceux de Mordey (1888), qui eurent beaucoup de succès, en Angleterre principalement.

Les alternateurs à disque sont aujourd'hui complètement abandonnés, même en Angleterre, où, pendant longtemps, ils ont été préférés à tous les autres types.

ALTERNATEUR FERRANTI

Sensiblement semblable à celui de Siemens.

Dans le modèle classique établi en 1882, l'inducteur était fixe et l'induit tournant.

Inducteur. — L'inducteur, du type hétéropolaire, était formé de 2 cercles CC′ placés en face l'un de l'autre et sur lesquels étaient fixés les noyaux polaires NS (fig. 63 et 64).

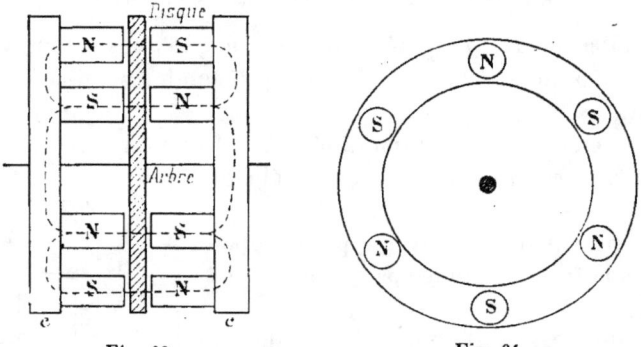

Fig. 63.   Fig. 64.
Alternateur Ferranti (inducteur).

Si l'on regarde, suivant un plan perpendiculaire à l'arbre, un des cercles inducteurs après avoir enlevé l'autre cercle, on a la figure 64.

Pour simplifier, on n'a pas représenté les bobines inductrices qui entourent les noyaux polaires NS.

Les lignes de force sont figurées en pointillé.

Induit. — Entre les deux cercles tournait l'induit, formé d'un ruban de cuivre que l'on enroulait en plusieurs bobines, suivant la forme indiquée (fig. 65).

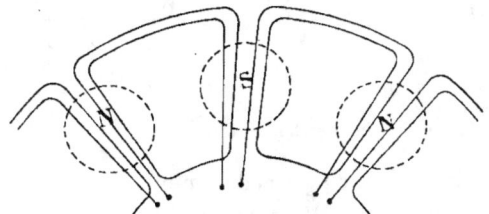 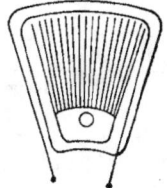

Fig. 65. — Alternateur Ferranti (induit).   Fig. 66.
Induit Ferranti. Bobine.

Les noyaux de ces bobines étaient constitués par des lames de laiton disposées en éventail, isolées entre elles par de l'amiante et fixées à un bloc de laiton percé d'un trou, où l'on engageait un boulon servant à fixer les bobines à la carcasse de l'induit (fig. 66).

Les bobines pouvaient être montées suivant les cas en série ou en parallèle.

On remarquera que cet enroulement est semblable à un type

d'enroulement monophasé à bobines que l'on étudiera dans la suite.

ALTERNATEUR VOLANT FERRANTI-PATIN

Cet alternateur, qui a été employé dans quelques secteurs parisiens, est à induit fixe et à inducteur mobile, celui-ci formant volant.

L'inducteur, qui est toujours plus lourd que l'induit, convenait mieux que celui-ci pour jouer le rôle de volant.

Cet inducteur, qui est du type homopolaire, a la forme indiquée par les figures 67 et 68.

L'induit est absolument semblable à

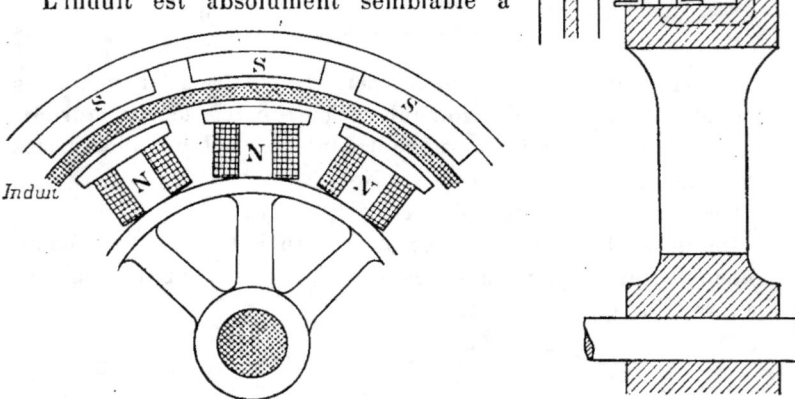

Fig. 67. — Inducteur coupe par un plan perpendiculaire à l'axe. Alternateur volant Ferranti-Patin.

Fig. 68. — Inducteur coupe axiale.

celui de l'alternateur Ferranti décrit précédemment, mais au lieu d'avoir la forme d'un disque, il a celle d'un cylindre.

Malgré cela, cet induit ne dérive pas moins, comme principe, du type dont la forme ordinaire est celle d'un disque, et qui a pour caractéristique principale de n'avoir pas de fer.

ALTERNATEUR MORDEY (1888)

L'induit, qui est fixe, est semblable à celui de l'alternateur Ferranti. L'inducteur, qui est homopolaire, et n'a qu'une seule bobine d'excitation, sera décrit lorsqu'on examinera les différents types d'inducteurs (fig. 69).

Avantages et inconvénients des induits à disque. — Les induits à disque ne possédaient en général pas de fer ; aussi appelait-on souvent les alternateurs que l'on vient de décrire, alternateurs à induit sans fer.

Les pertes dites *dans le fer* étaient donc nulles, ce qui était surtout avantageux dans le cas de fréquences élevées et, d'autre part, il était facile d'obtenir une force électromotrice induite bien sinusoïdale.

Par contre, à cause de la grandeur de l'entrefer, entrefer qui comprenait tout l'induit, la dépense d'excitation était assez considérable, et, d'autre part, par suite de l'absence de fer, les efforts s'exerçant directement sur le cuivre de l'induit

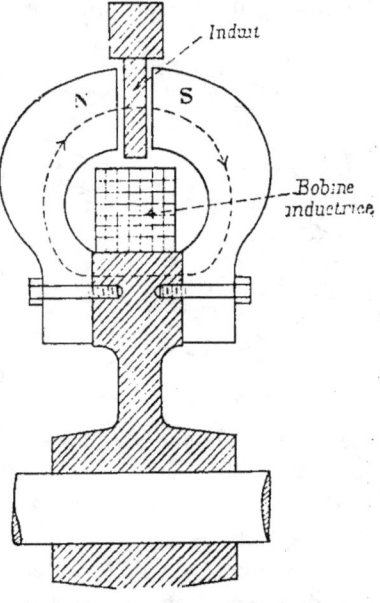

Fig. 69. — Alternateur Mordey.

qu'il était d'ailleurs difficile de fixer d'une façon bien rigide, on avait à craindre de fréquentes détériorations de cet enroulement induit, surtout si l'alternateur devait alimenter des moteurs donnant lieu à des à-coups. C'était là un inconvénient très grave.

II. — Induits à anneau.

Vers 1878, Gramme imagina un alternateur avec induit à anneau, qui est resté célèbre.

Cet alternateur était à inducteur tournant et à induit fixe.

L'inducteur, du type hétéropolaire, était semblable en principe à celui des alternateurs modernes.

L'induit était formé d'un anneau en fil de fer ou en tôles, sur lequel étaient enroulées un certain nombre de spires divisées en plusieurs sections, chaque section correspondant à un pôle.

On pouvait, suivant la tension à obtenir, coupler ces sections, soit en série, soit en parallèle. On réalisait ainsi un alternateur monophasé.

Ce qui rend cet alternateur particulièrement intéressant, c'est que Gramme avait eu l'idée, pour obtenir une meilleure utilisation de l'induit, de placer sur son anneau plusieurs enroulements (4 en général) décalés entre eux par rapport à l'inducteur, indépendants les uns des autres, et destinés à alimenter chacun un circuit de lampes distinct.

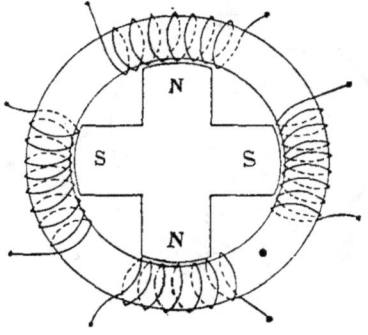

Fig. 70. — Alternateur Gramme.

Les courants induits dans les divers enroulements n'étaient pas en phase entre eux. Ainsi, dans le cas de la fig. 71 où l'on n'a figuré que 2 enroulements, les courants sont décalés à 90°; on a donc des courants diphasés. Avec 3 enroulements, on aurait pu avoir des courants triphasés.

L'alternateur Gramme était donc un véritable alternateur polyphasé.

L'enroulement de l'alternateur de Gramme rentre dans la catégorie des enroulements *ouverts*, c'est-à-dire de ceux qui ne sont pas nécessairement fermés sur eux-mêmes à l'intérieur de l'induit, comme les enroulements employés en courant continu qui doivent former plusieurs circuits en parallèle, c'est-à-dire plusieurs circuits fermés sur eux-mêmes à l'intérieur de l'induit.

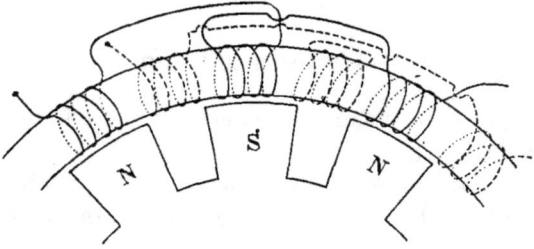

Fig. 71. — Alternateur Gramme. Création de circuits induits polyphasés indépendants.

On peut très bien dans le cas de l'anneau, comme d'ailleurs pour toutes les formes de l'induit, employer les enroulements fermés. On a alors le même enroulement que dans le cas d'une machine à courant continu à anneau, avec cette différence que le collecteur est remplacé par des bagues reliées à des prises de courant, prises faites à des endroits convenables pour permettre d'obtenir des courants monophasés ou polyphasés. Ces dispositions sont trop connues pour qu'il soit utile d'insister.

L'induit à anneau ordinaire, c'est-à-dire l'induit des dynamos à courant continu, mais avec des bagues remplaçant le collecteur, est surtout employé dans le cas de machines de faible puissance, car, en faisant l'inducteur fixe et l'induit mobile, on peut adjoindre un petit collecteur permettant d'obtenir très simplement le courant nécessaire à l'excitation de l'inducteur.

Avantages et inconvénients des induits à anneau. — Ce sont à peu près les mêmes que ceux déjà signalés dans le cas des dynamos à courant continu (1).

Avantages. — *a*) Faible différence de potentiel entre les conducteurs voisins. Cet avantage, qui était autrefois très important, n'existe plus maintenant, à cause de la meilleure qualité des isolants employés, et surtout à cause de la disposition adoptée actuellement, qui permet de maintenir très écartés les uns des autres les conducteurs entre lesquels existe une différence de potentiel un peu élevée.

b) Emploi possible de l'induit lisse, les conducteurs pouvant être maintenus beaucoup plus solidement que dans le cas du tambour.

L'induit lisse présente l'avantage de permettre la réalisation d'une f.é.m. très sinusoïdale ; par contre, il nécessite une grande dépense d'excitation, et l'on a à craindre dans les conducteurs induits des courants de Foucault très considérables et des détériorations fréquentes, que l'on peut éviter avec les induits dentés.

Inconvénients. — *a*) Les conducteurs sont mal utilisés.

b) L'enroulement doit être toujours fait à la main.

c) La réaction d'induit est très forte.

En fait les induits à anneau sont aujourd'hui complètement abandonnés.

III. — Induits en tambour.

Ce sont, à l'heure actuelle, les seuls employés. On les décrira en détail en étudiant la construction des alternateurs modernes.

---

(1) Voir *Cours municipal d'électricité industrielle.* Courants continus. Geisler, éditeur à Paris.

On peut ranger dans la classe des induits en tambour, une forme d'induit qui semble cependant à première vue en différer beaucoup. C'est celle des induits appelés souvent « induits polaires » dont le type le plus connu est l'induit de l'alternateur Ganz-Zypernowsky.

ALTERNATEUR GANZ-ZYPERNOWSKY A INDUIT POLAIRE

L'inducteur est mobile et l'induit fixe.

L'inducteur et l'induit sont formés de tôles. Dans l'inducteur, les tôles sont estampées en forme de V et entrecroisées; dans l'induit, elles ont la forme d'un T (fig. 72).

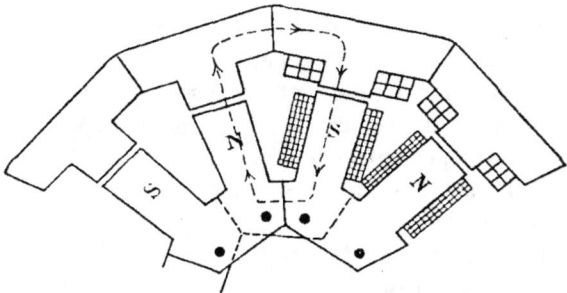

Fig. 72. — Alternateur Ganz-Zypernowsky.

Sur l'inducteur et sur l'induit sont disposées des bobines, de telle sorte qu'il n'y a pas de différence en principe entre l'induc-

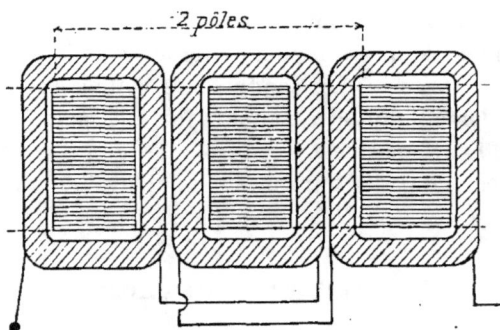

Fig. 73. — Alternateur Ganz-Zypernowsky. Développement d'un induit monophasé.

teur et l'induit. C'est pour cette raison qu'on appelle souvent les induits de cette forme « induits polaires ».

On peut voir facilement que cet induit n'est pas autre chose qu'un induit en tambour avec une seule dent, ou une seule encoche par pôle.

Il suffit pour cela de considérer l'induit en le représentant développé suivant le mode habituel.

La figure 73 représente un alternateur monophasé.

Pour faire un alternateur triphasé, il faudrait avoir 3 dents par paire de pôles (fig. 74); on aurait alors un bobinage avec bobines courtes.

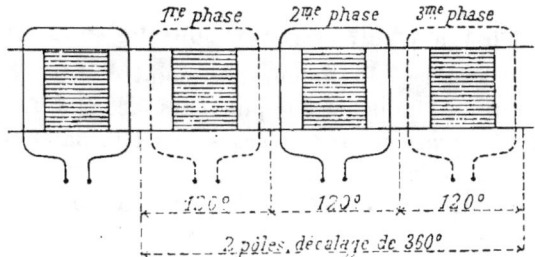

Fig. 74. — Alternateur Ganz-Zypernowsky. Développement d'un induit triphasé.

Avantage principal de cet alternateur. — Les bobines étant séparées les unes des autres, cet alternateur se prête bien à la production directe de la haute tension; aussi a-t-il été très employé autrefois dans ce but.

Inconvénients principaux. — La force électromotrice induite a une courbe très différente de la sinusoïdale.

Les pôles inducteurs doivent être entièrement feuilletés, car le flux varie beaucoup dans les pôles, suivant qu'ils sont devant les dents ou devant les encoches. L'inducteur est donc moins robuste.

Le cuivre induit est mal utilisé dans les alternateurs polyphasés, à cause de l'emploi de bobines courtes.

La construction de ces alternateurs a été abandonnée complètement peu de temps avant 1900, mais il en existe encore un certain nombre en fonctionnement.

Enroulement en tambour à courant continu, utilisé pour les alternateurs de faible puissance.

L'enroulement en tambour à courant continu, comme l'enroulement à anneau, peut être employé pour réaliser un alternateur en disposant, comme on le sait, des prises de courant reliées à des bagues.

Actuellement, l'enroulement en tambour à courant continu est encore employé pour produire du courant alternatif, mais seulement dans le cas des commutatrices ou dans celui des machines de faible puissance (au-dessous d'une vingtaine de chevaux), à cause de la simplicité avec laquelle on peut obtenir le courant continu nécessaire à l'excitation, en ajoutant un petit collecteur.

La construction de ces machines est sensiblement la même que celle des dynamos à courant continu.

CLASSIFICATION SUIVANT LA NATURE DE L'INDUCTEUR

On peut classer les alternateurs, au point de vue de la forme ou de la nature de l'inducteur, de plusieurs façons différentes :

1° *Suivant la nature de l'inducteur.* — Les alternateurs homopolaires, ou à flux ondulé ;

Les alternateurs hétéropolaires ou à flux alterné.

2° *Suivant la nature de l'enroulement inducteur.* — Les alternateurs à une seule bobine d'excitation ;

Les alternateurs à plusieurs bobines d'excitation.

3° *Suivant la partie tournante.* — Les alternateurs à induit fixe et inducteur mobile ;

Les alternateurs à induit mobile et inducteur fixe ;

Les alternateurs à enroulements inducteurs et induits fixes, ou alternateurs à fer tournant.

I. — **Alternateurs homopolaires**.

1° TYPES A UNE SEULE BOBINE D'EXCITATION

A. BOBINE D'EXCITATION MOBILE

Dans la classe de l'induit à disque, l'alternateur Mordey, dont on a déjà parlé, peut être considéré comme le type de cette catégorie.

L'inducteur est formé d'une roue en fonte sur laquelle est placée une grande bobine d'excitation ayant pour axe l'arête de l'alternateur.

Sur les deux côtés de cette roue sont boulonnées deux flasques formant les pièces polaires.

La figure 75 représente l'alternateur vu suivant un plan axial, c'est-à-dire en supposant l'alternateur coupé à moitié par un plan passant par l'arbre et redressé ensuite suivant ce plan.

La figure 76 représente une telle coupe suivant un plan perpendiculaire à l'arbre.

Comme on le voit, il n'y a qu'un seul circuit magnétique, mais qui, dans l'induit, se divise en plusieurs branches.

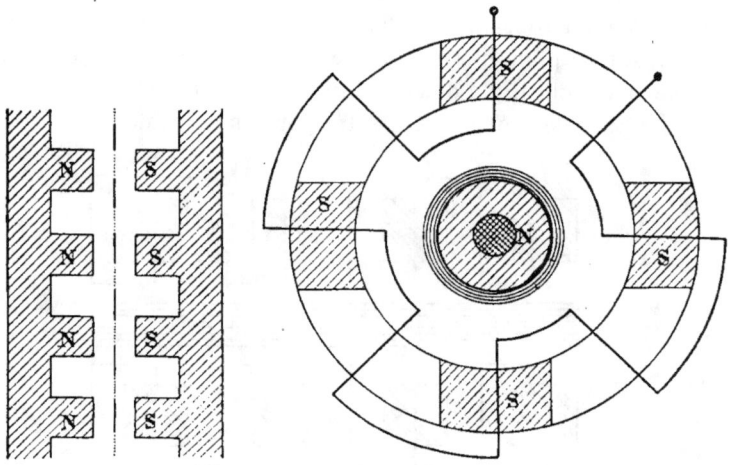

Fig. 75. — Alternateur Mordey (disque). Inducteur avec une seule bobine d'excitation. Coupe axiale.

Fig. 76. — Alternateur Mordey (disque). Vue en coupe perpendiculaire à l'axe.

Dans le cas de l'induit en tambour, si on représente l'alternateur en coupe par un plan passant par l'arbre, on a la figure 77.

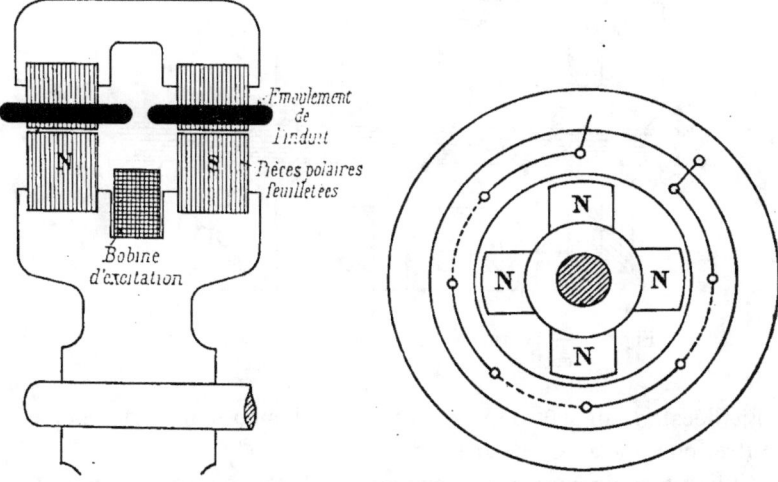

Fig. 77. — Alternateur homopolaire (tambour) une seule bobine d'excitation. Coupe axiale.

Fig. 78. — Alternateur homopolaire à tambour, avec bobine d'excitation unique. Coupe perpendiculaire à l'axe.

Si l'on regarde l'alternateur de face, l'on a la figure 86, dans laquelle on n'a représenté, pour simplifier, qu'une seule bobine induite par paire de pôles. Si maintenant l'on coupe cet alternateur par un plan passant par l'arbre, et si on le suppose développé suivant un plan comme dans la figure 75, on a la figure 79.

Comme on le voit, il y a deux enroulements distincts, l'un coupé uniquement par des pôles sud, l'autre par des pôles nord.

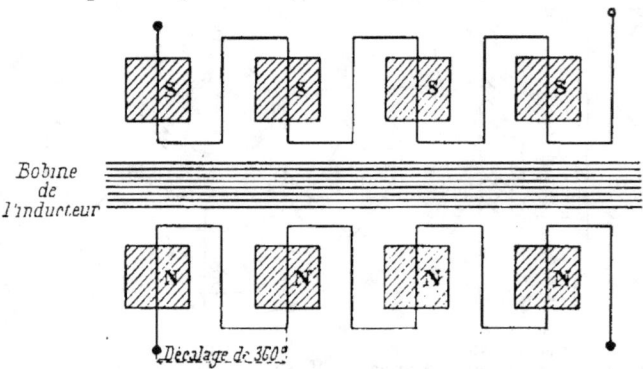

Fig. 79. — Alternateur homopolaire à bobine unique. Possibilité de couplage en série ou en parallèle des enroulements induits.

On peut coupler ces enroulements, soit en série, soit en parallèle.

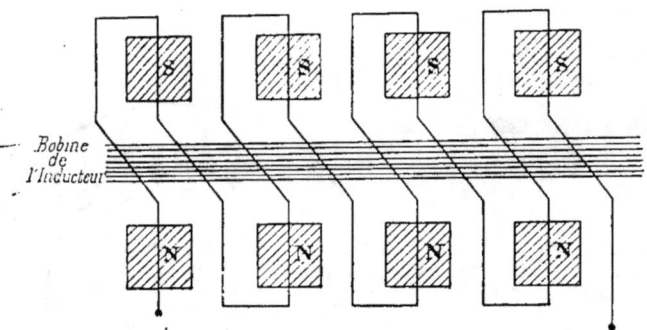

Fig. 80. — Alternateur homopolaire à bobine unique. Constitution d'un circuit induit unique.

En décalant de 90° l'un de ces enroulements par rapport à l'autre, on a un alternateur diphasé.

Au lieu d'avoir deux enroulements distincts, on peut très facilement n'en avoir qu'un seul, en adoptant le dispositif de la figure 80.

On peut également décaler les pôles inducteurs au lieu de décaler les conducteurs induits (fig. 81).

Dans le premier cas, l'alternateur est dit à pôles non décalés, et dans le second à pôles décalés.

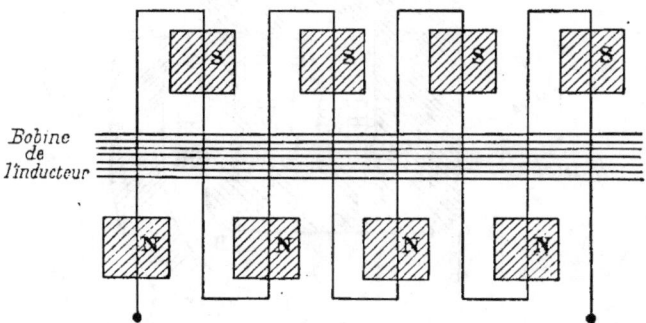

Fig. 81. — Alternateur homopolaire à bobine unique. Réalisation de l'alternateur à circuit induit unique par décalage des pôles inducteurs.

Des alternateurs à pôles non décalés ont souvent été construits par la maison Brown-Boveri. Comme exemple de ce type aujourd'hui abandonné, on peut citer les alternateurs qui ont été fournis pour alimenter les tramways à courants triphasés de Lugano.

B. BOBINE D'EXCITATION FIXE

Alternateurs homopolaires à fer tournant et à une seule bobine d'excitation. — Si dans les alternateurs précédents, on fixe à l'induit la bobine d'excitation, et si l'on fait tourner seulement le fer inducteur, on a des alternateurs semblables aux précédents, mais dans lesquels tous les enroulements sont fixes. Ces alternateurs portent le nom d'alternateurs à fer tournant.

Ils ont eu beaucoup de succès il y a une douzaine d'années environ, et ont été construits par presque toutes les grandes maisons, en particulier par les ateliers d'Oerlikon, la maison Brown-Boveri, la Société Alioth, l'A. E. G., etc.

On en trouve encore plusieurs modèles dans les Alpes, en particulier à l'usine du Bréda, de la Société du Haut-Graisivaudan, qui alimente Chambéry.

Il existe encore un grand nombre de machines pouvant se ramener en principe à ce type d'alternateur, comme les alternateurs Mordey, Thomson, Stanley, etc.

On se bornera ici à décrire seulement l'alternateur Thury, qui présente une forme intéressante, et dont on retrouve encore quelques modèles dans la région, en particulier à l'usine de Chèvres

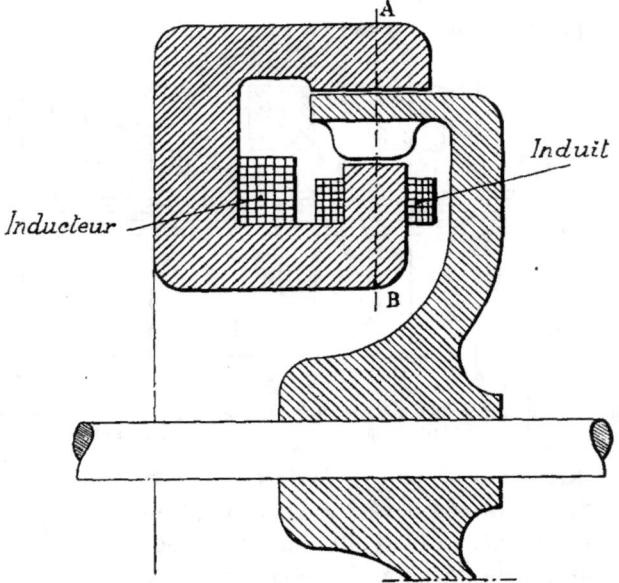

Fig. 82. — Alternateur Thury. Coupe par un plan axial.

qui alimente Genève, et à l'usine de carbure de N. D. de Briançon.

La figure 82 représente une coupe par un plan passant par l'arbre de l'alternateur Thury.

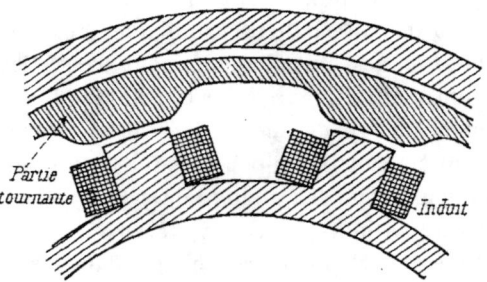

Fig. 83. — Alternateur Thury. Coupe par un plan perpendiculaire à l'axe.

La figure 83 représente une coupe faite suivant AB.

Avec un peu d'attention, on voit facilement que cet alternateur est semblable en principe au type précédent, bien que la forme en soit assez différente.

Dans les alternateurs à fer tournant, les variations de flux dans l'induit ne sont pas produites par le déplacement relatif propre du flux et de l'induit, mais plutôt par la variation de réluctance du circuit magnétique ; aussi appelle-t-on quelquefois ces alternateurs « alternateurs à réluctance variable ».

2° ALTERNATEURS HOMOPOLAIRES POSSÉDANT PLUSIEURS BOBINES D'EXCITATION

C'est une erreur assez répandue que de croire que tous les alternateurs à une seule bobine sont homopolaires, et que tous ceux à plusieurs bobines sont hétéropolaires.

En général, les alternateurs homopolaires ne possèdent qu'une seule bobine d'excitation ; il est cependant possible d'en construire avec plusieurs bobines.

A. BOBINES D'EXCITATION MOBILES

Pour réaliser un alternateur homopolaire à plusieurs bobines d'excitation mobiles, il suffirait par exemple de remplacer la bobine unique de l'alternateur Mordey par plusieurs bobines placées sur les pièces polaires (fig. 84).

Ce genre d'alternateur n'offre aucun intérêt.

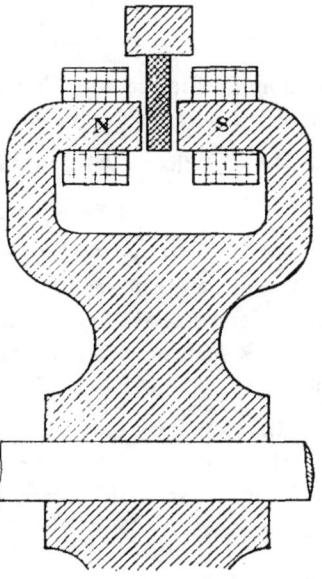

Fig. 84. — Réalisation théorique d'un alternateur homopol. à plusieurs bobines d'excitation mobiles.

B. BOBINES D'EXCITATION FIXES

On peut également réaliser un alternateur homopolaire avec plusieurs bobines d'excitation fixes et à fer tournant.

Comme exemple, on peut citer l'alternateur Kingdon qui n'offre plus qu'un intérêt historique.

Dans cet alternateur (fig. 85), la carcasse portait une série de noyaux polaires sur lesquels étaient placées alternativement une bobine inductrice et une bobine induite.

Des masses de fer M fixées à un volant produisaient des variations de réluctance et par suite des variations de flux dans les circuits magnétiques formés par une bobine de l'induit et une

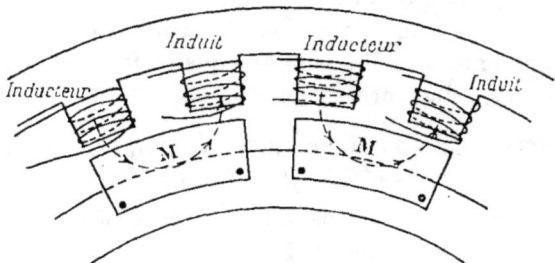

Fig. 85. — Alternateur Kingdon. Coupe par un plan perpendiculaire à l'axe.

bobine de l'inducteur, d'où production d'une force électromotrice dans les bobines de l'induit.

II. — Alternateurs hétéropolaires.

1° UNE SEULE BOBINE D'EXCITATION

A. BOBINE D'EXCITATION MOBILE

Les premiers alternateurs de ce type ont été étudiés par M. Brown, ingénieur aux ateliers d'Oerlikon, et construits dans ces ateliers vers 1890-91, pour le célèbre transport de force de Lauffen à Francfort.

Alternateurs d'Oerlikon. Dans cet alternateur, l'induit était en tambour, du type moderne.

L'inducteur était formé par une roue en fonte sur laquelle était enroulée la bobine inductrice.

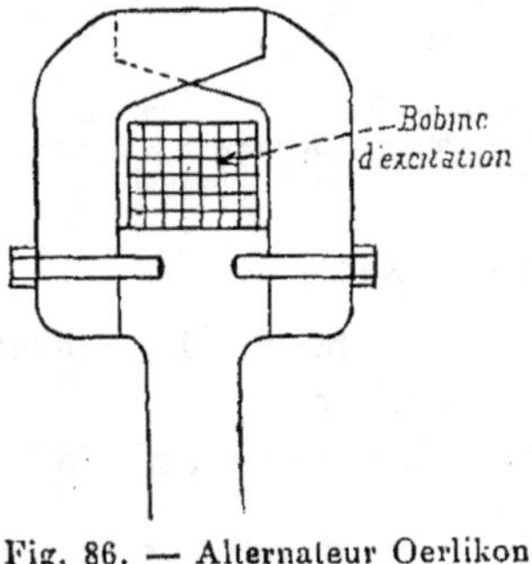

Sur chaque côté de cette roue était boulonné un bandage en acier portant des pièces polaires ayant la forme des figures 86 et 87.

Ces pièces polaires étaient entrecroisées.

Ce type d'alternateur, qui est resté classique, fut remplacé par les alternateurs à fer tournant.

Fig. 86. — Alternateur Oerlikon (Lauffen-Francfort).

En outre des inconvénients inhérents à la bobine unique d'excitation (inconvénients que l'on indiquera dans la suite), ce type d'alternateur avait le défaut de posséder une très grande dispersion magnétique. Il en résultait une chute de tension considérable.

Ces alternateurs convenaient bien pour l'électrochimie, où l'on a précisément besoin d'une grande chute de tension pour limiter le courant de court-circuit.

C'était pour éviter la grande dispersion de l'alternateur d'Oerlikon que la Maison Brown-Boveri avait imaginé de supprimer les parties des pôles qui sont en porte-à-faux et de créer ainsi le type d'alternateur homopolaire de la figure 81.

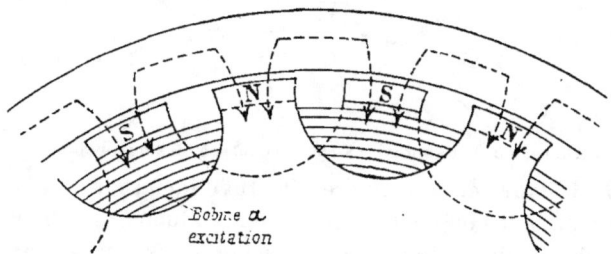

Fig. 87. — Alternateur Oerlikon (Lauffen-Francfort).

B. BOBINAGES INDUCTEUR ET INDUIT FIXES

Alternateurs hétéropolaires à fer tournant avec une seule bobine d'excitation. — Il serait possible de faire de semblables alternateurs, mais leur construction serait difficile, et sans avantages ; aussi n'en existe-t-il pas de modèles industriels.

2° — ALTERNATEURS HÉTÉROPOLAIRES A PLUSIEURS BOBINES D'EXCITATION

A. BOBINES D'EXCITATION MOBILES

Ce sont les alternateurs modernes dont nous étudierons la construction en détail dans les 3ᵉ et 4ᵉ leçons.

B. BOBINAGES INDUIT ET INDUIT FIXES

Alternateurs hétéropolaires à fer tournant et à plusieurs

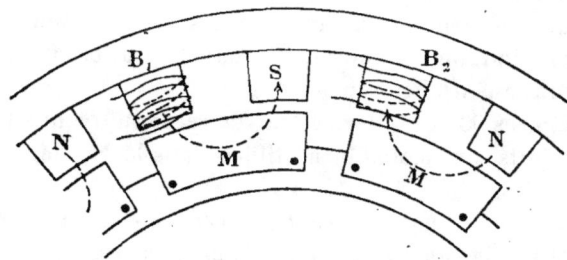

Fig. 88. — Alternateur hétéropolaire à fer tournant et à plusieurs bobines d'excitation.

bobines d'excitation. — Il n'existe généralement pas de modèles industriels de cette catégorie. Il serait cependant aussi possible

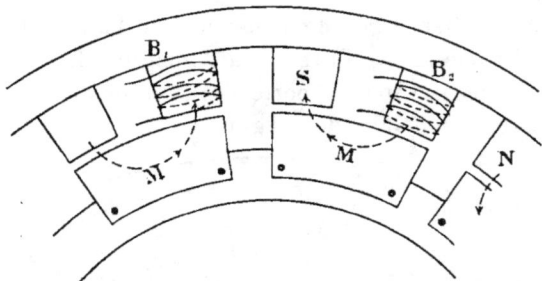

Fig. 89. — Alternateur hétéropolaire à fer tournant et à plusieurs bobines d'excitation.

d'en créer. Pour s'en convaincre, il suffit d'imaginer un alternateur de Kingdon, dans lequel les bobines de l'inducteur, au lieu de donner des flux toujours de même sens, seraient disposées pour donner des flux alternés (bobines N S) dans les bobines $B_1 B_2$... de l'induit.

Si on considère la bobine B_1 par exemple, on voit facilement que le flux qui la traverse, dans le cas de la figure 89, est de sens inverse à celui qui la traverse dans le cas où la partie tournante est placée comme l'indique la figure 88.

On peut donc bien réaliser ainsi un alternateur hétéropolaire à fer tournant, mais la construction d'un tel alternateur ne présente pas d'intérêt, à cause surtout de son poids considérable et de la chute de tension énorme qui serait due à la dispersion magnétique.

Comparaison entre les alternateurs homopolaires et hétéropolaires. — 1° *Au point de vue du poids.* — A puissance égale, les alternateurs homopolaires sont plus lourds et plus encombrants que les alternateurs hétéropolaires. Ainsi, d'après M. Boucherot, un alternateur hétéropolaire pesant 50 tonnes donnerait la même puissance qu'un alternateur homopolaire de 85 tonnes.

Ce fait provient de ce que, toutes choses égales d'ailleurs, la f. e. m. induite est plus faible dans les alternateurs homopolaires que dans les hétéropolaires.

Les figures 90 et 91 permettent de reconnaître que les conducteurs induits sont moins bien utilisés dans le cas de l'alternateur homopolaire.

2° *Au point de vue de la chute de tension.* — Elle est en général plus grande dans les alternateurs homopolaires, car les fuites magnétiques (dispersion) sont plus considérables.

3° *Au point de vue des harmoniques.* — Les alternateurs hétéropolaires donnent une courbe de f.é.m. se rapprochant ordinairement davantage de la sinusoïde.

Dans les alternateurs homopolaires, les maxima et les minima de la courbe de la f. e. m. peuvent très bien ne pas être équidis-

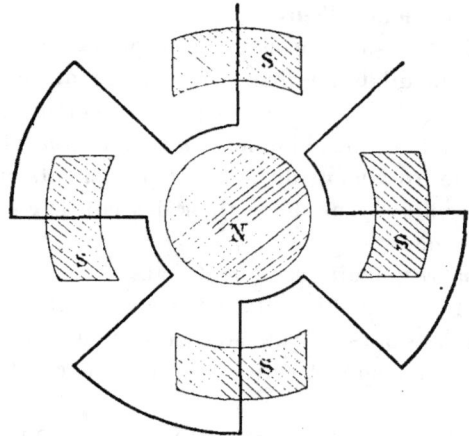

Fig. 90. — Alternateur homopolaire Mordey. Sommation des f.é.m. partielles des conducteurs induits.

tants des points de tension nulle, d'où souvent la présence d'harmoniques d'ordre pair.

4° *Au point de vue de la robustesse.* — Le principal avantage des alternateurs homopolaires résidait autrefois dans la possibilité de constituer avec eux, d'une façon pratique, des alternateurs à fer

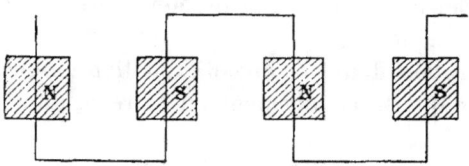

Fig. 91. — Sommation des f. é. m. partielles dans les conducteurs induits d'un alternateur hétéropolaire.

tournant qui, par suite de l'absence d'enroulements mobiles, présentaient une grande solidité et permettaient d'atteindre de grandes vitesses tangentielles, plus de 40 mètres par seconde.

Actuellement, cet avantage n'offre plus d'intérêt puisque l'on arrive très bien, et sans inconvénients, avec des alternateurs hétéropolaires, aux mêmes vitesses tangentielles en employant des bobines inductrices faites d'un ruban de cuivre enroulé sur champ.

**Avantages et inconvénients d'une bobine unique d'excitation.
— Avantages.** — Économie très sensible de cuivre, de courant d'excitation et de main-d'œuvre.

Inconvénients. — 1° L'inconvénient le plus grave est le suivant :
Par suite de la dilatation due à l'échauffement, les conducteurs prennent un peu de jeu et de légers déplacements se produisent alors dans les spires, sous l'influence des vibrations et des à-coups A la longue, le frottement dû à ces déplacements finit par user l'isolement des fils et par déterminer des courts-circuits à l'intérieur de la bobine.

Ce défaut se reconnaît facilement par la nécessité où l'on est d'augmenter le courant d'excitation pour maintenir constant le nombre d'ampère-tours, et par suite la tension, malgré la réduction du nombre de spires, celles qui sont en court-circuit étant inutiles.

Dans le cas d'un moteur synchrone, ce défaut se décèle à l'augmentation du courant de ligne absorbé par le moteur, ou bien à la nécessité d'augmenter le courant inducteur pour obtenir le même courant de ligne, toutes choses égales d'ailleurs.

Ces courts-circuits se produisent d'autant plus facilement que les bobines sont plus grandes, car les conducteurs peuvent se déplacer plus facilement ; aussi étaient-ils assez fréquents dans les inducteurs munis d'une seule bobine d'excitation. C'est surtout pour cette raison que l'on a abandonné actuellement la bobine d'excitation unique.

2° La réparation d'une bobine d'excitation unique est toujours plus difficile que le changement ou la réparation d'une bobine polaire.

3° La dispersion magnétique est beaucoup plus grande avec une bobine unique qu'avec des bobines placées sur les noyaux polaires, c'est-à-dire très près de l'induit.

4° La self-induction d'une bobine unique étant très grande, celle-ci risque fort d'être percée par l'extra-courant de rupture, si le circuit d'excitation vient à être coupé trop brusquement.

Avantages et inconvénients des alternateurs à fer tournant. —
Le principal avantage de ces alternateurs était, comme on l'a déjà

dit, d'être très robustes, puisque la partie tournante était simplement formée de masses de fer sans enroulements.

Comme inconvénients, on peut surtout reprocher aux alternateurs à fer tournant [qu'ils soient homopolaires ou hétéropolaires] un poids considérable et une grande chute de tension.

Avantages présentés par le choix d'un induit fixe et d'un inducteur mobile. — 1° Il est plus facile d'isoler des enroulements fixes que des enroulements mobiles, dont on a à craindre également l'usure rapide par suite de trépidations.

Or le courant inducteur est toujours à basse tension, rarement au-dessus de 110 volts, tandis que l'induit, dans les alternateurs actuels, doit produire en général un courant à haute tension.

2° Le courant absorbé par l'inducteur correspondant au plus à 3 % de la puissance débitée par l'induit, il est bien plus facile de faire passer ce courant par des bagues tournantes et des balais.

3° L'inducteur est plus robuste que l'induit. Celui-ci doit être toujours feuilleté et muni d'encoches, tandis que les pôles inducteurs sont souvent massifs et peuvent être fixés solidement à la roue polaire.

4° L'inducteur, étant plus lourd et plus massif, peut former volant plus facilement que l'induit.

REMARQUES GÉNÉRALES. — L'étude que l'on vient de faire des principaux types d'alternateurs employés autrefois permet de se rendre compte maintenant de la façon dont s'est modifiée la construction des alternateurs, et de comprendre les raisons qui ont déterminé les constructeurs à adopter le type moderne.

Tout d'abord, il semble que ce soit principalement sur l'induit que les constructeurs aient commencé à porter leur attention. Cela se comprend facilement, car, si au début les inducteurs avaient un fonctionnement satisfaisant, les induits, qui étaient surtout du type à disque, présentaient les graves inconvénients que l'on a signalés.

Peu à peu les induits à disque et à anneau ont été abandonnés pour les induits polaires, puis pour les véritables induits en tambour, c'est-à-dire les induits modernes.

Pendant que l'induit, point délicat de la machine, se modifiait ainsi, l'inducteur, qui était d'une construction plus robuste et plus facile, semblait plutôt subir les transformations de l'induit, et les constructeurs paraissaient moins chercher à lui donner les dispositions en fait les plus avantageuses, à son point de vue propre, que de s'efforcer de l'adapter aux diverses formes de l'induit.

Une fois que l'induit eut obtenu la forme qu'il a à peu près conservée actuellement, l'attention des constructeurs se porta alors principalement sur l'inducteur, qui subit des modifications importantes et intéressantes, mais qui finit par reprendre la forme simple qu'il avait autrefois dans les alternateurs de Lontin (1876) (alternateur analogue à celui de Ganz-Zypernowsky avec induit polaire fixe et son inducteur hétéropolaire tournant), de Gramme, de Ganz-Zypernowsky, etc...

On chercha surtout à simplifier l'inducteur en ne mettant qu'une seule bobine d'excitation. C'est en 1891 que sortirent des ateliers d'Oerlikon les alternateurs hétéropolaires à une seule bobine, destinés au transport d'énergie de Lauffen à Francfort. Les alternateurs de ce type, restés célèbres sous le nom d'alternateurs de Lauffen, ont été abandonnés vers 1893-1894, pour se voir préférer les alternateurs à fer tournant, dont on espérait beaucoup il y a une douzaine d'années.

Ainsi qu'on l'a déjà dit en effet, les alternateurs de Lauffen présentaient une grande dispersion. La maison Brown-Boveri imagina d'abord de couper les parties des pièces polaires en porte-à-faux, puis, comme la bobine unique d'excitation était sujette à de fréquents courts-circuits intérieurs, à cause de son mouvement de rotation, il vint naturellement à l'esprit des constructeurs de fixer celle-ci à l'induit et de ne faire tourner que le fer inducteur.

Les alternateurs à fer tournant furent très appréciés, surtout dans les usines électrochimiques, alors très prospères, mais un peu avant 1900, lorsque les distributions de force motrice et d'éclairage commencèrent à prendre un développement considérable, il fallut chercher à établir des machines d'un poids moins grand et surtout possédant une chute de tension plus faible. On abandonna alors résolument la bobine unique d'excitation, et par suite les alternateurs à fer tournant, pour adopter le type moderne, que l'on va maintenant étudier en détail.

TROISIÈME LEÇON

CONSTRUCTION DES ALTERNATEURS MODERNES

GÉNÉRALITÉS — ÉTUDE DÉTAILLÉE DE L'INDUIT — ENROULEMENTS PRATIQUEMENT EMPLOYÉS

Dispositions communes à tous les alternateurs modernes. — On peut maintenant, par l'étude faite dans les leçons précédentes, comprendre pourquoi tous les constructeurs ont adopté les dispositions suivantes :

Inducteur hétéropolaire,

Induit fixe, inducteur mobile,

Induit extérieur entourant l'inducteur (sauf dans quelques alternateurs volants).

Tous les pôles inducteurs bobinés (on ne fait plus d'inducteurs à une seule bobine.)

Induit toujours à tambour, avec encoches et plusieurs encoches par pôle.

Bobines induites toujours longues (plus de bobines courtes).

Points principaux qui permettent encore de différencier les alternateurs des divers constructeurs. — Les alternateurs des divers constructeurs ne diffèrent plus maintenant entre eux que par quelques modifications, souvent très peu importantes, apportées principalement aux parties suivantes :

Les *pièces polaires*, que chaque constructeur établit à sa manière, plus ou moins empiriquement, pour obtenir une f.é.m bien sinusoïdale.

Les *encoches de l'induit*, qui sont tantôt complètement ouvertes, afin de faciliter le changement des bobines induites, tantôt à demi-fermées, dans le but d'obtenir surtout une f.é.m induite bien sinusoïdale. On ne fait plus d'alternateurs avec encoches complètement fermées.

La *carcasse*, que les constructeurs modifient surtout pour donner une grande rigidité à l'induit, assurer une bonne ventilation, faciliter les réparations et enfin donner à la machine une forme originale, caractéristique de l'atelier.

Actuellement, les constructeurs se préoccupent surtout :

1° D'obtenir des courbes de f.e.m bien sinusoïdales. Il est bon à ce sujet de signaler dès maintenant au lecteur que les harmoniques peuvent être dues aux causes principales suivantes :

Forme des encoches de l'induit,
Nombre de ces encoches,
Forme des pièces polaires,
Ecartement des pôles.

2° De faciliter les réparations ;

3° D'assurer une bonne ventilation afin de pouvoir, toutes choses égales d'ailleurs, augmenter la puissance de leurs machines, et par suite réduire leur prix.

CLASSIFICATION DES ALTERNATEURS MODERNES

Pour un même constructeur, les alternateurs peuvent prendre des formes différentes suivant la vitesse angulaire, la destination des alternateurs, la tension, le nombre de phases, et la position de l'arbre.

I. Suivant la vitesse.

a) **Alternateurs à vitesse angulaire lente ou alternateurs volants.** — Actionnés ordinairement par des machines à vapeur à piston, et tournant entre 60 et 150 tours par minute.

b) **Alternateurs à vitesse angulaire moyenne.** — Actionnés ordinairement par des turbines hydrauliques ou des machines à vapeur à piston à grande vitesse. Leur vitesse varie de 150 à 1.500 tours par minute, suivant leur puissance, et suivant la hauteur de la chute, dans le cas d'une installation hydraulique.

c) **Alternateurs à très grande vitesse angulaire.** — Actionnés surtout par des turbines à vapeur, d'où le nom qu'on leur donne parfois de « Turbo-alternateurs ».

Leur vitesse est comprise entre 750 tours pour les très grandes puissances (10.000 HP) à 3.000 tours pour les puissances moyennes. Ces alternateurs ne se construisent pas en général pour des puissances inférieures à 500 HP.

II. Suivant la destination des alternateurs.

Alternateurs pour l'électrochimie. — Ordinairement à basse tension et à très grande intensité, et possédant une chute de tension considérable pour éviter un courant exagéré, lorsqu'en manœuvrant les électrodes des fours, on les met en court-circuit.

Alternateurs pour transport d'énergie (force et éclairage). — Ordinairement à moyenne tension (1.000 à 10.000 volts) et possédant une chute de tension aussi faible que possible, pour éviter des variations de tension trop grandes avec la charge, ou un réglage de la tension trop difficile.

III. Suivant la tension.

Alternateurs à basse tension.
Alternateurs à haute et moyenne tension.

La différence ne porte que sur les isolants et sur les enroulements, qui sont à barres dans le premier cas et à bobines dans le second.

IV. Suivant le nombre de phases.

Alternateurs monophasés.
Alternateurs triphasés.
Alternateurs diphasés.

V. Suivant la position de l'arbre.

Alternateurs à arbre horizontal.
Alternateurs à arbre vertical.

On étudiera d'abord les dispositions communes à tous les alternateurs et on examinera ensuite les conditions à remplir et les différentes formes adoptées suivant les cas que l'on vient d'indiquer.

DIMENSIONS DES ALTERNATEURS

Les dimensions des alternateurs dépendent à la fois de leur puissance et de leur vitesse angulaire.

On est souvent porté à croire que dans un alternateur, la vitesse angulaire seule détermine le diamètre, par la condition que la vitesse tangentielle doit être la plus grande possible, et que la puissance donne ensuite la largeur.

D'après cela, tous les alternateurs ayant même vitesse angulaire auraient le même diamètre, et il suffirait pour obtenir la puissance voulue de prendre une largeur convenable.

Ce serait vrai si l'on ne devait tenir compte que de la **matière active électrique et magnétique**, c'est-à-dire si l'on ne devait considérer que les matériaux nécessaires pour constituer les circuits électriques et magnétiques, mais, comme le disait M. Boucherot, dans une conférence faite à la Société Française de Physique, *il y a les matériaux de soutènement qui doivent se payer également.* Il faut, en effet, surtout à cause des attractions magnétiques et de la force centrifuge, donner à l'induit et à l'inducteur une très grande rigidité. La carcasse et la roue polaire doivent donc avoir des dimensions et un poids considérables, et d'autant plus forts que le diamètre est plus grand ; aussi, pour une même vitesse angulaire, donne-t-on des diamètres plus petits aux machines de faible puissance.

Pour bien comprendre l'influence de la puissance et de la vitesse angulaire sur les dimensions des alternateurs, on peut raisonner ainsi :

La f.é.m e_{max} développée dans un conducteur de l'induit est donnée par la relation :

$$e_{max} = \mathfrak{B}_{max} LV$$

$\mathfrak{B}_{max}$ = induction maxima dans l'induit
L = largeur de l'induit
V = vitesse de déplacement du flux inducteur
 = vitesse tangentielle de l'inducteur

Si l'on désigne par A un facteur tenant compte du nombre de conducteurs par pôle et du coefficient de réduction du bobinage, la f.é.m totale pour $2p$ pôles est :

$$E_{max} = A . 2p . \mathfrak{B}_{max} LV$$

$$E_{max} = 2 A \, p \, \mathfrak{B}_{max} L \pi \frac{DN'}{60}$$

D = diamètre de l'inducteur
N' = nombre de tours par minute.

Pour une même intensité, la puissance P de l'alternateur est proportionnelle à E_{max}. (Si l'on voulait faire varier P en faisant varier l'intensité, la tension étant supposée la même, on verrait facilement que P serait encore proportionnelle aux quantités contenues dans la formule de E_{max} car, pour faire varier l'intensité sans changer la tension, il suffit de réaliser un montage convenable en parallèle des conducteurs de l'induit.)

Influence de la puissance sur les dimensions des alternateurs pour une même vitesse angulaire. — Si la vitesse angulaire et la fréquence ne changent pas, p sera fixé.

L'induction $\mathcal{B}$ et le facteur A, bien que variant en réalité avec la puissance, peuvent cependant ici être supposés indépendants de celle-ci, car on ne cherche, dans cette approximation grossière, qu'à se rendre compte de l'influence de certaines quantités.

On voit donc que dans ce cas E_{max} et par suite la puissance P ne dépendent que de D et de L.

Pour faire varier la puissance, il faudra donc faire varier convenablement ces deux quantités.

Comme le poids d'un alternateur (matière active et matière de soutènement) peut être supposé grossièrement proportionnel à la largeur L de l'induit et au carré du diamètre D, il en résulte que l'on a intérêt à prendre *un diamètre le plus petit possible et à augmenter la largeur en conséquence*.

On est limité dans la réduction du diamètre par plusieurs conditions, notamment par celles de :

Pouvoir loger tous les conducteurs sur l'induit.

Pouvoir placer convenablement les pôles inducteurs (ceux-ci devant être, autant que possible, aussi larges que longs, pour réduire au minimum le poids du cuivre dans les bobines inductrices).

Donner, dans certains cas (alternateurs volants), un moment d'inertie suffisant à la partie tournante, etc…

Comme ces conditions ont d'autant plus d'influence que la puissance de l'alternateur est plus considérable, on est donc *obligé d'augmenter le diamètre avec la puissance de l'alternateur*.

En résumé, *pour une vitesse angulaire et une fréquence déterminées, on devra chercher à donner à l'alternateur un diamètre aussi petit que possible, mais ce diamètre pourra être d'autant moins petit que la puissance sera plus grande*.

Influence de la vitesse angulaire sur les dimensions des alternateurs pour une même puissance. — La puissance, c'est-à-dire E_{max}, étant donnée, ainsi que la fréquence, on voit, par la formule donnant E_{max}, que si l'on double par exemple la vitesse angulaire, le nombre des pôles devant être divisé par 2, pour que la fréquence reste la même, les dimensions de L et D paraissent ne pas devoir changer.

Cependant, si l'on conserve le même diamètre D, comme en doublant la vitesse angulaire, on quadruple la force centrifuge ($m\omega^2 r$), celle-ci peut devenir trop considérable.

On doit donc réduire D, et on le peut d'autant mieux que le nombre de pôles étant réduit, il faut donner à la circonférence de l'induit une longueur bien moins grande pour pouvoir loger les conducteurs induits et disposer convenablement les pôles inducteurs.

En diminuant le diamètre, malgré l'augmentation proportionnelle de la largeur de la machine, on diminue, ainsi qu'on l'a vu, le poids de celle-ci.

Donc, *pour une même puissance, et une même fréquence, en augmentant la vitesse angulaire, on diminue le poids, et, par suite, le prix des alternateurs.* — On voit tout l'intérêt qu'il y a, lorsqu'on le peut, à adopter de grandes vitesses angulaires. Il y a cependant, à ce point de vue, une limite, ainsi qu'on le verra dans l'étude de la construction des alternateurs commandés directement par des turbines à vapeur.

Plusieurs autres considérations entrent également en jeu pour la détermination des dimensions les plus convenables à donner à un alternateur; aussi, cette détermination ne peut elle être faite que par tâtonnements et empiriquement.

Vitesses angulaires des alternateurs. — La vitesse angulaire d'un alternateur dépend de la fréquence et du nombre de pôles.

On sait que si

$$f = \text{fréquence}$$
$$2p = \text{nombre de pôles,}$$

on a, pour le nombre de tours par minute :

$$N = \frac{f \times 60}{p}.$$

Ainsi un alternateur à 4 pôles devra tourner à 1.500 tours pour donner du courant à 50 périodes.

La fréquence f étant toujours donnée (ordinairement $f = 50$ ou 25), on voit que la relation

$$Np = 60f = C^{te}$$

représente une hyperbole équilatère (courbe de N en fonction de p) (fig. 92).

Cette courbe, que l'on a tracée ici dans le cas de 25 périodes, montre que le nombre de vitesses qu'il est possible de choisir pour un alternateur est très réduit dans le cas des grandes vitesses angulaires, puisque pour 45 périodes, par exemple, on ne peut faire tourner l'alternateur qu'à 500, 700 ou 1.500 tours.

C'est là un inconvénient assez grave, surtout pour le cas d'alternateurs devant être commandés par des turbines à vapeur.

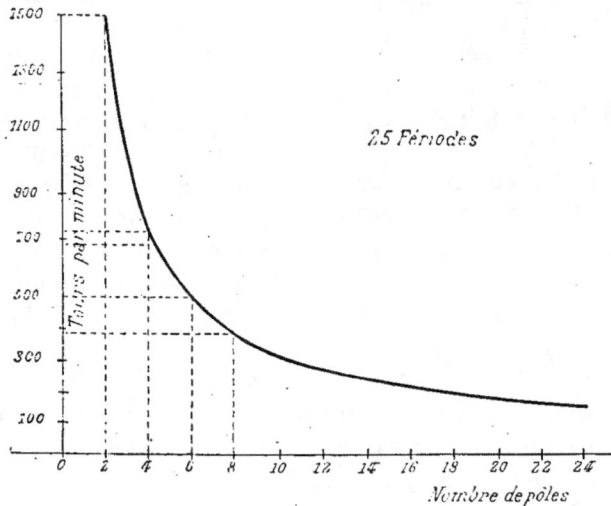

Fig. 92. — Relation entre le nombre de pôles et de tours dans un alternateur à fréquence constante.

ÉTUDE DÉTAILLÉE DE L'INDUIT

L'induit est essentiellement formé de tôles isolées et empilées les unes sur les autres de façon à former un anneau plus ou moins grand, à l'intérieur duquel tourne l'inducteur. Sur sa surface intérieure sont disposés les conducteurs, dans lesquels prennent naissance les forces électro-motrices partielles que des connexions convenables permettent de sommer.

Il comprend trois parties principales que nous allons étudier successivement :

1° La carcasse et le bâti.
2° Les tôles formant le circuit magnétique.
3° L'enroulement.

I. CARCASSE DE L'INDUIT

Elle a pour but de supporter les tôles. Nous verrons plus loin, à propos du serrage des tôles de l'induit, les formes de carcasses les plus employées, ainsi que quelques détails sur les joues de serrage.

La figure 93 en donne l'aspect général.

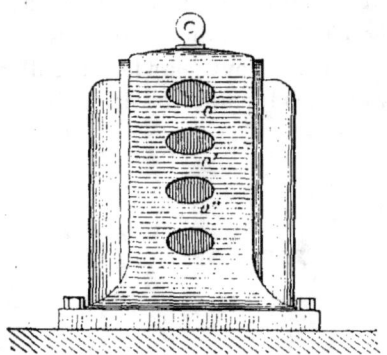

Fig. 93. — Carcasse d'alternateur moderne.

Elle est presque toujours en fonte, sauf de rares exceptions.

Elle doit être établie en vue surtout :

1° *D'assurer une bonne ventilation de l'induit.* — A cet effet, elle doit être munie d'ouvertures O O' O" suffisantes et convenablement espacées pour laisser passer l'air envoyé par les pôles inducteurs formant ventilateur centrifuge.

Il faut que cet air soit dirigé de façon à refroidir l'induit le mieux possible.

2° *De permettre avec facilité le transport, le montage et le démontage.* — Dans les alternateurs de grand diamètre, la carcasse est en deux ou quatre pièces, ces pièces étant assemblée entre elles très solidement au moyen de boulons.

Dans les alternateurs avec carcasse en une seule pièce, il faut prévoir des dispositifs pour permettre le changement des enroulements de l'induit sans avoir à enlever l'inducteur, ce qui constitue toujours une opération longue et délicate.

Avec les bobines faites sur gabarit, les pôles inducteurs empêchant le remplacement de celle-ci ; il faut :

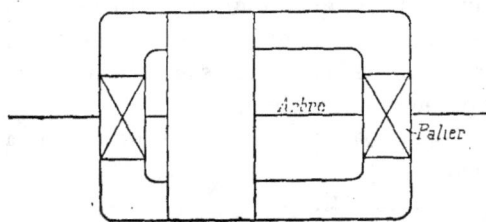

Fig. 94. — Bâti d'alternateur moderne.

Ou bien, les pôles inducteurs étant fixés à la roue polaire par des boulons, dévisser seulement les pôles qui sont devant les bobines à changer.

Ou bien, les pôles inducteurs étant venus de fonte avec la roue polaire, et ne pouvant par suite être enlevés, donner au bâti une forme très allongée, avec les deux paliers très écartés (fig. 94) afin de pouvoir déplacer latéralement l'inducteur et le dégager de l'induit (fig. 95).

Dans le cas où, par suite de l'emploi d'encoches à moitié fer-

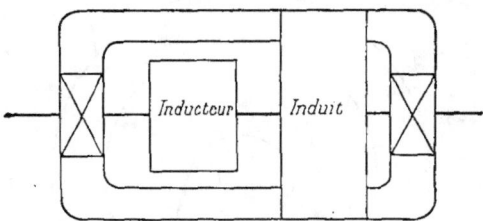

Fig. 95. — Bâti d'alternateur moderne. Abstraction de l'inducteur.

mées, le bobinage est fait à la main directement sur la machine, les pôles inducteurs n'empêchent pas le remplacement de celui-ci, mais le bobinage étant difficilement accessible, à la partie inférieure de l'induit, on fait porter la carcasse de l'induit sur le bâti

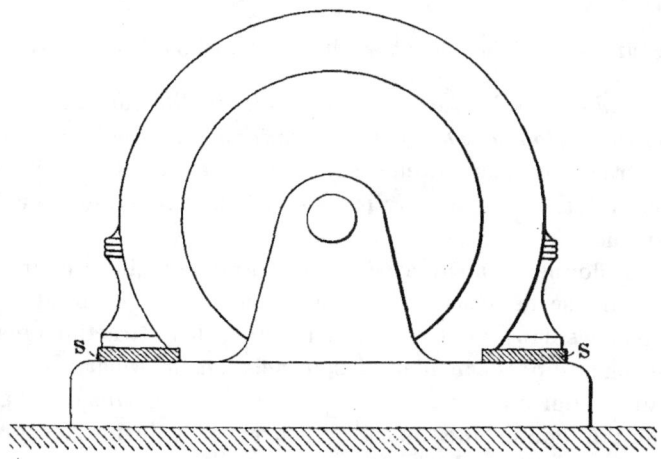

Fig. 96. — Bâti d'alternateur à semelles.

par l'intermédiaire de deux semelles S, que l'on peut enlever pour faire reposer l'induit sur l'inducteur, et faire tourner autour de l'arbre l'induit dont la partie inférieure peut être ainsi amenée au-dessus du bâti (fig. 96 et 97).

Cette disposition est également employée lorsqu'on ne peut pas donner aux paliers un écartement suffisant pour permettre le déplacement latéral de l'induit.

Bien entendu, il faut pouvoir enlever très facilement les flasques f et f' qui servent à préserver les enroulements.(Voir plus loin fig. 100, 102, 104, etc.)

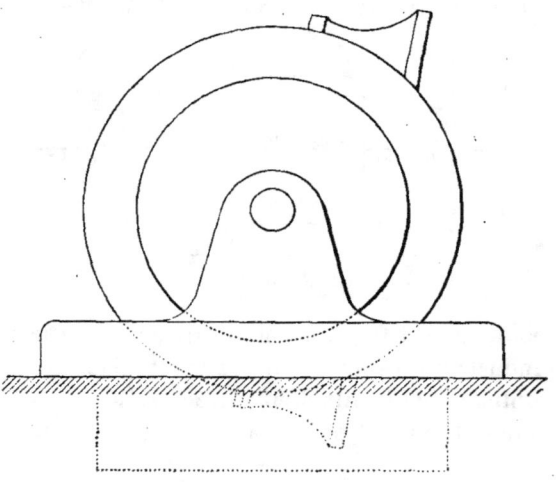

Fig. 97. — Bâti d'alternateur à semelles. Rotation de l'induit sur l'inducteur.

3° *De donner à l'induit une très grande rigidité pour lui permettre de résister surtout aux attractions magnétiques dues à l'inducteur.* — Ces attractions magnétiques sont très considérables. (Voir nos Leçons relatives aux Généralités sur la construction des machines électriques [1].)

Il faut donner à la carcasse une très grande rigidité pour éviter qu'elle ne se déforme, ce qui aurait pour effet de produire des dissymétries dans l'entrefer, et par suite, des attractions magnétiques encore plus considérables et inégalement réparties.

Pour donner à la carcasse une grande rigidité, sans trop l'alourdir, on lui donne une forme creuse avec de fortes nervures n. (Voir fig. 100, 101, etc.)

II. TOLES DE L'INDUIT

Les tôles, par lesquelles se ferme le circuit magnétique, doivent donner lieu à un minimum de pertes par hystérésis et courants de Fou-

---

[1]. A l'Institut électrotechnique de Grenoble.

cault. Voyons quelle sera la valeur de ces pertes que l'on pourra admettre pratiquement.

Pertes par hystérésis. — Les pertes par hystérésis peuvent se déterminer par la formule de Steinmetz prise sous la forme suivante :

$$P_H = \eta V f \mathcal{B}_{max}^{1.6} \, 10^{-7}$$

expression dans laquelle

P_H = pertes en watts
V = volume du fer en cm³
f = fréquences en périodes par seconde
$\mathcal{B}_{max}$ = induction maxima en gauss
η = coefficient d'hystérésis (coefficient de Steinmetz) variable, suivant la qualité des tôles, et que l'on peut prendre égal à 0,003 pour des tôles ordinaires et 0,002 pour de bonnes tôles.

Il faut souvent se méfier des tôles ayant un coefficient d'hystérésis très faible, car en vieillissant ces tôles finissent par acquérir un coefficient d'hystérésis beaucoup plus considérable.

Ce phénomène qui a donné lieu à plus d'un mécompte, est attribué par divers auteurs à l'échauffement prolongé des tôles.

Pertes par courants de Foucault. — Ces pertes peuvent se calculer par la formule suivante :

$$P_F = \frac{16,45}{\rho} \left[\varepsilon f \frac{1.000}{\mathcal{B}_{max}} \right]^2 10^{-7}$$

où

P_F = pertes en watts,
V = volume du fer en cm³,
ρ = résistivité des tôles en microhm-cm par cm², (ordinairement $\rho = 10$),
ε = épaisseur des tôles en millimètres,
f = fréquence en périodes par seconde,
$\mathcal{B}_{max}$ = induction maxima en gauss.

Mesure industrielle des pertes dans les tôles. — Comme en général, dans les usines de construction, on ne possède pas d'hystérésimètre, on mesure directement les pertes totales dans les tôles à employer de la façon suivante :

On forme avec les tôles à essayer un circuit magnétique fermé sur lequel on dispose un enroulement (fig. 98).

On envoie dans cet enroulement un courant alternatif de fréquence f et d'intensité I. On règle I de façon à obtenir dans les tôles une induction $\mathfrak{B}$ déterminée.

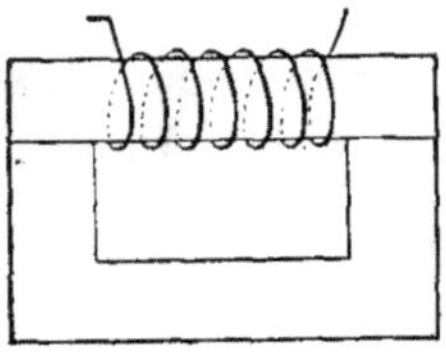

Cette induction est facile à calculer en fonction de I lorsqu'on connaît la perméabilité.

Fig. 98. — Essais industriels des tôles.

On mesure ensuite au wattmètre la puissance perdue dans l'enroulement, on a la perte par hystérésis et courants de Foucault dans les tôles pour une fréquence f, une induction $\mathfrak{B}_{max}$ et un poids P de fer.

En général on mesure ces pertes en faisant $\mathfrak{B}_{max} = 10.000$ gauss et $f = 50$ périodes. Dans ces conditions, pour des tôles de $0^{mm},5$ d'épaisseur, la perte ne doit pas dépasser 4,4 watts par kilog.

Plusieurs fournisseurs garantissent même pour leurs tôles une perte maxima de 3,6 watts.

Epaisseur des tôles. — L'épaisseur des tôles varie en général de 0,3 à 0,7 millimètre. Elle est le plus souvent de $0^{mm},5$.

Cette épaisseur est d'ailleurs variable suivant la fréquence du courant de l'induit ; ou, ce qui revient au même, suivant la fréquence de la variation d'aimantation.

Les pertes par courants de Foucault étant, nous l'avons vu, proportionnelles au carré de f, il faudra donc dans le cas des fréquences élevées, pour éviter des pertes considérables, employer des tôles de faible épaisseur.

Pour la même raison, on devra aussi dans ce cas diminuer l'induction.

Nous comprendrons donc maintenant pourquoi dans les alternateurs, où la fréquence des variations d'aimantation est en général assez élevée (50 ordinairement), on emploie pour l'induit des tôles dont l'épaisseur dépasse rarement $0^{mm},7$ et des inductions inférieures à 8.000 gauss, tandis que dans les génératrices à courant continu où la fréquence d'aimantation ne dépasse pas 15 à 20, on peut employer des tôles dont l'épaisseur va jusqu'à 1 millimètre et $1^{mm},5$ dans les grandes machines et des inductions qui atteignent souvent 14 à 15.000 gauss.

Isolement des tôles. — On isole en général les tôles entre elles au moyen de papier Japon très mince ($0^{mm},02$ à $0^{mm},04$ d'épaisseur environ) que l'on colle sur les tôles avec de l'amidon ou de la gomme laque.

Le coefficient d'utilisation, c'est à-dire le rapport du volume du fer utile au volume total occupé par les tôles, est dans ce cas :
$$0,88 \text{ à } 0,92.$$

On a essayé, pour avoir un meilleur coefficient d'utilisation, et pour plus de simplicité, d'isoler les tôles par un simple vernis (ex. : gomme laque) ou par l'oxydation des tôles ; mais c'est un procédé mauvais, car, à la longue, les vibrations enlèvent le vernis et l'oxydation.

Disposition et fixation des tôles. — Les tôles, découpées en segments (sauf dans le cas des petits alternateurs où l'on peut em-

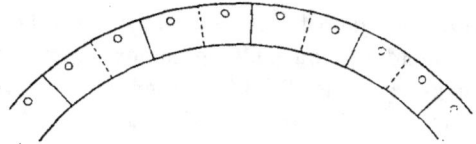

Fig. 99. — Disposition des tôles d'induit dans un alternateur.

ployer des tôles d'une seule pièce), sont empilées les unes sur les autres en croisant les joints (fig. 99).

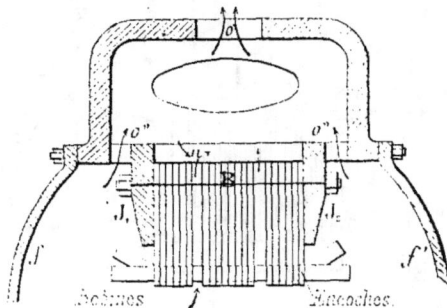

Fig. 100. — Fixation des tôles d'induit dans un alternateur.

Ces tôles reposent sur la joue J, qui est venue de fonte avec la carcasse, et s'appuient sur les nervures n (fig. 100).

De distance en distance (tous les 10 centimètres environ), on ménage entre les tôles un canal de ventilation (Voir nos Leçons sur la Construction des dynamos à courant continu [1]).

1. A l'Institut Electrotechnique de Grenoble.

Les tôles sont ensuite serrées très fortement par des boulons B au moyen de la joue J_2 semblable à la joue J_1, mais indépendante de la carcasse, et pouvant être faite, comme les tôles, en plusieurs segments (fig. 101).

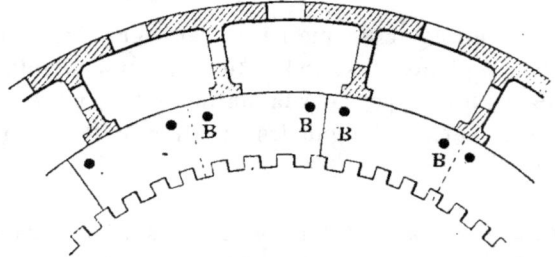

Fig. 101. — Alternateur moderne. Montage et assemblage des tôles d'induit.

Au lieu d'avoir une joue J_1 venue de fonte avec la carcasse, et une autre J_2 indépendante, on peut également employer une carcasse divisée en deux parties C_1 et C_2 possédant chacune une joue venue de fonte avec elle (fig. 102).

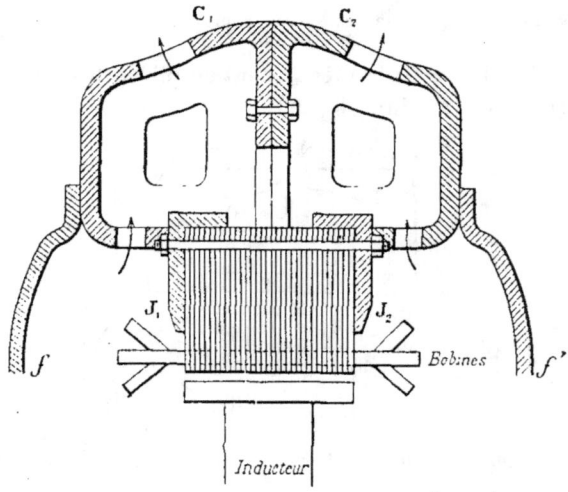

Fig. 102. — Carcasse en deux parties avec ses joues de serrage.

Quelquefois, mais très rarement, on fait les deux joues indépendantes de la carcasse (fig. 104). Ex : Alternateur volant de 1.000 KVA de la Thomson-Houston, figurant à l'exposition de 1900 (fig. 103-104).

Dans cet alternateur, les tôles de l'induit portaient des queues d'aronde qui venaient se loger dans des rainures faites dans les nervures n de la carcasse. Les boulons B ne traversaient pas les tôles.

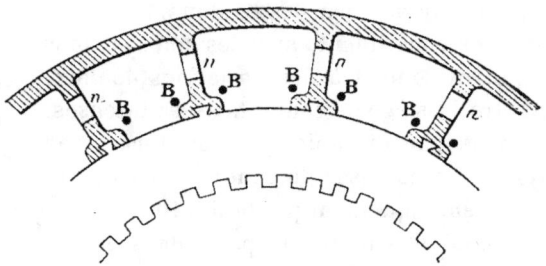

Fig. 103. — Alternateur Thomson-Houston (1900). Montage des tôles.

On voit, dans les figures de 100 à 104, que le flux d'induit ne peut pas se fermer par la carcasse, à moins de suivre les nervures n et le dos de cette carcasse, ce qui représente un [circuit très long et très reluctant.

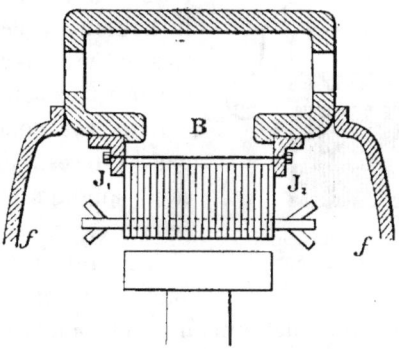

Fig. 104. — Alternateur Thomson-Houston (1900).
Joues indépendantes de la carcasse.

Un bon serrage des tôles est indispensable pour éviter les vibrations de celles-ci et un ronflement trop considérable, phénomènes dus aux variations de l'induction magnétique dans les tôles.

Pour maintenir rigide tout l'ensemble des tôles, on place aux deux extrémités et entre les canaux de ventilation, des tôles d'une épaisseur beaucoup plus forte, variant de 2 à 5 millimètres suivant l'importance de la machine.

Dans le cas des alternateurs monophasés, les vibrations étant plus fortes, il faut veiller à ce que les tôles extrêmes ne soient pas trop faibles, car elles peuvent être parfois insuffisantes pour empêcher les vibrations des dents qui finissent à la longue par se briser tôle par tôle.

Isolement des boulons. — Les tôles de l'induit sont, nous l'avons vu, fixées à la carcasse par des boulons.

Ces boulons constituent, avec les tôles et la carcasse, des circuits qui, étant soumis à des variations de flux, pourront être le siège de courants assez intenses.

Considérons par exemple le circuit formé par un boulon et la carcasse de l'induit, circuit représenté schématiquement par la fig. 106.

Fig. 105. — Courants de Foucault dans les tôles autour des boulons.

Une partie du flux inducteur passe dans ce circuit et le coupe par conséquent.

Le courant qui prendra alors naissance dans ce circuit engendrera un flux opposé au flux utile, et par suite s'opposera au passage de ce dernier.

La section offerte au passage du flux utile se trouvant alors réduite à la partie comprise entre le boulon et l'entrefer, peut être très petite et par suite l'induction y devenir très considérable.

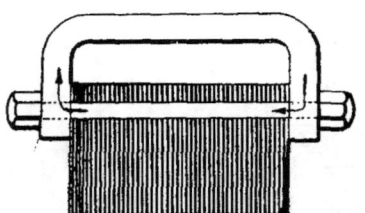

Fig. 106. — Circuit particulaire empruntant le boulon.

Dans ces conditions, les pertes par hystérésis et courants de Foucault augmentent beaucoup, d'où échauffement des tôles et, de plus, les courants qui traversent les boulons y développent aussi de la chaleur, d'où mauvais fonctionnement et mauvais rendement de l'alternateur.

On peut avoir de la manière suivante (indiquée par M. Boucherot dans ses conférences à l'E. S. E.)[1] une idée de l'importance des courants circulant dans les boulons.

L'expérience montre que, pour le fer, il faut par centimètre une force magnétomotrice de :

2,5	(at) pour une induction de	5.000 g.
5	»	»	de 10.000
8	»	»	de 12.000
23	»	»	de 15.000
45	»	»	de 16.000

[1]. École supérieure d'Électricité de Paris.

Comme le flux contraire, produit par le courant du boulon, fait équilibre sensiblement au flux de l'inducteur qui passe entre le boulon et la carcasse, si le diamètre du boulon est par exemple de 2 cm., il faudra au moins, pour produire le flux antagoniste :

$$2 \times 2.5 = 5 \text{ amp.-t. max.}$$

si l'induction est de 5.000 gauss et

$$2 \times 45 = 90 \text{ at}$$

si cette induction est de 16.000

C'est-à-dire qu'il circulera dans le premier cas environ 5 ampères, ce qui est acceptable, et dans le second 90 ampères ce qui est énorme.

D'où la nécessité de placer les boulons le plus près possible du bord extérieur des tôles pour qu'ils soient dans une région où l'induction, ou plutôt la composante tangentielle de celle-ci, est très faible, et pour laisser au flux utile une place suffisante, car la partie située après les boulons est perdue au point de vue magnétique. On ne laisse en général que 5 à 6 millimètres entre le bord des boulons et celui des tôles.

On peut aussi isoler les boulons et, dans ce cas, il est possible de les placer au centre des tôles ; mais la première disposition est bien préférable, car, dans le cas où l'on isole les boulons, l'isolant facilite bien le passage de ces boulons au moment du montage mais le serrage des tôles est mal assuré, celles-ci pouvant avoir un certain jeu, ce qui est très mauvais.

Dans les grandes machines, on peut mettre les boulons de serrage en deux rangées : une au centre, isolée, et l'autre à la périphérie, non isolée. Les premiers serrent les tôles, les autres assurent la rigidité du cercle.

Autres dispositions. — On peut encore, et ce cas est très fréquent, ouvrir les tôles comme l'indique la figure 107, pour créer

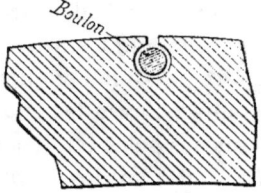 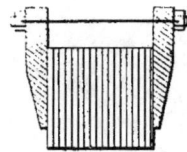

Fig. 107.   Fig. 108.
Tôles ouvertes et boulons extérieurs, pour atténuation des flux passant derrière les boulons.

une grande reluctance aux dérivations du flux induit passant derrière les boulons.

Quelques constructeurs disposent même des boulons complètement en dehors des tôles, mais très près de celles-ci (fig. 108).

En tout cas, grâce à ces précautions, les boulons n'ont plus besoin d'être isolés. Ils peuvent donc donner un serrage très énergique.

Induits lisses, induits dentés. — L'induit lisse n'est, pour ainsi dire, plus du tout employé à l'heure actuelle pour les alternateurs, car il présente les inconvénients suivants :

1° Difficulté de fixation des conducteurs. Cette fixation est pratiquement impossible, lorsque l'induit est extérieur à l'inducteur.

2° Les efforts mécaniques dus aux actions électrodynamiques agissent directement sur les conducteurs, tandis que, dans le cas des induits dentés, les efforts agissent sur les dents.

3° Enfin, à cause des grandes fréquences ordinairement employées pour le courant alternatif, il faudrait prendre du fil très fin (2 à 3 millimètres de diamètre au maximum) pour éviter des courants de Foucault exagérés dans les conducteurs.

L'induit lisse a par contre, comme principal avantage, de permettre d'obtenir facilement des courbes de f. é. m. sinusoïdales.

Induits dentés. — Pour toutes ces raisons, les induits dentés, ou induits à encoches, sont à l'heure actuelle exclusivement employés.

La forme des encoches varie du reste avec l'usage auquel on destine l'alternateur.

Forme des encoches. — On distingue 3 sortes d'encoches.

1° *Les encoches complètement fermées* qui ont l'avantage :

a) De préserver complètement les conducteurs induits des courants de Foucault et de la force électrodynamique.

b) De permettre, en évitant les harmoniques de dentures, d'obtenir plus facilement une f.é.m. sinusoïdale.

c) De rendre possible l'emploi de pôles massifs, tandis qu'avec les encoches ouvertes, il faut des pôles feuilletés.

Par contre, elles ont les inconvénients suivants, savoir :

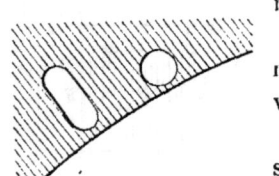

Fig. 109. — Encoches fermées d'induit.

a) De donner une grande self-induction, d'où une grande chute de tension, car le flux propre de l'induit peut se fermer entièrement par le fer de l'induit, comme le montre la ligne de force en pointillé sur la fig. 110.

b) D'obliger à faire l'enroulement à la main sur la machine même, au lieu d'employer les bobines faites d'avance sur gabarit.

À cause de ces inconvénients, du premier surtout, cette forme d'encoche est relativement très peu employée à l'heure actuelle.

Elle a été utilisée principalement par Brown-Boveri, la Société Lahmeyer de Francfort, la Société l'Eclairage Electrique, etc.

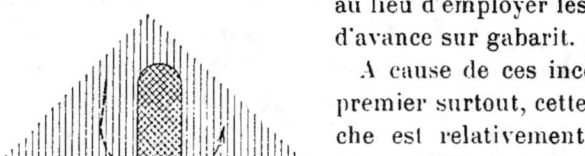

Fig. 110. — Accroissement de la self-induction avec les encoches fermées.

2° **Les encoches complètement ouvertes.** — *Avantages.* — Possibilité d'employer des bobines faites d'avance sur gabarit. C'est là un avantage très important qui permet de réduire d'une façon assez sensible le prix de revient de la machine, et en outre facilite beaucoup les réparations (fig. 111).

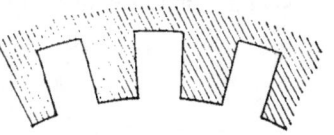

Fig. 111. — Encoches uovertes d'induit.

Inconvénients. — 1° Production d'harmoniques de denture. Ces harmoniques sont dues à ce que le nombre des dents servant au passage du flux dans l'induit n'est pas toujours le même devant les pôles inducteurs.

Il en résulte des variations de reluctance, et par suite des variations de flux très rapides.

On voit en effet que la reluctance des dents est plus grande

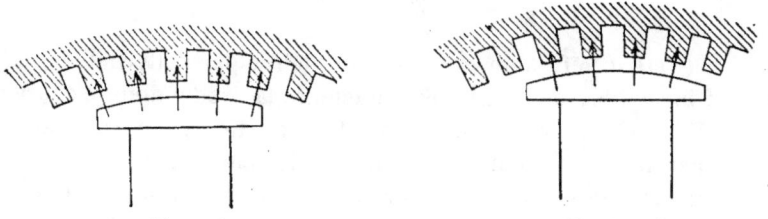

Fig. 112.   Fig 113.
Production d'harmoniques de denture dans le cas d'encoches complètement ouvertes.

lorsque le pôle se trouve dans la position de la **figure 113** que lorsqu'il est dans la position de la figure 112.

Ces variations de reluctance, qui dépendent du nombre d'encoches, sont évidemment bien moins sensibles avec des encoches complètement fermées.

On peut atténuer ces variations de flux en réduisant la largeur des encoches, en augmentant leur nombre et surtout en prenant un entrefer très grand, pour permettre aux lignes de force sortant des pôles de s'épanouir plus facilement, et pour rendre les variations de reluctance dues aux dents négligeables devant la reluctance totale du circuit magnétique.

2° Production de courants de Foucault dans les pièces polaires, à cause de la répartition inégale du flux (fig. 114) due à la reluctance des encoches.

Par suite du déplacement de l'inducteur, on a dans les pôles des variations d'induction, de faible amplitude, mais de fréquence très élevée, celle-ci dépendant du nombre d'encoches.

Si l'on considère un point A d'une pièce polaire pendant la durée

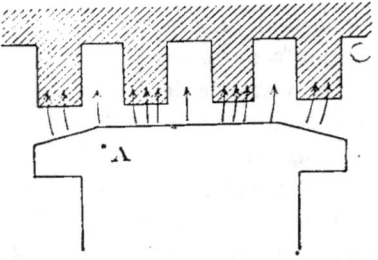

Fig. 114. — Variation avec le temps de l'induction dans les temps.

d'une période T, l'induction au point A aura varié n fois (n étant le nombre d'encoches par paire de pôles) et en une seconde

$$n \frac{T}{1} = nf$$

fois (f étant la fréquence du courant débité par l'alternateur).

Pour éviter, dans les pôles inducteurs la production de courants de Foucault assez intenses pouvant donner lieu à une perte notable d'énergie, on sera obligé de feuilleter les pièces polaires.

On peut de même augmenter l'entrefer pour diminuer l'importance de ces variations de flux.

Malgré ces inconvénients, les encoches complètement ouvertes sont très employées, surtout en Amérique, à cause de l'avantage considérable signalé plus haut.

3° **Les encoches à demi-fermées.**
— Elles possèdent, atténués, les avantages et les inconvénients des deux formes d'encoches précédentes.
Elles sont également très employées.

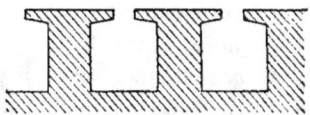

Fig. 115. — Encoches demi-fermées d'induit.

Nombre d'encoches par pôle. — Ce nombre n'est pas indifférent.

Avantages d'un grand nombre d'encoches par pôle. — 1° Avec un grand nombre d'encoches par pôle, les harmoniques de denture ont une fréquence plus grande, mais leur amplitude est plus faible. On peut donc les étouffer plus rapidement.

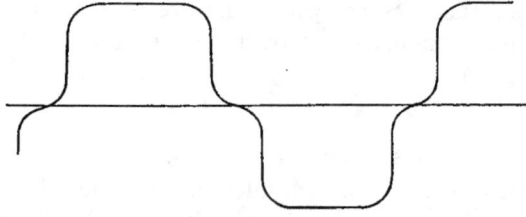

Fig. 116. — Force électromotrice en escalier dans le cas d'une seule bobine par pôle.

2° Il en est de même pour les courants de Foucault dans les pièces polaires. On peut les éviter dans ce cas plus facilement en augmentant l'entrefer.

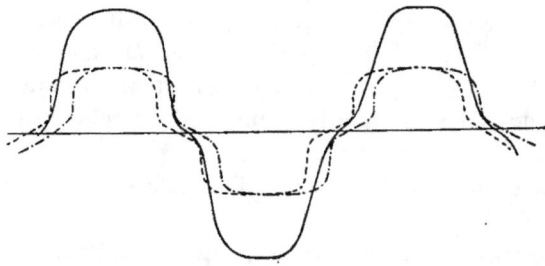

Fig. 117. — Amélioration de la f.é.m. avec deux bobines par pôle.

3° On peut obtenir une f.é.m. plus sinusoïdale. Avec une seule bobine par pôle, le flux varie trop brusquement dans cette bobine, et l'on a une courbe de f.é.m. analogue à celle de la figure 116, tandis qu'avec deux bobines par exemple, légèrement décalées l'une par rapport à l'autre, on a, pour représenter la f.é.m. résultante, une courbe plus voisine de la sinusoïde, et représentée en trait plein, figure 117.

Inconvénients d'un trop grand nombre d'encoches par pôle. — 1° La construction de la machine est plus coûteuse.

2° L'isolement de l'enroulement est plus difficile à réaliser à cause de la multiplicité des bobines.

3° Pour un même poids de cuivre induit, la f.é.m. est plus faible à cause du coefficient de réduction du bobinage, qui est d'autant plus petit que le nombre d'encoches est plus grand. Cet inconvénient est, en pratique, peu important, car la diminution du coefficient de réduction avec le nombre d'encoches est très faible.

Nombre d'encoches par pôle ordinairement adopté. — Dans les alternateurs monophasés et triphasés, le nombre d'encoches par pôle est égal à

$$6, 9, 12, 15.$$

et même 18 dans les turbo-alternateurs.

Pour pouvoir placer un grand nombre d'encoches, il faut une place suffisante sur l'induit, c'est-à-dire un grand pas polaire (fig. 118).

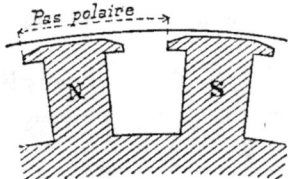

Fig. 118. — Accroissement du pas polaire avec le nombre d'encoches.

C'est ce qui a lieu surtout pour les alternateurs volants (dans lesquels, pour avoir un grand moment d'inertie, on prend un diamètre beaucoup plus grand qu'il serait nécessaire au seul point de vue électrique) et pour les turbo-alternateurs (pour lesquels le nombre de pôles est relativement très restreint par rapport au diamètre).

Comme on le voit, le nombre d'encoches doit toujours être un multiple de 3.

Pour le triphasé, la raison en est évidente. Pour le monophasé, c'est afin de pouvoir transformer éventuellement l'alternateur monophasé en alternateur triphasé.

Dans le cas du monophasé, on n'utilise jamais que les 2/3 des encoches. On n'a pas en effet intérêt à utiliser toutes les encoches, car dans ce cas, le coefficient de réduction du bobinage étant petit, l'augmentation de f.é.m. que l'on pourrait obtenir ainsi serait trop faible devant l'accroissement du prix de revient de la machine et la diminution du rendement due aux pertes par effet Joule dans les conducteurs mal utilisés.

Dans les alternateurs diphasés, le nombre d'encoches par pôle est égal à 4, 6, 8, le nombre d'encoches devant évidemment être pair.

III. ENROULEMENTS DE L'INDUIT

On peut ranger les enroulements en trois grandes classes.

1° *Enroulements avec bobines séparées*. — Employés toujours pour la haute tension, et très souvent pour la basse tension lorsque l'intensité n'est pas trop grande, dans le cas des moteurs asynchrones surtout.

2° *Enroulements avec bobines enchevêtrées*. — Employés dans le cas de la moyenne et de la basse tension lorsque l'intensité n'est pas trop forte.

3° *Enroulements avec barres*. — Employés pour la basse tension et dans le cas d'intensités un peu grandes.

Remarques sur les bobines longues et les bobines courtes. — Autrefois, on distinguait deux catégories de bobines :

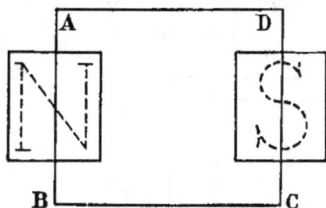 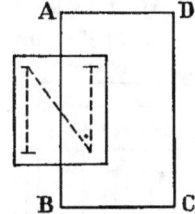 

Fig. 119. — Bobine longue.   Fig. 120. — Bobine courte.

Les bobines longues (fig. 119) dans lesquelles les deux faisceaux de conducteurs AB et CD coupaient en même temps le flux inducteur.

Les bobines courtes (fig. 120) dans lesquelles le flux inducteur n'était jamais coupé que par un seul conducteur AB, par exemple.

Comme on le voit facilement, les conducteurs sont mieux utilisés dans les bobines longues que dans les bobines courtes, puisque, avec une longueur de fils qui est loin d'être deux fois plus grande, l'on a une f.é.m. sensiblement deux fois plus élevée dans la bobine longue que dans la bobine courte.

C'est pour cette raison que l'on n'emploie plus actuellement que des bobines longues.

1° Enroulements avec bobines séparées.

Alternateurs monophasés. — L'enroulement représenté par la figure 121 (enroulement n° I) est le seul employé.

L'enroulement représenté figure 122 est possible, mais il n'est pas pratique, parce qu'il faut dans l'exemple choisi quatre formes

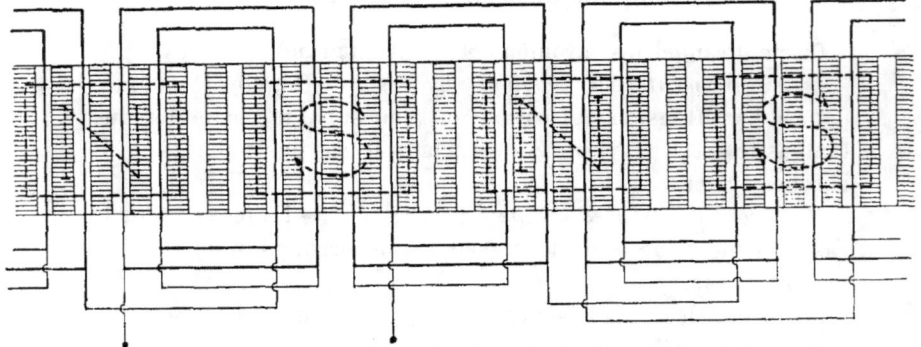

Fig. 121. — Enroulement I. — Alternateur monophasé avec bobines longues.

de bobines, au lieu de deux avec l'enroulement n° I, et parce que les deux bobines extrêmes sont plus grandes, ce qui augmente la résistance de l'induit et l'encombrement de la machine.

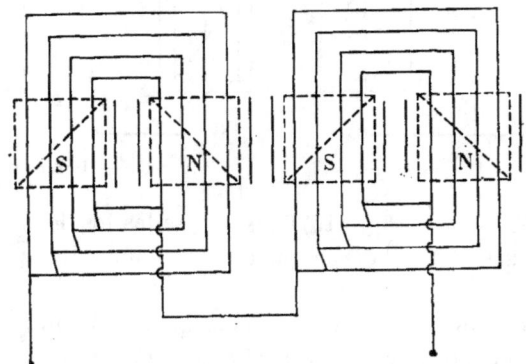

Fig. 122. — Enroulement (peu employé) dit à pôles conséquents.

Néanmoins, comme on le verra, l'enroulement de la figure 122 est employé lorsqu'on veut avoir des induits avec coupures, c'est-à-dire des induits qu'il est possible de diviser en plusieurs pièces sans être obligé d'enlever une bobine de l'induit.

L'enroulement de la figure 122 est souvent appelé *enroulement à pôles conséquents*, parce que, lorsque cet enroulement est parcouru par un courant, tous les pôles formés au milieu des bobines **sont des pôles de même nom**, et que par suite, entre les bobines, il se forme de véritables pôles conséquents.

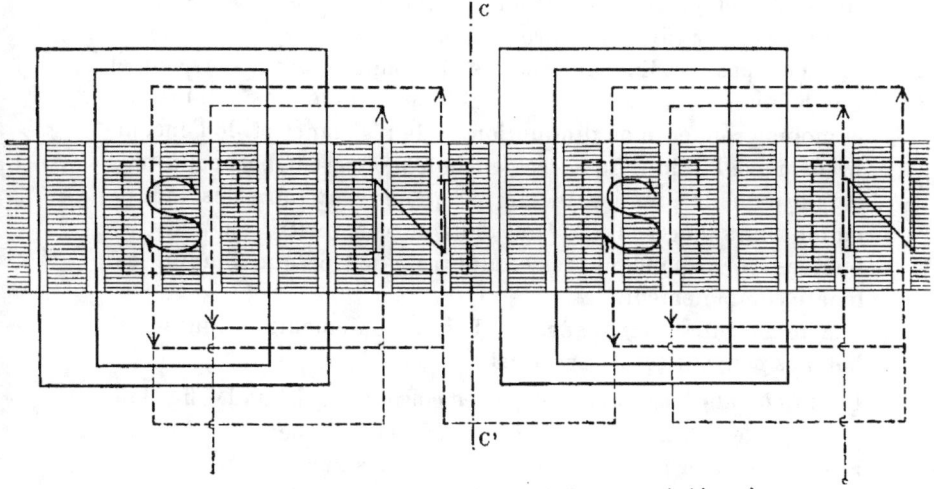

Fig. 123. — Enroulement II. — Enroulement diphasé avec bobines longues et à coupure (4 trous par pôle).

Alternateurs diphasés. — Deux sortes d'enroulement, suivant que l'on veut faire l'induit avec ou sans coupure.

Avec coupure (fig. 123). — Il est facile, comme on le voit, de

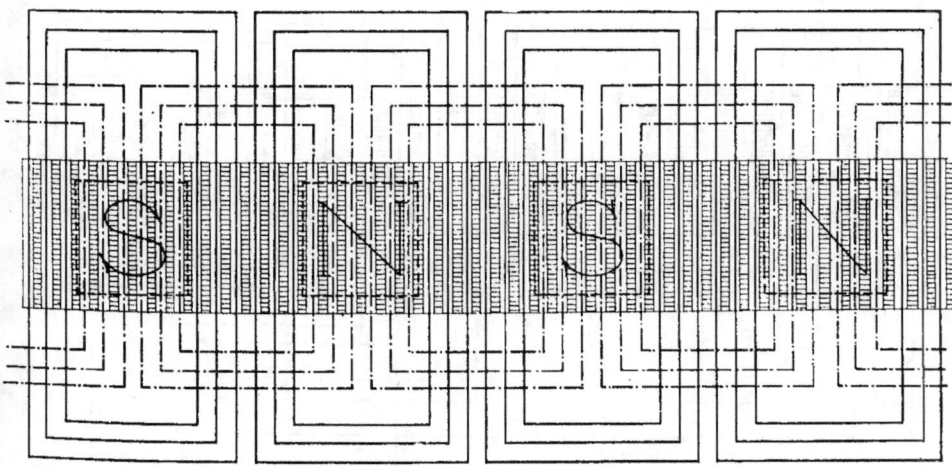

Fig. 124. — Enroulement III. — Alternateur diphasé, avec bobines longues, sans coupure, 12 trous par pôle.

couper l'induit en *cc'* par exemple, sans toucher aux bobines et en défaisant seulement deux connexions.

On remarquera que dans l'exemple considéré (fig. 123, quatre trous par pôle) il faut quatre formes différentes de bobines.

Sans coupure (fig. 124, enroulement III).

Il n'est pas possible, dans ce cas, de couper l'induit sans couper une bobine, mais les formes de bobines sont moins nombreuses et moins grandes, d'où diminution de la résistance et de l'encombrement de l'induit. Aussi cet enroulement est-il beaucoup plus employé que le premier, même lorsqu'on veut faire des induits en plusieurs pièces; il ne faut, dans ce cas, mettre en place les bobines correspondant aux coupures que lorsque l'induit est monté complètement.

Alternateurs triphasés. — Les enroulements triphasés à bobines peuvent se classer ainsi :

Enroulements à trois étages de bobines { avec coupure : schéma IV, fig. 125.
{ sans coupure : schéma V, fig. 126.

Enroulements à deux étages de bobines { toujours sans coupure :
{ schéma N° VI, fig. 127.

Dans les enroulements à trois étages de bobines, les trois

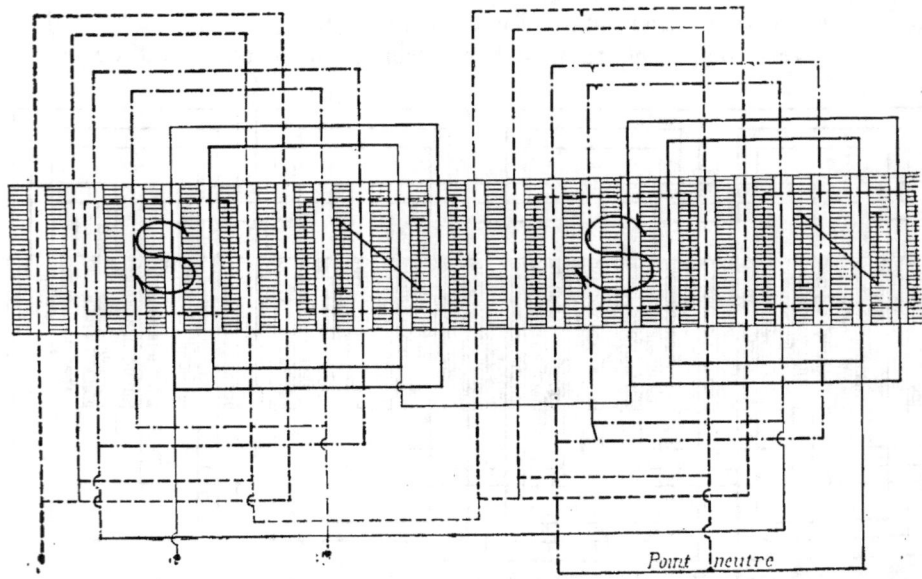

Fig. 125. — Enroulement IV. — Alternateur triphasé trois étages, avec coupure.

phases sont bien distinctes, bien séparées les unes des autres, ce qui permet de les reconnaître facilement et rend moins possibles les erreurs de connexion entre les bobines, mais en pratique, ce n'est pas un avantage bien réel.

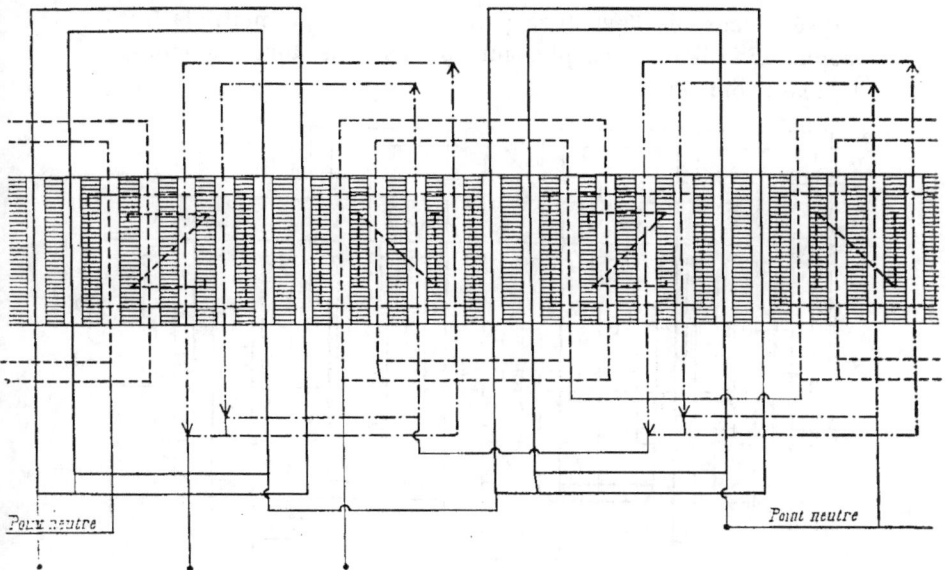

Fig. 126. — Enroulement V. — Alternateur triphasé, trois étages, sans coupure.

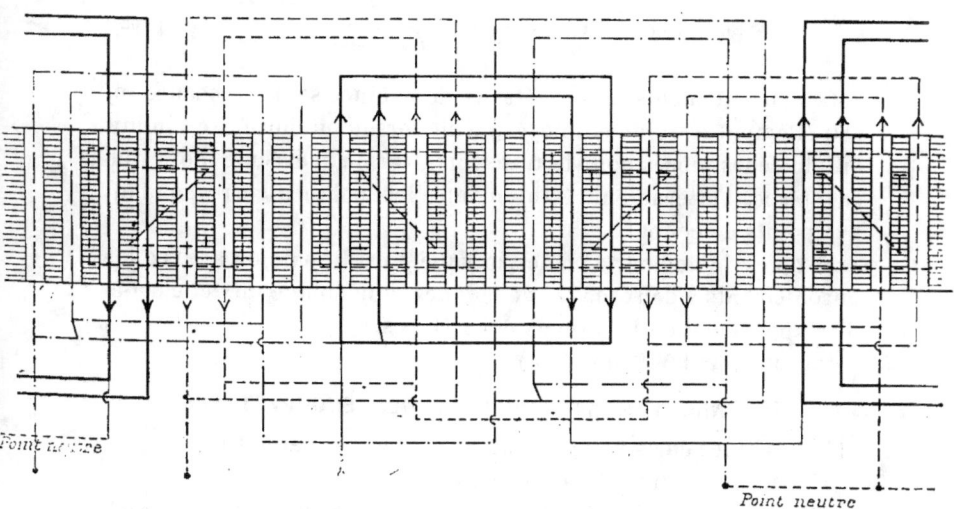

Fig. 127. — Enroulement VI. — Alternateur triphasé, deux étages. Nombre pair de paires de pôles.

Ces enroulements ont, par contre, les inconvénients signalés pour les enroulements monophasés à pôles conséquents ; aussi sont-ils de moins en moins employés.

L'enroulement avec coupure est cependant encore quelquefois utilisé, à cause de l'avantage qu'il présente de permettre la fragmentation de l'induit en plusieurs pièces sans forcer à enlever aucune bobine.

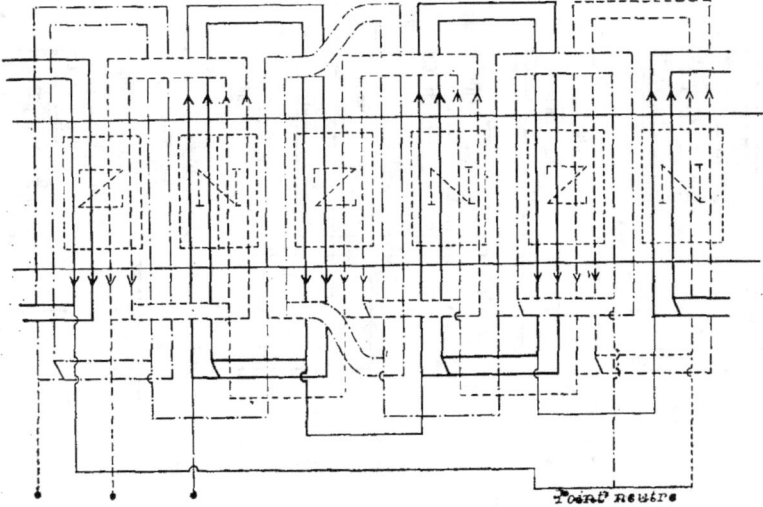

Fig. 128. — Enroulement VII. — Alternateur triphasé, deux étages. Nombre impair de paires de pôles (bobine mixte).

Les enroulements à deux étages de bobines sont, de beaucoup, actuellement les plus employés, même lorsqu'on doit faire l'induit en plusieurs pièces pour le transport, car on n'exécute alors que sur place, l'alternateur étant monté, les bobines correspondant aux points de coupure.

Si $2p$ est le nombre de pôles, lorsque p est impair, on a, avec les enroulements à deux étages de bobines, une bobine mixte, c'est-à-dire appartenant à la fois aux deux étages.

(Enroulement VII, fig. 128.)

II. ENROULEMENTS AVEC BOBINES ENCHEVÊTRÉES

Les bobines enchevêtrées sont avantageuses, parce que :

1° Il n'y a qu'un seul type de bobine.

2° La longueur de la spire moyenne est, toutes choses égales, plus petite, d'où diminution du poids du cuivre et de la résistance de l'induit.

CONSTRUCTION DES ALTERNATEURS MODERNES

Par contre, on peut leur reprocher :

1° Une plus grande difficulté dans l'exécution des connexions entre bobines.

2° Le remplacement un peu plus difficile des bobines.

3° L'impossibilité de les employer avec des tensions un peu élevées, car on rencontrerait de trop grandes difficultés pour isoler entre elles les bobines qui sont enchevêtrées les unes dans les autres.

Ces enroulements sont surtout employés pour les stators des moteurs asynchrones, car ils conviennent très bien dans le cas de tensions et d'intensités moyennes.

On peut les diviser en deux catégories :

1° **Enroulements avec une seule bobine par encoche.** — Le schéma VIII de la figure 130 indique la disposition des phases dans

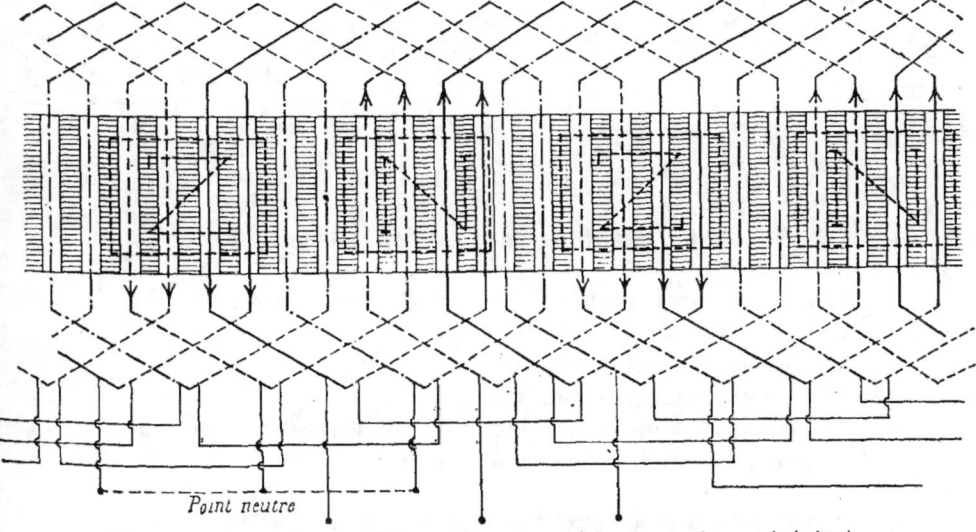

Fig. 129. — Enroulement à bobines enchevêtrées de moteurs asynchrones.

Fig. 130. — Enroulement VIII. — Alternateur triphasé, enroulement imbriqué avec bobines enchevêtrées, 6 trous par pôle.

cet enroulement, mais on se rend compte beaucoup mieux de la forme qu'il affecte en examinant le schéma de la figure 129 dans lequel on a représenté en pointillé les parties des bobines placées en dessous par rapport à l'induit supposé écrasé sur un plan.

On remarquera que pour enlever une bobine B_1 par exemple, il faut soulever plusieurs bobines B_2, B_3, B_4.

2° Enroulements avec deux bobines par encoche. — (Schéma IX.) (Fig. 131.) Le nombre de bobines est évidemment dans ce cas deux fois plus grand. Pour enlever une bobine, il faut, comme dans l'enroulement précédent, en enlever plusieurs autres.

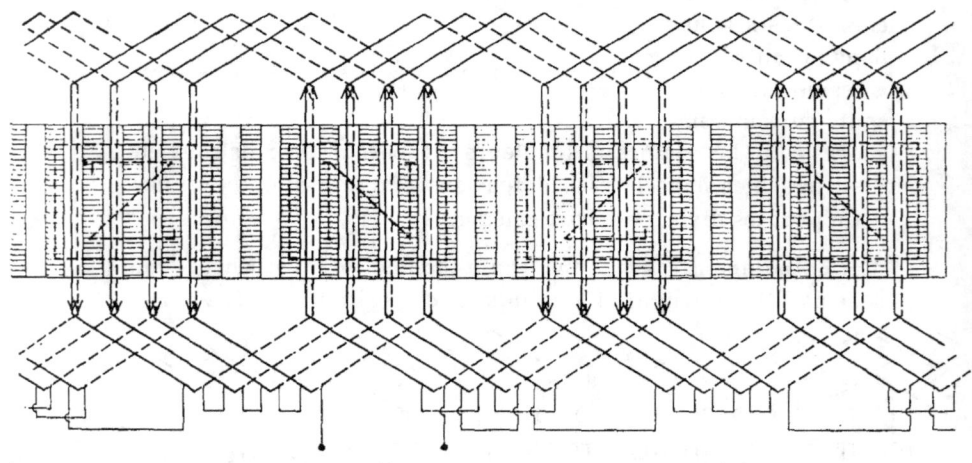

Fig. 131. — Enroulement IX. — Monophasé imbriqué avec bobines.

III. ENROULEMENTS AVEC BARRES

Les enroulements formés par des barres de cuivre peuvent se diviser en deux catégories :
1°) Les enroulements imbriqués ;
2°) Les enroulements ondulés.

On peut aussi, à un autre point de vue, diviser ces enroulements dans le cas d'un alternateur polyphasé en :

A) **Enroulements à phases séparées**, dans lesquels, pour chaque pôle, tous les conducteurs d'une même phase sont à côté les uns des autres, sans être mélangés aux conducteurs des autres phases (fig. 132).

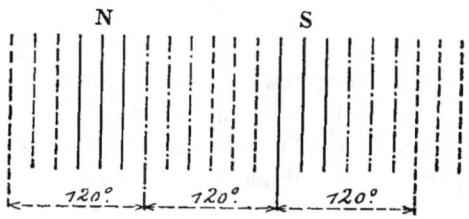

Fig. 132. — Enroulement à phases séparées.

B) **Enroulements à phases enchevêtrées**, dans lesquels les phases sont mélangées entre elles (fig. 133).

Ils ont l'avantage de donner une f.é.m. un peu plus sinusoïdale, mais ils sont plus compliqués. Aussi sont-ils très peu employés, sauf parfois pour les rotors de moteurs asynchrones.

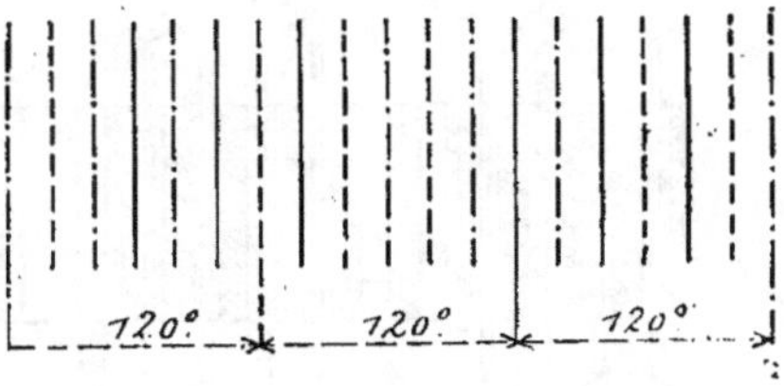

Fig. 133. — Enroulement à phases enchevêtrées.

On n'envisagera ici que les enroulements à phases séparées.

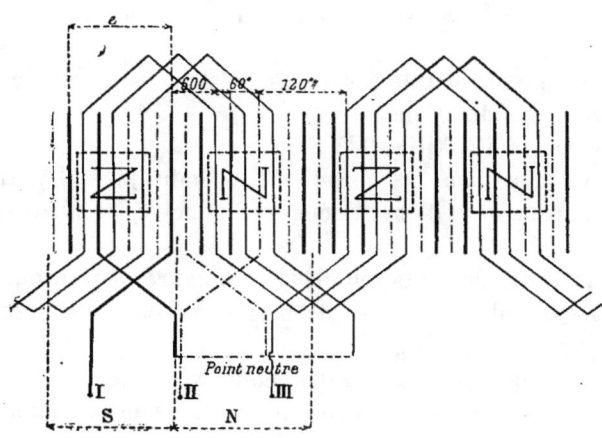

Fig. 134. — Enroulement X. — Triphasé ondulé à phases enchevêtrées (peu employé), 4 pôles, 9 trous par pôle. 1 conducteur par trou.

Les enroulements à phases enchevêtrées peuvent se faire également avec des bobines.

La figure 134 donne un exemple d'enroulement à phases enchevêtrées.

1° **Enroulements imbriqués**[1], dans lesquels, lorsqu'on suit l'enroulement, on revient en arrière de façon à former des boucles. On a alors autant d'enroulements distincts que de pôles. On peut coupler ces enroulements soit en parallèle, soit en série.

L'enroulement imbriqué avec barres est peu employé.

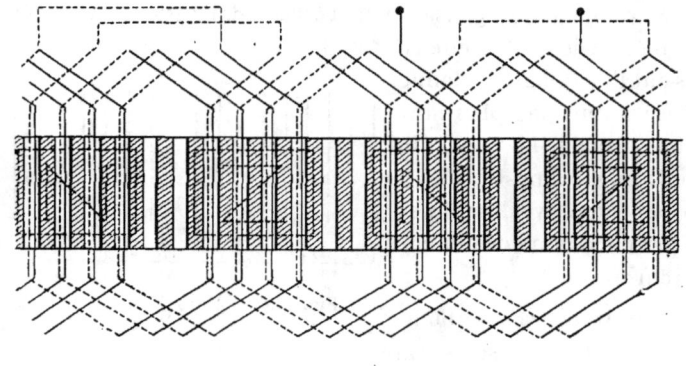

Fig. 135. — Enroulement XI. — Monophasé imbriqué. Deux barres par trou.

2° **Enroulements ondulés**, dans lesquels on va toujours en avant en faisant des ondulations.

Voir schémas XII, XIII et XIV.

On a vu que dans les enroulements imbriqués, il y avait en quelque sorte autant d'enroulements distincts (par phase) que de pôles.

Dans les enroulements ondulés, le nombre des enroulements distincts est égal au nombre de barres par encoche. Il est donc beaucoup plus faible en général.

Il s'ensuit que les connexions pour relier ces enroulements entre eux sont bien moins nombreuses et beaucoup plus faciles à faire avec les enroulements ondulés.

1. *Ou bouclés.*

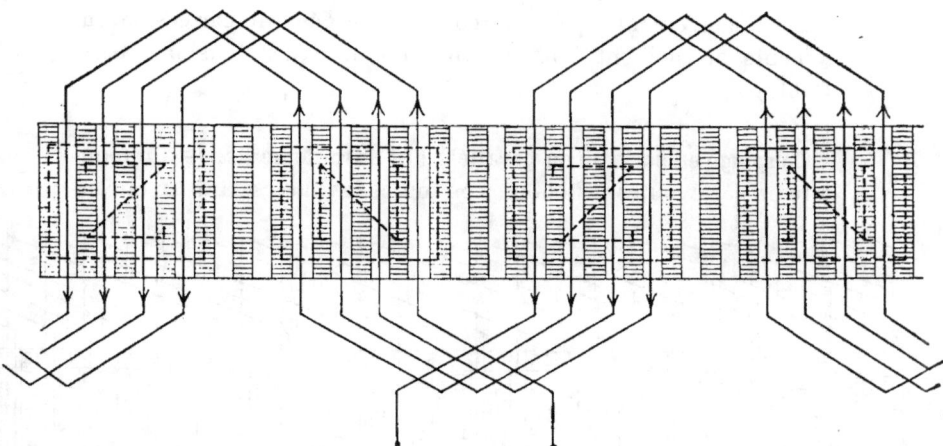

Fig. 136. — Enroulement XII. — Monophasé ondulé. 1 barre par trou.

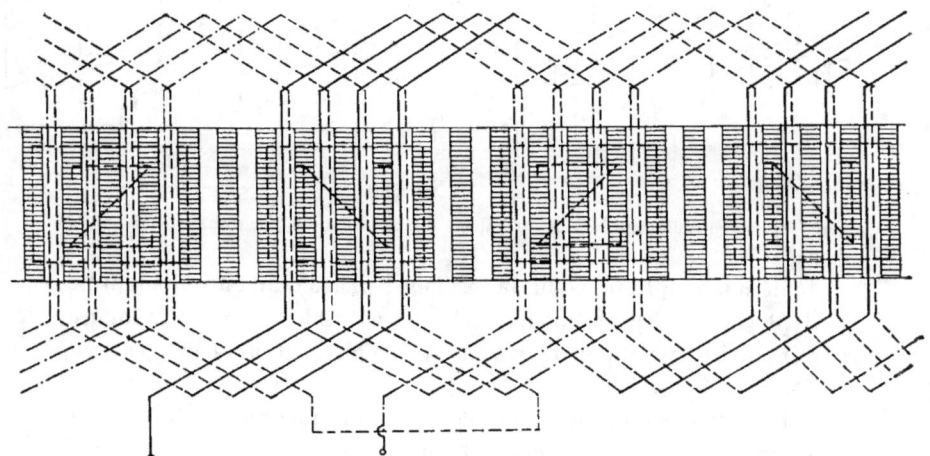

Fig. 137. — Enroulement XIII. — Monophasé ondulé. 2 barres par trou, 6 trous par pôle.

C'est là un avantage assez important, qui justifie l'emploi exclusif des enroulements ondulés.

Ces enroulements ont, par contre, l'inconvénient que n'ont pas les enroulements imbriqués, de ranger à côté les uns des autres des conducteurs ayant une différence de potentiel relativement grande, voisine de la tension entre les bornes extrêmes de l'enroulement.

Cet inconvénient a peu d'importance en général, car ces enroulements ne doivent jamais supporter que des tensions assez faibles.

Couplage en série ou en parallèle des enroulements. — On montera en série toutes les bobines ou toutes les barres dans un enrou-

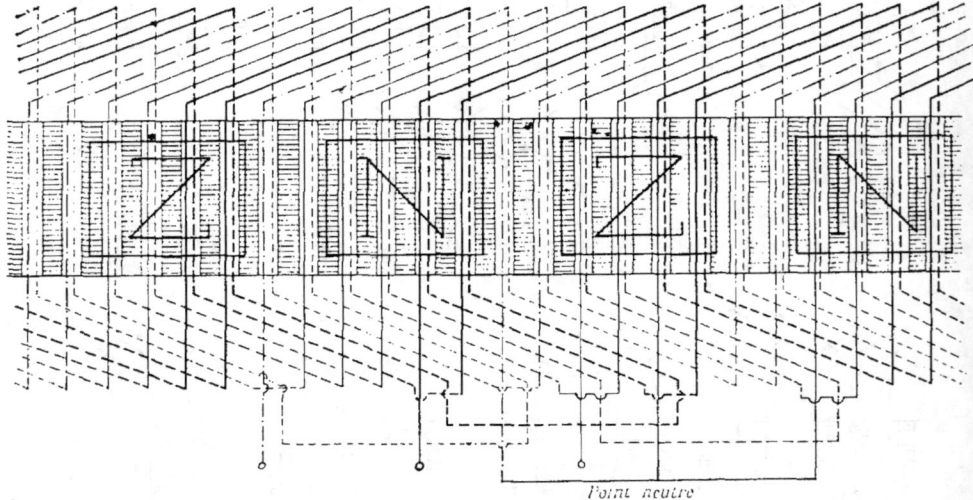

Fig. 138. — Enroulement XIV. — Triphasé ondulé. 2 barres par trou, 6 trous par pôle.

lement monophasé, — ou dans chaque phase d'un enroulement polyphasé, — chaque fois que cela est possible, c'est-à-dire lorsque l'intensité devant être débitée par l'alternateur n'est pas trop forte.

Dans le cas où l'intensité est un peu grande, on est obligé d'employer pour chaque phase plusieurs circuits groupés en parallèle.

Le groupement de plusieurs circuits en parallèle doit être fait avec soin, car il faut *que dans tous les circuits la f.é.m. induite soit la même à chaque instant* pour éviter des courants de circulation, qui auraient pour principal effet de faire chauffer l'induit et de diminuer le rendement de l'alternateur.

Pour grouper plusieurs circuits en parallèle, on peut, dans le cas de bobines, enrouler à la fois plusieurs conducteurs pour former chaque bobine et relier ensuite tous ces conducteurs en parallèle, — dans le cas de barres, mettre plusieurs barres par encoches de façon à former plusieurs enroulements imbriqués ou ondulés (voir schémas XIII, XIV), que l'on couple ensuite en parallèle.

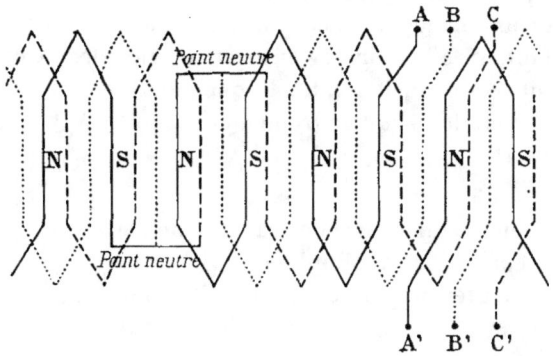

Fig. 139. — Groupement de circuits induits en parallèle. — Premier mode.

On peut également adopter une disposition analogue à l'une ou l'autre de celles indiquées par les figures 139 et 140.

Dans la figure 139, chacun de ces enroulements occupe seul une moitié de l'induit. En réunissant ensemble respectivement les bornes AA', BB', CC', on met les enroulements en parallèle.

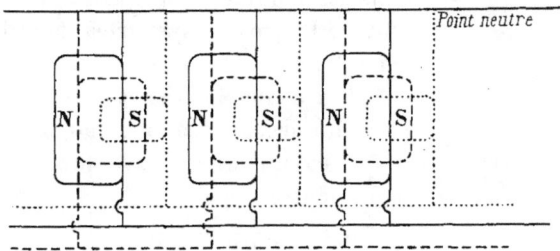

Fig. 140. — Groupement de circuits induits en parallèle. Deuxième mode.

Dans la figure 140 (enroulement triphasé à 3 étages et avec coupure) il y a autant d'enroulements en parallèle qu'il y a de paires de pôles.

On a en quelque sorte une série d'alternateurs bipolaires montés en parallèle.

On peut évidemment, au lieu de diviser ainsi l'alternateur par paires de pôles, former une série d'alternateurs élémentaires à 4, 6, 8 pôles et monter tous ces alternateurs en parallèle.

Montage en étoile ou en triangle des alternateurs triphasés. —

Le montage en étoile doit, autant que possible, toujours être employé de préférence, parce que :

1° Pour une même tension U, à fournir aux bornes de l'alternateur, il faut, avec le montage en triangle, que chaque enroulement donne toute cette tension U, tandis que, dans le montage en étoile, chaque enroulement ne doit fournir que $\dfrac{U}{\sqrt{3}}$.

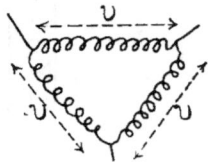

Fig. 141. — Montage en triangle d'induits d'alternateurs.

Il faut donc, dans ce dernier cas, ou mettre moins de spires, ce qui simplifie la construction, ou adopter une f. é. m. induite plus faible par spire, ce qui facilite l'isolement entre spires.

Il est bien entendu que le poids de cuivre est le même dans les deux cas, car si, avec le montage en étoile la f.é.m. à produire est par enroulement $\sqrt{3}$ fois plus petite, par contre l'intensité débitée par chaque enroulement est $\sqrt{3}$ fois plus grande.

2° Avec le montage en étoile, on n'a pas à craindre les courants de circulation qui peuvent se produire dans les montages en triangle, par suite surtout de légères dissymétries dans les enroulements.

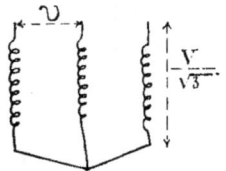

Fig. 142. — Montage en étoile d'induits d'alternateurs.

3° Les connexions sont en général un peu plus simples, avec le montage en étoile.

4° Il est quelquefois avantageux d'avoir un point neutre [1].

BOBINAGE DE L'INDUIT

D'une manière générale, on entend par bobinage la mise en place des conducteurs sur la machine, les conducteurs pouvant former des bobines ou être constituées par des barres.

Dans les ateliers de bobinage, on cherche surtout à réduire le plus possible les frais de main-d'œuvre, qui sont relativement très importants, et à augmenter la rapidité de fabrication.

A cet effet, depuis quelques années, en France comme à l'étranger, on tend de plus en plus à n'employer que des femmes et des enfants pour le bobinage, ce travail ne demandant en général que du soin et de l'adresse.

---

[1]. La présence d'un point neutre et son accessibilité constituent une très grande facilité pour l'exécution d'essais sur les alternateurs.

D'autre part, on cherche de plus en plus, à l'heure actuelle, à faire le bobinage mécaniquement et sur gabarit, c'est-à-dire à enrouler d'avance les conducteurs sur un moule au moyen d'un tour, de façon à n'avoir à placer sur la machine que des bobines toutes faites, — au lieu d'enrouler les conducteurs directement sur la machine, opération qui demande un temps toujours beaucoup plus considérable.

Pour les induits d'alternateurs, les bobines faites à l'avance ne peuvent être utilisées qu'avec les encoches complètement ouvertes ; aussi ces encoches sont-elles à peu près exclusivement employées en Amérique, où la main-d'œuvre est relativement très chère.

Avec les encoches à demi-fermées, on peut également employer des bobines toutes faites, en introduisant les conducteurs un par un dans l'encoche à travers la fente, mais comme il est alors plus difficile d'obtenir un bon isolement, on ne les adopte dans ce cas que pour les induits basse tension.

Avec les encoches complètement fermées et avec celles qui sont à demi-fermées, dans le cas d'une tension un peu élevée, on doit enrouler les conducteurs à la main sur la machine même. On emploie aussi dans ce cas des gabarits, ordinairement en bois, que l'on fixe sur l'induit et qui servent à donner une forme convenable et bien régulière aux parties des bobines dépassant le fer de cet induit.

Bobinage des induits à haute tension. — Vers 1900, on ne dépassait guère 10.000 volts (tension composée dans le cas du triphasé) comme tension produite directement par les alternateurs. Depuis, on a construit des alternateurs pour des tensions beaucoup plus élevées, comme par exemple ceux de l'usine d'Avignonnet de la Société Grenobloise de Force et Lumière, qui ont été établis par le Creusot pour donner 26.000 volts composés. Ces alternateurs, il est vrai, ne fonctionnent actuellement qu'à

$$\frac{26.000}{\sqrt{3}} = 15.000 \text{ volts}$$

les enroulements étant montés en triangle au lieu d'être connectés en étoile.

L'expérience paraît avoir montré, en effet, qu'on n'a pas intérêt à faire produire directement par les alternateurs des tensions très élevées.

Pour le moment, la tension limite que les constructeurs paraissent ne pas vouloir dépasser est de 15.000 volts environ. Lorsque l'on veut alimenter un réseau à tension élevée, il est préférable de prendre des transformateurs élévateurs.

Les principales causes qui rendent les alternateurs à haute tension peu pratiques sont les suivantes :

1° *Les difficultés d'isolement*, qui sont relativement moins grandes dans un transformateur.

Dans un transformateur, en effet, les bobines à haute tension n'ont à être isolées par rapport à la masse (ou par rapport à l'enroulement basse tension) que sur une seule face (fig. 143), celle qui est en regard du cylindre isolant, tandis que dans les alternateurs, toutes les faces de la bobine doivent être isolées de la masse (fig. 144).

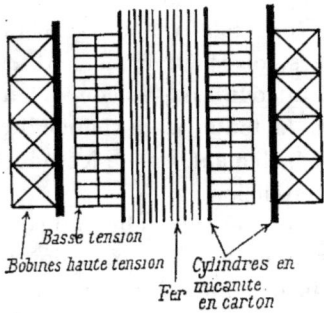

Fig. 143. — Facilité de réalisation d'un haut isolement dans un transformateur.

En un mot, les surfaces à isoler sont beaucoup plus réduites dans les transformateurs.

De plus, dans les transformateurs, la place disponible pour les isolants est beaucoup plus grande que dans les alternateurs.

2° *Le prix plus élevé et le rendement plus faible de l'alternateur.* — Dans les alternateurs à très haute tension, les isolants prennent une très grande place dans les encoches, au détriment du cuivre.

Pour le même inducteur, le même circuit magnétique, la même carcasse, on aura, avec un enroulement haute tension, une puissance qui pourra être inférieure de plus de 10 à 20 % à celle fournie par un enroulement à basse tension ou à moyenne tension.

Fig. 144. — Difficulté de canalisation d'un haut isolement dans un alternateur.

Il s'ensuit évidemment un rendement plus faible et un prix plus élevé.

3° *Production d'ozone en assez grande quantité*, lorsqu'on dépasse une tension de 20 à 25.000 volts. La production d'ozone est beaucoup plus grande que dans un transformateur, sans doute parce que, dans un transformateur, les conducteurs sont moins rapprochés de la masse, les surfaces des bobines **exposées** à l'air ou voisines de la masse sont beaucoup plus faibles et la ventilation moins énergique.

L'ozone, non seulement constitue une gêne physiologique très sensible pour le personnel chargé de la surveillance, mais a encore l'inconvénient de détériorer les isolants petit à petit.

Isolement des conducteurs dans les induits à haute tension. — A l'intérieur des bobines, la tension entre deux conducteurs voisins ne peut pas dépasser une centaine de volts. On devra donc disposer les différentes couches de conducteurs en conséquence. Le fil employé est en général isolé par 2 ou 3 couches de coton.

Dans les encoches, l'isolement des bobines par rapport à la masse est effectué au moyen de tubes (ou caniveaux) en micanite. Ces tubes sont essayés séparément à une tension alternative égale au triple de la tension normale de fonctionnement de l'alternateur.

En dehors des encoches, les bobines sont isolées simplement par l'air. Il faut donc bien séparer les bobines entre elles et les éloigner le plus possible de la masse.

On peut compter 1^{cm} par 1.000 volts environ, comme écartement nécessaire pour réalisation d'une sécurité suffisante.

Bobinage des induits à basse tension. — Dans le cas de la basse tension, on emploie des barres, et les enroulements sont groupés en parallèle ainsi qu'on l'a dit.

Avec les encoches complètement ouvertes, les barres sont toutes tordues d'avance sur un gabarit, de façon qu'on n'ait qu'à les placer dans les encoches, pour que les extrémités des barres, devant être reliées ensemble viennent d'elles-mêmes en contact. Une fois toutes les barres placées, on soude ensemble les extrémités qui doivent être réunies.

Avec les encoches complètement fermées ou à demi-fermées, on

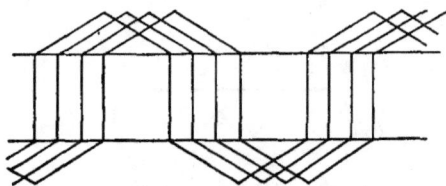

Fig. 145. — Encoches fermées ou mi-fermées. Torsion des barres à un bout après enfilage.

doit *enfiler* les barres dans les encoches. On ne peut donc tordre auparavant les barres qu'à un bout.

Dans ce cas, après avoir enfilé les barres, ou bien on les retord une seconde fois sur l'induit même (fig. 145) de façon à amener en contact les extrémités devant être réunies, ou bien on tord la première fois convenablement (sur gabarit) les barres, de façon à n'avoir pas à les tordre une seconde fois pour les amener en contact (fig. 146).

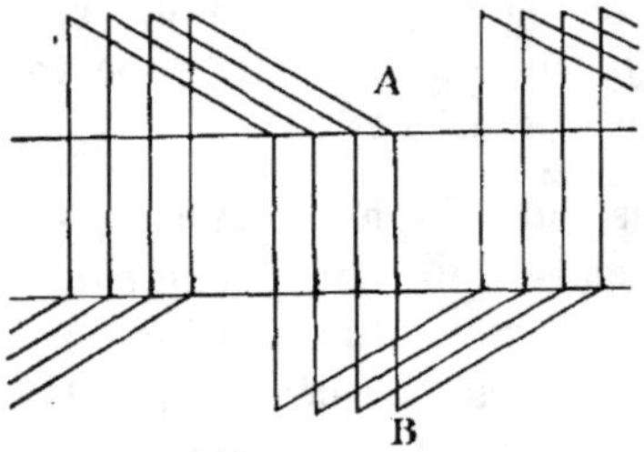

On voit que, pour faire l'enroulement de la figure 146, il suffit d'enfiler dans les encoches par la face A toutes barres tordues ainsi ⟩ et par la face B celles tordues en sens inverse ⟨.

Fig. 146. — Encoches fermées ou mi-fermées. Emploi de barres tordues d'un seul côté sur gabarit.

Le mode de bobinage indiqué (fig. 146), qui est assez employé dans le cas de grosses barres, car il réduit considérablement la main d'œuvre, a l'inconvénient de nécessiter un peu plus de cuivre et d'augmenter légèrement la résistance de l'induit, parce que la longueur A C B pour aller d'une encoche à l'autre est évidemment plus grande que la longueur correspondante A C' B (fig. 147).

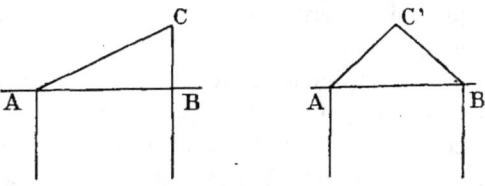

Fig. 147. — Augmentation du poids de cuivre par l'emploi de barres à torsion préalable d'un seul côté sur gabarit.

QUATRIÈME LEÇON

CONSTRUCTION DES ALTERNATEURS MODERNES
(Suite.)

ÉTUDE DÉTAILLÉE DE L'INDUCTEUR — ÉLÉMENTS MÉCANIQUES
DE SA CONSTRUCTION

Les inducteurs modernes sont presque toujours composés de noyaux polaires fixés solidement à la jante d'une roue appelée roue polaire, chacun des noyaux étant recouvert d'une bobine inductrice comme le représente la figure 148.

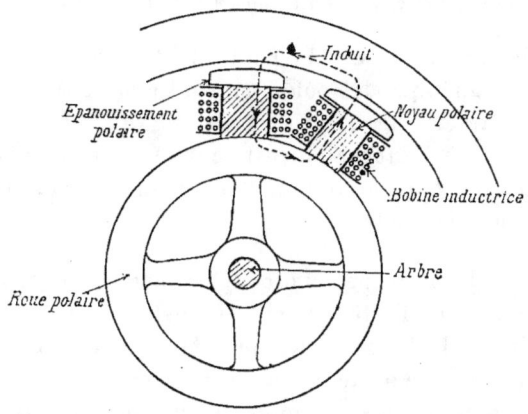

Fig. 148. — Constitution générale des systèmes inducteurs d'alternateurs.

Les noyaux polaires sont, en outre, souvent terminés par une partie de section plus grande appelée épanouissement polaire.

Le système inducteur se compose donc des parties suivantes que l'on va étudier successivement :

L'arbre, ses coussinets et ses paliers.
La roue polaire.
Les noyaux polaires et leurs épanouissements.
Les bobines inductrices.

ARBRE

L'arbre est toujours en acier de première qualité. Il est forgé au pilon ou à la presse hydraulique. Il présente une charge de rupture de 60 à 65 kilogrammes par mm² et un allongement de 18 à 20 % avant la rupture.

Il a à résister en temps normal :

1° A la tension provenant de la combinaison du couple moteur et du couple résistant. (Fig. 149.)

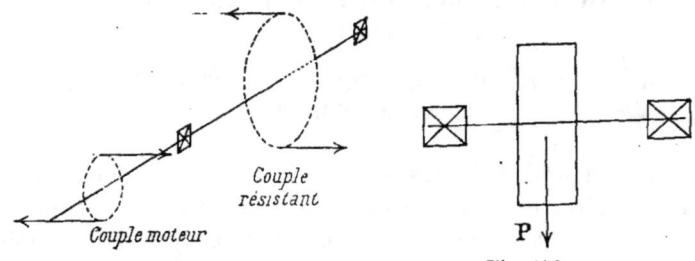

Fig. 149.   Fig. 150.
Éléments mécaniques déterminant la section de l'arbre.

2° A la flexion provenant du poids de l'inducteur et aussi de l'attraction magnétique des pôles pouvant résulter d'une dissymétrie dans l'entrefer. (Fig. 150.)

Dans le cas où l'alternateur est actionné par une poulie commandée par une courroie, il faut tenir compte encore de la réaction de la courroie sur l'arbre.

Tension de l'arbre due aux couples moteur et résistant. — On peut considérer l'arbre comme encastré dans l'inducteur et soumis à un couple de torsion C_t provenant du couple moteur qui s'exerce sur la poulie ou le manchon d'accouplement.

Ce couple agit donc sur toutes les sections comprises entre l'inducteur et la poulie ou le manchon.

Comme il est égal au couple moteur, on aura donc :

$$C_t = FR$$

{ R = rayon de la poulie.
{ F = force tangentielle.

Si l'on ne calcule l'arbre que pour résister à la torsion, ce que l'on fait parfois pour les arbres gros et courts, tournant à faible vitesse, on peut employer les formules suivantes pour déterminer son diamètre D :

Pour le fer (rare) :
$$D^3_{(mm)} = 0.85\ F_{(kg)}\ R_{(mm)}$$

Pour l'acier :
$$D^3_{(mm)} = 0,518\ F_{(kg)}\ R_{(mm)}.$$

CONSTRUCTION DES ALTERNATEURS MODERNES

Ces formules donnent des résultats trop faibles, surtout pour les petites machines.

Comme la force tangentielle :

$$F_{(kg)} = \frac{P_{HP} \times 75}{2\pi R_{(m)} \times N}$$

P = puissance en chevaux-vapeur
N = Nombre de tours par seconde

on a, K étant une constante :

$$FR = \frac{K\,P\text{ watts}}{N'}$$

N' = Nombre de tours par minute.

D'où, A étant une nouvelle constante :

$$D_{cm} = A \sqrt[3]{\frac{P\text{ watts}}{N'}}$$

D'après Arnold, qni a effectué des mesures et pratiqué des vérifications sur un grand nombre de machines, A varie de :

1,8   à   2,3.

Pour les petites machines, on emploie des diamètres beaucoup plus grands.

Flexion de l'arbre due au poids de l'inducteur, à l'attraction magnétique et à l'action de la courroie. — Chaque pôle inducteur, agissant comme un électro-aimant, est soumis à une force, relativement considérable, émanant de l'induit.

En temps normal, tout étant symétrique, l'ensemble des forces agissant sur les pôles se fait équilibre.

Mais si, pour une cause quelconque, l'usure des coussinets, par exemple, une dissymétrie vient à se produire dans l'entrefer, ces forces, n'étant plus les mêmes partout, donnent une résultante agissant sur l'arbre.

Pour avoir une idée de l'importance de cette attraction magnétique sur l'arbre, on peut citer l'exemple suivant donné par Kapp.

Exemple de calcul de l'attraction magnétique. — Kapp étudie une machine ayant les données suivantes :

Poids de la partie tournante	3.700 kgs.
Entrefer normal	10,5 mm.
Induction normale	4.500 gauss.
Surface d'un pôle	680 cm².
Nombre de pôles	20

Si, dit-il, on admet que l'arbre soit descendu de 1 mm., on aura :

Pour l'entrefer à la partie supérieure :   11,5 mm.
—   —   inférieure :   9,5 —

L'induction dans l'entrefer variant sensiblement en raison inverse de sa longueur, sa valeur sur les côtés sera normale, soit 4.500 gauss, tandis qu'elle sera de 4.100 gauss en haut et de 5.000 en bas.

Si l'on applique la formule classique de la force portante, formule que l'on peut employer ici, car l'entrefer est très faible par rapport à l'étendue des surfaces polaires, on aura :

$$F = \frac{\mathcal{B}^2 s}{8\pi} \text{ en dynes, si } s \text{ est exprimée en cm}^2.$$

Par cm² de surface polaire, et en exprimant l'attraction en kgs, on aura :

1° Pour le haut :
$$f_1 = \frac{F_1}{s} = \frac{\overline{5000}^2}{8\pi \times 1000 \times 981} = 0{,}68 \text{ kg}.$$

2° Pour le bas :
$$f_2 = \frac{F_2}{s} = \frac{\overline{5000}^2}{8\pi \times 1000 \times 981} = 1{,}01 \text{ kg}.$$

On trouve ainsi que la différence des efforts exercés de ce fait sur les deux pièces polaires, la plus haute et la plus basse, est de :

$$225 \text{ kgs}.$$

D'où, pour la carcasse entière, une force de 1.000 à 1.200 kgs, soit 30 % du poids total de la partie tournante.

REMARQUES. — Comme on le voit, cette attraction n'est pas négligeable, étant donné surtout que dans l'industrie, on se trouve parfois en présence de dissymétries magnétiques encore plus grandes.

Dans la pratique, on veillera à ce que la valeur des dissymétries dans l'entrefer ne dépasse jamais 1/10 de cet entrefer.

On peut remarquer que l'attraction magnétique provenant d'une dissymétrie dans l'entrefer donne une force de direction constante, et que, par suite, il en résulte simplement une fatigue supplémentaire pour l'arbre, mais pas de vibrations sensibles.

L'attraction magnétique, ayant ordinairement la même direction que la pesanteur, et le même point d'application sur l'arbre, s'ajoutera simplement au poids de l'inducteur.

On calcule donc l'arbre pour résister à la flexion, comme si c'était une poutre encastrée à ses deux extrémités, et soumise en un point à une force P (fig. 151).

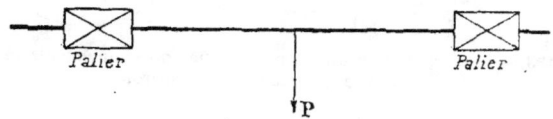

Fig. 151. — Éléments mécaniques du calcul de l'arbre d'un alternateur.

Charge sur les coussinets. — Elle sera évidemment donnée par les relations suivantes (fig. 152) :

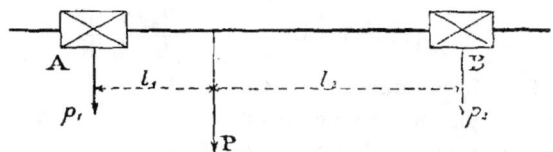

Fig. 152. — Détermination de la charge sur les coussinets de l'arbre d'un alternateur.

$$p_1 + p_2 = P$$
$$p_1 l_1 = p_2 l_2$$

Calcul de l'arbre pour résister à la fois à la torsion et à la flexion. — Soit M le moment de flexion dans une section quelconque, C le couple de torsion.

On pourra calculer le diamètre de l'arbre en supposant que la section considérée est éprouvée seulement à la flexion par un moment de flexion idéal M'.

Ce moment M' est donné par la formule suivante, que l'on trouvera dans les traités relatifs au calcul de la résistance des matériaux[1] :

$$M' = \frac{3}{8} M + \frac{5}{8} \sqrt{M^2 + C^2}$$

Cas de la commande par courroie. — Pour maintenir l'adhérence de la courroie, on est obligé de la tendre. Soit (fig. 153) :

T la tension du brin supérieur
T'   »   »   inférieur.

---

[1]. Voir « Cours de Résistance de matériaux » professé à l'Institut Electrotechnique de Grenoble.

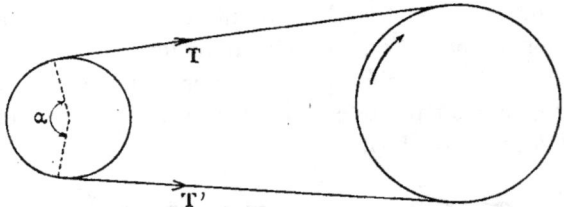

Fig. 153. — Détermination du moment de flexion supplémentaire à l'arbre dû à la commande par courroie.

Si le brin supérieur est le brin conducteur,

$$T > T'$$

et la différence T — T' représente la force tangentielle :

$$(1) \quad T - T' = F = \frac{P_{HP} \times 75}{2\pi . R . N}$$

F = force tangentielle en kgs
P_{HP} = puissance en chevaux
R = rayon de la poulie en mètres
N = nombre de tours/sec. de la poulie.

D'autre part, on démontre en mécanique que si α est l'angle embrassé par la courroie en radians, et f le coefficient de frottement, le glissement de la courroie sur la poulie commence à s'effectuer quand :

$$\frac{T}{T'} = e^{f\alpha}$$

e = base des logarithmes népériens.

Pour éviter le glissement de la courroie, il faudra augmenter sa tension, c'est-à-dire T et T'.

On devra donc avoir, puisque T — T' = constante,

$$(2) \quad \frac{T'}{T} = ae^{f\alpha}$$

a étant un coefficient < 1.

C' est un coefficient de sécurité. Pour ne pas exagérer la tension de la courroie, qui fait fléchir l'arbre, on prendra a très voisin de 1. En général on fait :

$$a = 0{,}9.$$

En combinant (1) et (2), on détermine facilement T et T'.

CONSTRUCTION DES ALTERNATEURS MODERNES

Ces deux forces T et T' peuvent se ramener à un couple, qui est le couple moteur, et à une force résultante F' passant par l'axe (fig. 154 et 155).

En particulier, si $\alpha = \pi$, on a comme il est facile de le voir :

$$F = T + T'$$

et si dans ce cas, on prend

$$a = 1$$
$$f = 0.155$$

(valeur moyenne du coefficient de frottement courroie cuir sur poulie fonte polie) on aura :

$$T = 2,5 \, F$$
$$T' = 1,5 \, F$$

d'où

$$T + T' = F' = 4 \, F$$

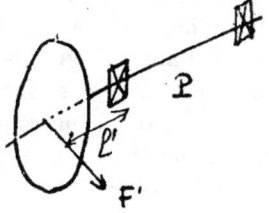 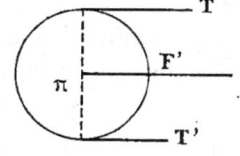

Fig. 154.   Fig. 155.
Réduction des tensions des brins au couple moteur et à une force passant par l'axe.

Ainsi la force agissant sur l'arbre serait égale à 4 fois la force tangentielle s'exerçant sur la poulie. Pour :

$$\alpha \gtreqless \pi$$

F', avec le choix des mêmes coefficients, serait évidemment plus faible.

Pratiquement, on prend souvent :

$$F' = 4F.$$

On a ainsi toute sécurité.

Ainsi, dans le cas de la commande par courroie, en plus des efforts étudiés précédemment, l'arbre aura à résister au moment de flexion

$$F'l$$

l étant la distance du milieu de la poulie au milieu du coussinet.

Charge des coussinets. — Pour avoir la charge sur les coussinets, on n'aura qu'à composer cette force F' avec la force P due à la pesanteur et aux attractions magnétiques.

Autres efforts pouvant agir accidentellement sur l'arbre. — Ces efforts peuvent résulter ordinairement :

1° D'un défaut d'équilibrage de la partie tournante.

2° D'un défaut dans les pôles inducteurs qui n'auraient pas tous à supporter la même attraction magnétique.

Dans les deux cas, il se produit des vibrations qui révèlent la présence de ces défauts.

Le premier se rencontre rarement d'une façon bien sensible pendant l'exploitation, car, une fois la partie tournante terminée, on a soin de l'équilibrer soigneusement.

Pour cela, on fait reposer l'arbre sur deux règles bien horizontales et l'on fixe solidement des contre-poids jusqu'à ce que la partie tournante soit en équilibre dans n'importe quelle position.

Pour les machines devant être animées d'une très grande vitesse périphérique, il faut, en plus de l'épreuve précédente, s'assurer que le poids de la partie tournante est bien réparti symétriquement par rapport à un plan perpendiculaire à l'axe.

Si, en effet, on considère deux masses M et M' disposées comme l'indique la figure, ces masses pourront donner naissance à un couple important qui fatiguerait l'arbre et les paliers (fig. 156).

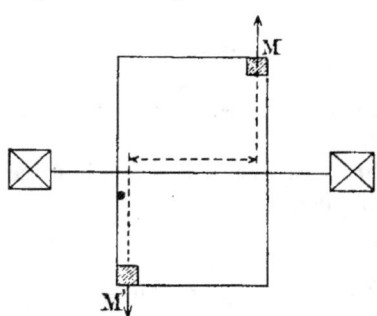

Fig. 156. — Nécessité de la symétrie de la répartition du poids par rapport à un plan perpendiculaire à l'axe, dans le cas de machines à très grande vitesse.

Le second défaut, quoique assez rare, peut se présenter par exemple lorsqu'une bobine inductrice vient d'être mise en court-circuit accidentellement, ou présente plusieurs spires en court-circuit.

L'attraction magnétique du noyau supportant cette bobine, étant annulée ou diminuée, ne fait plus équilibre à celle du pôle opposé qui agit alors sur l'arbre et produit des vibrations (fig. 157).

Comme on le voit, le calcul d'un arbre est assez arbitraire, car il est difficile de tenir compte exactement de tous les efforts qui agissent sur lui.

Si on veut le calculer en se servant des formules classiques de la résistance des matériaux, on devra toujours adopter des coefficients de sécurité très élevés.

Quelques constructeurs calculent actuellement leurs arbres en admettant simplement pour ceux-ci, entre les deux paliers, une flèche maxima, flèche produite par le poids de l'inducteur et par l'attraction magnétique due à l'usure des coussinets.

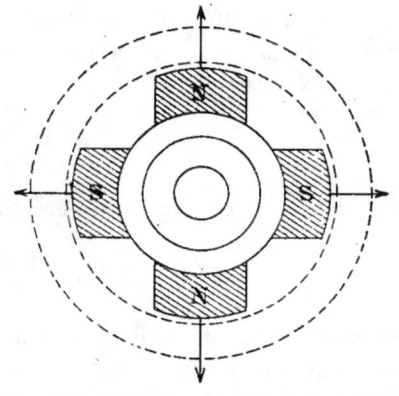

Fig. 157. — Rupture d'équilibre magnétique par la production d'un court-circuit sur une des bobines inductrices.

Ils admettent pour valeur de cette flèche 3 à 5 % de la valeur de l'entrefer. On a ainsi toute sécurité.

Calcul des tourillons de l'arbre. — Il faut déterminer (fig. 158) :

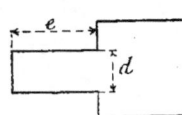

Fig. 158. — Calcul des tourillons de l'arbre.

d = diamètre du tourillon ;
l = longueur du tourillon.

Détermination de d. — On donnera à d une valeur suffisante pour que le tourillon puisse résister aux efforts qui agissent sur lui (torsion et flexion).

S'il est indispensable de donner aux tourillons une très grande solidité, il ne faudrait pas cependant exagérer inutilement leur diamètre, car la puissance perdue dans les paliers par frottement deviendrait trop considérable.

Calculons en effet cette puissance.

Soient :

F la force en kilogrammes agissant sur le tourillon ;
f_1 le coefficient de frottement ;
V la vitesse tangentielle du tourillon ;
N' le nombre de tours par minute.

On aura, pour la puissance perdue par frottement dans un palier :

$$P_f = F f_1 V = F f_1 \frac{\pi d N'}{60} \qquad (1)$$

On voit que cette puissance est proportionnelle au diamètre d.

On remarque d'autre part que cette puissance est indépendante de la longueur du tourillon, ce qui est naturel, puisque la force de frottement est indépendante de la surface.

Si on exprime :

$$\begin{cases} F \text{ en kilogs} \\ d \text{ en cm.} \end{cases}$$

la puissance P_f sera exprimée en kgm/sec. par la formule suivante :

$$P_f = \frac{\pi d}{10^2} \frac{N'}{60} f_1 F \quad \text{kgm/sec.}$$

Calcul de l, longueur du tourillon. — Pour que la puissance perdue P_f ne produise pas un échauffement exagéré et, d'autre part, pour éviter une usure anormale des coussinets et l'expulsion de l'huile par une pression trop grande, il faudra donner au tourillon une surface suffisante; il sera donc calculé en se basant sur la nécessité de donner une certaine limite :

1° A ϖ, puissance perdue par unité de surface de travail ;

2° A p, pression par unité de surface de travail, surface qui est égale à ld.

1re *Condition : maximum tolérable de* ϖ.

On a :

$$\varpi = \frac{P_f}{S_{trav}} = \frac{\pi \dfrac{d}{10^2} \dfrac{N'}{60} f_1 F}{ld}$$

d'où

$$(A) \quad l \geq \frac{N' f_1 F}{1900 \, \varpi} \text{ en cm.}$$

L'expérience montre que ϖ ne doit pas dépasser 0,5 à 1 kgm. par centimètre carré de surface de travail. On fera donc :

$$\varpi \leq 1$$

On peut encore mettre la relation (A) sous la forme suivante, en remarquant que :

$$\frac{f_1}{1900 \, \varpi}$$

est une constante K pour un palier donné :

$$l = K N' F$$

ou :
$$\frac{1}{K} = \frac{NF'}{l}$$

d'où la relation pratique suivante :

(A') $\quad \dfrac{N'F}{l} \leqq 2.10^4 \text{ à } 3.10^4$

2° *Condition : maximum de* p.
On a :
$$p = \frac{ld}{F}$$
d'où

(B) $\quad l \geqq \dfrac{F}{pd}$

p ne peut pas dépasser 15 à 20 kgs par cm².

En pratique, on prend souvent :
$$p = 10 \text{ à } 11 \text{ kilogs.}$$

Dans un avant projet, il est prudent de choisir :
$$p = 5 \text{ à } 7 \text{ kilogs}$$

l sera donc déterminé pour satisfaire aux deux conditions A ou A' et B.

Dans un avant-projet, on peut admettre :
$$p = 0{,}6 \text{ à } 0{,}8 \text{ du diamètre } d \text{ de l'arbre}$$
$$l = 2{,}5 \text{ à } 3{,}5 \; d.$$

Forme de l'arbre. — La figure 159 indique une forme d'arbre assez générale.

On y remarque :

Le collet, qui sert à limiter le jeu latéral de l'arbre.

Le pare-huile, destiné à empêcher que l'huile ne sorte du palier en suivant l'arbre. Par l'effet de la force centrifuge, l'huile est projetée dans la chambre du palier et ne peut pas redescendre de l'autre côté du pare-huile.

COUSSINETS

On a vu que les efforts agissant sur les coussinets et les paliers sont souvent assez considérables, et que, d'autre part, à cause de l'attraction magnétique, les dissymétries dans l'entrefer doivent toujours être très faibles. On comprend donc maintenant combien il est important d'assurer aux paliers une très grande rigidité, et aux coussinets une usure très faible, ainsi qu'un centrage très précis.

La figure 159 représente la coupe d'un palier pour un alternateur de faible puissance.

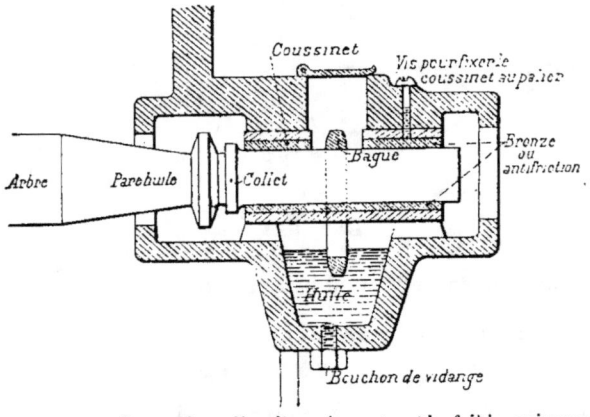

Fig. 159. — Coupe du palier d'un alternateur de faible puissance.

Coussinets. — Ils sont : soit en bronze composé de Cu Sn et Zn dans des proportions variables; soit en métal anti-friction, alliage de cuivre d'étain et d'antimoine, en proportions également variables.

	Cu	Sn	Sb
Métal Magnolia	8	80	12
Métal blanc	6	17	77
» »	54	3 à 9	36

Le bronze est plus dur et s'use moins que l'antifriction; aussi est-il employé là où l'usure des coussinets aurait de fâcheuses conséquences, par exemple pour les petits moteurs asynchrones où, l'entrefer étant très faible (3/10 à 5/10 de mm.), le contact du rotor et du stator peut se produire, au grand dommage du moteur.

Le bronze a, par contre, l'inconvénient grave de rayer l'arbre et de se souder après lui en cas de grippage, ce qui nécessite une réparation encore assez longue, pour enlever le bronze et repolir les tourillons.

L'antifriction présente justement l'avantage très apprécié de ne pas donner lieu à cet accident en cas de grippage, car, ayant une température de fusion assez basse, il fond simplement, sans rayer l'arbre. Cette facilité de fusion rend également la préparation des coussinets très facile. Aussi, dans les machines électriques, emploie-t-on actuellement de plus en plus l'antifriction, même pour les très grosses unités, car l'antifriction peut acquérir une dureté assez grande.

Pour éviter que dans le cas d'un faible entrefer, la fusion du coussinet en antifriction, lors du grippage, n'amène la partie tournante en contact avec la partie fixe, on fait parfois des coussinets en bronze revêtu d'une mince couche d'antifriction.

Le bronze ou l'antifriction sont, ou bien ajustés sur le coussinet qui présente des agrafes avec profil en queue d'aronde, ou bien, ce qui se fait très souvent, coulés directement sur le coussinet.

On y trace des rainures appelées pattes d'araignées pour faciliter le graissage. Ces rainures doivent avoir leurs bords très arrondis (fig. 160).

Sauf dans les machines marines, le graissage se fait presque toujours avec bagues. Les bagues doivent être en métal non magnétique, plonger suffisamment dans l'huile et tourner à une vitesse convenable. Si la bague tourne trop vite,

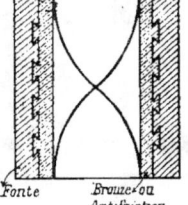

Fig. 160. — Coussinet d'alternateur.

l'huile passe par-dessus le coussinet sans le lubrifier ; dans le cas contraire, la circulation d'huile n'est pas assez intense. On règle cette vitesse par la largeur de la bague, c'est-à-dire en augmentant ou diminuant la surface d'adhérence de la bague avec le tourillon.

Modes de fixation des coussinets dans les paliers. — On peut distinguer 3 modes de fixation :

1° Le mode de la figure 161. — Le coussinet est fixé rigidement dans le palier. — C'est le mode de fixation le plus économique.

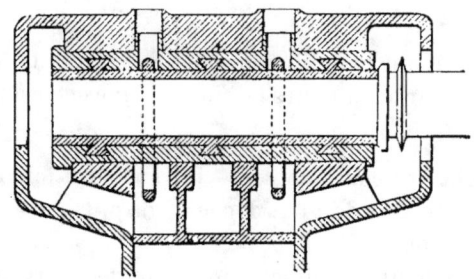

Fig. 161. — Fixation rigide du coussinet dans le palier.

2° Le coussinet à rotule (fig. 162) permettant à l'arbre de prendre une certaine inclinaison dans le palier et exigeant un ajustage moins précis que pour le premier. Ce dispositif, qui est assez coûteux, n'est employé que dans le cas des grandes vitesses.

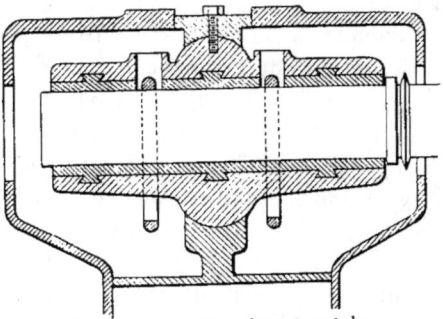

Fig. 162. — Coussinet à rotule.

3° Le coussinet mixte, jouant le rôle d'intermédiaire entre les deux premiers ; ce type de coussinet est assez employé, car tout en étant

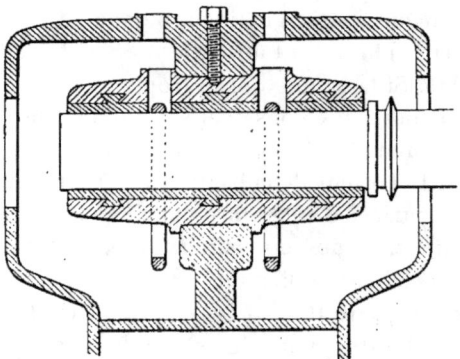

Fig. 163. — Coussinet type mixte.

moins coûteux que le second, il permet à l'autre de prendre une inclinaison suffisante, toujours faible (quelques centièmes de millimètres, fig. 163).

Echauffement des coussinets. — La surélévation de température des coussinets ne doit pas dépasser de plus de 40 à 50° la température ambiante.

On a vu plus haut les dimensions à donner aux tourillons, et par suite aux coussinets, pour avoir un échauffement normal.

On peut réduire ces dimensions, surtout dans le cas de grandes machines, en refroidissant les coussinets par une circulation d'eau.

PALIERS

Ordinairement en fonte. Il faut que :

1° Les paliers puissent être facilement démontables ;

2° Le réservoir d'huile soit d'un volume assez grand;

3° Le nettoyage puisse se faire facilement. On peut à cet effet disposer le fond du réservoir d'huile en pente pour rassembler les déchets et débris inclus dans l'huile ;

4° Le palier renferme un niveau d'huile apparent, un trop-plein et un trou de vidange;

5° La partie tournante, formant ventilateur, n'aspire pas l'huile du palier.

Chaise support du palier. — En fonte ordinairement, en acier coulé parfois, lorsqu'elle ne fait qu'une seule pièce avec la carcasse.

Elle peut reposer sur le bâti, soit par une surface plane (fig. 164),

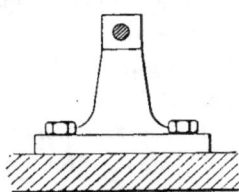 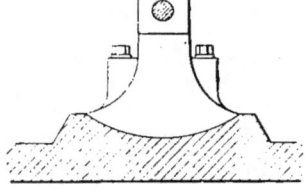

Fig. 164.   Fig. 165.
Chaise support du palier d'alternateur.

soit par une surface cylindrique, ce qui facilite le centrage de l'arbre, mais augmente le prix de la machine (fig. 165).

Dans les petites machines, jusqu'à 100 kw., au maximum, on emploie presque toujours le palier dit en bouclier (fig. 166). Par

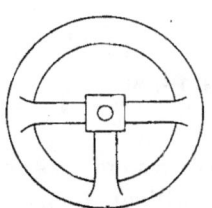 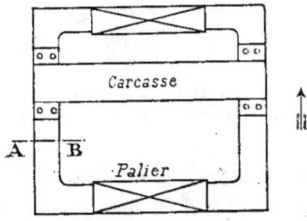

Fig. 166. — Palier en bouclier   Fig. 167. — Bâti d'alternateur.
(petites machines).

raison d'économie, les paliers sont quelquefois indépendants du bâti (fig. 169). Le montage doit être alors très soigné et il peut se produire dans la maçonnerie de légères déformations suffisantes pour décentrer les paliers et les faire chauffer.

Il faut alors que les fondations soient solides et il convient de vérifier de temps en temps le centrage des paliers.

Bâti. — Le bâti est fait en fonte; il a souvent (moyenne puissance) la forme donnée par la figure 167. Afin de faciliter les réparations, soit à l'inducteur, soit à l'induit, on peut souvent déplacer latéralement la carcasse dans le sens de la flèche. La figure 168 représente une coupe du bâti suivant A B.

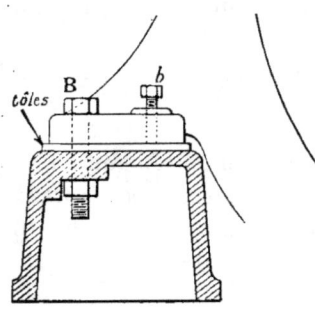

Fig. 168. — Bâti d'alternateur (coupe).

Entre le bâti et la carcasse, on place des tôles d'épaisseur convenable, servant à régler l'entrefer.

On peut aussi employer le même dispositif avec les paliers. Le boulon B sert à la fixation de la carcasse sur le bâti. L'écrou est placé en général à l'intérieur du bâti, où un bossage l'empêche de tourner. Le boulon b, qui n'est autre qu'une tige filetée, sert seulement à permettre un léger soulèvement de la carcasse pour faciliter le réglage.

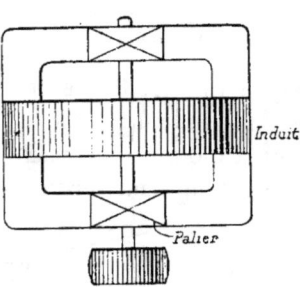 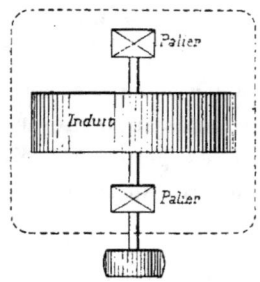

Fig. 169. — Paliers rendus solidaires de la carcasse par un bâti en fonte.

Fig. 170. — Montage indépendant des paliers et de la carcasse.

En général, il est bon de rendre les paliers solidaires de la carcasse de l'induit, par l'intermédiaire d'un bâti en fonte, comme le représente par exemple la figure 169.

On peut évidemment obtenir le même résultat de différentes façons, en particulier dans les petites machines, au moyen de bras fixés à la carcasse de l'induit.

Lorsque les paliers sont montés indépendamment l'un de l'autre, et de l'induit, sur un même massif de maçonnerie, ou sur des massifs différents (fig. 170) il peut se produire dans le massif en maçonnerie de légères déformations, des affaissements à peine sensibles, mais suffisants pour faire descendre les paliers et les faire chauffer.

De plus, le centrage des paliers au moment du montage est beaucoup plus difficile et délicat que dans le premier cas, où il est facile de centrer et de repérer les paliers pendant la construction.

On devra donc, si l'on emploie le dispositif de la figure 170, veiller tout particulièrement à la solidité des fondations et vérifier de temps en temps pendant l'exploitation le centrage des paliers.

La première disposition est un peu plus coûteuse, mais elle est aussi beaucoup plus recommandable, et, si la différence de prix n'est pas trop grande, elle doit être préférée.

ROUE POLAIRE

La roue polaire est presque toujours exécutée en acier coulé, afin de réduire le poids, en raison de la grande perméabilité de l'acier, et de pouvoir faire tourner cette roue polaire à des vitesses tangentielles assez considérables, voisines de 40 mètres par seconde. Dans les machines à vitesse lente, la roue polaire devant jouer le rôle de volant et par conséquent devant avoir un poids assez grand, on emploie la fonte qui a l'avantage d'être moins coûteuse et de se couler plus facilement.

Lorsqu'elle est en une seule pièce, la roue polaire est fixée directement sur l'arbre au moyen de la presse hydraulique, et clavetée solidement.

Pour les alternateurs un peu puissants, ayant un grand diamètre, la roue polaire est faite en deux pièces pour faciliter le transport et le montage. Les deux parties doivent être réunies ensemble à la jante et au moyeu, par de forts boulons avec écrous et contre-écrous.

On donne toujours à la jante de la roue polaire des dimensions assez grandes pour lui permettre de laisser passer le flux avec une induction relativement faible.

La roue polaire se calcule comme un volant, mais il faut avoir soin d'ajouter, aux efforts dus à la force centrifuge, les attractions magnétiques qui, nous l'avons vu, sont loin d'être négligeables.

NOYAUX POLAIRES

Ils sont toujours en acier coulé ou en tôle.

La perméabilité des noyaux polaires doit être en effet choisie aussi grande que possible, afin de permettre de réduire au minimum leur section, et par suite les dimensions et le poids des bobines inductrices.

Les noyaux polaires sont massifs ou feuilletés (c'est-à-dire formés de tôles isolées).

Pôles massifs. — Ils ont les avantages suivants savoir :

1° D'être de construction plus simple et moins coûteuse ;

2° D'être plus faciles à fixer solidement sur la jante de la roue polaire ;

3° D'étouffer les harmoniques du courant de l'induit et, dans le cas du couplage en parallèle, d'amortir les oscillations pendulaires. En un mot, ils jouent le rôle d'amortisseurs.

Inconvénients des pôles massifs. — Les pôles massifs ont l'inconvénient d'être le siège de courants de Foucault assez intenses, dans le cas des induits dentés à encoches complètement ouvertes, surtout si l'entrefer est faible par rapport à l'ouverture des encoches.

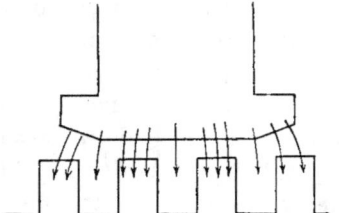

Fig. 171. — Irrégularité, due aux encoches, de la répartition du flux sur la surface polaire.

Nous avons vu en effet, dans la leçon précédente, que la présence des encoches, en créant des reluctances assez considérables, avait pour effet de répartir irrégulièrement le flux sur la surface polaire, comme le représente la figure 171.

On aura donc dans le pôle, par suite du déplacement de l'induit, des variations d'état magnétique qui ne seront pas très considérables comme amplitude, mais dont la fréquence sera très élevée, puisque cette fréquence dépend du nombre de dents.

Si l'induit a n dents par paire de pôles, pendant la durée T d'une période, l'induction au point A aura varié n fois, et en une seconde

$$n \frac{1}{T} = nf$$

f étant la fréquence du courant.

On aura donc, dans les pôles inducteurs, des courants de Foucault assez intenses, qui pourront donner lieu à une perte notable d'énergie.

On sera obligé dans ce cas de feuilleter les pôles.

Pôles feuilletés. — Les pôles doivent être évidemment feuilletés dans le même sens que celui déjà indiqué pour l'induit, c'est-à-dire perpendiculairement à l'arbre.

Les tôles sont maintenues entre elles par des boulons qui doivent être isolés, tout au moins ceux qui sont placés à la périphérie.

Comme les courants de Foucault ne prennent naissance que dans les épanouissements polaires, on se borne souvent à ne feuilleter que les pièces polaires, laissant les noyaux massifs; mais étant données les difficultés que l'on rencontre à fixer ces pièces polaires feuilletées, on préfère le plus souvent feuilleter entièrement les pôles.

Dimensions des noyaux polaires (*longueur et section*). — La longueur l des noyaux polaires doit être suffisante pour permettre de placer convenablement les bobines inductrices (fig. 172).

Cette longueur est assez délicate à déterminer, car, si on la prend trop grande, les bobines inductrices étant alors trop peu épaisses se refroidissent facilement, mais par contre, les fuites magnétiques peuvent devenir importantes.

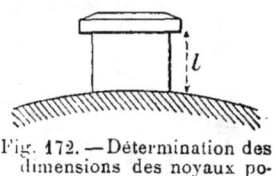

Fig. 172. — Détermination des dimensions des noyaux polaires.

Si, au contraire, on adopte une trop faible longueur, dans le but de réduire les fuites magnétiques, les bobines inductrices, étant alors trop épaisses, se refroidissent mal.

La section est déterminée par la condition de laisser passer le flux inducteur avec une certaine induction.

Il faut évidemment que la section se rapproche le plus possible de la section circulaire, pour réduire au minimum le cuivre des bobines inductrices.

Efforts agissant sur les noyaux polaires. — Les noyaux polaires doivent être fixés très solidement à la jante, car ils ont à résister aux efforts très considérables dus à la force centrifuge.

L'attraction magnétique n'a pas à être envisagée dans ce cas, car

8

si les noyaux polaires sont attirés par l'induit, ils le sont également par la roue.

Les deux schémas des figures 173 et 174, qui représentent, l'un les forces dues à l'attraction magnétique s'exerçant sur le noyau, l'autre, celles qui s'exercent sur l'induit et la roue polaire, montrent suffisamment de quelle façon agissent les attractions magnétiques.

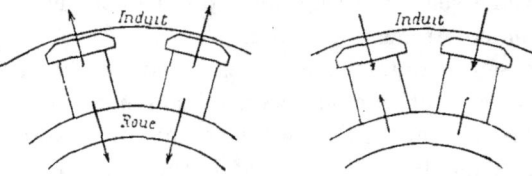

Fig. 173.   Fig. 174.
Actions magnétiques sur les noyaux polaires.

Comme l'induction est plus forte au passage du noyau qu'à la sortie de l'épanouissement polaire, le noyau est attiré plus fortement par la roue que par l'induit, mais, dans les calculs, on ne tient pas compte de cette différence, qui aurait pour effet cependant de réduire l'action de la force centrifuge.

Calcul de la force centrifuge s'exerçant sur les noyaux polaires.

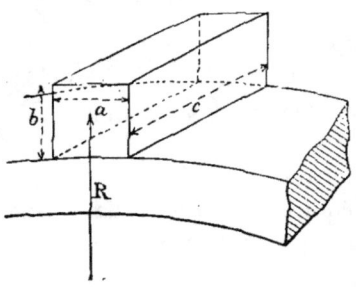

Fig. 175. — Détermination de la force centrifuge s'exerçant sur les noyaux polaires.

— Considérons pour simplifier un noyau polaire rectangulaire et dépourvu d'épanouissement polaire (fig. 175).

La force centrifuge F_c, qui s'exerce sur ce noyau et qui tendra à l'arracher de la roue polaire, sera :

$$F_c = MR\omega^2$$

formule dans laquelle

M = masse du noyau = volume × densité

R = rayon de la circonférence décrite par le centre de gravité du noyau

$\omega = 2\pi R \dfrac{N'}{60}$ = vitesse angulaire.

Cette formule est pratiquement exacte, car R est toujours relativement très grand par rapport à a et b.

CONSTRUCTION DES ALTERNATEURS MODERNES

Application. — Soit le cas d'un alternateur triphasé de 1.000 kva dans lequel on a :

$$\begin{cases} a = 20 \text{ cm.} \\ b = 15 \text{ cm.} \\ c = 37 \text{ cm.} \\ R = 112 \text{ cm.} \\ N' = 214 \text{ tours par minute.} \end{cases}$$

On aura :
$$M = 20 \times 15 \times 37 \times 7,8 = 86.580 \text{ gr.}$$
$$\omega = \frac{2\pi N'}{60} = \frac{2\pi \cdot 214}{60} = 22,39$$

d'où
$$F_c = 86.580 \times 112 \times (22,39)^2 \text{ dynes}$$
$$F_c = \frac{86.580 \times 112 \times (22,39)^2}{981 \times 1000 \times 1000} \text{ tonnes}$$
$$F_c = 4,96 \text{ tonnes — soit 5 tonnes.}$$

Dans certains alternateurs de puissance importante, et tournant avec une grande vitesse angulaire, la force centrifuge peut dépasser largement 10 tonnes.

Fixation des noyaux polaires à la jante de la roue polaire. — Les noyaux sont :

Ou venus de fonte avec la roue polaire.

Ou indépendants de celle-ci et fixés sur elle au moyen de boulons ou de clavettes.

Les noyaux polaires venus de fonte avec la roue polaire corres-

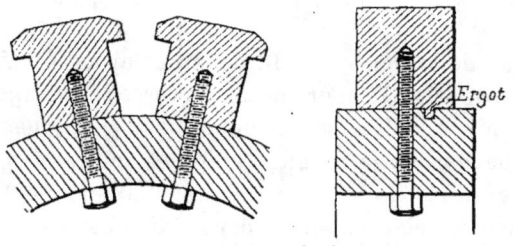

Fig. 176. — Noyaux massifs. — Mode de fixation par boulons.

pondent à une construction plus simple et plus économique, mais ils ont l'inconvénient de rendre le remplacement des bobines inductrices beaucoup plus difficile, car il faut pour cela enlever l'induit.

Lorsque la force centrifuge est très considérable, les noyaux venus de fonte sont seuls admissibles, car autrement il faudrait donner, aux boulons fixant les noyaux sur la jante, des sections beaucoup trop fortes.

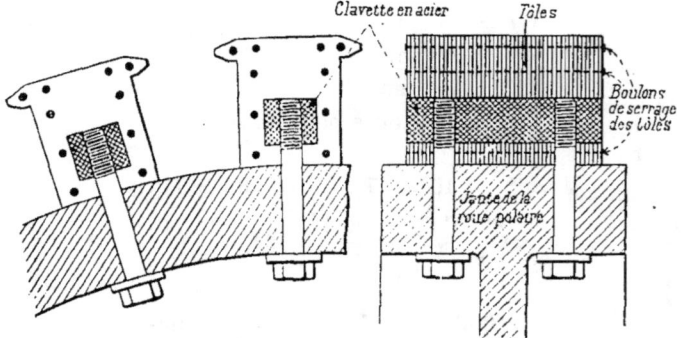

Fig. 177. — Noyaux feuilletés. — Fixation par boulons et pièce d'acier auxiliaire.

La fixation sur la jante des noyaux indépendants de la roue polaire peut se faire de plusieurs manières différentes. Les figures 176, 177, 178, 179 indiquent les principales.

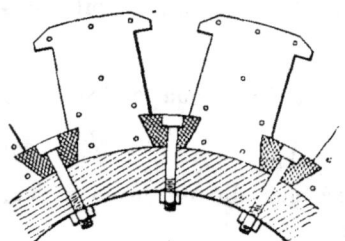

Fig. 178. — Noyaux feuilletés. Fixation par règles et boulons.

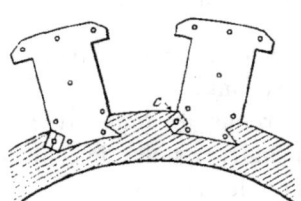

Fig. 179. — Noyaux feuilletés. Fixation par clavettes.

Dans le cas de la figure 176, le noyau polaire est maintenu par 1 ou 2 boulons, selon l'importance de la force centrifuge.

Lorsqu'il n'y a qu'un seul boulon, pour empêcher le noyau polaire de tourner, on le munit d'un ergot entrant dans la jante.

Dans la figure 177, les noyaux polaires feuilletés sont traversés par une barre d'acier massive, dans laquelle sont vissés les boulons.

La figure 178 s'explique d'elle-même.

La figure 179 montre un mode de fixation de noyaux polaires au moyen de deux clavettes C enfoncées en sens inverse l'une de l'autre.

CONSTRUCTION DES ALTERNATEURS MODERNES

Enfin, dans la figure 180, les tôles des noyaux polaires sont serrées entre deux couronnes C au moyen de boulons B, les deux couronnes étant maintenues à la jante par les boulons B'.

Les meilleures dispositions et les plus employées sont celles des figures 176 et 177.

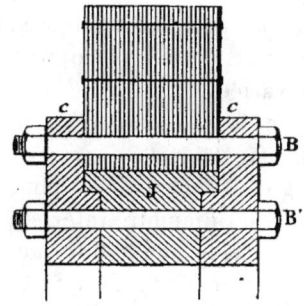

Fig. 180. — Noyaux feuilletés.
Fixation par couronnes et boulons.

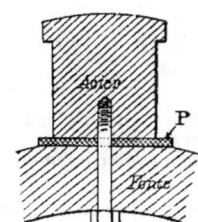

Fig. 181. — Noyaux massifs d'acier. Montage sur jante en fonte.

Lorsque les noyaux polaires, qui sont toujours en acier, sont fixés sur une jante en fonte, par exemple dans le cas d'un alternateur volant, il faut interposer entre les noyaux et la jante une plaque d'acier doux P, ayant pour rôle d'épanouir les lignes de force, afin que l'induction à l'entrée dans la fonte ne soit pas trop considérable (fig. 181).

On peut également, dans le même but, encastrer légèrement les noyaux dans la jante, de façon à réaliser une disposition analogue à celles des figures 178 et 179.

PIÈCES POLAIRES OU ÉPANOUISSEMENTS POLAIRES

Ainsi qu'on l'a déjà dit, les noyaux polaires se terminent du côté de l'induit en s'épanouissant, de façon que le champ magnétique dans l'entrefer soit autant que possible sinusoïdal (fig. 182).

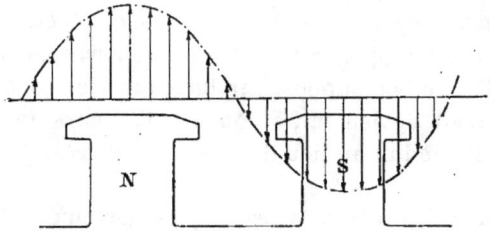

Fig. 182. — Courbe d'induction dans l'entrefer.

En d'autres termes, si l'on représente le champ magnétique, en chaque point de l'entrefer, par une ligne de force dont la longueur est proportionnelle à l'intensité du champ, et si l'on réunit les extrémités de toutes ces lignes de force, on obtient une courbe que l'on doit chercher à rendre aussi voisine que possible de la sinusoïde.

C'est afin de pouvoir réaliser cette condition que les constructeurs ont imposé aux pièces polaires, d'après des données plus ou moins empiriques, des formes très variées.

Les plus employées sont celles indiquées figures 183, 184, 185, 186.

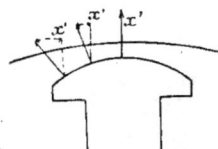

Fig. 183. — Pièces polaires à rayon périphérique inférieur à celui de l'induit.

Dans la figure 183, les pièces polaires ont été tournées à un diamètre inférieur à celui de l'induit, de façon que le flux, au lieu de pénétrer perpendiculairement à la surface de l'induit, fasse au contraire un certain angle avec cette surface, de telle sorte que les composantes radiales x' des lignes de force puissent former une sinusoïde, comme on l'a indiqué précédemment.

Dans la figure 184, on a abattu les côtés des pièces polaires, de façon à obtenir le même résultat.

Dans la figure 185, les pièces polaires sont formées de plusieurs parties légèrement décalées les unes par rapport aux autres.

Fig. 184. — Pièces avec extrémités abattues.

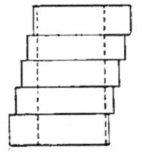

Fig. 185. — Pièces polaires à sections décalées.

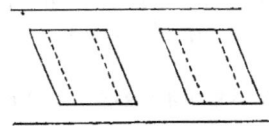

Fig. 186. — Pièces polaires inclinées sur les génératrices d'induit.

Parfois, pour obtenir le même effet, on incline toutes les pièces polaires par rapport à la direction des conducteurs de l'induit, c'est-à-dire par rapport à la direction de l'arbre, comme l'indique la figure 186 où l'on suppose l'inducteur vu en plan.

On pourrait également, et on l'a d'ailleurs fait, incliner les encoches de l'induit au lieu des noyaux polaires.

Fixation des pièces polaires sur les noyaux polaires. — Les pièces polaires sont venues de fonte avec les noyaux, sauf :

1° Lorsqu'elles doivent être feuilletées, les noyaux devant être massifs ;

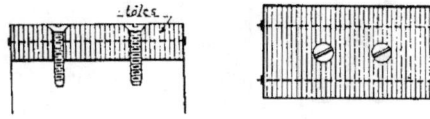
Fig. 187.
Fixation par vis des pièces polaires aux noyaux.

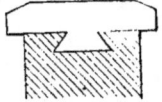
Fig. 188. — Fixation par taille en queue d'aronde des pièces polaires aux noyaux.

2° Lorsque, les noyaux étant venus de fonte avec la roue polaire, elles doivent pouvoir être enlevées facilement pour permettre la mise en place et le remplacement des bobines inductrices.

Les pièces polaires (feuilletées ou non) sont alors le plus souvent fixées aux noyaux polaires par une ou deux vis (fig. 187).

Lorsque les pièces polaires doivent être feuilletées et fixées sur des noyaux massifs, pouvant être séparés de la roue polaire, on les taille souvent en queue d'aronde, et on les fixe aux noyaux polaires au moment de la coulée de ceux-ci (fig. 188).

Écartement des noyaux polaires. — L'écartement des noyaux

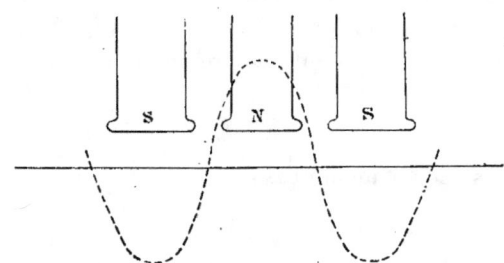
Fig. 189 — Influence de l'écartement des noyaux sur la f. é. m. Noyaux trop rapprochés. Courbe pointue.

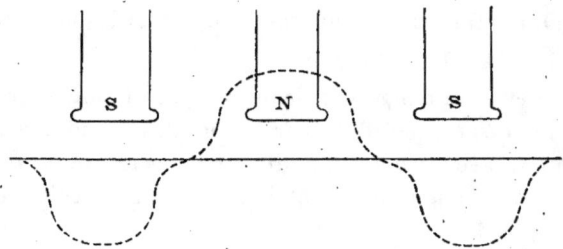
Fig. 190. — Influence de l'écartement des noyaux sur la f. é. m. Noyaux trop écartés. Courbe aplatie.

polaires a, comme la forme des épanouissements polaires, une très grande importance sur la courbe de la f. é. m. induite.

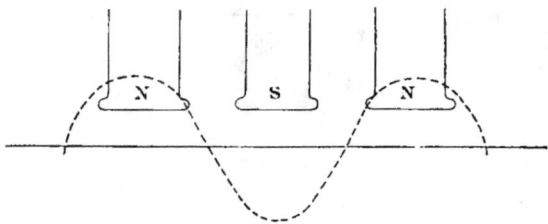

Fig. 191. — Influence de l'écartement des noyaux sur la f. é. m. Noyaux à l'écart normal. Sinusoïde.

Dans la figure 189, les pôles étant trop rapprochés, la variation de flux se fait trop rapidement, et l'on a une courbe de f. é. m. très pointue.

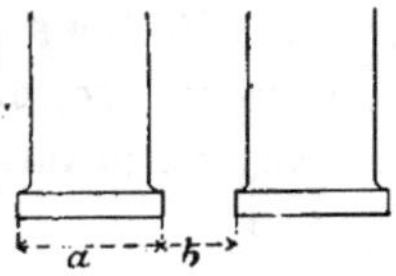

Dans la figure 190, la variation de flux est trop lente, la courbe de f. é. m. est alors aplatie.

Enfin, dans la figure 191, on a une courbe normale.

Fig. 192. — Dimension à adopter pour les creux et pleins polaires.

Pour réaliser une bonne courbe de la f. é. m. induite, il faut adopter (fig. 192) :

Dans le cas des alternateurs hétéropolaires :

$$\frac{b}{a} = \frac{1}{2}$$

et dans le cas des homopolaires :

$$\frac{b}{a} = 2.$$

BOBINES INDUCTRICES

Les bobines inductrices, qui sont placées sur les noyaux polaires, sont toujours montées en série.

Il serait en effet dangereux de former pour l'inducteur plusieurs circuits montés en parallèle, car si l'un des circuits venait à être interrompu, il se formerait des dissymétries très importantes dans les attractions magnétiques, et il pourrait en résulter de graves accidents (fig. 193).

Si, par exemple, l'inducteur était formé de deux circuits en parallèle, et si l'un d'eux venait à être coupé, l'attraction magnétique F due aux pôles N_1 S_1 existerait seule. Comme cette attraction tourne avec l'inducteur, et qu'elle est très considérable, pouvant *dépasser de beaucoup* le poids de l'inducteur, il se produirait de très fortes vibrations fatiguant beaucoup la machine, et les chapeaux des paliers pouvant être arrachés, l'inducteur serait aussitôt en contact avec l'induit.

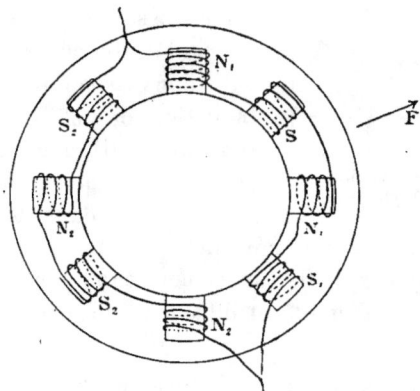

Fig. 193. — Montage vicieux (en parallèle) des circuits inducteurs.

Les bobines inductrices sont faites, ou avec du fil rond isolé par une ou deux couches de coton, ou avec du ruban de cuivre nu enroulé sur champ et isolé par du coton ou du papier (fig. 194).

Les bobines faites avec un ruban de cuivre sont de beaucoup les plus avantageuses, car :

1° On n'a pas à craindre avec elles de courts-circuits intérieurs comme avec les bobines faites avec du fil rond.

Le fil rond, en effet, sous l'influence des vibrations et de la force centrifuge, peut subir de légers déplacements qui, à la longue, usent l'isolant et déterminent des courts-circuits.

2° La place est mieux utilisée car on n'a pas avec le ruban les vides qui se trouvent forcément entre les fils.

3° Le refroidissement de l'induit est meilleur, d'abord parce que, ainsi qu'on vient de le dire, la bobine est plus compacte, et ensuite parce que, à la surface extérieure, le cuivre n'est pas isolé.

L'emploi du ruban de cuivre n'est pas toujours possible. Il faut pour cela que la section adoptée pour le conducteur inducteur soit suffisamment grande, c'est-à-dire que l'intensité soit assez considérable, ce qui nécessite, en général, aux bornes de l'inducteur une tension assez réduite (40 à 60 volts).

Une aussi basse tension n'est pas toujours commode à utiliser; aussi emploie-t-on souvent le fil rond. Il faut dans ce cas, en faisant la bobine, tendre suffisamment le fil pour qu'il ne puisse pas jouer, et employer de préférence du fil isolé avec deux couches de coton.

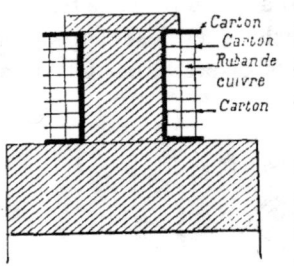

Fig. 194. — Bobines inductrices en ruban cuivre.

Pour essayer l'isolement entre spires, on peut faire passer un courant alternatif dans la bobine. A cause de la self induction, on peut obtenir avec le courant alternatif, pour la même intensité, des tensions entre spires beaucoup plus grandes que dans le cas du continu.

Les conducteurs sont enroulés au tour, sur des bobines métalliques avec joues épaisses et bien conductrices, jouant le rôle d'amortisseur et d'étouffeur d'harmoniques.

Amortisseurs Leblanc. — Pour amortir les oscillations pendulaires dans le cas du couplage en parallèle, on emploie souvent un dispositif imaginé par M. Leblanc, et consistant à percer des

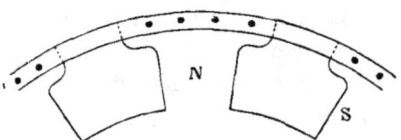

Fig. 195. — Amortisseurs d'oscillations Leblanc.

trous dans les pièces polaires, et à placer dans ces trous des barres de cuivre qui sont soudées ensemble, à chacune de leurs extrémités, à un cercle de cuivre.

Les courants de Foucault qui prennent naissance dans cette « cage d'écureuil » amortissent fortement les oscillations pendulaires.

Ces amortisseurs sont assez employés, surtout en Amérique et en Allemagne.

Bagues amenant le courant à l'inducteur. — Les bagues servant à amener le courant à l'inducteur sont ordinairement en cuivre (ou plutôt en bronze) et quelquefois en acier.

CONSTRUCTION DES ALTERNATEURS MODERNES

Les bagues en cuivre ou en bronze sont faciles à remplacer une

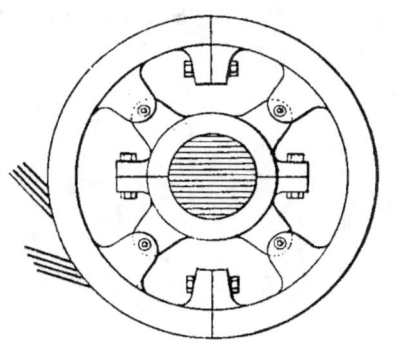

Fig. 196. — Bagues d'amenée du courant à l'inducteur.

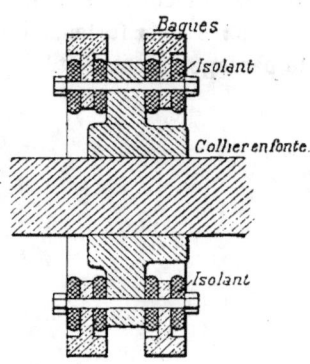

Fig. 197. — Fixation sur l'arbre des bagues (bronze).

fois usées; les bagues en acier sont plus économiques comme construction, mais sont plus difficilement remplaçables.

On peut évidemment fixer les bagues sur l'arbre de bien des manières.

Les figures 196-197 et 198 indiquent deux dispositions assez en faveur, dans le cas de bagues en bronze.

Les bagues en acier, qui sont actuellement assez employées, sont fixées à chaud sur l'arbre comme des frettes.

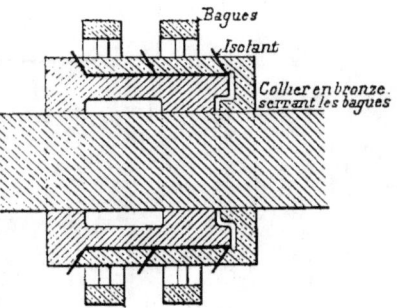

Fig. 198. Fixation sur l'arbre des bagues (bronze).

Entre l'arbre et la bague, on interpose une couronne de micanite.

Les bagues doivent être parfaitement tournées et ne pas présenter le moindre faux rond.

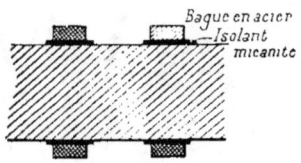

Fig. 199. — Montage sur l'arbre de bagues en acier.

Les balais sont ordinairement en charbon, car les balais métalliques usent et rayent les bagues plus facilement.

Il faut toujours placer plusieurs balais pour chaque bague car, après quelque temps de fonctionnement, les bagues sont usées plus ou moins inégalement et en certains points les contacts peuvent être mauvais; il en résulterait des étincelles assez fortes, s'il n'y avait pas d'autres balais pour assurer le passage du courant.

CINQUIÈME LEÇON

ÉTUDE
DES DIFFÉRENTS TYPES D'ALTERNATEURS MODERNES
ALTERNATEURS SPÉCIAUX

RAPPEL DE CLASSIFICATION ANTÉRIEURE

Nous avons vu précédemment comment on pouvait classer les alternateurs modernes.

Dans l'étude que nous allons faire, nous passerons rapidement en revue les principales dispositions adoptées suivant les cas.

ALTERNATEURS A FAIBLE VITESSE ANGULAIRE
OU ALTERNATEURS VOLANTS

La vitesse de ces alternateurs est en général comprise entre 150 et 60 tours par minute. Elle peut être parfois beaucoup plus faible. Ainsi la maison Brown-Boveri a construit, pour la centrale d'Olten-Aarburg, des alternateurs à axes verticaux commandés directement par turbines tournant seulement à 28 tours par minute.

Ainsi qu'on l'a vu, l'alternateur sera d'autant plus lourd, et par suite plus coûteux, que sa vitesse angulaire sera plus faible. On doit donc autant que possible chercher à augmenter celle-ci.

Ces alternateurs à vitesse lente sont en général commandés par des machines à vapeur à piston, donnant un couple très variable pendant un tour.

Il faut alors, surtout si l'on a à coupler en parallèle plusieurs alternateurs, mettre un volant suffisant pour que les variations de la vitesse angulaire ne soient pas trop fortes.

Le moment d'inertie de ce volant doit être évidemment d'autant plus grand que la vitesse angulaire moyenne sera plus faible.

Dans l'industrie, au lieu de faire intervenir le moment d'inertie proprement dit

$$K = \Sigma m r^2$$

on considère souvent ce qu'on appelle le PD^2 du volant, c'est-à-dire le produit du poids du volant par le carré du diamètre de gyration.

On a évidemment :
$$PD^2 = 4gK$$

formule dans laquelle
$$g = \text{accélération de la pesanteur}$$

car :
$$K = M\left[\frac{D}{2}\right]^2$$

et
$$P = Mg$$

On peut, comme on l'a fait souvent autrefois, mettre un volant indépendant de l'alternateur.

Actuellement, on préfère constituer le volant par l'inducteur lui-même. On a, dans ce cas, un ensemble moins encombrant, une construction plus économique, et les effets de torsion assez considérables qui se produisent entre le volant et l'alternateur, lorsque ceux-ci sont indépendants l'un de l'autre, ne sont pas à craindre.

Les alternateurs à vitesse lente doivent avoir un grand diamètre pour avoir un grand moment d'inertie.

L'inducteur, qui est plus massif que l'induit, convient parfaitement pour jouer le rôle de volant. On lui donne un diamètre aussi grand que le permet la force centrifuge, car, pour obtenir un moment d'inertie déterminé, il faudra évidemment un poids d'autant plus faible que le diamètre de gyration sera plus grand.

Comme on l'a vu au début de ces leçons, si l'on considère l'utilisation des matériaux (matière active et matière de soutènement), *au point de vue électrique seulement*, on aurait intérêt au contraire à diminuer le diamètre et à augmenter la largeur.

Un grand diamètre est aussi parfois nécessaire pour pouvoir placer convenablement tous les pôles inducteurs, qui sont très nombreux, par suite de la faiblesse de la vitesse angulaire.

La grandeur du diamètre n'est en général limitée que par la condition que la force centrifuge ne soit pas exagérée.

La vitesse tangentielle est dans ce cas comprise entre 20 et 40 m. par seconde.

ALTERNATEURS VOLANTS AVEC INDUCTEURS TOURNANTS EXTÉRIEURS A L'INDUIT

On vient de voir que, pour obtenir un moment d'inertie déterminé avec un minimum de poids, il fallait donner à l'inducteur un diamètre aussi grand que possible. D'autre part, au point de vue électrique, on a vu que, pour réduire les matériaux de soutènement, l'on avait intérêt à réduire le diamètre, quitte à augmenter la largeur de la machine.

Pour concilier ces deux conditions opposées, on a imaginé des alternateurs dans lesquels l'inducteur entoure l'induit.

La figure 200, qui représente schématiquement l'alternateur Brown-Boveri qui figurait à l'exposition de 1900, indique le principe de cette disposition.

L'inconvénient de ce type de machine réside surtout dans les difficultés que l'on rencontre pour fixer l'induit et permettre son dégagement facile de l'inducteur en cas de réparations.

Dans l'alternateur Brown-Boveri de la figure 200, l'induit pouvait être dégagé de l'inducteur de la façon suivante :

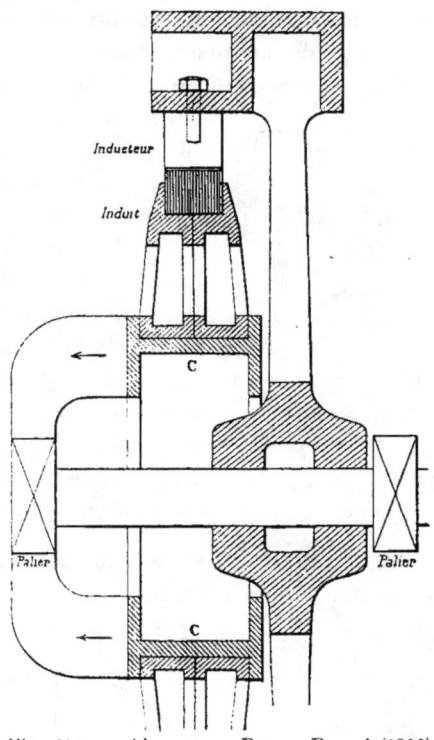

Fig. 200. — Alternateur Brown-Boveri (1900) avec inducteur extérieur à l'induit.

L'induit, qui était en deux parties, était placé sur un cylindre de fonte C également en deux pièces. La moitié inférieure du cylindre C était fixée au palier et servait ainsi à supporter tout l'induit ; la moitié supérieure pouvait être déplacée parallèlement à l'arbre dans le sens des flèches, de façon à recouvrir le palier.

L'induit pouvant tourner facilement autour du cylindre C, pour sortir la moitié de l'induit sur laquelle on devait faire une réparation, on amenait celle-ci sur le demi-cylindre C supérieur, et l'on déplaçait celui-ci parallèlement à l'arbre.

On peut également citer, comme alternateur à inducteur tournant extérieur à l'induit, les alternateurs diphasés de 5.000 HP de l'usine du Niagara. Ces alternateurs seront décrits rapidement lorsque nous étudierons les alternateurs à arbre vertical.

Carcasse de l'induit dans le cas des alternateurs volants. — C'est surtout dans le cas des alternateurs volants que la carcasse doit présenter une très grande rigidité, car la plus légère déformation due au poids, ou aux attractions magnétiques qui sont considérables, a pour effet de créer des dissymétries très importantes dans l'entrefer dont la valeur est très faible (ne dépassant guère 1 centimètre) devant le diamètre intérieur de l'induit, qui parfois dépasse 7 mètres.

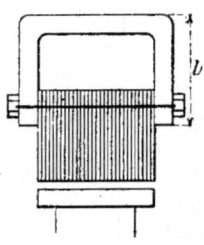

Fig. 201. — Disposition à adopter pour alléger la carcasse.

Ces dissymétries dans l'entrefer ont pour effet de créer des déséquilibres dans les attractions magnétiques, et par suite d'augmenter le fléchissement de la carcasse.

Afin de réduire le plus possible le poids sans nuire à la rigidité de la carcasse, il faut que la section de celle-ci, par un plan passant par l'arbre, possède un grand moment d'inertie, c'est-à-dire que la longueur l soit aussi grande que possible (fig. 201).

Emploi de tirants en fer pour donner de la rigidité à la carcasse. — On fixe sur les deux côtés de la carcasse des tirants en fer forgé

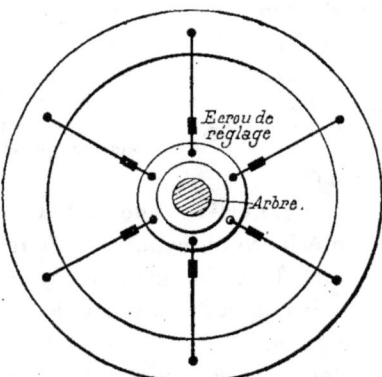

Fig. 202. — Emploi de tirants en fer pour augmenter la rigidité de la carcasse.

aboutissant de chaque côté à un collier en fer concentrique à l'arbre. Ces tirants, dont la tension peut être réglée au moyen d'écrous, facilitent le centrage de l'induit et permettent de donner à la carcasse une grande rigidité et en même temps une appréciable légèreté.

Ce dispositif a été employé surtout par l'ancienne maison Schuckert de Nuremberg.

Centrage de l'induit. — Dans les alternateurs volants, l'induit doit être centré par rapport à l'inducteur, dont la position est bien

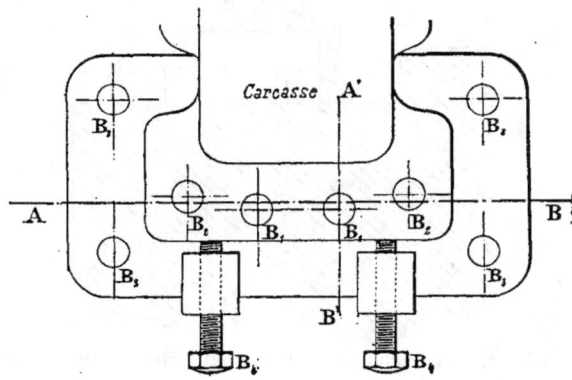

Fig. 203. — Montage de l'induit sur le bâti.

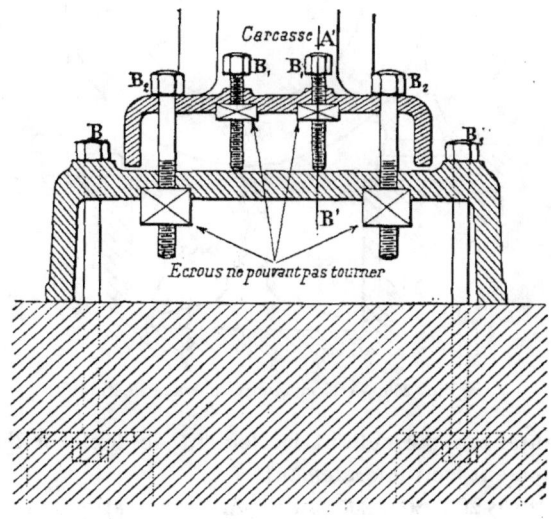

Fig. 204. — Montage de l'induit sur le bâti. Coupe suivant AB de la fig. 203.

déterminée par le montage de l'arbre de la machine à vapeur.

Comme l'induit a un poids considérable, et que, d'autre part, le centrage doit être très précis, on emploie à cet effet de véritables

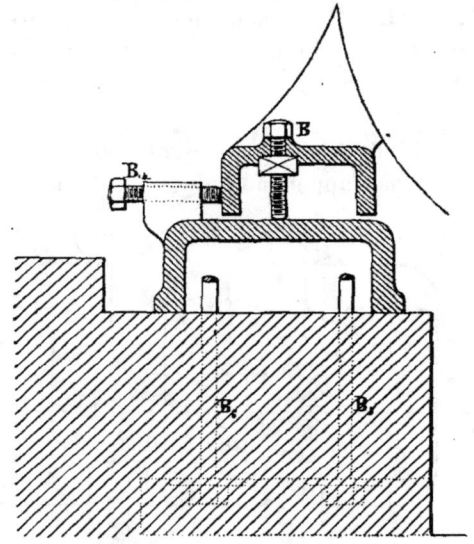

Fig. 205. — Montage de l'induit sur le bâti. Coupe suivant A'B' des fig. 203 et 204.

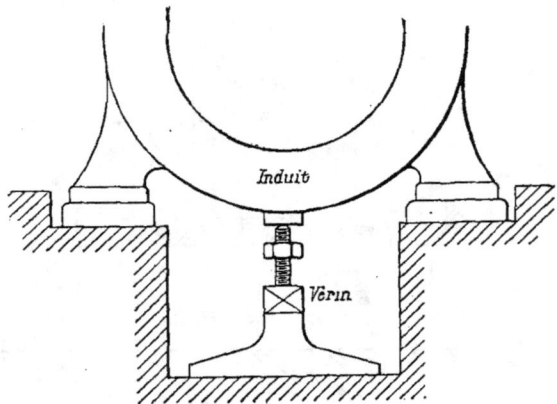

Fig. 206. — Montage et centrage de l'induit.

vis calantes qui permettent facilement de déplacer l'induit, soit verticalement, soit latéralement.

Les figures 203, 204, 205 indiquent schématiquement comment l'induit est monté sur le bâti, et comment on peut le centrer.

Les boulons B_1 faisant fonction de vis calantes permettent les déplacements verticaux, et les boulons B_1 les déplacements latéraux.

Une fois l'induit centré, il est fixé solidement au moyen des boulons B_2 sur le bâti en fonte. Celui-ci est fixé lui-même au massif de maçonnerie par les boulons B_3.

La partie inférieure de l'induit est supportée par un ou plusieurs vérins (fig. 206).

ALTERNATEURS A GRANDE VITESSE ANGULAIRE. TURBO-ALTERNATEURS

Avant 1900-1901, la construction industrielle des alternateurs commandée directement par des turbines à vapeur n'existait pour ainsi dire pas.

A cette époque, elle n'était entreprise que par un très petit nombre d'ateliers dont les plus importants étaient ceux d'Oerlikon et ceux de MM. Brown-Boveri. Depuis deux ou trois ans surtout, la construction des turbo-alternateurs a pris une extension considérable, et à l'heure actuelle, tous les grands ateliers de construction s'en préoccupent.

La construction des turbo-alternateurs présente de très grandes difficultés que l'on est arrivé à vaincre complètement[1].

Causes principales des difficultés rencontrées dans la construction des turbo-alternateurs. — 1° *Force centrifuge considérable due à la grande vitesse angulaire.* — Actuellement la vitesse angulaire des turbo-alternateurs varie de 3.000 tours par minute, pour des puissances moyennes pouvant dépasser 1.500 HP, à 750 tours pour les grandes puissances (10.000 HP).

Pour ne pas avoir une force centrifuge exagérée, on est obligé de réduire le diamètre le plus possible, et d'augmenter en conséquence la largeur de la machine.

Cependant, le diamètre ne pouvant être réduit suffisamment, la force centrifuge reste considérable.

Ainsi, dans un turbo-alternateur tournant à 3.000 tours et ayant, pour l'inducteur un diamètre de 60 centimètres, la force centrifuge est, par gramme masse à la périphérie :

$$f_c = \frac{1 \text{ gr.} \times \frac{60}{2} \times \left(2\pi \frac{3000}{60}\right)^2}{981} = 3015 \text{ gr.}$$

[1]. On ne saurait en dire autant de celle des turbo-générateurs à courant continu, où la question de la commutation présente des difficultés exceptionnelles.

et la vitesse tangentielle :

$$V = \pi \times 0.60 \times \frac{3000}{60} = 94,2 \text{ m/sec.}$$

Dans un alternateur volant de même puissance, mais tournant à 142 tours par minute, et ayant pour l'inducteur un diamètre de 310 centimètres, la force centrifuge par gramme masse à la périphérie n'est que de :

$$f'_c = \frac{1\,\text{gr.} \times \frac{310}{2} \times \left(2\pi \frac{142}{60}\right)^2}{981} = 35,889 \text{ gr.}$$

et la vitesse tangentielle :

$$V' = \pi \times 3.10 \times \frac{142}{60} = 23 \text{ m/sec.}$$

Cette force centrifuge énorme oblige :

1° A n'employer que des matières très résistantes (bronzes et aciers spéciaux) et à donner à la partie tournante (rotor) les dispositions spéciales que l'on indiquera dans la suite.

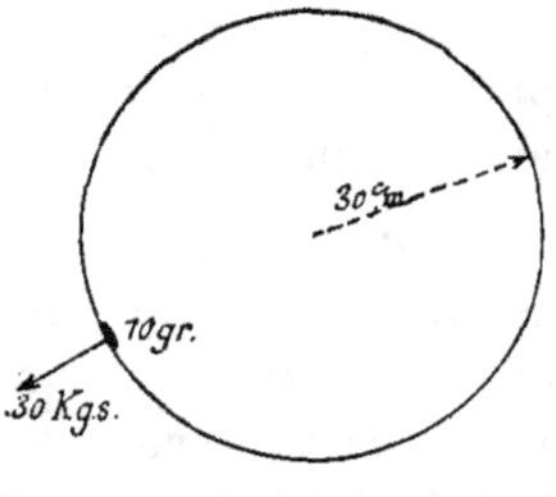

2° A équilibrer parfaitement le rotor.

On vient de voir en effet que pour une machine tournant à 3.000 tours par minute et ayant un diamètre de 60 centimètres, la force centrifuge par gramme masse à la périphérie, était de 3.015 grammes.

Fig. 207. — Naissance de forces tournantes importantes dans le cas de turbo-alternateurs non équilibrés.

En supposant à la périphérie une masse de 10 grammes seulement, non équilibrée, on aurait donc une force de 30 kilogrammes tournant avec le rotor et déterminant de fortes vibrations pouvant fatiguer beaucoup la machine (fig. 207).

2° *Grande largeur de la machine rendant surtout difficile le serrage des tôles.* — Le diamètre devant être réduit au minimum, à cause de la force centrifuge, la largeur de la machine peut devenir très grande, si on la compare surtout à des alternateurs volants.

La figure 208, donnée par M. le professeur P. Janet dans une conférence faite à la Société française de physique et représentant à l'échelle, les dimensions comparées des parties tournantes d'un alternateur volant, et d'un turbo-alternateur de même puissance (2.000 K. V. A) de même tension (5.000 v.) et ayant respectivement les vitesses de 70 tours et 1.500 tours, montre l'augmentation de longueur considérable due à la réduction du diamètre.

En raison de cette grande largeur, les tôles ne peuvent pas être comprimées suffisamment en une seule fois. On est obligé souvent, pour avoir un bon serrage, de les monter par paquets.

3° *Refroidissement très difficile*, à cause de la réduction du volume de la machine et des surfaces de refroidissement. — Il suffit de considérer la figure 208 pour voir que, la puissance étant la même, on a dans le cas du turbo-alternateur une grande réduction du volume de la machine, et par suite des surfaces de refroidissement.

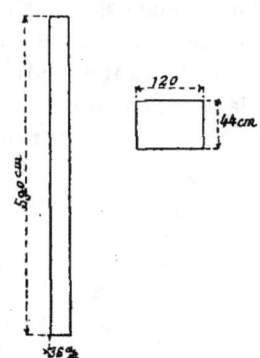

Fig. 208. — Dimensions comparées des parties tournantes d'un alternateur volant et d'un turbo-alternateur.

Comme la puissance perdue par échauffement est la même sensiblement, il faut donc, pour éviter un échauffement exagéré, augmenter beaucoup la ventilation.

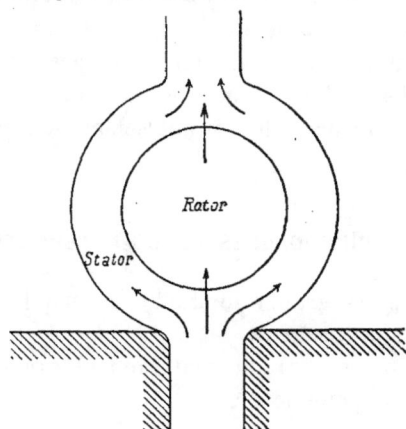

Fig. 209. — Disposition de la carcasse d'un turbo-alternateur pour création d un tirage naturel.

A cet effet, on ménage dans le rotor (inducteur) et dans le stator (induit) de nombreux canaux de ventilation.

Souvent, on dispose la carcasse de façon à déterminer un tirage naturel par échauffement de l'air à l'intérieur de la machine.

Pour cela, la carcasse, qui a une forme cylindrique, est complètement fermée latéralement, mais possède deux grandes ouvertures, aménagées l'une à la partie supérieure l'autre à la partie inférieure, de cette carcasse (fig. 209).

Un courant d'air froid, venant de l'extérieur, circule donc ainsi dans la machine.

Quelquefois, le tirage naturel étant insuffisant, on envoie de

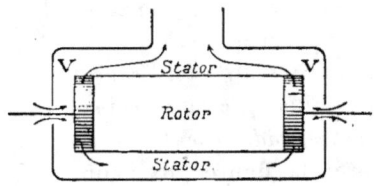

Fig. 210. — Refroidissement des carcasses de turbo-alternateurs par ventilateurs auxiliaires.

l'air froid à la partie inférieure au moyen d'un ventilateur actionné par un petit moteur électrique.

Enfin, certains constructeurs placent de chaque côté du rotor un petit ventilateur V, puisant l'air latéralement, pour l'envoyer à l'intérieur de la machine (fig. 210).

4° *Graissage et refroidissement des paliers devant être faits avec beaucoup de soins, à cause de la grande vitesse angulaire.* — En général, on emploie le graissage sous pression (l'huile étant envoyée dans les paliers au moyen d'une petite pompe actionnée par la turbine à vapeur) et le refroidissement des paliers par circulation d'eau.

CONSTRUCTION DES TURBO-ALTERNATEURS

L'induit, à part sa grande longueur, est semblable aux induits des alternateurs ordinaires.

L'inducteur, par contre, présente de très grandes différences :
On distingue actuellement :
Les inducteurs à pôles non saillants.
Les inducteurs à pôles saillants.

Inducteurs à pôles non saillants. — L'inducteur a, dans ce cas, la forme d'un induit denté de dynamo à courant continu, avec des dents très larges et peu nombreuses.

ÉTUDE DES DIFFÉRENTS TYPES D'ALTERNATEURS MODERNES

Il est formé d'un cylindre en acier, à la périphérie duquel on a ménagé de larges et profondes rainures.

Dans ces rainures sont placées des bobines, comme le montrent les figures 211 et 212, qui représentent un inducteur bipolaire.

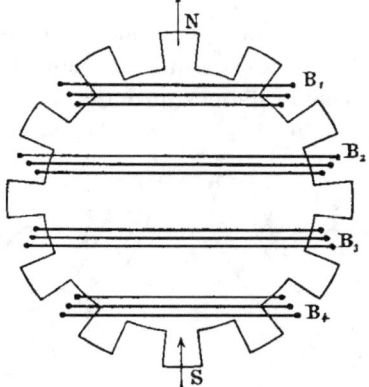

Fig. 211. — Inducteur bipolaire de turbo-alternateur.

L'ensemble des bobines forme un véritable solénoïde permettant de produire le flux SN.

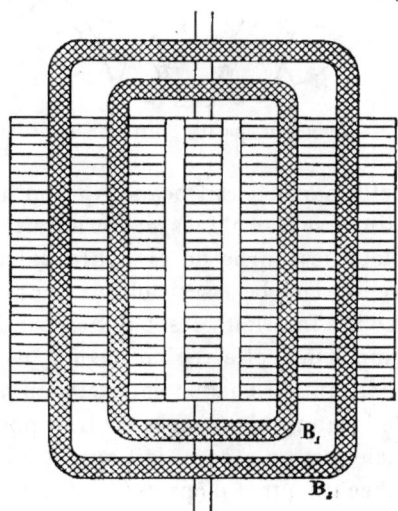

Fig. 212. — Représentation en plan de l'inducteur bipolaire d'un turbo-alternateur.

Dans la figure 212, les parties des bobines situées en dehors du cylindre d'acier sont en réalité aussi rapprochées que possible de celui-ci. La bobine B_2 devrait donc être représentée au-dessous de B_1 pour la partie située en dehors du cylindre.

La figure 213 représente un inducteur à 4 pôles. Comme on le voit, on laisse vides quelques encoches placées au milieu des bobines.

Cette disposition a surtout pour but de rendre la courbe d'induction dans l'entrefer, c'est-à-dire de représentation du champ magnétique, plus voisine d'une sinusoïde.

En effet, si l'on ne faisait pas d'encoches au milieu des bobines,

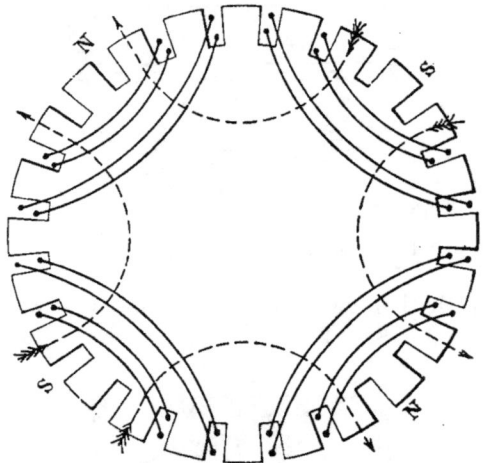

Fig. 213. — Inducteur quadripolaire de turbo-alternateur.

le champ dans cette partie serait beaucoup trop intense, relativement à celui qui traverse les bobines, et l'on aurait pour représenter le champ inducteur la courbe de la figure 214 (courbe en trait plein), c'est-à-dire une courbe assez pointue, tandis qu'en augmentant la reluctance à l'intérieur des bobines par la présence des encoches, le champ dans cette région devient moins intense par rapport à celui existant de chaque côté, et l'on peut obtenir une courbe voisine de la sinusoïde (courbe en trait pointillé).

Le cylindre d'acier est en général fait avec des tôles ou avec des disques de 1 à 2 centimètres d'épaisseur. Les encoches sont, en effet, dans ce cas plus faciles à percer que dans celui d'un cylindre massif, et de plus, on est beaucoup plus certain de former ainsi un cylindre bien équilibré qu'en employant un seul bloc d'acier plus ou moins homogène.

ÉTUDE DES DIFFÉRENTS TYPES D'ALTERNATEURS MODERNES   137

Les bobines inductrices sont presque toujours formées avec du ruban de cuivre isolé par des bandes de carton presspahn.

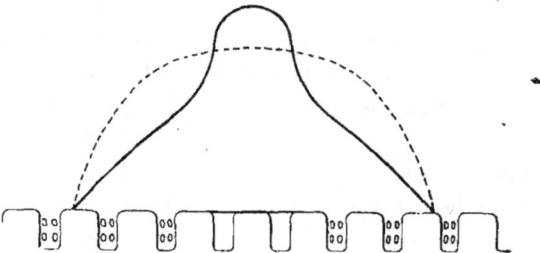

Fig. 214. — Amélioration de la force électromotrice par emploi d'un certain nombre d'encoches vides pour l'inducteur des turbo-alternateurs.

On a ainsi des bobines absolument indéformables sous l'action de la force centrifuge, ce qui serait difficile à obtenir en employant du fil rond.

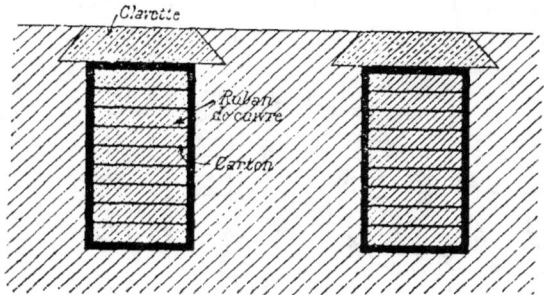

Fig. 215. — Clavettes de fixation des conducteurs dans les encoches. (Inducteur de turbo-alternateur.)

Les conducteurs sont maintenus dans les encoches par une clavette en bronze spécial ou en acier (fig. 215).

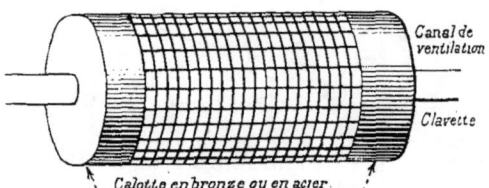

Fig. 216. — Inducteur de turbo-alternateur complètement terminé.

De chaque côté du cylindre, pour fixer solidement les parties des bobines qui sont en dehors des encoches, on place une calotte en bronze qui vient coiffer complètement les bobines.

L'inducteur une fois terminé a l'aspect de la figure 216.
Les bobines inductrices sont complètement invisibles.

Inducteurs à pôles saillants. — Ces inducteurs ressemblent davantage aux inducteurs ordinaires, comme on le constate par la figure 217 qui représente, vu en coupe par un plan perpendiculaire à l'arbre, un inducteur à quatre pôles de cette catégorie.

Dans les noyaux polaires, on a creusé des encoches pour placer les bobines inductrices qui sont ainsi maintenues très solidement.

Comme dans les inducteurs à pôles non saillants, les bobines inductrices sont faites avec du ruban de cuivre, elles sont maintenues dans les encoches par des clavettes en bronze et, de chaque côté, elles sont fixées par des calottes en bronze ou en acier.

On emploie pour former l'inducteur, soit des tôles, soit même un bloc d'acier dans lequel on taille des encoches (Société Lahmeyer).

Les pôles saillants ont l'inconvénient de donner parfois un bruit

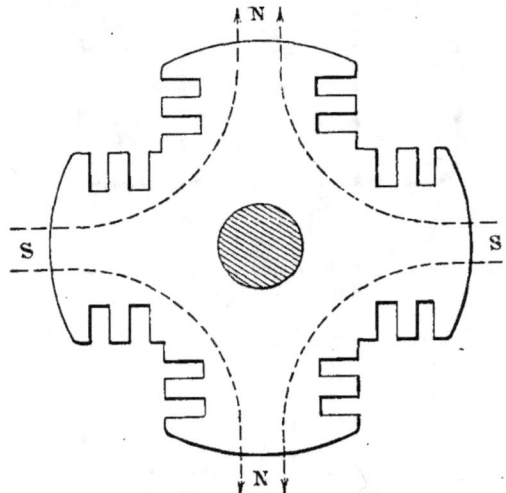

Fig. 217. — Inducteur de turbo-alternateur à pôles saillants.

désagréable à cause de l'air entraîné à grande vitesse par les pôles en saillie; aussi paraît-on employer actuellement de préférence les pôles non saillants.

Les inducteurs à pôles non saillants sont employés principalement par MM. Brown-Boveri, les ateliers Oerlikon, la Société Alioth, la Société Lahmeyer, etc.

Les inducteurs à pôles saillants sont utilisés par la Société l'Eclairage Electrique, la Société Lahmeyer, etc.

CONSTRUCTION DES ALTERNATEURS SUIVANT LEUR DESTINATION
(Électrochimie ou transport d'énergie et éclairage).

Les alternateurs destinés à l'électrochimie sont en général à basse tension, grande intensité, et doivent posséder une chute de tension assez grande, afin que l'intensité soit limitée quand un court-circuit se produit dans un four.

Les alternateurs qui doivent servir à l'éclairage et au transport d'énergie sont, le plus souvent, à haute ou moyenne tension, et doivent posséder une chute de tension beaucoup plus faible.

La valeur à admettre pour la chute de tension dans les alternateurs pour le transport de force[1] et l'éclairage, est assez difficile à déterminer, pour les raisons suivantes :

Avantages des alternateurs à faible chute de tension pour le transport de force et l'éclairage. — Les variations de tension dues aux variations de charge sont d'autant moins grandes sur un réseau, que la chute de tension dans les alternateurs est plus faible.

Il résulte donc, d'une chute de tension relativement faible, les avantages suivants :

Un réglage plus facile de la tension par l'électricien de service au tableau.

Un éclairage plus régulier des lampes et une usure moins rapide de celles-ci.

Enfin le couple des moteurs asynchrones étant sensiblement proportionnel au carré de la tension, ceux-ci ont un couple plus constant, et risquent moins souvent de se décrocher ou d'absorber une intensité exagérée, par suite d'une baisse de tension un peu forte.

Inconvénients des alternateurs à faible chute de tension pour le transport de force et l'éclairage. — 1° S'il se produit un court-

---

1. Expression comme on sait incorrecte, mais consacrée à ce point par l'usage qu'il semble inutile, sous un prétexte d'homogénéité dans les notations et d'exactitude dans les termes, d'essayer de la détrôner et de la remplacer chez certains par celle plus rigoureuse de transport d'énergie ou de puissance.

circuit en ligne, le courant tend à devenir d'autant plus intense que la chute de tension est plus faible.

Cet inconvénient est peu grave actuellement, car on place toujours des disjoncteurs suffisants pour préserver les machines contre les courts-circuits.

2° La construction des alternateurs à faible chute de tension est beaucoup plus coûteuse.

Conclusions. — On peut donc conclure de ce qui précède que :

Lorsqu'on aura à alimenter un réseau étendu et assez chargé, dans lequel on n'a pas à craindre de fréquentes et brusques variations de charge, on pourra employer des alternateurs ayant une chute de tension assez forte.

Dans le cas contraire, il faudra employer de préférence des alternateurs à faible chute de tension.

Il faudra dans ce cas, pour préserver les machines, placer de bons disjoncteurs.

CONSTRUCTION DES ALTERNATEURS
SUIVANT LA CHUTE DE TENSION A OBTENIR

La chute de tension dans un alternateur est due :
1° A la résistance ohmique de l'induit.
2° A la self-induction partielle de l'induit, qui correspond au flux de fuite [1].
3° A la réaction de l'induit sur l'inducteur.

La chute de tension due à la résistance et même à la self-induction de l'induit (self qui, on l'a vu, peut être réduite en ouvrant les encoches) est relativement faible devant celle qui provient de la réaction de l'induit sur l'inducteur, surtout si le réseau a un faible facteur de puissance, ou $\cos\varphi$. Le courant qui circule dans l'induit produit en effet une force magnétomotrice qui tend à s'opposer d'autant plus énergiquement à celle de l'inducteur que le $\cos\varphi$ du réseau est plus faible.

Pour avoir une faible chute de tension, il faut donc que le nombre d'ampère-tours de l'inducteur soit très grand par rapport à celui de l'induit, de telle sorte que la force magnétomotrice de l'induit soit très faible devant celle de l'inducteur.

Comme le flux qui passe dans l'induit est fixé par la condition de

---

1. Voir ci-après : Leçons IX et suivantes.

produire une f. é. m., donnée avec une induction convenable et un nombre de conducteurs induits déterminé, il s'ensuit que, pour qu'il soit possible de faire produire par l'inducteur une grande force magnétomotrice, il faut que le circuit magnétique possède une grande reluctance.

Les alternateurs à faible chute de tension auront donc un grand entrefer et un inducteur saturé.

D'autre part, il faudra adopter dans l'induit une induction aussi grande que possible, afin d'augmenter le flux, et par suite de diminuer le nombre de spires de l'induit.

Comme on le voit, l'inducteur devra avoir relativement beaucoup plus de cuivre que l'induit.

Il résulte de ces conditions :

1° *Un prix plus élevé de l'alternateur.* — A cause de la grande quantité de cuivre qu'il est nécessaire de placer sur l'inducteur pour produire une force magnétomotrice bien supérieure à celle de l'induit.

2° *De grandes difficultés dans le calcul de l'alternateur.* — Car l'inducteur étant saturé, il faut pouvoir déterminer exactement la valeur des fuites de l'inducteur, qui peuvent devenir très importantes, et surtout, connaître parfaitement la courbe de magnétisme du métal employé.

La saturation de l'inducteur rend en effet la reluctance de celui-ci assez forte devant la reluctance totale du circuit ; une erreur dans la détermination de cette réluctance peut donc avoir pour conséquence de rendre le flux, et par suite la f. é. m. de l'alternateur, différents des valeurs que l'on cherchait à obtenir.

L'erreur serait d'autant plus grave, que, par suite de la saturation de l'inducteur, une modification du flux, même légère, ne pourrait être réalisée qu'en faisant varier relativement beaucoup le courant d'excitation.

Comme souvent un même fournisseur livre des aciers ayant des courbes d'aimantation différentes, il n'est guère possible de faire les calculs sur des bases bien certaines. Pour éviter cet inconvénient, même si l'on n'a pas à craindre des courants de Foucault, on exécute parfois avec des tôles au moins les noyaux polaires, car on peut toujours, dans ce cas, déterminer exactement sur un échantillon la courbe d'aimantation pour une qualité de tôles déterminée.

En réalité, actuellement, on ne cherche que rarement à obtenir des chutes de tension très faibles, et les noyaux polaires ne sont jamais très saturés.

Le plus souvent, l'induction adoptée est telle que la tension normale de l'alternateur soit sensiblement au milieu du genou de la caractéristique à vide (courbe d'aimantation) (fig. 218).

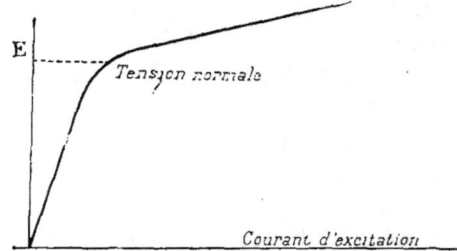

Fig. 218. — Alternateur à chute de tension moyenne. Caractéristique à vide. Fixation de la tension normale.

3° *L'impossibilité d'augmenter d'une façon notable la tension normale de l'alternateur.* — Il faudrait, en effet, pour cela, à cause de la saturation de l'inducteur, augmenter beaucoup le courant d'excitation, ce qui souvent n'est pas possible.

C'est là un inconvénient grave, car il arrive souvent qu'on est obligé de faire fonctionner un alternateur à une tension assez supérieure à la tension normale, pour pouvoir compenser un excès imprévu de chute de tension dans les lignes et les transformateurs.

CONSTRUCTION DES ALTERNATEURS SUIVANT LE NOMBRE DE PHASES

La construction ne diffère que par le nombre des bobines de l'induit [1].

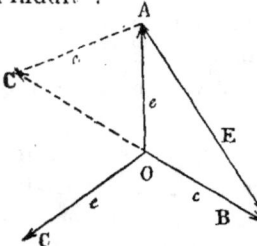

Fig. 219. — Prévision de la tension obtenue avec un alternateur triphasé transformé en monophasé.

Comme on l'a vu, pour faire un alternateur *monophasé*, on choisit généralement un nombre d'encoches comme pour un alternateur triphasé (c'est-à-dire un nombre d'encoches par pôle divisibles par 3) afin de pouvoir plus tard transformer facilement, si cela est nécessaire, l'alternateur monophasé en alternateur triphasé.

Comme on l'a vu également, on n'utilise dans ce cas que les 2/3 des encoches et l'on n'a pas intérêt à en utiliser un plus grand nombre, comme le montre le raisonnement très approché suivant (fig. 219).

1. Voir pour ce qui suit, VIII⁰ Leçon.

Considérons en effet un alternateur triphasé. Chaque phase produit une f. é. m. e (tension simple en étoile) $OA = OB = OC$.

L'alternateur monophasé utilisant les 2/3 des encoches donnera la tension E résultante de deux phases, c'est-à-dire numériquement égale à :

$$e\sqrt{3}$$

(tension composée).

Si l'on voulait faire un alternateur monophasé en utilisant toutes les encoches, il faudrait ajouter au vecteur AB le vecteur AC égal et parallèle à OC; la tension résultante serait alors C'B égale évidemment à $2e$.

Ainsi, en utilisant les 2/3 des encoches, la f. é. m., et par suite la puissance, sont proportionnels à

$$1,732\ e$$

tandis que si l'on utilisait toutes les encoches, ces quantités seraient proportionnelles à :

$$2e$$

La puissance aurait donc augmenté seulement de :

$$\frac{2 - 1,732}{1,732} = 15\ 0/0$$

tandis que la résistance et le poids du cuivre induit auraient augmenté de 33 %.

Comparaison entre les alternateurs triphasés et monophasés au point de vue du poids, du prix et du rendement. — Pour le même inducteur et pour le même induit, réserve faite pour le nombre des bobines réduit au 2/3 dans le cas du monophasé, la puissance que peut fournir un alternateur est égale à :

$3eI$ dans le cas du triphasé

$\sqrt{3}eI$ dans le cas du monophasé.

Si l'on admet la même densité de courant d'induit dans les deux cas.

Comme pour le monophasé les pertes totales par effet Joule sont plus petites, par suite de la non-utilisation de 1/3 des encoches, on peut admettre une densité de courant un peu plus grande. En réalité, pour les mêmes dimensions, un alternateur monophasé donne seulement 25 % environ moins de puissance qu'un **alternateur triphasé**.

On voit donc immédiatement qu'à puissances égales, un alternateur monophasé sera plus lourd, plus coûteux, et aura un rendement plus faible, qu'un alternateur triphasé.

ALTERNATEURS A ARBRE VERTICAL

Pour les chutes de faible hauteur et les turbines étant ordinairement dans ce cas à arbre vertical, pour conserver l'avantage de l'accouplement direct, on construit souvent les alternateurs avec l'arbre également vertical.

On peut distinguer 3 catégories d'alternateurs à arbre vertical :

1° *Les alternateurs ayant la forme ordinaire des alternateurs à arbre horizontal.* — Dans les figures 220 et 221, qui représentent un alternateur de cette catégorie, chaque palier est relié à la carcasse de l'induit par 4 bras en fonte.

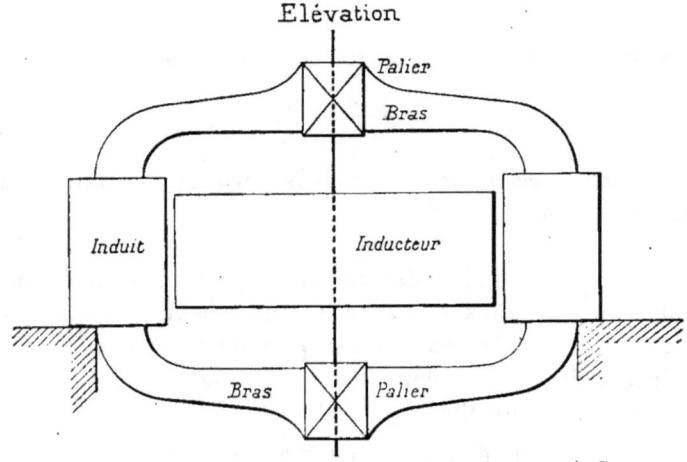

Fig. 220. — Alternateur à arbre vertical (type horizontal renversé). Coupe par un plan axial.

Ce sont les alternateurs de cette catégorie qui sont les plus répandus.

2° *Les alternateurs dits « à parapluie ».* — Cette forme d'alternateur, qui ressemble à un parapluie ouvert (fig. 222, 223), a été imaginée par la Maison Brown-Boveri, de Baden.

Les bras de la roue polaire se dirigent vers l'extrémité supérieure de l'arbre, comme les baleines d'un parapluie de façon à dégager la partie de l'arbre située dans le plan des pôles et à permettre de pouvoir placer à cet endroit un palier P_1.

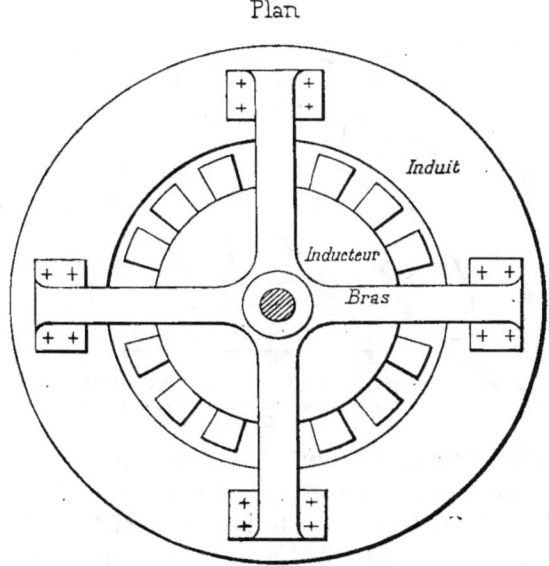

Fig. 221. — Alternateur à arbre vertical (type horizontal renversé). Coupe par un plan perpendiculaire à l'axe.

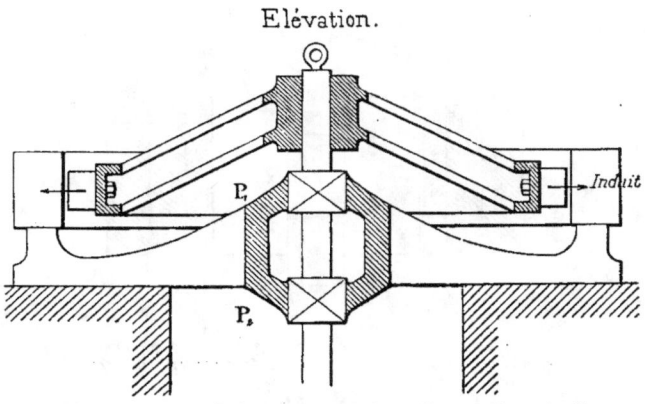

Fig. 222. — Alternateur vertical « à parapluie » Brown-Boveri. Coupe par un plan axial.

Ce palier P_1, qui est relié à la carcasse de l'induit, étant dans le plan des attractions magnétiques agissant sur la roue polaire, se trouve donc placé dans les meilleures conditions pour résister à la résultante de ces attractions, si celle-ci n'est pas nulle.

Un second palier P_2, également relié à la carcasse de l'induit, sert

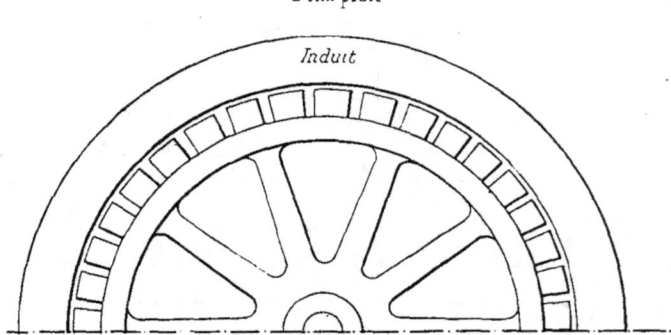

Fig. 223. — Alternateur vertical « à parapluie » Brown-Boveri. Coupe par un plan perpendiculaire à l'axe.

à guider l'arbre sur une longueur suffisante pour empêcher toute oscillation du bout d'arbre en porte-à-faux.

Parmi les alternateurs de cette forme installés par MM. Brown-Boveri, on peut citer ceux des usines de Jonage (près Lyon), de Bellegarde, de Chèvres à Genève.

3° *Les alternateurs dits « à cloche »*. — Ce type, créé par les ate-

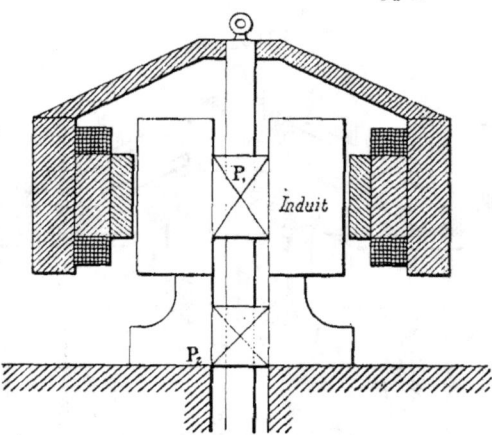

Fig. 224. — Alternateur vertical « à cloche » Westinghouse. Type du Niagara.

liers d'Oerlikon, a été surtout rendu célèbre par les alternateurs de l'usine du Niagara (fig. 224).

Dans ces alternateurs, qui ont été construits par la Société Westinghouse, pour absorber chacun 5.000 HP, l'inducteur est formé d'un immense anneau en acier au nickel entourant l'induit.

Les noyaux polaires sont boulonnés à l'intérieur de cet anneau, qui est suspendu à la partie supérieure de l'arbre par un bâti en forme de cloche.

En P_1 et P_2 se trouvent deux paliers. Ce type d'alternateur avait pour principal avantage de posséder un grand moment d'inertie.

6e LEÇON

LOIS FONDAMENTALES DES COURANTS ALTERNATIFS

FONCTIONS SINUSOIDALES. — APPAREILS DE MESURE
MÉTHODE DES IMAGINAIRES DE STEINMETZ

RAPPEL DE DIVERSES NOTIONS

Nous avons examiné, dans la première leçon, la forme de la force électromotrice développée dans un conducteur déplacé dans un champ au sein duquel l'induction varie périodiquement en fonction de l'espace, et reste inchangée par rapport au temps, cette variation périodique étant représentée, d'après nos hypothèses, par la loi la plus simple, c'est-à-dire suivant la loi sinusoïdale.

Nous avons montré que si ω est la vitesse angulaire du déplacement du conducteur, Ω la pulsation et t le temps, on peut représenter E, force électromotrice produite, par l'expression :

$$E = E_0 \sin p \omega t$$

La durée T d'une période correspondant au parcours de l'arc $\frac{2\pi}{p}$ sur la circonférence, p étant le nombre de paires de pôles.

On a évidemment :

$$2\pi NT = p\omega T = 2\pi,$$

d'où

$$T = \frac{1}{pN} \text{ (hétéropolaire)}.$$

On a donc pu écrire, dans le cas le plus général $[p \gtreqless 1]$.

$$E = E_0 \sin \frac{2\pi t}{T} = E_0 \sin 2\pi pN t$$
$$= E_0 \sin p\omega t = E_0 \sin \Omega t,$$

puisque la fonction E doit se retrouver la même pour

$$t = T, \quad t = 2T, \quad \text{etc...}$$

$p\omega = \Omega$ est ce que nous avons appelé la pulsation,
$pN = F$ la fréquence.

Les quatre expressions suivantes, qui donnent la force électromotrice d'induction en fonction des quantités précédentes, et qui sont équivalentes, sont et seront par nous indifféremment employées :

$$E = E_0 \sin 2\pi p N t = E_0 \sin \frac{2\pi}{T} t$$
$$E = E_0 \sin \Omega t$$
$$E = E_0 \sin 2\pi F t$$
$$E_0 = E_0 \sin p \omega t.$$

Valeurs moyenne et maxima d'une grandeur sinusoïdale. — La valeur moyenne est évidemment relative à une demi-période. On a identiquement :

$$E_{moy} = \frac{E_0}{\frac{T}{2}} \int_0^{\frac{T}{2}} \sin \Omega t \, dt = \frac{2}{\pi} E_0.$$

(Voir pour la démonstration de cette propriété tous les traités de calcul différentiel et intégral.)

La valeur maxima est bien E_0. On sait, et on peut le vérifier sur la figure 225, que l'ordonnée moyenne E_{moy} n'est autre chose que la hauteur d'un rectangle de base égale à $\frac{T}{2}$ et d'aire égale à celle enfermée entre la courbe et l'axe des abscisses.

Notion de valeur efficace. — Cette notion est propre aux courants alternatifs [1]. Imaginons que nous fassions agir un tel courant sur

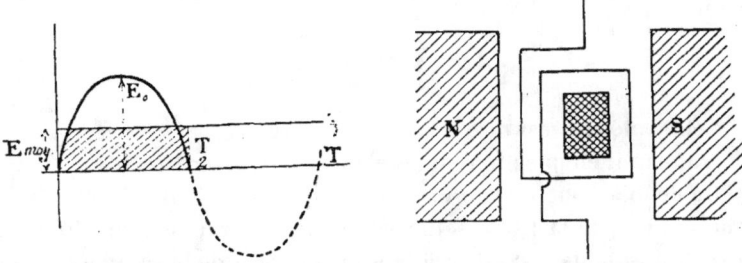

Fig. 225. — Courbe sinusoïdale. Représentation graphique de l'ordonnée moyenne.

Fig. 226. — Action d'un courant alternatif sur un galvanomètre.

un galvanomètre (ou une différence de potentiel sur cet appareil monté en voltmètre). Le champ étant fixe, le courant chan-

---

1. Ou au moins aux courants variant avec le temps.

geant périodiquement de sens, le cadre se déplacera, ou du moins (si les renversements du courant s'opèrent rapidement) tendra successivement à se déplacer dans les deux sens et finalement restera immobile (fig. 226).

Le galvanomètre classique (avec ses succédanés voltmètres et ampèremètres électromagnétiques, basés sur l'action réciproque d'un aimant et d'un courant) ne pourra donc permettre de mesurer une intensité ou une différence de potentiel alternative. Mais constituons le champ par un électro-aimant, ou plutôt par une bobine parcourue par le même courant I qui circule dans le cadre, ou une fraction de ce courant. A chaque instant l'action électromagnétique (loi de Laplace) étant proportionnelle à $\mathcal{H}$I l'est aussi à I^2.

Quels que soient les renversements de sens du courant, le cadre dévie dans le même sens, puisque seul intervient le carré du courant, carré toujours positif.

Mais le couple déviant
$$C = AI^2$$
varie à chaque instant. Le cadre finit par prendre une position moyenne correspondant à la valeur C_{moy} de ce couple :
$$C_{moy} = \frac{1}{T} \int_0^T AI^2 \, dt = \frac{A}{T} \int_0^T I^2 \, dt.$$

Soit I_c le courant continu qui produirait la même déviation ; on aura identiquement :
$$C_{moy} = AI_c^2 = \frac{A}{T} \int_0^T I^2 \, dt$$
d'où
$$I_c = \sqrt{\frac{1}{T} \int_0^T I^2 \, dt}.$$

Cette valeur I_c est dite « valeur efficace ».

L'appareil en question est un électro-dynamomètre.

On déduit donc de ce qui précède que la valeur efficace de ce courant (ou de la f.é.m. efficace) et en général de toute fonction $f(t)$, sinusoïdale, est égale à la racine carrée de la somme :
$$\frac{1}{T} \int_0^T I^2 \, dt,$$
ou plus généralement
$$\sqrt{\frac{1}{T} \int_0^T [f(t)]^2 \, dt}.$$

L'expression :

$$\frac{1}{T}\int_0^T I^2\,dt$$

n'est pas autre chose que le carré moyen de la fonction $I(t)$.

En général, pour toute fonction périodique, construisons la courbe des carrés, prenons l'ordonnée moyenne de cette courbe ; on obtient une valeur représentant le carré de la quantité efficace (fig. 227).

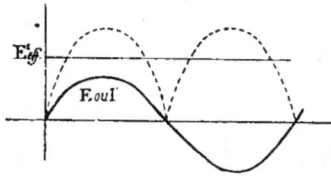

Fig. 227. — Représentation graphique de la quantité efficace.

REMARQUE. — Les appareils de mesure dans lesquels la quantité à mesurer (ici E ou I) donne une déviation

$$C_0\alpha = A\mathcal{K}I$$

proportionnelle à cette quantité à mesurer sont dits du premier degré.

Ils ne peuvent, s'ils sont à indications lentes et sans précautions spéciales, servir à la mesure des quantités représentatives de phénomènes mis en jeu dans la production des courants alternatifs.

Les appareils dans lesquels la quantité à mesurer donne une déviation proportionnelle au carré de cette quantité sont dits du second degré ; ils donnent au contraire, dans le cas qui nous préoccupe, des indications pratiquement fixes, s'ils sont bien construits, c'est-à-dire suffisamment amortis.

Expression algébrique de la valeur efficace d'une fonction sinusoïdale. — Elle est donnée algébriquement, pour la fonction E, par exemple, par l'équation.

$$E_{\text{eff}} = \frac{1}{T}\sqrt{\int_0^T E^2\,dt} = \sqrt{\frac{1}{T}\int_0^T E_0^2 \sin^2\Omega t\,dt}$$

$$E_{\text{eff}} = \frac{E_0}{\sqrt{2}},$$

On a donc les relations remarquables suivantes, applicables seulement aux fonctions sinusoïdales de la forme

$$E = E_0 \sin\Omega t,$$

ou de la suivante, analytiquement équivalente,

$$E = E_0 \cos \Omega t$$

$$\begin{cases} E_{moy} = \dfrac{2}{\pi} E_{max} \\[2ex] E_{moy} = 2 \dfrac{\sqrt{2}}{\pi} E_{eff} \end{cases}$$

avec :

$$\frac{2}{\pi} = 0{,}636$$

et

$$\frac{2\sqrt{2}}{\pi} = 0{,}9.$$

REMARQUE. — Un courant alternatif circulant dans un circuit déterminera dans celui-ci un échauffement juste égal à celui que produirait un courant continu, ayant une valeur égale à sa valeur efficace.

On a en effet à chaque instant, si

$$I = I_0 \sin \Omega t$$

représente le courant passant dans le circuit, pour expression de la puissance transformée en chaleur de Joule

$$P = RI^2,$$

d'où la puissance moyenne consommée, ou encore le travail dissipé par unité de temps :

$$P_{moy} = \frac{R}{T} \int_0^T I^2 dt = R I^2_{eff}.$$

On peut baser sur cette remarque le principe du fonctionnement d'appareils de mesure, dits thermiques ou caloriques, appliqués aux courants alternatifs. L'échauffement d'un fil et la dilatation qui en résulte, amplifiés dans un rapport convenable et liés au déplacement d'une aiguille, permettent de donner, après étalonnage, la valeur d'une quantité efficace (intensité ou tension).

Rôle considérable des quantités efficaces dans l'étude des courants alternatifs. — On ne se préoccupe pour ainsi dire jamais des valeurs instantanées des courants alternatifs, mais seulement des valeurs efficaces, seules accessibles par les appareils et seules intéressantes à connaître, puisque produisant des effets intégraux.

Il est souvent intéressant, cependant, comme nous le verrons bientôt, de contrôler la forme des courbes des tensions et des intensités alternatives employées, mais seulement pour la raison suivante : si celles-ci s'écartent très notablement de la forme sinusoïdale, il peut arriver que les rapports

$$\frac{E_{max}}{E_{eff}} \quad \text{et} \quad \frac{I_{max}}{I_{eff}}$$

prennent des valeurs très supérieures à $\sqrt{2}$, et en particulier que les isolants d'une distribution établie pour une tension maxima de $E_{eff}\sqrt{2} = E_{max}$ ne résistent pas à une tension maxima E'_{max} plus grande, la valeur efficace décélée aux appareils restant à peu près la même (courbes ci-dessous, fig. 228 et 229).

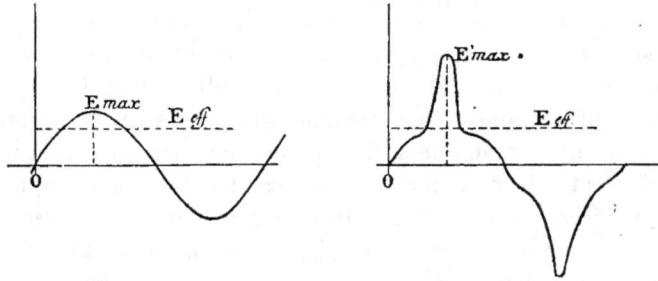

Fig. 228.   Fig. 229.
Relations entre les valeurs maxima et efficace d'une courbe sinusoïdale et d'une courbe trop pointue de f. é. m.

Aujourd'hui, l'on cherche, et l'on arrive à réaliser dans les machines génératrices, des f. é. m. alternatives se rapprochant beaucoup de la sinusoïde ; aussi, au moins aux bornes de celle-ci, les valeurs efficaces et maxima peuvent-elles être considérées comme reliées par l'équation :

$$E_{eff} = \frac{E_{max}}{\sqrt{2}}$$

Appareils de mesure des quantités efficaces. — Voltmètres. — On peut utiliser :

1° Les électromètres, dont la capacité n'est malheureusement pas négligeable, qui, avec certains montages où les deux différences de potentiel utilisées sont liées aux renversements de sens de celle à mesurer, peuvent donner une déviation fixe.

2° Les voltmètres thermiques, basés sur la propriété énoncée tout à l'heure : dilatation d'un fil chauffé par un courant

$$I = \frac{U}{R},$$

R étant connu ; indications indépendantes de la forme du courant, mais sujets à déréglage.

3° Les voltmètres électro-dynamométriques, c'est-à-dire appareils du genre de ceux étudiés plus haut à propos de la définition des quantités efficaces.

Ces appareils doivent être extrêmement résistants. Ils comportent une résistance en série, et quelques autres spires dans la partie mobile. Leurs indications sont liées, dans une certaine mesure, à la fréquence et à la forme du courant.

Ampèremètres. — On distingue de même les ampèremètres *thermiques*, les ampèremètres *électrodynamiques*. Ceux-ci diffèrent notablement des voltmètres. Ils comportent un cadre à forte section pour le courant principal. On utilise enfin les ampèremètres d'induction ou électromagnétiques basés sur la production d'un courant d'induction relié par des lois simples au courant principal et à l'action mutuelle de ces deux courants (appareils A. E. G. Siemens et Halske). Dans les ampèremètres *électromagnétiques*, le courant principal I agit sur une masse de fer doux. L'induction $\mathfrak{B}$, développée dans celle-ci, tant qu'on reste en dessous de la saturation, est proportionnelle à I. L'action mutuelle du courant et de la palette de fer est proportionnelle à KI^2. — Graduation empirique à cause de l'hystérésis. — Variations d'exactitude avec la fréquence.

Représentation géométrique des grandeurs sinusoïdales. Diagrammes tournants.

FONCTION SINUSOIDALE SIMPLE

Considérons la fonction sinusoïdale :

$$E = E_0 \cos \Omega t,$$

Ω étant la pulsation et E_0 la valeur maxima, ou, comme on le dit aussi, l'amplitude de la fonction. Soit un vecteur tournant dans le sens de la flèche avec une vitesse angulaire Ω égale à la pulsation du courant (fig. 230).

La longueur Om, projection sur l'axe fixe Ox, correspondant à la position de OM au temps zéro, nous donnera la valeur de la fonction à l'instant considérée.

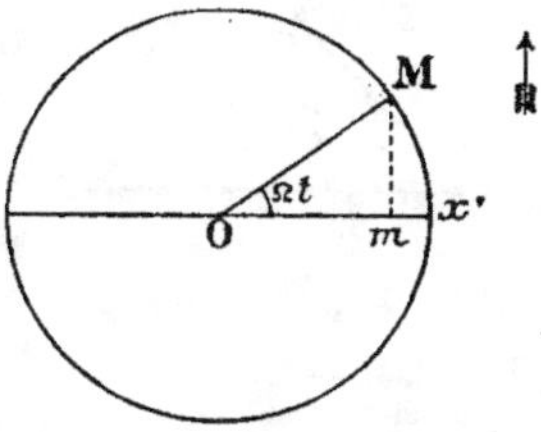

Soit au temps zéro, le vecteur OM faisant avec Ox l'angle $+\varphi$, la fonction représentée par ce vecteur serait (fig. 231) :

$$E = E_0 \cos [\Omega t + \varphi].$$

De même, si OM pour l'instant $t = 0$ fait avec Ox l'angle $-\varphi$, φ étant positif, on aurait pour la fonction représentée l'expression (fig. 232) :

Fig. 230. — Représentation projective d'une fonction sinusoïdale du temps.

$$E = E_0 \cos (\Omega t - \varphi).$$

On peut donc adopter la représentation algébrique générale :

$$E = E_0 \cos [\Omega t + \varphi].$$

$+\varphi$ étant l'angle positif ou négatif correspondant au temps 0.

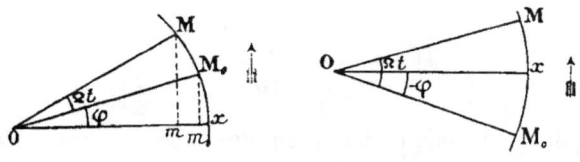

Fig. 231.   Fig. 232.
Représentation projective d'une fonction sinusoïdale du temps avec déphasage initial positif (fig. 231) ou négatif (fig. 232).

La représentation de la fonction sinusoïdale ne prête donc à aucune ambiguïté quand on connaît la valeur maxima E_0 (ou amplitude), et la valeur $E_0 \cos \varphi$ ou la position du vecteur OM_0 à l'origine du temps (fig. 231 et 232).

Avantages de cette disposition. — Elle permet de représenter sur un même diagramme tournant les grandeurs de même période.

Soient plusieurs fonctions sinusoïdales de même période (fig. 233) :

$$E = E_0 \cos [\Omega t + \varphi] \quad \text{vecteur } \overline{OM}$$
$$F = F_0 \cos [\Omega t + \varphi'] \quad \text{»} \quad \overline{ON}$$
$$G = G_0 \cos [\Omega t + \varphi''] \quad \text{»} \quad \overline{OP}$$
$$\ldots \text{etc.} \ldots$$

ces quantités φ, φ', φ", etc., pouvant être positives ou négatives.

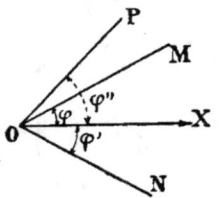

Fig. 233. — Situation vectorielle relative de diverses quantités sinusoïdales décalées les unes par rapport aux autres.

Le même écart angulaire existera d'une manière permanente entre les divers vecteurs représentatifs à un instant quelconque.

Entre OM et OP cet écart est $φ'' — φ$:

Entre OM et ON : $φ — φ'$
Entre OP et ON : $φ'' — φ'$
etc...

φ' étant ici négatif.

φ, φ', φ" sont dits « phases à l'origine des temps » des diverses fonctions.

REMARQUE I. — Nous n'aurions rien changé à la situation relative des vecteurs en prenant comme vecteur correspondant à l'origine des temps celui correspondant à la position ON de l'un d'eux :

Transportons l'origine des temps en ON, nous aurons comme nouvelles valeurs algébriques desdites fonctions, t' étant la nouvelle variable adoptée :

$$E = E_0 \cos(\Omega t' + φ — φ')$$
$$F = F_0 \cos \Omega t'$$
$$G = G_0 \cos(\Omega t' + φ'' — φ').$$

On passe aisément des premières formes aux secondes en posant :

$$t' = t + \frac{φ'}{\Omega},$$

ou

$$φ' = \Omega (t' — t).$$

φ' est ici négatif. C'est sa valeur algébrique et non sa valeur absolue qu'il faut introduire dans les calculs.

REMARQUE II. — Cette théorie aurait été aussi simple, en partant de la fonction sinusoïdale :

$$E = E_0 \sin \Omega t$$

au lieu de partir de la fonction

$$E = E_0 \cos \Omega t.$$

On a, du reste :

$$\sin \Omega t = \cos\left(\Omega t — \frac{\pi}{2}\right).$$

Application : *Fonction sinusoïdale et sa dérivée.* — Nous avons les deux fonctions :

$$E = E_0 \sin \Omega t$$

$$\frac{dE}{dt} = + E_0 \Omega \cos \Omega t.$$

Géométriquement, ces deux fonctions sont représentées ci-dessous. La dérivée, d'amplitude $E_0 \Omega$, est représentée par une fonction décalée de 90° (ou un quart de période) en avant de la fonction considérée.

La règle est générale. On le vérifierait aisément pour les formes

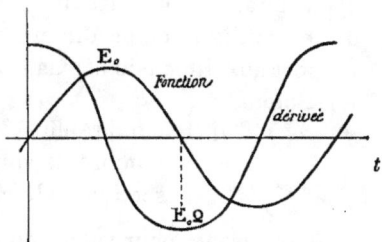

Fig. 234. — Représentations géométriques respectives d'une fonction sinusoïdale du temps et de sa dérivée.

$$E = E_0 \cos \Omega t$$

et

$$E = E_0 \cos (\Omega t + \varphi) \quad \text{ou} \quad E_0 \sin (\Omega t + \varphi).$$

Flux sinusoïdal et f. e. m. d'induction dans un cadre.

Soit

$$\Psi = \Psi_0 \cos \Omega t$$

le flux passant dans un cadre et variant avec le temps d'une manière sinusoïdale.

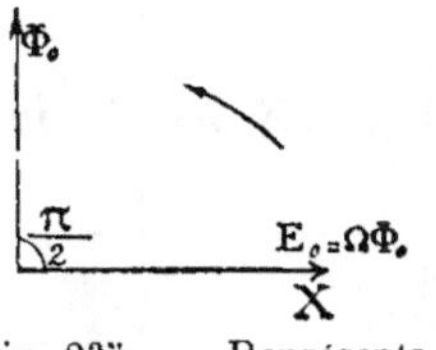

La f. é. m. due à ce flux est :

$$E = -\frac{d\Psi}{dt} = \Psi_0 \Omega \sin \Omega t.$$

Fig. 235. — Représentations géométriques respectives d'un flux d'induction sinusoïdal et de la f.é.m. qu'il engendre.

La f. é. m. d'induction est donc représentée par un vecteur d'amplitude $\Psi_0 \Omega$ et décalée à 90° en arrière du flux générateur.

Étude des lois de la circulation du courant dans un circuit soumis à une tension alternative.

Hypothèses. — Soit U la tension aux bornes de ce circuit. Nous la supposerons sinusoïdale, c'est-à-dire de la forme :

$$U = U_0 \sin \Omega t.$$

Le circuit présentera, en général, une certaine résistance R, une certaine capacité [1] C, et une certaine self-induction L. Nous **supposerons** provisoirement que la capacité est négligeable.

NOTION DE SELF-INDUCTION. — RAPPEL.

Imaginons, pour fixer les idées par un exemple simple, que nous ayons affaire à un circuit constitué par une bobine cylindrique d'axe rectiligne et de dimensions transversales négligeables par rapport aux dimensions axiales. Supposons-le de même exempt de fer. Soient :

n_1, le nombre de spires total,
n, le nombre de spires par unité de longueur,
S, la section de la circonférence moyenne.

Nous aurons, pour valeur du flux de self-induction :

$$\Psi_{1S} = 4\pi n n_1 \, IS,$$

I étant exprimé en unités C. G. S. Si nous voulons exprimer i en ampères, il faudra écrire :

$$\Psi_{1S} = \frac{4}{10}\pi n n_1 \, iS.$$

(Voir *Cours municipal*, 1re Partie. — Courants continus, 5e Leçon.)

Il en résulte que lorsque le courant va s'accroître de dI, Ψ_{s1} variera de $d\Psi_{s1}$ donné par :

$$d\Psi_{1S} = 4\pi n n_1 \, SdI.$$

La f.é.m. de self-induction, donnée en direction par la loi de Lenz, s'en déduit aussitôt, savoir :

$$e = -\frac{d\Psi_{1S}}{dt} = -4\pi n n_1 S \frac{di}{dt}.$$

Nous aurons donc, en posant :

$$L = 4\pi n n_1 S$$

le coefficient de self-induction en unités C. G. S., ou

$$l = \frac{4}{10}\pi n n_1 \, S \times 10^{-9}$$

en unités pratiques ou henrys.

De même, la f.é.m. de self-induction

$$e = -l \frac{di}{dt}$$

1. Ou capacitance.

en unités pratiques et cette f. é. m.

$$E = -L\frac{di}{dt}$$

en unités C. G. S.

Nous avons donc la relation évidente, u représentant également la tension évaluée en unités pratiques,

$$u = ri + l\frac{di}{dt} \qquad (1)$$

exprimant que la chute de tension ohmique ajoutée à la f. é. m. de self-induction est égale à la tension aux bornes [1].

Dans la période de décroissance du courant ($di < 0$), d'après la loi de Lenz, il y a tendance au maintien, à la même valeur, du courant qui diminue.

La self-induction a alors pour effet de créer une f. é. m. supplémentaire s'ajoutant à la tension aux bornes. C'est l'inverse quand le courant croît.

La formule ci-dessous, nécessairement indépendante du système employé :

$$U = RI + L\frac{dI}{dt}$$

est donc générale, sous ce bénéfice de l'hypothèse faite sur $di > 0$ ou $di < 0$.

N.-B. — Dans le cas où le circuit aurait comporté du fer, il aurait fallu adopter le coefficient multiplicateur connu μ, tel que

$$\mathcal{L}' = \mu\mathcal{L}$$

pour tenir compte de la présence de ce nouvel élément. Nous représenterons de même et uniformément par $\mathcal{L}$ et $\mathcal{L}'$ les coefficients de self-induction, abstraction faite du système (C.G.S ou pratique) qui sert de base à la fixation de leurs valeurs numériques.

U étant de forme sinusoïdale, I le sera aussi. Posons donc *a priori* :

$$I = I_0 \cos\Omega t.$$

Par suite, on a aussi :

$$\mathcal{L}\frac{dI}{dt} = -\mathcal{L}\Omega I_0 \sin\Omega t.$$

---

[1]. La f.é.m. de self-induction joue évidemment ici le rôle de force contrélectromotrice.

CONSTRUCTION GÉOMÉTRIQUE DE L'ÉQUATION (1).

Construisons, en laissant l'échelle arbitraire, le diagramme MOP (fig. 236), l'axe Ox représentant l'origine des temps (à ce moment O N et Ox coïncident).

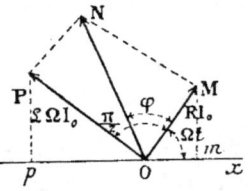

Fig. 236. — Construction géométrique de l'équation d'Ohm en courants alternatifs.

On a, si

$$OM = RI_0,$$
$$OP = \mathcal{L}\Omega I_0.$$
$$Om = \text{proj } \overline{OM} = RI_0 \cos \Omega t,$$
$$Op = \text{proj } \overline{OP} = \mathcal{L}\Omega I_0 \cos\left(\Omega t + \frac{\pi}{2}\right).$$

Or, on a bien en grandeur et en signe

$$Om + Op = RI + \mathcal{L}\frac{dI}{dt} = U.$$

Il en résulte que, comme

$$Om + Op = \text{proj } \overline{ON},$$

O N, vecteur représentant la résultante de O M et de O P, pourra aussi représenter le vecteur de la tension U. Nous aurons donc :

$$ON = U_0$$

et

$$\widetilde{NOx} = \Omega t + \varphi,$$

φ représentant l'angle NOM, angle d'avance de la phase de la f.é.m. E, ou de la tension U, par rapport au courant.

L'équation :

$$U = RI + \mathcal{L}\frac{dI}{dt}$$

est ainsi construite géométriquement.

Représentation des diverses grandeurs figurant dans l'équation (1). — Ainsi donc, étant donné que la tension est sinusoïdale, l'intensité doit l'être nécessairement [1]. Nous pourrons donc, en prenant, pour représenter U, l'expression :

$$U = U_0 \cos \Omega t,$$

trouver les constantes I_0 et φ de l'équation définissant I, soit :

$$I = I_0 \cos (\Omega t - \varphi),$$

---

[1]. Rappelons que cette conclusion n'est rigoureusement valable qu'avec un circuit dépourvu de fer.

par les formules :
$$\operatorname{tg} \varphi = \frac{\mathcal{L}\Omega}{R}$$

$$I_0^2 [R^2 + \mathcal{L}\Omega^2] = U_0^2,$$

d'où, pour la dernière :
$$I_0 = \frac{U_0}{\sqrt{R^2 + \mathcal{L}^2 \Omega^2}}.$$

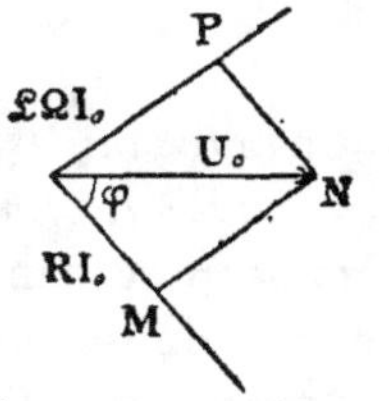

La figure 237 représente les situations respectives de

$$\begin{cases} \mathcal{L}\Omega I_0 \\ R I_0 \\ U_0 \end{cases}$$

au temps $t = 0$

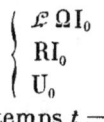

Fig. 237. — Situation du diagramme d'Ohm en courants alternatifs pour $t=0$

Les projections, faciles à effectuer sur ON, donnent les valeurs instantanées des quantités correspondantes au même moment.

PROBLÈME I

Connaissant U_0 valeur maxima de la tension $U = U_0 \cos \Omega t$, R et $\mathcal{L}$ constantes du circuit, Ω pulsation du courant d'alimentation, déterminer I_0 et φ.

On peut construire le triangle rectangle $OM'N'$ semblable à OMN (fig. 238) sur les côtés
$$OM' = R \quad \text{et} \quad M'N' = \mathcal{L}\Omega$$

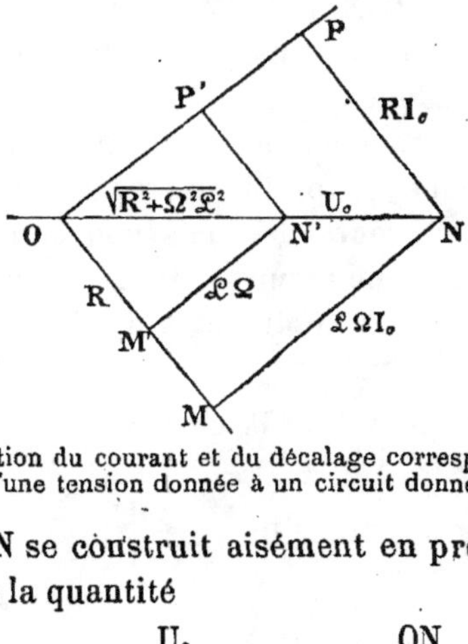

Fig. 238. — Construction du courant et du décalage correspondant à l'application d'une tension donnée à un circuit donné.

Le triangle OMN se construit aisément en prenant comme rapport de similitude la quantité

$$\frac{U_0}{\sqrt{R^2 + \Omega^2 \mathcal{L}^2}} = I_0 = \frac{ON}{ON'},$$

ce qui nous définit I_0, l'écart angulaire du vecteur représentatif de I par rapport au vecteur représentatif de U étant donné par :

$$\operatorname{tg} \varphi = \frac{\mathcal{L}\Omega}{R}.$$

PROBLÈME II

Connaissant les constantes R, $\mathcal{L}$ *d'un circuit, la pulsation* Ω *et le courant* I_0 *à lui fournir, déterminer la tension nécessaire* U_0. Se traite comme précédemment, ainsi que tous les problèmes du même genre (soin que nous laisserons au lecteur).

REMARQUE. — Ce diagramme s'applique également aux valeurs efficaces, comme nous l'avons dit, utiles à connaître en général.

Il suffit de réduire, pour passer des diagrammes utilisant les valeurs maxima aux diagrammes utilisant les valeurs efficaces, les échelles dans le rapport :

$$\frac{1}{\sqrt{2}}$$

RÉSOLUTION ALGÉBRIQUE DE L'ÉQUATION (1).

Rappelons d'abord que, d'après nos conventions (Voir *Cours municipal*, 1re Partie, Étude des courants continus), l'emploi facultatif, soit des petites lettres (unités pratiques), soit de grandes lettres (unités C.G.S) n'est qu'une conséquence de l'homogénéité, et que les formules ainsi établies sont vraies quel que soit le système d'unités adopté.

Malheureusement, étant donnée l'extrême abondance des notations nécessaires dans les problèmes relatifs aux courants alternatifs, problèmes au cours desquels nous aurons affaire à plusieurs quantités de même nature, cette représentation ne pourra plus être rigoureusement appliquée à partir de la leçon suivante.

Remplaçons U par sa valeur

$$U = U_0 \cos \Omega t$$

dans l'équation

(1) $$U = RI + \mathcal{L}\frac{dI}{dt}.$$

Il vient :

$$U_0 \cos \Omega t = RI + \mathcal{L}\frac{dI}{dt}.$$

On obtiendra l'intégrale I (t) de cette équation différentielle, en joignant, à l'intégrale générale y_2 de l'équation différentielle privée de son second membre, une intégrale particulière y_1 de ladite équation.

Cette dernière est, nous le savons, de la forme :
$$y_1 = I_0 \cos(\Omega t - \varphi).$$

Nous aurons facilement les constantes I_0 et φ au moyen des équations d'identification obtenues en annulant les coefficients de $\sin \Omega t$ et $\cos \Omega t$ dans l'équation
$$RI_0 \cos(\Omega t - \varphi) - \mathcal{L}\Omega I_0 \sin(\Omega t - \varphi) = U_0 \cos \Omega t.$$

On trouve ainsi :
$$I_0 = \frac{U_0}{\sqrt{R^2 + \Omega^2 \mathcal{L}^2}}$$

$$\operatorname{tg}\varphi = \frac{\mathcal{L}\Omega}{R},$$

d'où la définition complète des inconnues I_0 et φ.

Quant à l'intégrale y_2 de l'équation sans second membre
$$0 = RI + \mathcal{L}\frac{dI}{dt}$$

c'est évidemment :
$$y_2 = C e^{-\frac{Rt}{\mathcal{L}}}$$

C étant une constante arbitraire à fixer. Le courant y_2 ne cesse de décroître avec le temps (exponentielle négative).

Ce terme n'a plus aucune importance en **régime normal** et l'on ne conserve que la solution industrielle :
$$I = I_0 \cos(\Omega t - \varphi) = \frac{U_0}{\sqrt{R^2 + \mathcal{L}^2 \Omega^2}} \cos(\Omega t - \varphi)$$

avec
$$\operatorname{tg}\varphi = \frac{\mathcal{L}\Omega}{R}.$$

Définitions. — Ainsi donc, dans un circuit résistant et inductif (sans capacité) le courant est en retard sur la tension aux bornes. Si celle-ci est sinusoïdale, on a :
$$I_{\text{eff}} = \frac{U_{\text{eff}}}{\sqrt{R^2 + \mathcal{L}^2 \Omega^2}}$$

$$\mathrm{tg}\varphi = \frac{\mathcal{L}\Omega}{R},$$

φ étant l'angle du retard, $\sqrt{R^2 + \mathcal{L}^2\Omega^2} = Z$ est dit l'*impédance*, $K = \mathcal{L}\Omega$ est la *réactance* du circuit.

Devant l'absence d'unités spéciales pour la réactance et l'impédance, on peut, bien que ce soit incorrect, les évaluer en ohms, car elles sont équivalentes à des résistances et jouent le même rôle.

Le coefficient de self-induction en unités pratiques s'évalue en henrys. Un henry vaut 10^9 unités C.G.S de S.I ou centimètres.

Si le circuit est uniquement réactant (bobine de self-induction destinée à créer une chute de tension, sans entraîner de consommation sensible de puissance RI^2, car R est négligeable) on a :

$$\mathrm{tg}\varphi = \frac{\mathcal{L}\Omega}{R} = \infty.$$

Le courant est alors à 90° en arrière de la tension (cas théorique). En pratique, le déphasage ou décalage du courant sur la tension est toujours compris entre 0 et 90°

Si le circuit est uniquement résistant (pas de self-induction, lampes par exemple) on a :

$$\mathrm{tg}\varphi = \frac{\mathcal{L}\Omega}{R} = 0.$$

Le courant est rigoureusement en phase avec la tension (cas théorique).

LOIS DE LA CIRCULATION D'UN COURANT DANS UN CIRCUIT POURVU DE CAPACITÉ, DE RÉSISTANCE ET DE SELF-INDUCTION

Dans ce cas, les formules précédentes sont légèrement modifiées.

La capacité étant supposée partager le circuit en deux tronçons, soient R', R" les résistances des tronçons, $\mathcal{L}'$, $\mathcal{L}''$ leurs coefficients de self-induction et C la capacité. Ces éléments peuvent du reste être concentrés sur la même portion du circuit, qui serait à la fois résistante, réactante et capacitante [1].

---

[1]. Dénominations évidemment barbares, mais adoptées par l'ensemble des électrotechniciens.

LOIS FONDAMENTALES DES COURANTS ALTERNATIFS

Nous les supposerons provisoirement séparés, au moins en ce qui concerne la capacité (non uniformément répartie).

On peut écrire, R étant la quantité d'électricité localisée sur le condensateur à un certain moment :

$$U_A - U_{A_1} = R'I + \mathcal{L}' \frac{dI}{dt}$$

$$U_{B_1} - U_B = R''I + \mathcal{L}'' \frac{dI}{dt}$$

$$U_{A_1} - U_{B_1} = \frac{Q}{C}$$

en supposant à l'instant considéré que le courant circule de A vers B (la formule est du reste algébrique). Si $U_A - U_B$ s'inverse, I s'inverse.

Le courant est d'autre part évidemment le même dans les deux tronçons[1].

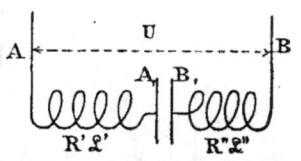

Fig. 239. — Circuit complexe contenant résistance, réactance et capacité.

Ajoutons ces trois équations; il vient :

$$U_A - U_B = (R' + R'')I + (\mathcal{L}' + \mathcal{L}'') \frac{dI}{dt} + \frac{Q}{C}.$$

Posons :

$$R' + R'' = R$$
$$\mathcal{L}' + \mathcal{L}'' = \mathcal{L}.$$

Il vient :

$$U_A - U_B = RI + \mathcal{L} \frac{dI}{dt} + \frac{Q}{C};$$

mais

$$\frac{Q}{C} = \frac{1}{C} \int_0^T I\, dt,$$

puisque le courant, tour à tour de charge et de décharge, a continué à se produire dans le condensateur depuis le temps $t = 0$. D'après ce que nous avons dit, on a :

$$I = \frac{dQ}{dt},$$

c'est-à-dire que le vecteur I représente la dérivée $\frac{dQ}{dt}$.

Inversement, comme Q, ainsi que I, est de forme sinusoïdale, le vecteur I est décalé à 90° en avant de Q.

[1]. A la condition cependant que le circuit n'ait pas des dimensions exagérées et que les fréquences employées soient de l'ordre industriel (de 16 à 100 cycles par seconde). Cette double condition qui se ramène au fond à une seule, relative à la longueur d'onde, n'est pas réalisée avec les ondes hertziennes (télégraphie sans fil).

On aura donc, comme vecteur représentant dans le diagramme la chute de tension réactante :

$$\mathcal{L}\Omega I_0 - \frac{I_0}{\Omega C}$$

ou

$$I_0 \left[\mathcal{L}\Omega - \frac{1}{\Omega C}\right] = I_0\, \mathcal{L}\Omega \left[1 - \frac{1}{\mathcal{L}\Omega^2 C}\right].$$

Effet d'une capacité dans un circuit. — L'effet d'une capacité dans un circuit consiste donc à décaler, ou à tendre à décaler, le courant en avant de la tension ; suivant les valeurs relatives de $\mathcal{L}\Omega$ et de $\dfrac{1}{\Omega C}$, la tension sera en retard ou en avance par rapport à I.

Enfin, soit :

$$\mathcal{L}\Omega = \frac{1}{\Omega C},$$

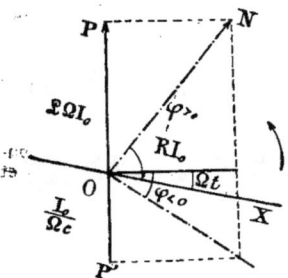

Fig. 240.
En OP, tension avec S.I seule, en avance de 90° sur I.
En OP', tension avec capacité seule, en retard de 90° sur I.
OX. axe origine.

alors les composantes du diagramme perpendiculaires à RI_0 disparaissent. Le courant est en phase avec la tension.

Tout se passe comme en courant continu. Cela suppose, comme on le voit, les constantes du circuit accordées de façon à avoir

$$\mathcal{L}\Omega = \frac{1}{\Omega C}.$$

Valeur de l'impédance et de la réactance dans le cas d'une capacité en série dans le circuit :

On a alors, dans ce cas, les formes plus générales :

Pour l'impédance : $Z = \sqrt{R^2 + \mathcal{L}^2\Omega^2\left[1 - \dfrac{1}{C\Omega^2\mathcal{L}}\right]^2}$

Pour la réactance : $K = \mathcal{L}\Omega\left[1 - \dfrac{1}{C\Omega^2\mathcal{L}}\right]$

Pour le décalage : $\mathrm{tg}\,\varphi = \dfrac{\mathcal{L}\Omega - \dfrac{1}{\Omega C}}{R}.$

LOIS FONDAMENTALES DES COURANTS ALTERNATIFS

Remarque. — On aurait pu arriver exactement aux mêmes conclusions en intégrant l'équation différentielle :

$$U = U_0 \sin \Omega t = RI + \mathcal{L}\frac{dI}{dt} + \frac{Q}{C},$$

ou comme

$$I = \frac{dQ}{dt}$$

$$U_0 \sin \Omega t = R\frac{dQ}{dt} + \frac{d^2Q}{dt} + \frac{Q}{C},$$

Q est évidemment de forme sinusoïdale, I l'étant en vertu de la relation :

$$I = \frac{dQ}{dt}.$$

Nous aurons donc pour Q l'expression :

$$Q = Q_0 \sin(\Omega t - \chi),$$

χ pouvant être algébriquement positif ou négatif, mais en réalité positif ou nul d'après le diagramme précédent (I pouvant être au plus en avant de 90° par rapport à U, donc Q au plus confondu avec le vecteur U, le plus souvent en arrière).

L'équation précédente devant être vérifiée quel que soit le temps, en annulant les coefficients de $\sin \Omega t$ et $\cos \Omega t$, on retombe aisément sur les équations :

$$\operatorname{tg} \varphi = \frac{\mathcal{L}\Omega - \dfrac{1}{\Omega C}}{R}$$

$$Q = \sqrt{R^2 + \mathcal{L}^2 \Omega^2 \left[1 - \frac{1}{C\Omega^2 \mathcal{L}}\right]^2}$$

L'intensité du courant I_{eff} établi dans un circuit, sous l'effet d'une tension U_{eff}, est donc maxima dans le circuit quand la capacitance et la réactance proprement dite sont accordées de manière à réaliser un déphasage nul.

CIRCUITS COMPLEXES

Examen de cas particuliers. — A. — *Conducteurs en série*. — Soient les conducteurs, ou portions de circuit I, II, III, de résistance, réactance et capacitance données respectivement par

$$R_1 \quad R_2 \quad R_3$$
$$\mathcal{L}_1\Omega \quad \mathcal{L}_2\Omega \quad \mathcal{L}_3\Omega$$
$$C_1 \quad C_2 \quad C_3.$$

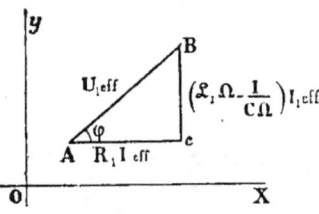

Fig. 241. — Circuits complexes. Construction de l'équation d'Ohm pour une portion du circuit.

Nous pouvons construire, comme nous l'avons fait précédemment, le triangle analogue à ABC pour chaque circuit à l'échelle près, tout au moins, car nous ne connaissons pas *a priori* la répartition de la tension totale entre chacune des portions de circuit (fig. 241).

Les relations contenues toutes dans la relation fondamentale géométrique précédente s'appliquent de proche en proche.

Mettons bout à bout ces triangles en laissant parallèles aux abscisses les vecteurs RI_{eff} (chutes de tension ohmiques) et parallèles aux ordonnées les vecteurs KI_{eff} (chutes de tension inductives ou réactantes), les K étant définis par des relations telles que celle-ci :

$$K_1 = \left(\mathcal{L}_1\Omega - \frac{1}{\Omega C_1}\right).$$

Nous aurons la forme générale suivante (fig. 242), le courant étant évidemment le même dans tout le circuit :

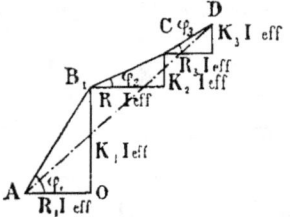 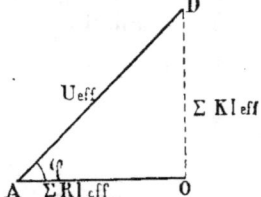

Fig. 242. — Circuits complexes. Diagramme des chutes de tension partielles.

Fig. 243. — Circuits complexes. Diagramme donnant le courant I_{eff} et le décalage total.

Ou encore, on pourra laisser l'échelle indéterminée en construisant un triangle rectangle sur les sommes ΣRI_{eff} et ΣKI_{eff} (fig. 243). Le triangle ADO nous donnera les relations théoriques entre la tension aux bornes totale U_{eff}, le courant I_{eff} et le décalage φ, tous deux à déterminer.

PROBLÈME. — Connaissant les vecteurs U_{eff}, ΣR, ΣK, on aura aisément I_{eff} et φ (construction employée précédemment).

En particulier : $$\operatorname{tg}\varphi = \frac{\Sigma K}{\Sigma R}.$$

Les tensions partielles $U_{1\text{eff}}$, $U_{2\text{eff}}$, etc., aux bornes, et les décalages partiels φ_1, φ_2 se construiront facilement (triangle partiel ABO, où AO et BO sont connus, fig. 243).

Tous les problèmes du même genre se traitent de même façon.

B. — Conducteurs ou portions de circuits en dérivation. —

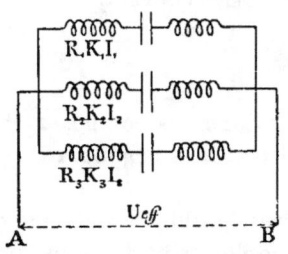

Fig. 244. — Circuits complexes. Tronçons en parallèle.

Chaque portion de circuit est définie par ses constantes $K_1 R_1$. Les inconnues sont :

$I_1 \quad \varphi_1$
$I_2 \quad \varphi_2$
$I_3 \quad \varphi_3$
. . . .

intensités et décalages dans chaque circuit (fig. 244).

U_{eff}, tension aux bornes, est connue.

On a dans chaque circuit :
$$I_{\text{eff}} = \frac{U_{\text{eff}}}{\sqrt{R^2 + K^2}}$$
$$\operatorname{tg}\varphi = \frac{K}{R}.$$

Prenons, comme origine des phases, celle de la tension. Pour les tronçons où :
$$\mathcal{L}\Omega - \frac{1}{\Omega C} > 0.$$

Le courant I est en retard sur la tension. Pour les autres, il est en avance. On procède encore, connaissant les R et les K, par construction de triangles semblables OB_1A_1, OB_2A_2...

Exemples. — Tronçons 1, 2 pour lesquels on a :

$$\operatorname{tg}\varphi_1 = \operatorname{tg}\widehat{B_1OA_1} = \frac{K_1}{R_1}$$

$$\operatorname{tg}\varphi_2 = \operatorname{tg}\widehat{A_2OB_2} = \frac{K_2}{R_2}$$

$$I_{1\text{eff}} = \frac{OA'_1}{OA_1}$$

$$I_{2\text{eff}} = \frac{OA'_2}{OA_2}.$$

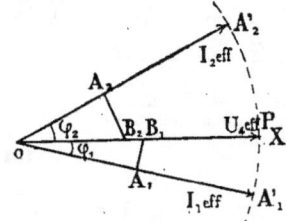

Fig. 245. — Circuits complexes. Tronçons en parallèle. Détermination des courants et des décalages dans chaque tronçon.

On voit que l'on peut composer assez simplement les courants. En effet ;

$$I_{1\text{eff}} = \frac{OB_1}{OP} \qquad I_{2\text{eff}} = \frac{OB_2}{OP} \ \ldots\ldots \text{ etc.}$$

Du reste :

$$OB_1 = Z_1 \qquad OB_2 = Z_2;$$

on connaît les valeurs géométriques relatives des courants

$$\frac{1}{OB_1} \ \cdots \ \frac{1}{OB_2}.$$

On connaît leurs phases φ_1, φ_2... On peut donc les composer et avoir le courant total, en grandeur et en phase, dans la génératrice alimentant le réseau.

REMARQUE. — Nous nous bornerons à ces problèmes élémentaires. Les cas plus compliqués, par exemple les dérivations en plusieurs points d'un réseau, se traiteront plus facilement quand nous posséderons d'autres moyens d'investigation.

Emploi des quantités imaginaires dans l'étude des courants alternatifs.

Cette méthode est due à l'ingénieur Steinmetz.

QUANTITÉS COMPLEXES

Considérons un vecteur ayant pour composantes X et Y sur deux axes rectangulaires (fig. 246). Associons x et y par le signe d'irréductibilité

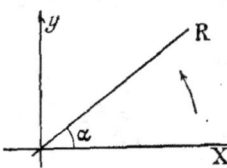

Fig. 246. — Définition géométrique d'une quantité complexe.

$$j = \sqrt{-1}.$$

Nous appellerons quantité complexe l'expression

$$[R] = X + \sqrt{-1}\, Y = X + jY.$$

On peut écrire également pour [R] l'expression équivalente :

$$[R] = \sqrt{X^2 + Y^2}\,[\cos\alpha + j\sin\alpha],$$

$R = \sqrt{X^2 + Y^2}$ s'appelle le module,

α s'appelle l'argument.

RAPPEL DE QUELQUES PROPRIÉTÉS SIMPLES DES QUANTITÉS COMPLEXES

Modification de l'argument. — Soient deux quantités complexes [R] et [R'] définies par $[R_0]$ $[R'_0]$, α et α', par rapport aux axes ox et oy. On aura :

$$[R] = [R_0] [\cos \alpha + j \sin \alpha]$$
$$[R'] = R'_0 [\cos \alpha' + j \sin \alpha'],$$

ou, si l'on pose

$$\alpha' = \alpha + \beta,$$
$$[R'] = R'_0 [\cos (\alpha + \beta) + j \sin (\alpha + \beta)],$$

d'où

$$[R'] = R'_0 [\cos \alpha \cos \beta - \sin \alpha \sin \beta + j \sin \alpha \cos \beta + j \cos \alpha \sin \beta].$$

La quantité entre crochets au second membre est identiquement le développement de

$$(\cos \alpha + j \sin \alpha)(\cos \beta + j \sin \beta)$$

en remarquant que

$$j^2 = -1.$$

Si on suppose en particulier que

$$R'_0 = R_0,$$

on voit que pour avoir le vecteur [R'] imaginaire, il suffit de faire tourner R de

$$\alpha' - \alpha = \beta$$

ou de multiplier [R'] par le facteur :

$$\cos \beta + j \sin \beta.$$

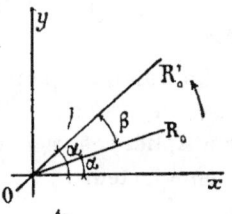

Fig. 247. — Quantité complexe. Modification de l'argument.

Produit et quotient de deux quantités complexes. — Soit à chercher le vecteur [R''] produit de [R'] et de [R].
On a :

$$[R''] = R_0 [\cos \alpha + j \sin \alpha] R'_0 [\cos \alpha' + j \sin \alpha']$$

ou

$$[R''] = R_0 R'_0 [\cos (\alpha + \alpha') + j \sin (\alpha + \alpha')].$$

Ce nouveau vecteur a donc pour module le produit $R_0 R'_0$ des modules et pour argument la somme des arguments.

Le quotient
$$[R'''] = \frac{[R']}{[R]}$$

a de même évidemment pour valeur :
$$[R'''] = \frac{R'_0}{R_0}\Big[\cos(\alpha' - \alpha) + j\sin(\alpha' - \alpha)\Big].$$

Application à l'étude des courants alternatifs. — Considérons les fonctions sinusoïdales
$$E = E_0 \cos\Omega t$$
$$I = I_0 \cos[\Omega t - \varphi].$$

La situation relative des vecteurs réels, représentatifs de ces éléments, est la même, quel que soit le temps.

Associons à ces quantités réelles les quantités imaginaires
$$j\,E_0 \cos\Omega t \qquad j\,I_0 \cos(\Omega t - \varphi)$$

nous aurons ainsi des éléments électriques complexes que nous appellerons imaginaires, et qui auront pour valeurs
$$[E] = E_0 \cos\Omega t + j\sin\Omega t$$
$$[I] = I_0 [\cos\Omega t + j\sin\Omega t][\cos\varphi - j\sin\varphi]$$
etc...

On voit que, pour avoir la position des vecteurs (formant entre eux un système relatif indéformable) à l'instant t, il suffit de multiplier les vecteurs imaginaires correspondant à $t = 0$ par le même facteur :
$$(\cos\Omega t + j\sin\Omega t).$$

On remarquera que pour effectuer cette multiplication, on a supposé $[E] = E_0$ pour $t = 0$.

Cette hypothèse n'ôte aucune généralité au raisonnement.

Il nous suffira donc d'avoir la situation relative des vecteurs imaginaires d'un diagramme à un instant quelconque donné [au temps pris pour origine par exemple] pour connaître les valeurs de ces quantités aux instants voulus.

On remarquera que l'emploi des quantités complexes revient à mettre en évidence et à montrer d'une façon saisissante l'irréductibilité de l'un à l'autre des deux facteurs R_0 et α, module et argument, qui définissent un vecteur par rapport à un système d'axes.

LOI D'OHM EN COURANTS ALTERNATIFS

On sait qu'elle peut se mettre sous la forme simple, dans le cas des courants alternatifs :

$$U = RI + L\frac{dI}{dt}.$$

Or, si on définit une impédance complexe par la formule :

$$[Z] = R + j\Omega L$$

Nous allons démontrer qu'il existe une relation plus simple :

$$[I] = \frac{[U]}{[Z]}$$

entre [I]; [U] et [Z], relation analogue à celle employée dans les courants continus.

On a, en effet, d'après la définition des quantités complexes, en particulier à l'instant $t = 0$:

$$[I] = I_0 (\cos\varphi - j\sin\varphi)$$
$$[U] = U_0 (\cos o + j\sin o) = U_0.$$

Or :

$$I_0 = \frac{U_0}{\sqrt{R^2 + \Omega^2 L^2}}.$$

Donc

$$[U] = \frac{U_0 (\cos\varphi - j\sin\varphi)}{\sqrt{R^2 + \Omega^2 L^2}}$$

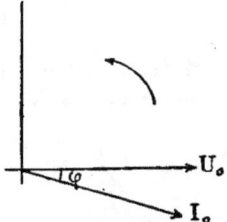

Fig. 248. — Emploi des quantités complexes dans l'étude des courants alternatifs. Représentation des vecteurs tension et courant.

ou, en remplaçant $\cos\varphi$ et $\sin\varphi$ par leurs valeurs :

$$[I] = \frac{U_0}{\sqrt{R^2 + \Omega^2 L^2}} \frac{R - j\Omega L}{\sqrt{R^2 + \Omega^2 L^2}}$$

ce qui s'écrit :

$$[I] = \frac{U_0 (R - j\Omega L)}{R^2 - j^2 \Omega^2 L^2}$$

$$[I] = \frac{U_0}{R + j\Omega L}$$

et, comme nous avons choisi $U_0 = [U]$, on a en général :

$$[I] = \frac{[U]}{R + j\Omega L}$$

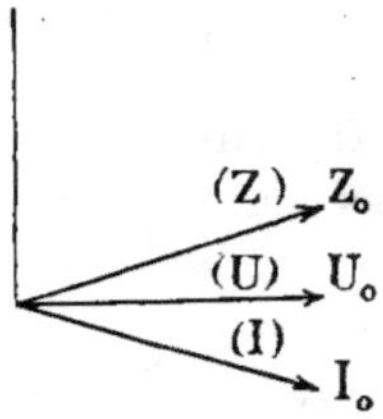

si donc on pose

$$[Z] = R + j\Omega L$$

il vient bien :

$$[I] = \frac{[U]}{[Z]}.$$

Le vecteur [Z] a pour module :

$$Z_0 = \sqrt{R^2 + \Omega^2 L^2}$$

c'est-à-dire l'impédance réelle.

Fig. 249. — Emploi des quantités complexes pour l'étude des courants alternatifs. Situations relatives des vecteurs tension, courant et impédance.

Et pour argument φ l'angle donné par :

$$\text{tg}\,\varphi = \frac{L\Omega}{R}.$$

PREMIÈRE LOI DE KIRCHOFF

Loi des sommets. — On sait que si on considère par exemple comme positifs les courants qui gagnent un sommet O, comme négatifs ceux qui s'en écartent (fig. 250), on a algébriquement :

$$I_1 + I_2 + I_3 = 0$$

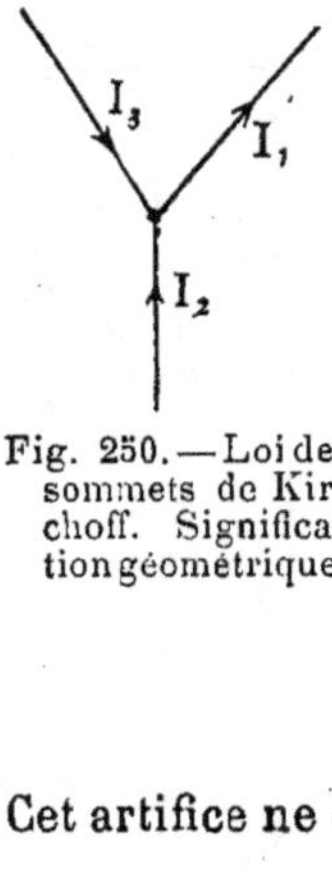

avec

$$I_1 = I_1{}^0 \cos[\Omega t - \varphi_1]$$
$$I_2 = I_2{}^0 \cos[\Omega t - \varphi_2]$$
$$I_3 = I_3{}^0 \cos[\Omega t - \varphi_3], \text{etc} \ldots$$

Fig. 250. — Loi des sommets de Kirchoff. Signification géométrique.

Or, changeons l'origine des temps de

$$\frac{2\pi}{4\Omega} = \frac{\pi}{2\Omega}.$$

Cet artifice ne change en rien notre relation

$$I_1 + I_2 + I_3 = 0$$

qui est en quelque sorte saisie à un instant quelconque de la période.

On aura donc, en remplaçant t par $t - \dfrac{\pi}{2\Omega}$, de nouvelles formes :

$$I'_1 = I^0_1 \cos\left[\Omega\left(t - \dfrac{\pi}{2\Omega}\right) - \varphi_1\right] = I_1^0 \cos\left(\Omega t - \dfrac{\pi}{2} - \varphi_1\right)$$

$$I'_1 = I_1^0 \sin(\Omega t - \varphi_1)$$
$$I'_2 = I_2^0 \sin(\Omega t - \varphi_2)$$
$$I'_3 = I_3^0 \sin(\Omega t - \varphi_3)$$

dont la somme est nulle en vertu de notre remarque précédente.

Nous aurons donc les deux égalités

$$I_1^0 \cos(\Omega t - \varphi_1) + I_2^0 \cos(\Omega t - \varphi_2) + I_3^0 \cos(\Omega t - \varphi_3) = 0$$
$$I_1^0 \sin(\Omega t - \varphi_1) + I_2^0 \sin(\Omega t - \varphi_2) + I_3^0 \sin(\Omega t - \varphi_3) = 0$$

ou, en additionnant ces deux équations, après avoir multiplié la seconde par j : $\Sigma I_1^0 \cos(\Omega t - \varphi_1) + j \Sigma I_1^0 \sin(\Omega t - \varphi_1) = 0$
ou encore : $\Sigma I_1^0 [\cos(\Omega t - \varphi_1) + j \sin(\Omega t - \varphi_1)] = 0$
c'est-à-dire :

$$\boxed{[I_1] + [I_2] + [I_3] = 0}$$

Remarquons d'ailleurs que, pour que cette relation soit vérifiée quel que soit l'instant choisi, il faut que les coefficients de $\sin\Omega t$ et $\cos\Omega t$ soient tous deux nuls, c'est-à-dire que

$$I_1^0 \cos\varphi_1 + I_2^0 \cos\varphi_2 + I_3^0 \cos\varphi_3 = 0$$
$$I_1^0 \sin\varphi_1 + I_2^0 \sin\varphi_2 + I_3^0 \sin\varphi_3 = 0.$$

On retrouve là les conclusions de nos analyses habituelles, employées pour la détermination des valeurs des diverses quantités mises en jeu dans l'étude des courants alternatifs (indépendance par rapport au temps des relations entre I_{eff}, U_{eff}, U_0, I_0, φ, etc.).

DEUXIÈME LOI DE KIRCHOFF

$$\Sigma E = \Sigma RI + \Sigma L \dfrac{dI}{dt}.$$

On démontre aisément qu'elle est vérifiée,

$$\Sigma L \dfrac{dI}{dt}$$

représentant les f. e. m. de self-induction dans les diverses branches du réseau.

On a successivement, en prenant

$$E = E_0 \cos\Omega t \qquad I = I_0 \cos[\Omega t - \varphi]$$
$$jE' = jE_0 \sin\Omega t \qquad jI' = jI_0 \sin[\Omega t - \varphi]$$

et en associant ces éléments complexes, préalablement sommés :

$$\Sigma E_0 (\cos\Omega t + j \sin\Omega t)$$
$$= \Sigma (R + j\Omega L) I_0 (\cos\Omega t + j \sin\Omega t)$$

d'où, comme

$$E_0 = [E]$$

(hypothèse pour les axes déjà faite, à savoir concordance du vecteur E avec l'axe origine pour $t=0$),

$$\Sigma [E] = \Sigma [Z] [I]$$

APPLICATIONS DE LA MÉTHODE DE CALCUL UTILISANT LES QUANTITÉS COMPLEXES

Pont de Wheatstone en courants alternatifs.

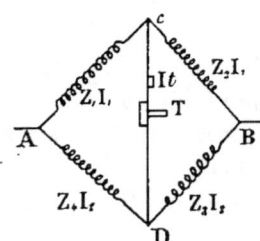

Fig. 251. — Equilibre du pont de Wheatstone en courants alternatifs.

Le galvanomètre est remplacé par un téléphone T (fig. 251). On a l'équilibre, ou plutôt le silence du téléphone, quand le courant qui le traverse est nul, soit $I_t = 0$. Donc

$$[Z_1][I_1] = [Z_2][I_2]$$
$$[Z_3][I_3] = [Z_4][I_4]$$

d'où

$$\frac{[Z_1]}{[Z_2]} = \frac{[Z_3]}{[Z_4]}$$

ou, en développant :

$$(R_1 + j\Omega L_1)(R_4 + j\Omega L_4) = (R_2 + j\Omega L_2)(R_3 + j\Omega L_3)$$

ce qui donne :

$$\begin{cases} R_1 R_4 - \Omega^2 L_1 L_4 = R_2 R_3 - \Omega^2 L_2 L_3 \\ R_1 L_4 + R_4 L_1 = R_3 L_2 + R_2 L_3 \end{cases}$$

Le problème aurait été d'une complication extrême, traité par notre méthode habituelle d'analyse.

On aurait eu en effet, en supposant l'équilibre réalisé, à considérer les équations :

$$U_{AC} = R_1 I_1 + L_1 \frac{dI_1}{dt}$$

$$U_{CB} = R_2 I_1 + L_2 \frac{dI_1}{dt}$$

$$U_{AD} = R_3 I_2 + L_3 \frac{dI_2}{dt}$$

$$U_{DB} = R_4 I_2 + L_4 \frac{dI_2}{dt}$$

Or, à l'équilibre, on a évidemment :

$$\frac{U_{AC}}{U_{CB}} = \frac{U_{AD}}{U_{DB}},$$

ou

$$\frac{R_1 I_1 + L_1 \frac{dI_1}{dt}}{R_2 I_1 + L_2 \frac{dI_1}{dt}} = \frac{R_3 I_2 + L_3 \frac{dI_2}{dt}}{R_4 I_2 + L_4 \frac{dI_2}{dt}}.$$

Connaissant $U = U_0 \cos \Omega t$, il nous faudra chercher, en remplaçant dans la condition précédente I_1 et I_2 par leurs valeurs

$$I_1 = \frac{U_0 \cos(\Omega t - \varphi)}{\sqrt{(R_1 + R_2)^2 + \Omega^2 (L_1 + L_2)^2}} \text{ avec } \operatorname{tg} \varphi = \frac{\Omega(L_1 + L_2)}{R_1 + R_2}$$

$$I_2 = \frac{U_0 \cos(\Omega t + \varphi')}{\sqrt{(R_3 + R_4)^2 + \Omega^2 (L_3 + L_4)^2}} \text{ avec } \operatorname{tg} \varphi' = \frac{\Omega(L_3 + L_4)}{R_3 + R_4}$$

à annuler les coefficients de $\cos \Omega t$ et $\sin \Omega t$, ce qui nous fera retrouver, par une voie beaucoup plus pénible, les deux équations précédentes.

Répartition du courant dans les conducteurs formant faisceau.

Ce problème, qui consiste à trouver la valeur des courants I_1, I_2, etc., est relativement simple avec nos procédés habituels d'analyse. Ce qui l'est moins, c'est l'expression de I total, courant fourni par la source, lui aussi de la forme :

$$\frac{U_0}{Z} \cos(\Omega t - \Phi),$$

Z étant l'impédance résultante et Φ le décalage résultant (fig. 252).

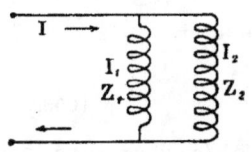

Fig. 252. — Répartition d'un courant total entre plusieurs conducteurs formant faisceau.

Par l'emploi des quantités complexes, on a aisément :

$$[U] = [Z_1][I_1] = [Z_2][I_2] = \ldots$$
$$[I] = [I_1] + [I_2] + \ldots$$

d'où, pour $t = 0$:

$$[I] = (I_1^0 \cos\varphi_1 + I_2^0 \cos\varphi_2 + \ldots) + \ldots j(I_1^0 \sin\varphi_1 + I_2^0 \sin\varphi_2 + \ldots)$$

Il en résulte que

$$I^0 \cos\Phi = I_1^0 \cos\varphi_1 + I_2^0 \cos\varphi_2 + \ldots$$
$$I^0 \sin\Phi = I_1^0 \sin\varphi_1 + I_2^0 \sin\varphi_2 + \ldots$$

ce qui définit complètement I_0 et Φ.

Dérivations en divers points d'une transmission d'énergie.

Soit U la différence de potentiel agissante (fig. 253). Il faut déterminer $U_1, U_2 \ldots U_n$ aux bornes des dérivations, ce qui donnera aisément $I_1, I_2 \ldots, I_n$, courants correspondants.

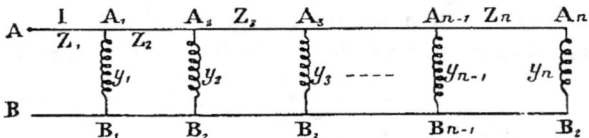

Fig. 253. — Calcul des courants de dérivation dans une transmission d'énergie.

Soient en effet $I_1 \ldots I_n$ les courants dans les dérivations, $Z_1 \ldots Z_n$ les impédances complexes des sections $(AA_1 + B_1B, \ldots, \text{etc.})$.

Appelons $y_1, y_2 \ldots, y_n$ les admittances complexes des dérivations (inverse des impédances $z_1, z_2 \ldots, z_n$).

On a, comme définition de cette quantité d'argument ψ et de module y_0 :

$$[y] = \frac{1}{[z]} = y_0 [\cos\psi + j\sin\psi]$$

$$[y] = \frac{1}{z_0} \frac{1}{\cos\varphi + j\sin\varphi}$$

donc

$$z_0 y_0 = 1$$
$$(\cos\varphi + j\sin\varphi)(\cos\psi + \sin\psi) = 1,$$

d'où les deux équations, et leur conséquence :

$$\cos\psi \cos\varphi - \sin\varphi \sin\psi = \cos(\varphi + \psi) = 1$$
$$\cos\psi \sin\varphi + \sin\psi \cos\varphi = \sin(\varphi + \psi) = 0$$
$$\psi = -\varphi.$$

L'admittance complexe a donc pour expression :

$$[y] = \frac{\cos\varphi - j\sin\varphi}{z_0}.$$

Nous aurons aisément

$$[U] = [U_1] + [Z_1][I] = [U_1] + [Z_1]\{[I_1] + \ldots + [I_n]\}$$

mais :

$$[I_1] = [U_1][y_1]$$
$$[I_2] = [U_2][y_2] \text{ etc}\ldots$$

Donc :

$$[U] = [U_1]\{(1) + (Z_1)(y_1)\} + [Z_1]\{[U_2][y_2] + \ldots + [U_n][y_n]\}$$

On a également :

$$[U_1] = [U_2]\{1 + [Z_2]]y_2]\} + [Z_2]\{]U_3][y_3] + \ldots + [U_n][y_n]\}$$

....

$$[U_{n-2}] = [U_{n-1}]\{1 + [Z_{n-1}][y_{n-1}]\} + [Z_{n-1}][U_n][y_n]$$

$$[U_{n-1}] = [U_n]\{1 + [Z_n][y_n]\}$$

Nous aurons, en partant de la dérivation d'ordre n, successivement $[U_{n-1}], [U_{n-2}] \ldots [U_2], [U_1] \ldots$ en fonction de $[U_n]$.

Substituons ces valeurs dans la première équation ; il viendra :

$$[U] = [A + j\,B][U_n]$$

A et B étant des coefficients réels faciles à former ; d'où : $[U_n]$ et successivement $[U_{n-1}], [U_{n-2}]$, etc. .... $[I_n], [I_{n-1}], [I_{n-2}] \ldots$

La recherche de la solution de ce problème serait d'une complication beaucoup plus grande par les méthodes d'analyses habituelles.

Recherche de la forme du courant et du potentiel dans une transmission d'énergie par câble armé.

MÉTHODE DE STEINMETZ

On sait qu'un tel câble constitue en réalité un condensateur linéaire, en même temps qu'il possède une certaine self-induction, une certaine résistance ohmique.

Appelons donc, pour ce câble :

r_1, la résistance par unité de longueur ;
l_1, la self-induction —
c_1, la capacité —
R_1, la résistance d'isolement, toujours prise par rapport à l'unité de longueur, du diélectrique interposé entre l'âme et l'armature.

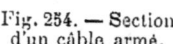
Fig. 254. — Section d'un câble armé.

Nous allons chercher la forme de I et de U, courant et potentiel en chaque point (fig. 254).

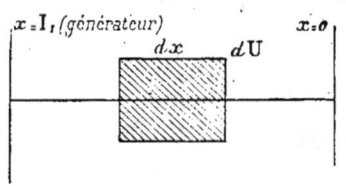
Fig. 255. — Détermination du potentiel et du courant en chaque point d'un câble armé soumis à une tension alternative.

Comptons les distances vers les U croissants, c'est-à-dire depuis le récepteur vers le générateur (fig. 255).

Considérons un petit élément de longueur dx et appelons dU la variation de potentiel dont il est le siège.

On peut écrire évidemment :

$$dU = I r_1\, dx + l_1\, dx\, \frac{dI}{dt}$$

d'où, en divisant par dx

(1) $$\frac{dU}{dx} = r_1\, I + l_1\, \frac{dI}{dt}$$

Or, on a, en appelant dI' la fraction du courant passant dans l'isolant du câble et dI'' celle servant à charger le condensateur élémentaire $c_1\, dx$, les relations :

$$dI = dI' + dI'' \qquad (a)$$

$$dI' = \frac{U\, dx}{R_1} \qquad (b)$$

$$dI''\, dt = c_1\, dx\, dU \qquad (c)$$

la dernière relation montrant qu'on peut représenter de deux façons différentes la quantité d'électricité passant dans le condensateur élémentaire [1].

On a donc, en remplaçant, dans (a), dI' et dI'' par leurs valeurs (b), (c), et en divisant par dx :

(2) $$\frac{dI}{dx} = \frac{U}{R_1} + c_1\, \frac{dU}{dt}.$$

---

[1]. On remarquera que dans la relation (b) figure explicitement la notion bien connue de la proportionnalité d'une résistance d'isolement à l'inverse de la longueur du conducteur.

Résolvons (1) et (2) par la méthode déjà exposée, supposant l'emploi des quantités complexes

(1')
$$\left[\frac{dU}{dx}\right] = [Z]\,[I]$$

en posant

$$[Z] = r_1 + j\,\Omega\,l_1.$$

De même

(2')
$$\left[\frac{dI}{dx}\right] = [U]\,[y]$$

avec :

$$[y] = \frac{1}{R_1} + j\,\Omega\,c_1.$$

Différencions ces deux expressions, il vient :

(1)″
$$\frac{d^2U}{dx^2} = [Z]\left[\frac{dI}{dx}\right] = [Z]\,[y]\,[U]$$

(2)″
$$\frac{d^2I}{dx^2} = [y]\left[\frac{dU}{dx}\right] = [Z]\,[y]\,[I]$$

équations identiques.

Les intensités I et potentiels U ne diffèrent donc que par une constante.

Soit la constante complexe m définie par :

(3)
$$[m]^2 = [Z]\,[y] = (r_1 + j\,\Omega\,l_1)\left(\frac{1}{R_1} + j\,\Omega\,c_1\right).$$

On aura, d'après (2″), c_1 et c_2 étant de nouvelles constantes d'intégration, à déterminer :

$$[I] = [c_1]e^{[m]x} + [c_2]e^{-[m]x};$$

or, formons l'expression :

$$\left[\frac{dI}{dx}\right] = \left[[m]\,[c_1]\,e^{[m]x} - [m]\,[c_2]\,e^{-[m]x}\right]$$
$$= Ae^{[m]x} - Be^{-[m]x}$$

en posant :

$$[m]\,c_1 = A$$
$$[m]\,c_2 = B.$$

Conservons donc pour I la forme

(4) $$[I] = \frac{1}{[m]} [A e^{[m]x} - B e^{-[m]x}].$$

On aura de même d'après (2')

(5) $$[U] = \frac{1}{[y]} \left[\frac{dI}{dx}\right] = \frac{A e^{[m]x} - B e^{-[m]x}}{[y]}$$

$[m]$, comme $[y]$, est une quantité complexe.

On voit que les exponentielles $e^{[m]x}$ et $e^{-[m]x}$ sont, par suite, de la forme :

$$e^{px+jqx} = e^{px}(\cos qx + j \sin qx)$$

Il y a donc lieu de former p et q.

On aura d'après (3)

$$m^2 = [p+jq]^2 = [Z][y]$$
$$= (r_1 + j\Omega l_1)\left(\frac{1}{R_1} + \Omega c_1\right)$$

d'où, aisément

$$p^2 - q^2 = \frac{r_1}{R_1} - \Omega^2 c_1 l_1$$

$$2pq = \Omega c_1 r_1 + \frac{\Omega l_1}{R_1}$$

ou enfin, en formant les modules :

$$(p^2+q^2)^2 = (r_1^2 + \Omega^2 l_1^2)^2 \left(\frac{1}{R_1^2} + \Omega^2 c_1^2\right)^2.$$

Combinant $p^2 + q^2$ avec $p^2 - q^2$, il viendra :

(6) $$2p^2 = \sqrt{(r_1^2 + \Omega^2 l_1^2)\left(\frac{1}{R_1^2} + \Omega^2 c^2\right)} + \frac{r_1}{R_1} - \Omega^2 c_1 l_1$$

(7) $$2q^2 = \sqrt{(r_1^2 + \Omega^2 l_1^2)\left(\frac{1}{R_1^2} + \Omega^2 c^2\right)} - \frac{r_1}{R_1} + \Omega^2 c_1 l_1.$$

Remplaçons m par sa valeur $p + jq$ dans les équations (4) et (5); il viendra, pour U par exemple :

(8) $$[U] = \frac{1}{\frac{1}{R_1} + j\Omega c_1}\{(Ae^{px} - Be^{-px})\cos qx + j(Ae^{px} + Be^{-px})\sin qx\}$$

LOIS FONDAMENTALES DES COURANTS ALTERNATIFS

et pour I :

$$(9)\ [I] = \frac{1}{p+jq}\{(Ae^{px} + Be^{-px})\cos qx + j(Ae^{px} - Be^{-px})\sin qx\}$$

On peut donc calculer U et I en un point de la ligne, quand on aura déterminé A et B.

On voit que l'intensité I et le potentiel se propagent dans le conducteur suivant des ondes périodiques, les unes amorties, les autres amplifiées, la période linéaire étant donnée par

$$X = \frac{2\pi}{q}.$$

En d'autres termes, tous les points situés à la distance X sont dans un même état électrique.

REMARQUE. — Pour avoir les valeurs de I et U en fonction du temps, il suffit de multiplier par $(\cos \Omega t + j \sin \Omega t)$ les expressions [I] et [U] et de ne conserver que les parties réelles.

Détermination des constantes arbitraires A et B. — Deux conditions sont nécessaires.

1ᵉʳ CAS. — On se donne U_{eff} au bornes du récepteur et son impédance

$$[\mathfrak{Z}] = \rho + j\Omega\lambda.$$

Alors, on a en faisant $x = 0$ dans les équations (4) et (5), donnant les valeurs de U et de I :

$$A - B = U_{\text{eff}}\left[\frac{1}{R_1} + j\Omega c_1\right]$$

$$A + B = (p + qj) I_{\text{eff}} = (p + qj)\frac{U_{\text{eff}}}{\rho + j\Omega\lambda}$$

d'où A et B.

2ᵉ CAS. — On se donne

(a), l'impédance du récepteur

$$(\mathfrak{Z}) = \rho + j\Omega\lambda.$$

(b) La tension aux bornes du générateur, soit U'_{eff}.

On aura, pour $x = 0$

$$U'_{\text{eff}} = \frac{A - B}{\frac{1}{R_1} + j\Omega c_1}$$

$$I_{\text{eff}} = \frac{A + B}{p + qj}.$$

Divisons membre à membre, il vient :

$$(a') \qquad \frac{U'_{\text{eff}}}{I_{\text{eff}}} = \frac{A-B}{A+B} \frac{p+qj}{\frac{1}{R_1} + j\Omega c_1} = \rho + j\Omega\lambda.$$

On a donc une première relation entre A et B

Dans l'expression de U, faisons $x = L$; on aura de même :

$$(b') \qquad U'_{\text{eff}} = \frac{1}{R_1} + j\Omega c \begin{cases} (Ae^{pL} - Be^{-pL})\cos qL \\ + j(Ae^{pL} + Be^{-pL})\sin qL \end{cases}$$

d'où A et B.

SEPTIÈME LEÇON

FORCES ÉLECTROMOTRICES D'ALTERNATEURS INDUSTRIELS

FORMES RÉELLES DES FORCES ÉLECTROMOTRICES D'ALTERNATEURS PRODUCTION PRATIQUE DE CES FORCES ÉLECTROMOTRICES

RAPPEL DE NOTIONS PRÉALABLES

Nous avons supposé, au moins pour la commodité des démonstrations, que les f.é.m. d'alternateurs étaient sinusoïdales.

Pratiquement, aujourd'hui, les constructeurs sont assez maîtres des procédés d'établissement des types de leur fabrication pour arriver sensiblement à cette condition, encore que ce résultat ne soit souvent atteint qu'au moyen d'artifices. Pour le faire comprendre par un exemple simple, considérons une machine à un trou par pôle et par phase.

Un conducteur 1 se trouvant dans la position figurée (fig. 256),

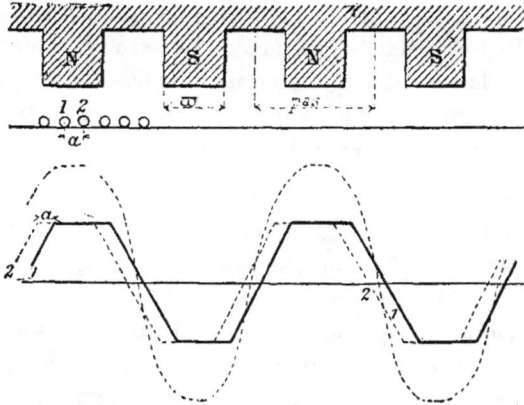

Fig. 256. — Forme pratique d'une courbe d'induction dans l'entrefer (pôles droits).

on doit admettre que dans tout l'entrefer compris entre le pôle et la surface cylindrique Σ, entrefer d'épaisseur constante, l'induction est à peu près constante, sauf sur les bords des pôles où les lignes de force divergent.

La courbe des inductions dans l'entrefer, donc celle des f.é.m.

$$E = \beta L V,$$

présentera des paliers de la largeur approximative d'un pôle, soit ϖ, et des courbes de raccordement. Pour détruire ces paliers et obtenir une courbe ondulée qui se rapproche davantage de la sinusoïde, on emploie la disposition que nous allons indiquer (et que l'on combine du reste avec d'autres artifices). Installons dans un trou voisin du premier (distant de celui-ci de a) un autre conducteur appartenant à la même phase [par exemple enroulement à 6 trous par pôle pour courant monophasé, fig. 257]. La f.é.m. développée dans ce nouveau conducteur, donnée par la même courbe quand on la rapporte aux positions qu'il occupe, est fournie au contraire, quand on la rapporte au temps (c'est-à-dire, sous une autre forme, à la position occupée par le conducteur 1 fonctionnant comme index), par l'ordonnée correspondant au déplacement d'une quantité a à gauche, de ce conducteur, égale à l'écartement de 1-2.

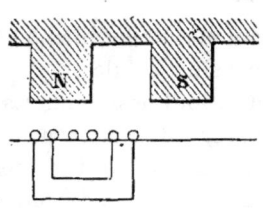

Fig. 257. — Enroulement à 6 trous par pôle (monophasé).

En effet, quand 1 (ou 2) a encore la portion a de palier à décrire, 2 (ou 1) est déjà sur la courbe de raccordement.

Il en résulte immédiatement que, si l'on associe les conducteurs en série, pour la constitution d'une même phase, et la création de la f.é.m. totale, qu'il est facile de construire, on aura un palier de dimensions plus restreintes, soit :

$$\varpi - 2a$$

pour deux conducteurs par pôle mis en série.

La disposition de trois conducteurs en série aurait un effet encore plus marqué.

Bien que cette disposition soit rare (pour la raison indiquée dans nos leçons sur les enroulements[1]), nous aurions, avec trois conducteurs en série par pôle, réduit le palier dans le rapport :

$$\frac{\varpi - 4a}{\varpi}.$$

On peut donc réaliser, par ce procédé, une courbe ondulée qui se rapproche toujours plus ou moins de la sinusoïde.

1. Leçons II et III.

DISPOSITIFS D'ATELIER DESTINÉS A DONNER AUX F.É.M. LA FORME SINUSOIDALE

Nous avons fait allusion à un certain nombre d'artifices d'atelier destinés à entraîner, même dans le cas d'un trou par pôle et par phase, la forme sinusoïdale. En voici un exemple, qu'on retrouvera étudié avec plus de détails dans nos leçons sur la construction des dynamos et alternateurs.

Au lieu de pôles à surface interne cylindrique et parallèle à celle de l'induit, donnons à ces pôles la forme de la figure 258 (surfaces polaires arrondies).

Les lignes de force quittent les pôles avec des inclinaisons diverses, de telle sorte qu'au voisinage des arêtes notamment, si

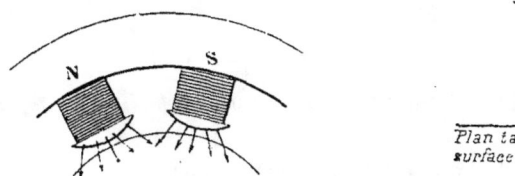

Fig. 258.   Fig. 259.
Dispositif permettant la réalisation d'une courbe d'induction sinusoïdale

α est l'angle moyen fait par les lignes de force avec le plan tangent à la surface de l'induit, l'induction (flux par unité de surface) sera :

$$\mathfrak{B} \cos \alpha,$$

si $\mathfrak{B}$ est l'induction mesurée normalement à un plan tangent au pôle (fig. 259).

L'induction agissant sur le conducteur sera réduite vers les bords.

Une forme convenable donnée à ces pôles permet donc de réaliser une courbe d'induction dans l'entrefer et, par conséquent, dans un conducteur seul, une courbe de force électromotrice se rapprochant beaucoup de la forme sinusoïdale.

DÉTERMINATION DE LA FORME RÉELLE DES F.É.M. D'ALTERNATEURS

Nécessité de la connaissance de cette forme. — Comme nous l'avons indiqué dans la leçon précédente, si la courbe diffère beaucoup de la sinusoïde, le rapport :

$$\frac{E_{max.}}{E_{eff.}}$$

peut être beaucoup plus grand que $\sqrt{2}$, et bien que les appareils dénotent seulement E_{eff}, une f.é.m. maxima E_0 peut exister qui soumette les isolants de l'installation à une épreuve abusive (fig. 260).

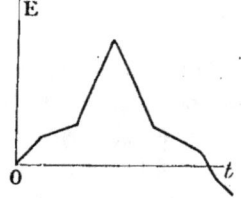

Fig. 260.
Courbe dangereuse de f.é.m.

La connaissance de la courbe de f.é.m. s'impose donc.

Méthode de tracé des f.é.m. — Le problème se pose industriellement de la façon suivante :

Obtenir une représentation de la f.é.m. de l'alternateur.

Les méthodes employées sont nombreuses. Voici les principales :

MÉTHODE ÉLECTROCHIMIQUE (*due à M. le Professeur P. Janet*).

Le principe de cette méthode est le suivant :

Recouvrons le cylindre de la figure 261 d'une feuille de papier enduite d'une solution de $FeCy^6K^4$ et de AzO^3AzH^4 à volumes égaux, et supposons ce cylindre animé d'un mouvement uniforme de vitesse convenable.

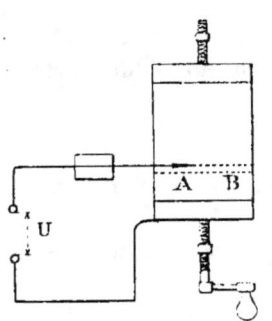

Fig. 261. — Principe de la méthode électrochimique de Janet. Détermination graphique de la fréquence d'une f.é.m. alternative.

Le mélange possède une force contre-électromotrice de polarisation e. Il est placé entre les deux électrodes constituées par un tambour métallique et un style A, respectivement reliés, A à un pôle d'une source alternative d'électricité de tension U, et le tambour B à l'autre pôle ; le courant ne passera à travers la feuille de papier que lorsque la différence de potentiel effective entre entre A et B, soit $U_{AB} - e$, sera plus grande que zéro en valeur absolue, c'est-à-dire pour une partie seulement d'une demi-période.

Cette électrolyse donnera naissance à un trait bleu, correspondant à la décomposition du mélange à l'un des pôles, donc sur la face interne ou sur la face externe, suivant le sens du courant, l'autre pôle ne donnant lieu à aucune altération sensible.

La détermination de la fréquence découle immédiatement de cette remarque (fig. 261).

Pour déterminer la courbe de f.é.m., imaginons maintenant qu'au lieu d'une source d'électricité unique insérée dans le circuit, nous intercalions une batterie d'accumulateurs suivant le schéma ci-dessous (fig. 262) :

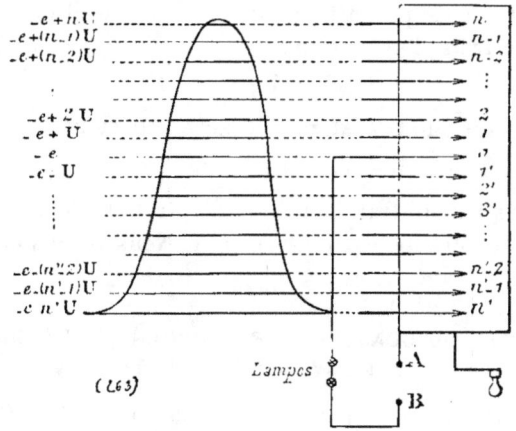

Fig. 262. — Principe de la méthode électrochimique de Janet. Détermination de la forme d'une f.é.m. alternative.

Relions tous les pôles positifs de cette batterie à des **styles** appuyant sur le papier et correctement alignés.

Soit U la f.é.m., ou sensiblement, étant donné leur faible résistance intérieure, la différence de potentiel aux bornes de chacun des accumulateurs.

Soit $2n + 1$ leur nombre. Imaginons que la valeur maxima de la différence de potentiel à étudier soit, pour fixer les idées, inférieure à $(2n + 2)$ U et supérieure à $(2n + 1)$ U.

Fermons enfin le circuit de la batterie, en y disposant une résistance convenable, de façon que le style du milieu soit par exemple connecté au pôle positif de l'élément du milieu, marqué 0. Avec la disposition de la figure ci-dessus, les styles 1, 2, 3..... correspondront à des différences de potentiel résultantes données par :

(1) $\qquad U_{AB} + U - e$
(2) $\qquad U_{AB} + 2U - e$
(3) $\qquad U_{AB} + 3U - e...$ etc.

e représente la f.é.m. due au mélange imprégnant le papier, U_{AB} représente la valeur instantanée de la différence de potentiel à étudier.

Les styles 0, 1', 2', 3' correspondront de même aux différences de potentiel résultantes

(0) $\qquad U_{AB} - e$
(1') $\qquad U_{AB} - U - e$
(2') $\qquad U_{AB} - 2U - e\ldots$ etc.

Supposons tracée à priori la courbe de f.é.m. à étudier. Le style marquera un trait bleu tant que :

$$U_{AB} - nU - e > 0$$

c'est-à-dire, tant que U_{AB}, alors > 0, sera supérieur à

$$U + e\ldots, \quad nU + e\ldots \text{ etc.}$$

Réunissons par un trait continu les extrémités des traits ainsi alignés côte à côte sur le papier sensible. Nous aurons la courbe de f.é.m.

MÉTHODE DITE DU CONJONCTEUR TOURNANT, OU D'INSCRIPTION A MOUVEMENT RALENTI

Soit une différence de potentiel à déterminer U_{AB}. Chargeons, au moyen de celle-ci, un condensateur de capacité C connue, et déchargeons-le dans un balistique. Cet appareil donne, comme on le sait, une déviation proportionnelle à la quantité d'électricité qui l'a traversé. On peut en déduire la valeur de U_{AB}.

Galvanomètre balistique. — Une étude complète de cet appareil a été faite dans la première partie de ce cours (Courants continus).

Nous rappellerons seulement le principe de l'appareil et les résultats obtenus dans cette étude.

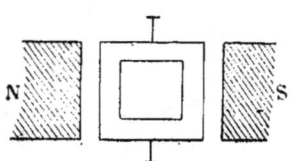

Fig. 263.
Galvanomètre balistique.

Le balistique est un galvanomètre ordinaire, dans lequel on a beaucoup accru le moment d'inertie Σmr^2 de l'équipage mobile (fig. 263).

L'appareil mesure des quantités d'électricité circulant dans un temps très court.

On entend par là que, en vertu de l'inertie de l'instrument, toute mise en jeu de quantité d'électricité est terminée alors que le balistique n'a pas encore commencé à se déplacer.

L'équation de fonctionnement du balistique est donc :

$$Q = h\delta$$

h est une constante, Q, la quantité d'électricité ayant traversé l'appareil, δ, la déviation de cet appareil.

L'étalonnage du balistique (détermination du nombre Q' de coulombs correspondant à une division de l'échelle) se fait suivant le mode indiqué dans l'étude signalée plus haut.

On crée une déviation δ' par la décharge dans le balistique d'une quantité d'électricité connue.

$$Q' = Ce,$$

C, capacité d'un condensateur, e, f.é.m. connue.

On a alors :

$$\frac{Q}{\delta} = \frac{Ce}{\delta'}.$$

Principe de la méthode des conjoncteurs tournants. — Si l'on charge et décharge le condensateur un nombre de fois n par seconde assez considérable, 50 par exemple, et si le galvanomètre est un véritable balistique à grande inertie, tout se passe comme si l'appareil était soumis au courant permanent :

$$I = \frac{nQ}{T} = \frac{nCU}{1_{sec}}$$

$$I = nCU$$

en appelant Q la charge, C et U la capacité et la différence de potentiel du condensateur (fig. 264).

Le balistique fonctionne alors comme un galvanomètre ordi-

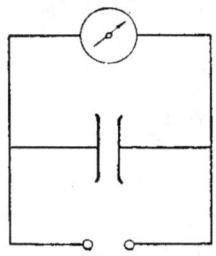
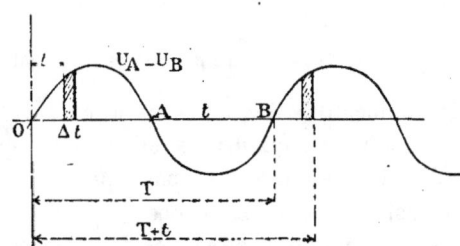

Fig. 264.   Fig. 265.
Principe de la méthode des conjoncteurs tournants.

naire (avec sa constante K de galvanomètre à courant permanent).

On a donc :

$$1 = K\delta = nCU,$$

d'où I et enfin U, quantité cherchée.

Supposons tracée *a priori* la courbe des f.é.m. cherchée en fonction du temps (courbe qui n'est pas nécessairement sinusoïdale).

Soit T la période, et divisons celle-ci, OB, en un certain nombre de parties (pair par exemple), disposition plus commode et plus sûre pour le tracé (fig. 265). Cette f.é.m., ou tension aux bornes $U_A - U_B$, peut être rapportée au potentiel de B pris comme zéro, puisque l'on ne considère que des différences de potentiel saisies à des instants différents de la période : $t_1, t_2, \ldots t_n$. Nous aurons donc des régimes I, I', I'' ... différents du galvanomètre et les f.é.m. correspondantes, d'où le tracé de la courbe par points.

Tracé par points à la main. — On peut évidemment réaliser cette disposition à la main. Nous n'insisterons pas sur ce point.

Méthode galvanométrique de Blondel. — Calons sur l'arbre de l'alternateur un manchon isolé pourvu d'un doigt venant mettre successivement en contact les deux plots a, b, reliés respectivement à U_A et à U_B, avec la portion de circuit comprenant le condensateur (fig. 266).

On voit qu'à chaque période ou tour, correspondra une charge ou une décharge du galvanomètre, et l'établissement d'un courant pseudo-permanent dans celui-ci.

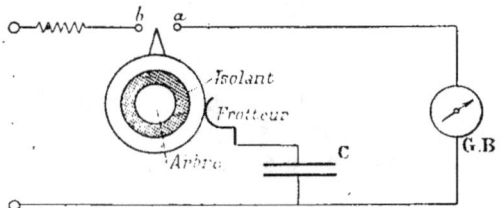

Fig. 266. — Principe de la méthode galvanométrique Blondel.

En déplaçant le doigt à la main, on aura les diverses valeurs de E correspondant aux divers temps de la période.

Si l'alternateur n'était pas bipolaire mais multipolaire, la même disposition pourrait encore se réaliser, mais il faut remarquer que si le nombre de paires de pôles est grand, bien que F soit égal par exemple à 50, N, nombre de tours par seconde, peut être assez faible pour ôter toute précision dans l'emploi du balistique en galvanomètre à courant permanent.

Il est préférable de s'arranger de façon à avoir toujours un tour par période, par exemple, en prenant autant de doigts que de paires de pôles.

Méthode électrométrique (Joubert). — Imaginons un électromètre ordinaire à deux paires de quadrants et à aiguille mobile. On sait que si l'on appelle U_1 et U_2 les potentiels des deux paires de quadrants connectés en croix, U le potentiel de l'aiguille, la déviation d'un tel appareil est donnée par :

$$\alpha = K\,[U_1 - U_2]\left[U - \frac{U_1 + U_2}{2}\right]$$

K étant une constante.

Relions le point B au pôle milieu d'une série de n piles, chacune de f.é.m. e. Joignons A au manchon porteur du doigt de contact et monté en bout d'arbre (fig. 267).

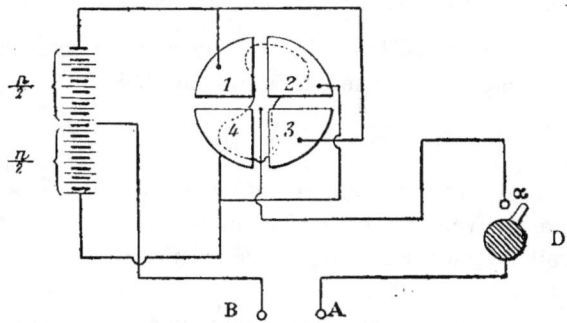

Fig. 267. — Principe de la méthode électrométrique Joubert.

Quand le contact aura lieu en Dα, l'aiguille prendra le potentiel de A. Relions également les deux paires de quadrants aux pôles + et — de la batterie de piles. Nous aurons alors :

$$U_1 = U_3 = U_B + \frac{E}{2}$$

$$U_1 = U_2 = U_B - \frac{E}{2}$$

avec :
$$E = ne,$$

d'où, en portant dans la formule d'équilibre, et après simplification, l'expression :

$$\alpha = KE\,[U_A - U_B].$$

En déplaçant à la main le doigt D, on aura les diverses valeurs de la f.é.m. ou différence de potentiel aux bornes $U_A - U_B$, par la lecture de l'électromètre.

Tracés automatiques continus. — Le principe de ces nouveaux appareils, dérivant immédiatement des précédents, consistera dans la substitution, au déplacement à la main du doigt de contact, d'un déplacement réglé par le mouvement même de l'alternateur.

Imaginons que, sur le tracé de la f.é.m., établi pour un certain nombre de périodes, le point correspondant à la mise en contact

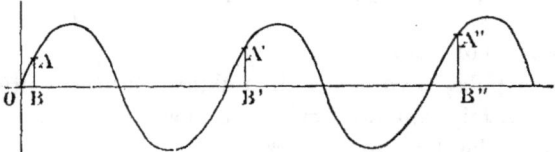

Fig. 268. — Principe d'un tracé automatique continu d'une courbe de f.é.m.

du doigt et des circuits se déplace avec une vitesse angulaire ω proportionnelle à la pulsation Ω, soit (fig. 268) :

$$\omega = \frac{\Omega}{n}.$$

Nous mesurerons successivement aux appareils AB, A'B', A"B" ... et, si le mouvement est suffisamment ralenti, un style relié à l'appareil de mesure pourra tracer, sur une feuille *ad hoc*, les points A, A', A", etc...

Le mouvement du doigt est obtenu par un moteur synchrone, bipolaire par exemple, ou quadripolaire, c'est-à-dire ayant une vitesse rigoureusement égale à la pulsation du courant à étudier, ou à la moitié de cette quantité, ou en général à un sous-multiple d'ordre plus élevé de celle-ci.

Une réduction de vitesse souvent employée est de $\frac{1}{1.000}$ au moins.

En résumé, ces appareils (galvanomètres enregistreurs Carpentier, ondographe Hospitalier, etc.) comprennent, tous, les organes suivants :

1° Le commutateur ou conjoncteur tournant, dont le rôle a été défini plus haut, commandé par le train d'engrenages, de réduction connue et convenable par rapport à Ω ;

2° Le galvanomètre apériodique ;

3° Le cylindre enregistreur, sur lequel une plume trace, à l'encre, la courbe à obtenir ;

4° Le moteur à mouvement synchronisé par la source à étudier.

La fréquence du courant est de $\frac{1}{T}$ périodes par seconde ; T' étant

FORCES ÉLECTROMOTRICES D'ALTERNATEURS INDUSTRIELS

celle du mouvement ralenti, le nombre de périodes qui défileront par seconde devant l'observateur ou le style est :

$$\frac{1}{T} - \frac{1}{T'}$$

si le style se déplace dans le sens où s'inscrivent les f.é.m. sur le cylindre, ou :

$$\frac{1}{T} + \frac{1}{T'}$$

si les déplacements s'effectuent en sens contraire.

Dans l'ondographe Hospitalier, le cylindre enregistreur fait un tour pour 3.000 périodes.

Il recevra donc l'inscription de 3 périodes. Si l'on ne change pas la feuille de papier, il y aura superposition de la quatrième à la première, au moins si le régime se maintient (indice de bon fonctionnement).

Dans le galvanomètre enregistreur Carpentier, on emploie la

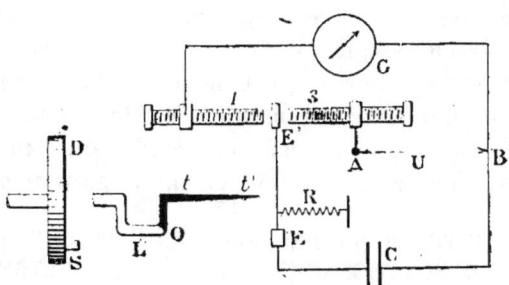

Fig. 269. — Galvanomètre enregistreur Carpentier pour tracé de f.é.m. alternative

disposition suivante pour la charge et la décharge du condensateur.

Un disque D, muni d'une saillie S, tourne d'une façon telle qu'il fait un tour par période, grâce à l'entraînement qui lui est communiqué par un moteur synchronisé avec la source à étudier.

Quand S vient buter contre le levier L, celui-ci, tournant autour de O, agit sur le ressort R au moyen de la barre de transmission EE' et, dès que la saillie a dépassé le levier, le ressort R interrompt le contact avec 1, mais l'établit avec 3.

MÉTHODES RHÉOGRAPHIQUES DIRECTES, OU D'INSCRIPTION IMMÉDIATE

Principe. — La méthode suppose simplement l'emploi d'un galvanomètre dans lequel les conditions réalisées seraient telles que, une fois vaincues les difficultés de son rôle, ici tout spécial, l'appareil se préterait avec une absolue docilité à la mesure du courant; le galvanomètre donnerait à chaque instant une élongation algébriquement proportionnelle à la valeur instantanée du courant qui le traverse.

La compréhension du mode de constitution de ces appareils spéciaux nécessite une étude théorique préalable.

Dans celle que nous avons faite du galvanomètre ordinaire, nous avons supposé le régime permanent établi

$$I = K\delta$$

sans nous préoccuper autrement des conditions dynamiques et cinématiques dans lesquelles cette déviation a été obtenue[1].

Dans le peu que nous avons, au cours de ces leçons, rappelé du rôle du balistique, nous nous sommes contentés de signaler cette propriété caractéristique que la déviation de l'appareil était, pour les décharges d'une durée courte par rapport à sa période d'oscillation, proportionnelle à la quantité d'électricité mise en jeu.

Nous allons faire maintenant une étude, alors nécessaire, des conditions générales de fonctionnement du galvanomètre.

ÉTUDE THÉORIQUE DES CONDITIONS MATHÉMATIQUES DE FONCTIONNEMENT DES GALVANOMÈTRES

Equation du mouvement du cadre sous l'action du couple déviant GI. — Le cadre d'un galvanomètre oscille, comme on sait, sous l'influence d'une force GI proportionnelle au courant à mesurer, G étant une constante convenable.

Or, α étant l'angle d'écart de l'équipage,

$$A \frac{d\alpha}{dt}$$

peut représenter le moment d'amortissement, c'est-à-dire la somme du couple produit par la résistance de l'air :

$$A'' \frac{d\alpha}{dt}$$

---

[1]. Voir, pour l'étude plus complète du fonctionnement du galvanomètre, *Cours municipal*, première partie, courants continus, leçons II, page 20, et VII, page 93.

et du couple créé par les courants induits (déplacement du cadre en circuit fermé dans son champ). Ces courants étant proportionnels (comme la f.é.m. qui les produit) à la vitesse, la puissance consommée correspondante est, pour ceux-ci, de la forme :

$$A' \left(\frac{d\alpha}{dt}\right)^2$$

d'où la forme du couple d'amortissement :

$$(A' + A'') \frac{d\alpha}{dt} = A \frac{d\alpha}{dt}$$

$C_0 \alpha$ représente le couple de torsion, et enfin $K \dfrac{d^2\alpha}{dt^2}$, le couple bien connu d'accélération angulaire, K étant le moment d'inertie de l'équipage mobile. Nous avons l'égalité classique :

$$C_m = GI = K \frac{d^2\alpha}{dt^2} + A \frac{d\alpha}{dt} + C_0 \alpha. \qquad (1)$$

Etude du mouvement
du galvanomètre dévié de sa position d'équilibre
quand la cause agissante a cessé.

En d'autres termes, nous allons étudier le retour à zéro d'un galvanomètre ordinaire, ou d'un balistique, après l'élongation maxima. Alors :

$$GI = 0.$$

1° *Soit A nul d'abord, c'est-à-dire l'amortissement très faible ou théoriquement nul. Mouvement pendulaire simple ou non amorti.*

Alors l'équation (1) devient :

$$K \frac{d^2\alpha}{dt^2} + C_0 \alpha = 0,$$

et la solution générale est de la forme :

$$\alpha = a \sin\left(t \sqrt{\frac{C_0}{K}} - \varphi\right)$$

a et φ sont des constantes à déterminer par les conditions initiales qui sont les suivantes :

α, pour $t = 0$, a la valeur α_0

$\dfrac{d\alpha}{dt}$, pour le temps 0, a la valeur $\left(\dfrac{d\alpha}{dt}\right)_0$ ou ω_0.

Les deux équations, où l'on fait $t = 0$:

$$\alpha_0 = a \sin\left(t\sqrt{\frac{C_0}{K}} - \varphi\right)$$

$$\omega_0 = a\sqrt{\frac{C_0}{K}} \cos\left(t\sqrt{\frac{C_0}{K}} - \varphi\right)$$

définissent pleinement a et φ.

Période du mouvement. — Donnons à t la valeur $t + T$, l'angle $t\sqrt{\frac{C_0}{K}} - \varphi$ doit être accru de 2π. Donc

$$(t + T)\left(\sqrt{\frac{C_0}{K}}\right) - \varphi = t\sqrt{\frac{C_0}{K}} - \varphi = 2\pi,$$

d'où :

$$T = 2\pi\sqrt{\frac{K}{C_0}}.$$

Telle est la loi du mouvement. Les élongations maxima seront toujours égales à α_0 et séparées dans chaque sens par le temps

$$T = 2\pi\sqrt{\frac{K}{C_0}}.$$

Ce mouvement (purement théorique), dit pendulaire simple ou non amorti, est donc indéfini comme durée.

2° *Mouvement pendulaire amorti* : $A \neq 0$

La solution α est de la forme connue :

$$\alpha = a'e^{r't} + a''e^{r''t}$$

r', r'' étant racines de l'équation caractéristique :

$$Kr^2 + Ar + C_0 = 0.$$

Si

$A^2 - 4KC_0 > 0$, racines réelles et inégales
$A^2 - 4KC_0 = 0$, racines réelles et égales
$A^2 - 4KC_0 < 0$, racines imaginaires.

Posons :

$$b = \frac{A}{2K}, \quad b' = \frac{1}{2K}\sqrt{A^2 - 4KC_0}.$$

1er Cas. — $A^2 - 4KC_0 > 0$.

Racines réelles et inégales. Mouvement dit apériodique. Les racines sont de la forme :
$$r' = -b + b'$$
$$r'' = -b - b'.$$

D'où la solution générale,
$$\alpha = a'e^{(-b+b')t} + a''e^{(-b-b')t} = \alpha' + \alpha''$$

et enfin :
$$\alpha = e^{-bt}[a'e^{b't} + a''e^{-b't}].$$

Les deux fonctions α' et α'' sont toutes deux représentées par des exponentielles négatives du temps, même α', car $b' < b$.

La représentation des courbes est donc celle ci-dessous (fig. 270).

Les constantes a' et a'' ont encore été déterminées par les conditions aux limites

α_0, au temps 0

$\left(\dfrac{d\alpha}{dt}\right)_0$ ou ω_0, au temps 0.

Le galvanomètre reprend sa position d'équilibre au bout d'un

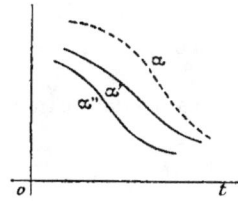 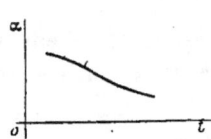

Fig. 270. — Racines réelles et inégales.   Fig. 271. — Racines réelles et égales.
Représentation graphique du retour au 0 du cadre d'un galvanomètre très amorti.

temps théoriquement infini, pratiquement fini, mais sans oscillations.

2e Cas. — $A^2 - 4KC_0 = 0$

La solution générale est :
$$\alpha = e^{-bt}(a' + a'').$$

Cas limite, courbe infléchie, mais encore apériodique.

$$A = 2\sqrt{KC_0}$$

s'appelle le coefficient d'amortissement critique (fig. 271).

3° Cas. — $A^2 - 4KC_0 < 0$.

L'amortissement décroissant au-dessous de la valeur précédente, le mouvement devient périodique, mais amorti ; en d'autres termes, si α passe par des maxima et des minima séparés par des temps égaux, ceux-ci décroissent constamment en valeur absolue.

Posons :
$$b' = \sqrt{-1}\, B$$
$$B = \frac{\sqrt{4KC_0 - A^2}}{2K}.$$

On a :
$$\alpha = e^{-bt}\, a'e\left[\sqrt{-1}\,Bt + a''e^{-\sqrt{-1}\,Bt}\right].$$

Or, on sait que :
$$\cos Bt = \frac{e^{\sqrt{-1}\,Bt} + e^{-\sqrt{-1}\,Bt}}{2}$$
$$\sin Bt = \frac{e^{\sqrt{-1}\,Bt} + e^{-\sqrt{-1}\,Bt}}{2\sqrt{-1}}.$$

En désignant par A' et A'' deux nouvelles constantes faciles à former, parties réelles d'imaginaires conjuguées, comme a' et a'' du reste dans ce cas, on aura :
$$\alpha = e^{-bt}\,(A'\cos Bt + A''\sin Bt).$$

puisque α est essentiellement réel. L'angle α est à chaque instant la somme des deux courbes sinusoïdales :
$$\alpha' = e^{-bt}\, A'\cos Bt$$
$$\alpha'' = e^{-bt}\, A''\sin Bt.$$

A' et A'' étant définies par les conditions aux limites
$$\alpha_0 \quad \text{et} \quad \omega_0 = \left(\frac{d\alpha}{dt}\right)_0, \text{ pour } t = 0$$

Soit en particulier, pour $t = 0$, α maximum. Alors :
$$A' = \alpha_{\max}$$
$$A'' = 0$$

car la vitesse angulaire initiale ω_0 est déterminée par :
$$\left(\frac{d\alpha}{dt}\right)_0 = -A'B\,(\sin Bt)_{t=0} + A''B\,(\cos Bt)_{t=0}.$$

Elle est nulle, comme on sait (car α est maximum) :

Même raisonnement, si l'on fait $\alpha = 0$ pour $t = 0$. Prenons la forme suivante, simple (fig. 272) à laquelle on peut toujours ramener α :
$$\alpha = e^{-bt} A' \cos B t.$$

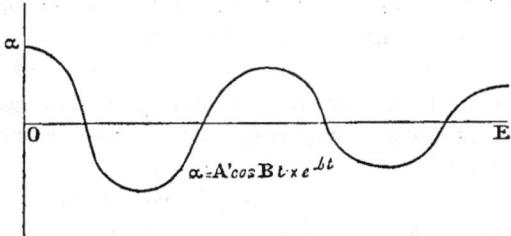

Fig. 272. — Représentation graphique du retour au 0 d'un galvanomètre peu amorti. Sinusoïde amortie.

Le rapport des amplitudes de deux points homologues de deux périodes consécutives de la sinusoïde amortie est :
$$\frac{\alpha_{n+1}}{\alpha_n} = \frac{e^{-b(T+t)}}{e^{-bt}} = e^{-bT}$$
$$bT = \frac{AT}{2K}$$

est dit le « décrément logarithmique » de la fonction amortie.

Valeur de la période. — Elle est donnée par :
$$T = \frac{2\pi}{B}$$
$$T = \frac{2\pi}{\sqrt{\dfrac{04KC_0 - A^2}{2K}}} = 2\pi \frac{2K}{\sqrt{4C_0K - A^2}}.$$

PROBLÈME. — Au bout de quel temps t une élongation est-elle devenue le $1/n^e$ d'une élongation donnée, pour un point homologue ?

La solution est donnée par l'équation :
$$e^{-bt} = \frac{1}{n}$$
$$e^{bt} = n$$

d'où
$$t = \frac{1}{b} \log n.$$

Enfin $\dfrac{t}{T}$ doit être entier pour représenter le nombre de périodes intercalaires.

Mesure des périodes, moments d'inertie, couples de torsion par unité d'angle C_0, et décréments dans le mouvement pendulaire amorti.

Mesure de la période. — *Principe.* — Compter les temps qui s'écoulent entre deux passages au zéro. [Avec les oscillations lentes, ne pas choisir les élongations maxima, car la vitesse est nulle en ces points, et c'est là une source d'erreur. Avec des oscillations rapides, on peut prendre les passages aux maxima, car ceux au zéro sont trop rapides.]

On détermine d'abord une valeur approchée t de la période et on laisse l'expérience marcher pendant un temps θ. On note l'instant du passage au zéro.

Si τ était la durée exacte d'une oscillation, le rapport

$$\frac{\theta}{\tau}$$

serait le nombre d'oscillations ; τ n'est pas connu en général avec précision. Appelons n le nombre entier le plus voisin de $\frac{\theta}{\tau}$, alors :

$$\frac{\theta}{n} = \tau_1$$

sera une valeur de la période plus approchée que la précédente. Soit $[\tau \pm \varepsilon]$ la véritable durée d'une période et N le nombre d'oscillations pendant le temps θ; on aura :

$$N\tau \pm N\varepsilon = \theta$$
$$N[\tau \pm \varepsilon] = \theta$$
$$\frac{\theta}{\tau} = N \pm \frac{N\varepsilon}{\tau}.$$

Pour qu'il n'y ait pas d'erreur d'une unité sur le nombre des oscillations, il faut que :

$$\frac{N\varepsilon}{\tau} < 0,5$$

en valeur absolue.

Telle est la condition à laquelle on aura à s'astreindre dans l'application de la méthode précitée.

Application. — Soient un laps de temps de 10 secondes dépensé par oscillation.

L'instant du passage peut être déterminé au 1/5 de seconde près.

Chaque durée d'oscillation sera connue au 1/50 près.
On aura donc :

$$\varepsilon = \frac{1}{50} \text{ de seconde.}$$

Or, la condition :

$$\frac{N\varepsilon}{\tau} < 0,5$$

devient ici :

$$\frac{N}{50 \times 10} < 0,5$$

$$N < 250.$$

Pour qu'il n'y ait pas d'erreur d'une unité sur le nombre des oscillations, il faudrait donc que

$$N < 250$$

ou que θ, temps pendant lequel l'expérience a fonctionné, fût inférieur à 2 500 secondes.

Mesure du décrément logarithmique. — Il suffit de déterminer le rapport des deux élongations de même sens de rang connu, soit :

$$\frac{\alpha_n}{\alpha_{n+m}} = e^{-mbT}$$

Connaissant m, on aura le décrément : bT.

Mesure du moment d'inertie K. — Nous avons trouvé la relation :

(1) $$\frac{2\pi}{T} = \frac{\sqrt{4KC_0 - A^2}}{2K} = B.$$

Tenons compte de cette autre :

(2) $$b = \frac{A}{2K} = \frac{2\lambda}{T}.$$

Posons, ce que l'on fait souvent :

$$2\lambda = bT,$$

de telle sorte que le rapport de deux élongations maxima successives, séparées par une demi-période, est donné par : $e^{-\lambda}$.

La relation (1) devient :

(3) $$K = \frac{T^2 C_0}{4[\pi^2 + \lambda^2 C_0]}.$$

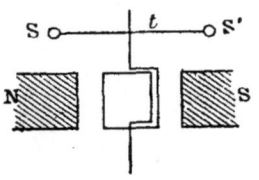

Fig. 273. — Transformation d'un galvanomètre ordinaire en balistique.

Ajoutons à l'équipage mobile du galvanomètre un corps de moment d'inertie connu K (disque plat, système constitué par deux sphères SS' réunies par une tige l d'épaisseur négligeable, fig. 273).

On aura une nouvelle durée d'oscillation T_1 et un nouveau décrément b_1, d'où une nouvelle valeur λ_1, que l'on peut déterminer comme plus haut.

L'équation nouvelle :

(3') $$K\left[1 + \frac{K_1}{K}\right] = \frac{T_1^2 C_0}{4[\pi^2 + \lambda_1^2 C_0]}$$

combinée avec (3), donne, après division membre à membre :

$$1 + \frac{K_1}{K} = \frac{T_1^2 [\pi^2 + \lambda^2 C_0]}{T^2 [\pi^2 + \lambda_1^2 C_0]}$$

qui peut s'écrire :

$$\frac{K_1}{K} = \frac{1}{\dfrac{T_1^2(\pi^2 + \lambda^2 C_0)}{T^2(\pi^2 + \lambda_1^2 C_0)} - 1}.$$

On aura donc le moment d'inertie cherché K.

Mesure de C_0, couple de torsion par unité d'angle. — On l'a immédiatement d'après (3), connaissant K :

$$K = T^2 \frac{C_0}{4(\pi^2 + \lambda^2 C_0)}.$$

d'où :

$$C_0 = \frac{4\pi^2 K}{T^2 - 4\lambda^2 K} = \frac{\pi^2}{\dfrac{T^2}{4K} - \lambda^2}.$$

ETUDE DU MOUVEMENT DU GALVANOMÈTRE DANS LE CAS LE PLUS GÉNÉRAL

Couple déviant C_m de période différente de celle de l'oscillation du galvanomètre. — Extinction ou renforcement des amplitudes de vibrations propres de celui-ci.

La formule du mouvement est évidemment la suivante :

$$K\frac{d^2\alpha}{dt^2} + A\frac{d\alpha}{dt} + C_0\alpha = C_m.$$

La période propre du galvanomètre est donnée par :

$$T = 2\pi\frac{2K}{\sqrt{4KC_0 - A^2}}$$

dans le cas du mouvement pendulaire amorti.

Si nous prenons un couple déviant ou moteur :

$$C_m = \Gamma \sin\Omega t$$

de période différente :

$$T' = \frac{T}{a} = \frac{2\pi}{\Omega}, \text{ avec } a \neq 1,$$

l'oscillation pendulaire α, sous cette influence, va être *forcée :* le galvanomètre n'oscillera plus suivant sa période *propre*.

Nous n'entrerons pas dans le détail du calcul, au fond très simple, mais nous nous bornerons à l'étude d'un cas particulier[1].

Cas particulier. — Posons pour simplifier

$$K = C_0 = \Gamma = 1.$$

Tel serait un système dans lequel le moment d'inertie serait égal à l'unité, ainsi que le couple de torsion par unité d'angle, et l'amplitude du couple déviant périodique [de période T']

L'équation générale devient :

$$\frac{d^2\alpha}{d^2t} + \Lambda\frac{d\alpha}{dt} + \alpha = \sin\Omega t = \sin\frac{2\pi at}{T}$$

Λ étant proportionnel au coefficient A d'amortissement.

Considérons la solution périodique en α qui correspond à chaque valeur de a (fig. 274).

Portons l'amplitude de celle-ci, soit α_{max}, en ordonnées, et a en abcisses.

La résonnance, ou amplification des ordonnées, se produit au voisinage de $a = 1$, mais pour les hypothèses numériques faites, il

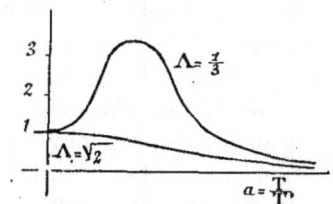

Fig. 274. — Condition de résonnance d'un galvanomètre (confusion de la période propre avec la période contrainte).

---

1. L'étude complète de ce problème mathématique est donnée dans nos *Leçons sur la Télégraphie sans fil*, à l'Institut électrotechnique.

n'y a résonnance que si le degré d'amortissement Λ est inférieur à $\sqrt{2}$, par **exemple** pour $\Lambda = \dfrac{1}{3}$, comme dans la courbe figurée.

Au contraire, pour **un degré** d'amortissement supérieur à $\Lambda = \sqrt{2}$, la courbe descend cons**tamment,** et il y a extinction des vibrations.

Application de la théorie précédente.
A. OSCILLOGRAPHES BLONDEL.

Dans la réalisation de ces appareils, on s'arrange de telle sorte que les quantités

$$A \frac{d\alpha}{dt} \quad \text{et} \quad K \frac{d^2\alpha}{dt^2}$$

de l'équation générale du mouvement galvanométrique

$$GI = C_m = C_0 \alpha + A \frac{d\alpha}{dt} + K \frac{d^2\alpha}{dt^2}$$

soient négligeables devant $C_0 \alpha$ et GI, au moins en valeurs maxima ou efficaces, puisque celles-ci s'annulent périodiquement, en ce qui concerne les valeurs moyennes et instantanées.

En d'autres termes, le moment d'inertie K doit être faible devant C_0, donc les oscillations propres ou libres du galvanomètre, à supposer qu'il fût dénué d'amortissement, devraient être rapides[1].

Le facteur d'amortissement A doit de même être peu intense, en ce qui concerne les oscillations lentes imposées au galvanomètre, mais aussi suffisamment énergique pour étouffer les oscillations propres du galvanomètre en un temps très court, ces oscillations tendant à réapparaître à chaque discontinuité du courant.

L'appareil est un véritable galvanomètre électromagnétique, l'équipage mobile étant constitué par une lamelle de fer doux se déplaçant dans un champ magnétique intense, fourni par un électro-aimant N S à pièces polaires cisaillées et excité par un courant dû à la différence de potentiel alternative à étudier (fig. 275).

L'amortissement convenable est obtenu en noyant la lamelle dans un liquide visqueux (huile).

La rapidité des oscillations propres de la lame peut atteindre 2.000 alternances par seconde.

Le point délicat est, dans cet appareil, comme on le comprend

---

1. En vertu de la formule $T = 2\pi \sqrt{\dfrac{K}{C_0}}$ (voir page 198).

aisément d'après la théorie précédente, le réglage de l'amortissement. Trop faible, celui-ci entraîne la résonance et l'amplification de l'amplitude pour les vibrations ayant même période que le galvanomètre. Trop fort, il éteint les vibrations rapides.

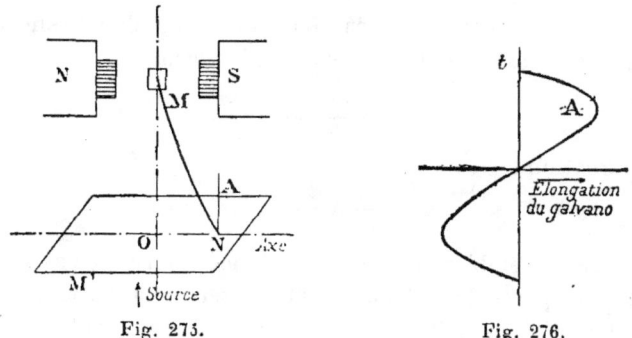

Fig. 275.   Fig. 276.

Principe de l'oscillographe Blondel.

L'équipage mobile porte un petit miroir M qu'on éclaire par un rayon perpendiculaire au plan de la figure, c'est-à-dire à la position moyenne de l'équipage. Le miroir tournant sous l'action de la force proportionnelle au champ, le rayon lumineux réfléchi se déplace, et, si on le reçoit sur un miroir M', ON peut mesurer la valeur du courant qui actionne l'appareil à ce moment (fig. 275).

Donnons un mouvement oscillatoire au miroir M', autour d'un axe parallèle au plan de la figure, avec une fréquence égale à la différence de potentiel à étudier. On obtient, en projetant le rayon réfléchi par M' sur un écran, le tracé même de la courbe représentative de cette différence de potentiel, car le point lumineux N se déplace, d'une part en abcisses proportionnellement au temps, et, d'autre part en ordonnées proportionnellement à la différence de potentiel mise en jeu. On a ainsi sur un écran la courbe A (fig. 276).

Avec une disposition expérimentale convenable, mais très simple, l'oscillographe peut projeter également la forme du courant passant dans un circuit soumis à une différence de potentiel alternative.

L'amplitude du courant décroît et son décalage par rapport à la tension croît, quand on augmente la self-induction en insérant, par exemple, un noyau en fer dans une bobine de self mise sur le circuit.

On peut vérifier de même l'existence, quand on introduit une

-capacité dans le circuit, d'un décalage du courant en avant de la tension, au moins quand cette capacité atteint une certaine valeur (fait annoncé théoriquement[1]).

B. — RHÉOGRAPHES [ABRAHAM].

Dans cette catégorie d'appareils, loin de chercher à rendre négligeables (comme dans les précédents) les termes

$$K\frac{d^2\alpha}{dt^2} \text{ et } A\frac{d\alpha}{dt}$$

de l'équation :

$$K\frac{d^2\alpha}{dt^2} + A\frac{d\alpha}{dt} + C_0\alpha = GI,$$

on cherche à établir une correspondance déterminée entre le courant i qui passe dans l'appareil et qui sert à la mesure, et le courant I à étudier, celui-ci pouvant provenir naturellement d'une f.é.m. connue ou non.

On cherche en un mot à réaliser la relation idéale :

$$\alpha = aI \qquad a = c^{te}.$$

On aurait alors, si cette condition était réalisée,

$$K\frac{d^2I}{dt^2} + A\frac{dI}{dt} + C_0I = \frac{1}{a}GI.$$

Partant de cette équation, si nous composons le courant i qui traverse le galvanomètre de trois éléments respectivement proportionnels aux quantités

$$K\frac{d^2I}{dt^2}, \quad A\frac{dI}{dt}, \quad C_0I$$

il y aura, à chaque instant, proportionnalité entre α et I. Pour cela on peut, au moins schématiquement, opérer de la façon suivante :

Entre deux bornes A et B, faisons circuler dans le premier circuit, ou inducteur, d'un noyau garni de deux enroulements (transformateurs, fig. 277) le courant I. Nous récoltons dans le second une f.é.m., et si la self-induction est pratiquement négligeable dans celui-ci, un courant proportionnel à $\frac{dI}{dt}$. Actionnons par ce courant un second transformateur de même nature. Le courant qui prendra naissance dans le circuit induit de celui-ci sera proportionnel à $\frac{d^2I}{dt^2}$.

---

[1]. Voir leçon VII, page 166.

De même dans le transformateur à deux enroulements (1'), nous pourrons développer dans les bobines induites un courant proportionnel à $\frac{dI}{dt}$.

Enfin, faisons passer dans le galvanomètre G le courant I (ou une dérivation, de proportionalité connue, de celui-ci).

Si nous effectuons les connexions de la figure 277, on verra aisément que, une fois réalisées des constantes instrumentales telles que les trois courants ainsi produits aient des amplitudes maxima respectivement proportionnelles à K, A, C_0, le courant i qui passera dans le galvanomètre sera donné par une somme déterminée de la forme :

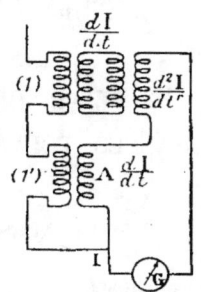

Fig. 277. — Constitution schématique d'un rhéographe.

$$K \frac{d^2I}{dt^2} + A \frac{dI}{dt} + C_0 I.$$

L'égalité annoncée, $\alpha = aI$, est donc réalisée.

Tel est, grossièrement esquissé, le principe du très curieux appareil de M. Abraham. Le cadre étroit de ce cours nous interdit d'entrer plus avant dans l'étude, au moins captivante, des détails de sa construction.

HUITIÈME LEÇON

MESURE DE LA PUISSANCE MISE EN JEU DANS LES CIRCUITS PARCOURUS PAR DES COURANTS ALTERNATIFS

PUISSANCES POLYPHASÉES — PUISSANCES ALTERNATIVES

CONSIDÉRATIONS GÉNÉRALES

PUISSANCES FOURNIES A UN CIRCUIT INDUCTIF

Hypothèses. — Supposons encore, pour simplifier, le circuit étudié ne contenant qu'une self-induction et une résistance, pas de capacité. Les conclusions seraient les mêmes dans le cas où il en contiendrait : il suffirait de remplacer seulement dans les formules

$$K = \mathcal{L}\Omega \quad \text{par} \quad K = \mathcal{L}\Omega - \frac{1}{\Omega C}.$$

Situation relative du courant et de la tension aux bornes. — En supposant la tension sinusoïdale, il est facile de voir que l'intensité le sera aussi[1].

La courbe

$$I = I_0 \sin(\Omega t - \varphi)$$

représentant celle-ci sera décalée en arrière d'un certain angle φ par rapport à celle de la tension (fig. 278).

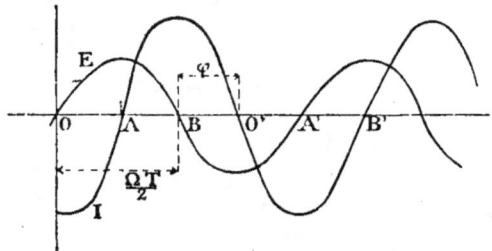

Fig. 278. — Représentations simultanées de la tension et de l'intensité fournies à un réseau.

[1]. A la réserve près de l'existence de fer dans le circuit. On admet industriellement que, même dans ce cas, l'intensité est représentée par une fonction sinusoïdale. Il en résulte la substitution d'une valeur moyenne convenable de μ à la valeur essentiellement variable avec le temps que doit posséder cet élément.

MESURE DE LA PUISSANCE MISE EN JEU DANS LES CIRCUITS

L'angle φ peut s'évaluer en degrés, si l'on convient de prendre pour abscisses les angles $\alpha = \Omega t$ parcourus par le point figuratif, extrémité du vecteur fermant le triangle rectangle du diagramme circulaire.

On voit sur la figure que dans l'intervalle OA, E et I sont de sens contraire. En d'autres termes, I circule en sens contraire du courant que tendrait à provoquer la tension alternative U, si, à un moment donné, on fixait sa valeur par l'ordonnée correspondante.

L'alternateur joue donc le rôle de récepteur pendant le temps correspondant au parcours de l'arc φ. De A à B, c'est l'inverse : l'alternateur distribue de la puissance au réseau. Il fonctionne réellement comme générateur.

Les mêmes faits se reproduisent dans la seconde demi-période. L'angle φ, écart des deux courbes, s'appelle décalage. Il n'est le même pour les zéros, les maxima et les minima qu'à une seule condition : c'est que les deux courbes soient semblables, en particulier sinusoïdales. Cette remarque est, comme on le verra bientôt, fort importante.

Puissance fournie par l'alternateur au réseau. — La puissance instantanée est évidemment donnée par UI, produit des valeurs instantanées de la tension et de l'intensité.

Elle est positive ou négative, suivant la région choisie, AB ou OA, de la période.

Détermination graphique. — Sa valeur moyenne peut être construite graphiquement. Pour une demi-période, traçons une courbe dont les ordonnées soient en valeur absolue égales au produit UI, et positives si UI > 0, ou négatives si UI < 0 (fig. 279).

Le travail fourni par le générateur est donné, pendant une demi-période, par la différence des aires :

2 — 1.

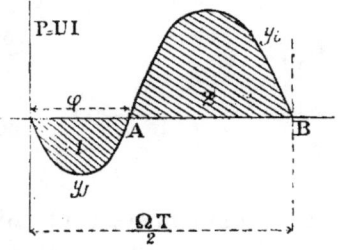

Fig. 279. — Représentation en fonction du temps de la puissance alternative fournie à un réseau.

La puissance moyenne est l'ordonnée moyenne de cette quantité [hauteur du rectangle de même surface et de même base $\frac{\Omega T}{2}$].

On a :
$$y_{2moy} = \frac{\sum_A^B y_i \Omega \Delta t}{\Omega \frac{T}{2}}$$

les ordonnées de O à A étant nulles,
$$y_{1moy} = \frac{\sum_0^A y_j \Omega \Delta t}{\Omega \frac{T}{2}}$$

les ordonnées de A à B étant nulles.

Il en résulte :
$$y_{moy} = y_{2moy} - y_{1moy}$$

d'où la puissance moyenne cherchée.

Pour déterminer ainsi graphiquement P_{moy}, il suffit de pouvoir construire les deux sinusoïdes U et I, et de connaître leur décalage.

Valeur algébrique de P_{moy}. — On voit que :
$$P_{moy} = \frac{1}{\frac{T}{2}} \int_0^{\frac{T}{2}} UI\, dt = \frac{1}{\frac{T}{2}} \int_0^{\frac{T}{2}} U_0 I_0 \sin \Omega t \sin(\Omega t - \varphi)\, dt.$$

Cette intégrale se ramène aux trois suivantes :
$$\int_0^T \frac{\sin 2\Omega t \sin \varphi}{2}\, dt$$
$$\int_0^T \frac{\cos 2\Omega t \cos \varphi}{2}\, dt$$
$$\int_0^T \frac{\cos \varphi}{2}\, dt.$$

Les deux premières sont nulles. La troisième a pour valeur $\frac{T}{4}$, d'où :
$$P_{moy} = \frac{U_0 I_0}{\frac{T}{2}} \frac{T}{4} \cos \varphi = \frac{U_0 I_0}{2} \cos \varphi.$$

Il est évidemment indifférent de prendre l'intégrale par rapport à une période ou une demi-période.

Relation entre P_{moy} et les quantités U_{eff}, I_{eff} et φ. Puissances vraies et apparentes. — On a, d'après ce que nous avons vu :

$$P_{moy} = \frac{U_0 I_0}{2} \cos\varphi = U_{eff}\, I_{eff} \cos\varphi,$$

$\cos\varphi$ représente ici (courbes sinusoïdales) le cosinus de l'angle de décalage du courant sur la tension et s'appelle « facteur de puissance ».

Ainsi donc, en courants alternatifs, en général, la puissance vraie débitée par un générateur est donnée, non par

$$U_{eff}\, I_{eff}$$

comme en courants continus, alors même qu'il serait fait expérimentalement usage par exemple d'appareils thermiques, mais par :

$$U_{eff}\, I_{eff} \cos\varphi,$$

ce dernier facteur étant < 1.

$U_{eff}\, I_{eff}$, déterminée par le produit des lectures aux appareils, s'appelle la *puissance apparente* et s'évalue en volts-ampères [V.A] ou en kilovolts-ampères [K.V.A].

$U_{eff}\, I_{eff} \cos\varphi$ s'appelle puissance vraie [watts ou kilowatts].

Elle suppose, en outre des lectures U_{eff}, I_{eff}, la connaissance de $\cos\varphi$.

Mais elle peut être déterminée directement au moyen d'un appareil appelé wattmètre.

REMARQUE. — Insistons, ce que nous ne saurions trop faire, sur le point suivant :

Bien que la notion du facteur de puissance soit générale, quelle que soit la forme des courbes U et I, si elles sont simplement alternatives et non sinusoïdales, il n'y a plus aucune correspondance à établir entre l'écart des zéros, ou celui des maxima des courbes, et la valeur de ce facteur de puissance, qu'on continue *par généralisation* à appeler $\cos\Phi$, car il est plus petit que 1.

WATTMÈTRES — MESURES DE PUISSANCE

Wattmètre. — *Principe.* — Considérons d'abord, pour simplifier, le cas d'un circuit à courants continus.

Soit un récepteur R dont il s'agit de déterminer la consommation de puissance par voie directe.

Soient U_c et I_c la tension aux bornes et le courant, dans le circuit.

On a évidemment, pour la puissance fournie à celui-ci :

$$P = U_c I_c.$$

Disposons un galvanomètre spécial, dit wattmètre, sur ce circuit, de la manière suivante : circuit à gros fil, de résistance R parcouru par le courant principal; circuit à fil fin, ou de champ, en dérivation sur la tension (fig. 280).

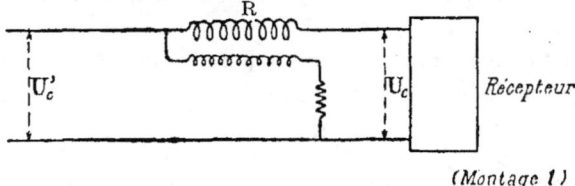

(Montage 1)

Fig. 280. — Branchement d'un wattmètre sur un circuit. Montage *amont* du fil fin.

Ledit circuit à fil fin ne comporte en général qu'un petit nombre de spires actives, en série avec une résistance additionnelle sans self-induction, d'une importance considérable par rapport à celles-ci.

Le courant i'_c, passant dans le circuit à fil fin, est, dans le cas de la figure 280 :

$$i'_c = \frac{U_c + RI_c}{r} = \frac{U'_c}{r}.$$

Le wattmètre donne un couple de torsion tel que :

$$C_0 \alpha = AI_c \, i'_c = A'U'_c I_c$$

A et A' étant des constantes, d'où :

$$\alpha = K \, U'_c I_c = KP'_c$$

P'_c = puissance consommée en amont du point d'insertion du wattmètre. Elle est approximativement, mais non rigoureusement, égale à :

$$P = U_c I_c$$

mesurée aux bornes du récepteur.

Modes de montage. — Corrections fondamentales.

(Courants continus et alternatifs.)

Montage (dit *amont*) avec fil fin en avant de R. — Employé pour une tension forte par rapport à l'intensité, pour une puissance donnée.

On aura dans ce cas (fig. 280) :

$$P'_c = P_c + RI_c^2$$

MESURE DE LA PUISSANCE MISE EN JEU DANS LES CIRCUITS

l'erreur absolue est :
$$d\,P_c = RI_c^2$$

en appelant P_c la puissance réellement fournie aux récepteurs ; et l'erreur relative :
$$\varepsilon = \frac{RI_c^2}{U_c\,I_c} = \frac{RI_c}{U_c}.$$

Elle est d'ordinaire faible, si l'on tient compte des valeurs généralement rencontrées pour les constantes instrumentales.

Ce mode de montage sera donc réservé au cas où, pour une puissance donnée, les intensités sont faibles.

Montage dit aval. (Fil fin en arriére de R.). — On a alors (fig. 281) :
$$P_c = U_c\,I_c$$
$$P'_c = U_c\,[I_c + i_c]$$

d'où l'erreur absolue :
$$d\,P_c = U_c\,i_c$$

et l'erreur relative :
$$\varepsilon = \frac{U_c\,i_c}{U_c\,I_c} = \frac{i_c}{I_c}.$$

Ce mode de montage est réservé au cas où, pour une puis-

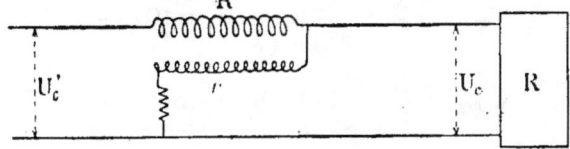

Fig. 281. — Branchement d'un wattmètre sur un circuit. Montage *aval* du fil fin.

sance donnée, les intensités employées I_c sont fortes ; I_c est donné en valeur limite maximum par la condition qu'on s'impose de ne pas dépasser une certaine valeur de sécurité pour les enroulements fils fin.

L'emploi de résistances additionnelles convenables permet de réaliser cette condition.

Corrections propres à l'emploi des wattmètres avec les courants alternatifs.

Fonctionnement de l'appareil. Mesure de puissance. — Nous aurons dans ce cas :
$$U = U_0 \sin \Omega t,$$
$$I = I_0 \sin (\Omega t - \varphi).$$

Un appareil, constitué comme il vient d'être dit, mesure bien une puissance :

$$U_{eff}\ I_{eff}\ \cos\varphi$$

en courant alternatif.

En effet, supposons R négligeable, ainsi que la chute de tension qu'elle occasionne. Nous aurons pour le courant dans le fil i_1 :

$$i = \frac{U_0}{\sqrt{r^2 + l^2\Omega^2}}\ \sin(\Omega t - \varphi')$$

avec

$$\operatorname{tg}\varphi' = \frac{l\Omega}{r},$$

φ' décalage dans le fil fin, la résistance additionnelle étant de résistance r et de réactance $l\Omega$.

Si, comme on l'a dit plus haut, $l\Omega$ est supposé négligeable, on aura :

$$i = \frac{U_0}{r}\ \sin\Omega t,$$

d'où la valeur moyenne du couple déviant :

$$C_{moy} = \frac{K}{T} \int_0^T \frac{U_0}{r}\ I_0\ \sin\Omega t\ \sin(\Omega t - \varphi)\ dt$$

$$C_{moy} = \frac{K}{Tr} \int_0^T U_0\ I_0\ \sin\Omega t\ \sin(\Omega t - \varphi)\ dt$$

$$C_{moy} = \frac{K}{r}\ U_{eff}\ I_{eff}\ \cos\varphi.$$

La déviation est donc elle-même proportionnelle au produit

$$U_{eff}\ I_{eff}\ \cos\varphi.$$

Facteur de correction. — Si, bien souvent, la condition-hypothèse $R = 0$ est pratiquement justifiée, l'hypothèse $l\Omega = 0$ est peu légitime dans certains appareils.

Soit φ' le décalage de i par rapport à U (fig. 282). On a :

$$\operatorname{tg}\varphi' = \frac{l\Omega}{r}$$

$$i'_{eff} = \frac{U_{eff}}{\sqrt{r^2 + l^2\Omega^2}}$$

alors que, théoriquement :

$$i_{\text{eff}} = \frac{U_{\text{eff}}}{r}.$$

L'appareil devrait donner une déviation caractérisée par

$$\alpha = \frac{K}{r} U_{\text{eff}} I_{\text{eff}} \cos\varphi = \frac{K}{r} \overline{OB}.\overline{Oa}$$

en appelant OB et OA les tensions et intensités correspondantes.

Mais l'appareil donne au contraire une déviation α' définie par :

$$\alpha' = \frac{K}{r} U_{\text{eff}} \frac{r}{\sqrt{r^2 + l^2 \Omega^2}} I_{\text{eff}} \cos(\varphi - \varphi')$$

ou

$$\alpha' = \frac{K}{r} U_{\text{eff}} I_{\text{eff}} \cos\varphi' \cos(\varphi - \varphi')$$

$$\alpha' = \frac{K}{r} \overline{OB}.\overline{Oa'}$$

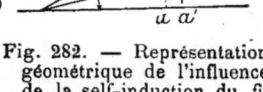

Fig. 282. — Représentation géométrique de l'influence de la self-induction du fil fin du wattmètre.

car

$$i'_{\text{eff}} = \frac{U_{\text{eff}}}{\sqrt{r^2 + l^2 \Omega^2}} \quad \text{et} \quad Oa' = OA \cos(\varphi - \varphi').$$

On a donc :

$$P_{\text{moy vraie}} = U_{\text{eff}} I_{\text{eff}} \cos\varphi = K\alpha$$

$$P_{\text{moy lue}} = U_{\text{eff}} I_{\text{eff}} \cos\varphi' \cos(\varphi - \varphi') = K\alpha'.$$

Par suite, le facteur de correction est donné par :

$$\Gamma = \frac{P_{\text{moy vraie}}}{P_{\text{moy lue}}} = \frac{\cos\varphi' \cos(\varphi - \varphi')}{\cos\varphi}$$

$$\Gamma = \frac{1 + \text{tg}^2 \varphi'}{1 + \text{tg}\varphi \, \text{tg}\varphi'}.$$

On voit que ce facteur de correction comprend un terme en $\text{tg}\,\varphi$ qui dépend du décalage φ que l'on a à mesurer et que l'on ne connaît pas.

Méthode. — On procède par approximations successives. On fait la mesure de $\cos\varphi$ approchée en supposant le wattmètre exact, ce qui donne, en combinant la mesure de puissance moyenne faite au wattmètre, avec les lectures faites à l'ampèremètre et au voltmètre :

$$\cos \varphi = \frac{\text{Watts lus}}{U_{\text{eff}} I_{\text{eff}}}$$

et l'on introduit cette valeur de φ dans le facteur de correction.

Détermination de tg φ'. — Pour déterminer tg φ', faisons des lectures simultanées au voltmètre et à l'ampèremètre, sur un circuit sans réactance (lampes à incandescence). On aura :

$$P_{\text{lue}} = \text{Watts lus}$$
$$P_{\text{vraie}} = U_{\text{eff}} I_{\text{eff}}$$

d'où

$$\frac{P_{\text{vraie}}}{P_{\text{lue}}} = 1 + \text{tg}^2 \varphi' = \frac{U_{\text{eff}} I_{\text{eff}}}{\text{Watts lus}},$$

car

$$\text{tg}\,\varphi = 0,$$

d'où la valeur de

$$\text{tg}\,\varphi'.$$

On peut vérifier rapidement si le wattmètre a une réactance négligeable dans le fil fin, en le branchant sur un circuit pratiquement sans réactance (lampes).

Si les indications du wattmètre varient quand on maintient constante la puissance débitée (U_{eff} et I_{eff} maintenus constants aux voltmètres et ampèremètres), c'est que le terme $1 + \text{tg}^2 \varphi'$ est différent de 1, puisque :

$$P_{\text{vraie}} = U_{\text{eff}} I_{\text{eff}}$$
$$P_{\text{vraie}} = P_{\text{lue}} [1 + \text{tg}^2 \varphi'].$$

DIVERS TYPES DE WATTMÈTRES

Les uns sont dits universels, en ce sens qu'ils peuvent, par une modification convenable de la constante au moyen d'un dispositif expérimental, mesurer des puissances variant dans de très larges limites. Les autres sont dits à lecture directe, et donnent directement des watts ou des kilowatts.

Wattmètre universel Labour-Blondel. — C'est un wattmètre universel en ce sens que la constante, c'est-à-dire le nombre par lequel il faut multiplier la déviation lue pour avoir le nombre de watts indiqués par l'appareil, dépend de la résistance r mise en série avec la bobine fil fin.

Dans ce wattmètre, l'amortisseur est magnétique. Les bobines à gros fil peuvent être couplées en série, ou en quantité.

De plus, chaque appareil possède deux paires de bobines, l'une pour les faibles intensités, l'autre pour les fortes.

Il est prudent, avant de se servir de ce wattmètre, de le **réétalonner**, en faisant passer un courant continu de même ordre de grandeur [intensité et tension] que celui à utiliser.

Wattmètre à lecture directe Siemens et Halske. — Il comprend essentiellement une bobine fixe parcourue par le courant principal, constituée par des bandes de cuivre accolées et affectant une forme circulaire, comme l'indique la figure ci-contre (fig. 283).

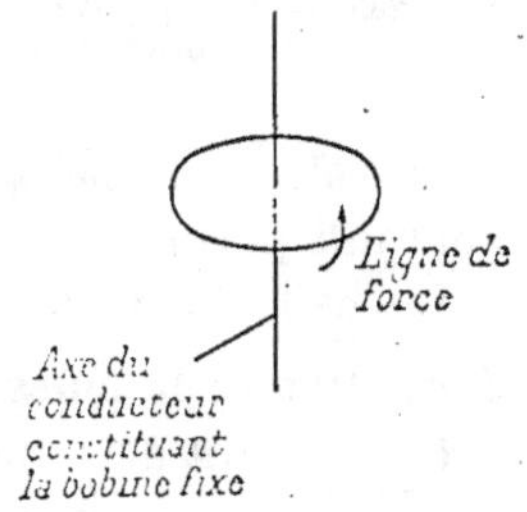

Les lignes de force dues au courant sont également figurées par des cercles (section d'un tore par un plan passant par l'axe).

La bobine mobile à fil fin (courant de tension), avec résistance additionnelle (sans self) très importante, se déplace dans ce champ, constant quand le courant principal est constant.

Fig. 283. — Situations respectives de la bobine fixe et de son champ dans le wattmètre Siemens et Halske.

Le couple C_m est bien proportionnel à chaque instant à :

$$I i = \frac{UI}{r}.$$

L'amortisseur à air constitue un organe essentiel de l'appareil.

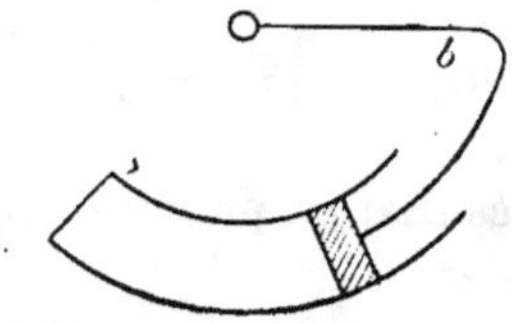

C'est un piston se déplaçant, avec un jeu convenablement établi, à l'intérieur d'un tube affectant la forme d'un arc de cercle (fig. 284).

Fig. 284. — Amortisseur à air du wattmètre Siemens et Halske.

Le piston est commandé par un bras b relié à l'axe de l'appareil.

Mode de décomposition, souvent commode, d'un courant alternatif décalé par rapport à la tension.

COMPOSANTES WATTÉES ET DÉWATTÉES

Courants watté et déwatté. — Nous avons trouvé tout à l'heure l'expression de la puissance moyenne :

$$P = U_{eff} I_{eff} \cos \varphi.$$

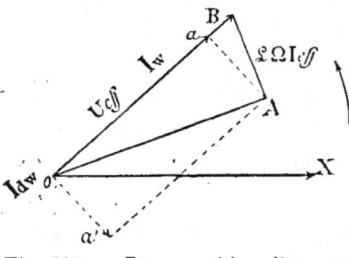

Fig. 285. — Décomposition d'un courant en composantes wattée et déwattée.

Dans le diagramme tournant classique, projetons le vecteur $RI_{eff} = OA$ sur U_{eff}. On a :

$$Oa = I_{eff} \cos \varphi.$$

De même, sur une direction perpendiculaire à OB, à 90° en arrière de OB,

$$Oa' = I_{eff} \sin \varphi.$$

On voit qu'on peut considérer I_{eff} comme la résultante de deux courants partiels :

$I_{eff} \cos \varphi$, dit watté, parce qu'il coopère avec la tension U_{eff} à la formation de la puissance $U_{eff} I_{eff} \cos \varphi$.

$I_{eff} \sin \varphi$, dit déwatté, parce qu'il est en quadrature avec celle-ci [en avant dans le cas d'un circuit à effet de capacité prédominant].

Si $\qquad U = U_0 \sin \Omega t$

les courants wattés et déwattés auront respectivement pour valeur :

$$I_w = I_0 \cos \varphi \sin \Omega t$$

$$I_{dw} = I_0 \sin \varphi \sin \left[\Omega t - \frac{\pi}{2}\right],$$

d'où l'équation suivante, qui ne fait que corroborer le théorème classique des projections :

$$I_{eff} \sin [\Omega t - \varphi] = I_{eff} \cos \varphi \sin \Omega t - I_{eff} \sin \varphi \sin \left[\Omega t - \frac{\pi}{2}\right].$$

On serait arrivé évidemment au même résultat en prenant pour la tension et l'intensité les formes conjuguées

$$U = U_0 \cos \Omega t$$
$$I = U_0 \cos (\Omega t - \varphi).$$

Autre mode de conception. — Les situations relatives du vecteur

MESURE DE LA PUISSANCE MISE EN JEU DANS LES CIRCUITS

I_{dw} et du vecteur U_{eff} (décalé à 90° en avant) sont les mêmes que celles d'un flux Ψ et d'une f.é.m. développée par induction dans un circuit soumis à ce flux :

$$E = \pm \frac{d\Psi}{dt}.$$

Si le flux varie (Voir *Cours municipal*, première partie, courants continus, IVe et V^e leçons).

Aussi appelle-t-on le courant déwatté : courant magnétisant. Un certain nombre d'applications justifient pleinement cette appellation, comme nous le verrons plus loin.

On définit de même les :

$$\begin{array}{ll}\text{Puissance utile} \\ \text{ou vraie}\end{array} \left\{ \begin{array}{l} P_u = U_{eff}\, I_{eff} \cos \varphi \\ = U_{eff}\, I_{weff}. \end{array} \right.$$

$$\begin{array}{l}\text{Puissance} \\ \text{magnétisante}\end{array} \left\{ \begin{array}{l} P_m = U_{eff}\, I_{eff} \sin \varphi \\ = U_{eff}\, I_{dweff}. \end{array} \right.$$

On peut écrire évidemment :

$$P^2_{app} = P_u^2 + P_m^2,$$
$$P_u = P_{app} \cos \varphi,$$
$$P_m = P_{app} \sin \varphi.$$

PUISSANCES DÉBITÉES DANS LES CIRCUITS PARCOURUS PAR DES COURANTS POLYPHASÉS

Considérations générales. — Considérons les cas, les plus fréquents, des courants diphasés et triphasés.

Imaginons, ce qui est en général la règle dans les alternateurs industriels, que les tensions aux bornes soient pratiquement indépendantes des déséquilibres de charge dans les branches polyphasées des récepteurs (fig. 286).

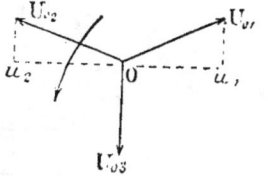

Fig. 286. — Système triphasé. Représentation des valeurs instantanées des tensions.

Par exemple, dans le cas de circuits triphasés, les tensions aux bornes d'un alternateur couplé, pour fixer les idées, en étoile auront, suivant notre hypothèse, même valeur maxima et seront décalées les unes par rapport aux autres de 120°[1].

---

[1]. Il est facile de comprendre que les f.é.m. engendrées dans chacune des trois branches du générateur constituent, si l'exécution de celui-ci est irréprochable, un système rigoureusement triphasé. Pour que les tensions aux bornes en soient un également en tout état de cause, il faut que les chutes de tension dans les branches de l'alternateur soient négligeables.

Circuit générateur triphasé étoile. — Si U_1, U_2, U_3 représentent les trois tensions instantanées, maintenues entre chacune des bornes d'un alternateur et le point neutre (fig. 287) [les tensions sont dites simples], on peut représenter celles-ci au moyen du diagramme tournant de la figure 286 :

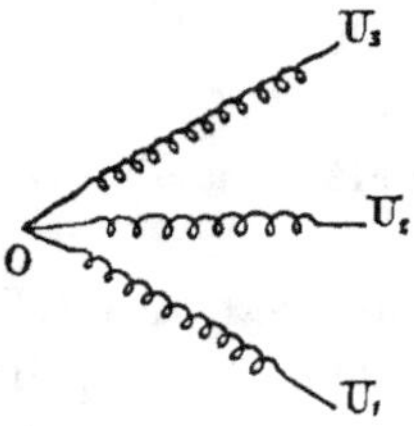

$$U_1 = U_0 \cos \Omega t$$
$$U_2 = U_0 \cos \left[\Omega t + \frac{2\pi}{3}\right].$$
$$U_3 = U_0 \cos \left[\Omega t + \frac{4\pi}{3}\right].$$

Fig. 287. — Tensions simples d'un alternateur en étoile.

Les projections sur un axe fixe des trois vecteurs décalés de 120° permettent d'obtenir, au temps t défini par l'égalité :

$$\alpha = \Omega t$$

les valeurs instantanées des tensions simples U_1, U_2, U_3.

Alternateur étoile, récepteur étoile. — Imaginons que les trois phases du récepteur soient également couplées en étoile.

Nous aurons, en supposant, en outre, reliés par un quatrième fil les points neutres du récepteur et du générateur, le schéma ci-dessous (fig. 288) :

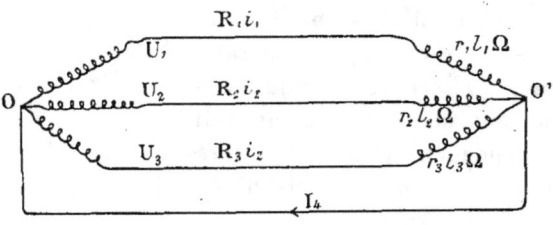

Fig. 288. — Système triphasé de distribution avec quatrième fil, générateur et récepteur en étoile.

Si U_1, U_2, U_3 sont les tensions aux bornes,

$$R_1, R_2, R_3, L_1\Omega, L_2\Omega, L_3\Omega, R_4, L_4\Omega,$$

les résistances et réactances des lignes,

$r_1, l_1\Omega, r_2, l_2\Omega, r_3, l_3\Omega$, les résistances et réactances de chacune des branches du récepteur, .

On peut écrire, en remarquant que, si I_4 est le courant dans OO', il peut exister une chute de tension

$$U_4 = R_4 I_4 + L_4 \frac{dI_4}{dt}$$

dans la ligne OO',

$$U_1 = R_1 i_1 + L_1 \frac{di_1}{dt} + r_1 i_1 + l_1 \frac{di_1}{dt} + U_4$$

$$U_2 = R_2 i_2 + L_2 \frac{di_2}{dt} + r_2 i_2 + l_2 \frac{di_2}{dt} + U_4$$

$$U_3 = R_3 I_3 + L_3 \frac{di_3}{dt} + r_3 i + l_3 \frac{di_3}{dt} + U_4$$

$$0 = I_4 + i_1 + i_2 + i_3 \text{ [Kirchoff]}.$$

L'hypothèse faite sur U_1, U_2, U_3, tensions triphasées, revient à admettre que :

$$U_1 + U_2 + U_3 = 0.$$

Si les phases sont également chargées et les lignes identiques, on a évidemment :

$$r_1 = r_2 = r_3$$
$$l_1 = l_2 = l_3$$

Additionnons les trois premières équations en tenant compte de cette remarque. En tenant compte, de même, de la valeur de U_4, on aura également :

$$i_1 + i_2 + i_3 = I_4 = 0$$

et dans chaque phase, la tension et l'intensité seront décalées entre elles d'un même angle φ. De plus, le potentiel des points OO sera le même et il ne circulera aucun courant dans cette quatrième branche.

Le problème dans le cas général (phases déséquilibrées) comporte quelques difficultés de calcul. Nous ne nous y arrêterons provisoirement pas.

Dans le cas simple de charges égales, on peut donc laisser inexistant le fil de retour commun, puisqu'il ne supporte aucun courant. On le supprime généralement, même dans le cas de charges inégales. Mais alors les courants i_1, i_2, i_3 n'ont plus ni même décalage par rapport aux tensions, ni même valeur maxima. Ce quatrième fil est dit compensateur, ou plus improprement fil de retour.

Cas des charges égales. — On aura même valeur maxima i_0 et même décalage φ pour chacune des intensités

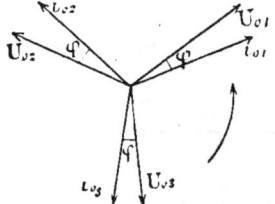

Fig. 289. — Situations respectives relatives des vecteurs tensions et intensités dans un système triphasé équilibré.

$$i_0 = \frac{U_0}{\sqrt{(r+R)^2 + (l+L)^2 \Omega^2}}$$

$$\operatorname{tg} \varphi = \frac{(L+l)\,\Omega}{R+r}.$$

Nota. — Les diagrammes doivent être considérés toujours comme tournant dans le sens de la flèche, ce qui correspond bien à un retard du courant par rapport à la tension.

Générateur en étoile. Récepteur en triangle. — Les courants de ligne parvenus aux trois sommets 1, 2, 3 se bifurquent (fig. 290). On a, en adoptant un sens de circulation pour les courants I dans le triangle, sens de circulation du reste fixé par l'ordre de la préséance des phases dans la figure 289 [phases 1, 3, 2].

$$\begin{cases} U_1 - U_3 = r_2 I_2 + l_2 \dfrac{dI_2}{dt} \\[4pt] U_2 - U_1 = r_3 I_3 + l_3 \dfrac{dI_3}{dt} \\[4pt] U_3 - U_2 = r_1 I_1 + l_1 \dfrac{dI_1}{dt} \end{cases}$$

Si nous supposons, pour simplifier, les lignes ($R_1 L_1$, $R_2 L_2$, $R_3 L_3$) d'influence négligeable, on voit que les 3 branches des récepteurs fonctionnent respectivement sous les tensions aux bornes de l'alternateur :

$$U_1 - U_3 \quad U_2 - U_1 \quad U_3 - U_2$$

qui sont dites « tensions composées ».

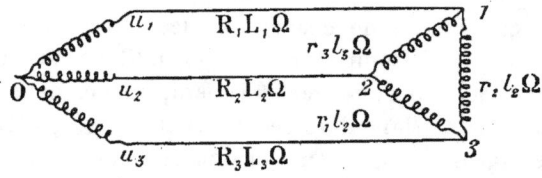

Fig. 290. — Système triphasé de distribution avec générateurs en étoile et récepteurs en triangle.

Relation entre les tensions simples et les tensions composées. —

Désignons dorénavant, pour éviter toute confusion, par les petites lettres u et i les tensions simples et les courants étoilés correspondant aux tensions simples, par U et I les quantités dites composées, plus haut définies.

Il est facile de trouver une relation entre les tensions simples et les tensions composées.

Formons (fig. 291) :

$$-u_1^o \quad -u_2^o \quad -u_3^o$$

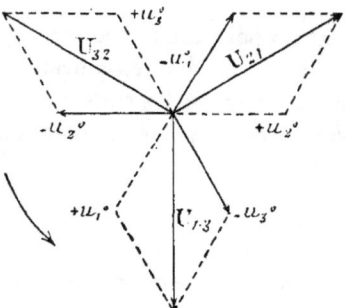

Fig. 291. — Situations géométriques respectives relatives des quantités simples et composées.

et les résultantes de :

$$(-u_3^o, u_1^o) \quad (-u_2^o, u_3^o), \quad (-u_1^o, u_2^o).$$

Les trois vecteurs ainsi constitués sont égaux et décalés entre eux de 120°. On a donc, en particulier pour U_{13}^o, la résultante d'un triangle dont les deux autres côtés sont égaux et l'angle obtus formé est de 120°.

Par suite :

$$U_{13}^o = u_1^o \sqrt{3}.$$

Règle. — Dans le cas de f. é. m. sinusoïdales et de tensions sinusoïdales triphasées, c'est-à-dire décalées de 120° et égales entre elles, la tension simple est décalée de 30° en arrière de la tension composée, et celle-ci a pour valeur :

$$U_{\text{eff}} (\text{comp.}) = u_{\text{eff}} \sqrt{3}.$$

Mêmes relations pour les valeurs maxima. On remarquera que la tension composée U_{13} est définie ici, sans ambiguïté, celle s'exerçant entre la borne dénommée 1 (extrémité de la branche 1) et la borne immédiatement consécutive dans l'ordre de préséance des phases (soit 3). En d'autres termes, la tension composée U correspondant à u_1 est celle existant entre (1) et la borne (3), borne qui correspond à la tension simple décalée à $\dfrac{2\pi}{3}$ en arrière de (1).

Intensités I dans les branches du triangle (charges égales). —
Les intensités dans les branches du triangle sont décalées de φ, si

$$\varphi_1 = \varphi_2 = \varphi_3 = \varphi$$

par rapport aux tensions composées, soit donc de :

$$-30° + \varphi$$

par rapport aux tensions simples.

Si i_1, i_2, i_3 sont les courants dans les branches du générateur, ou dans les lignes, les courants I_1, I_2, I_3 dans les branches du récepteur sont décalés de 30° en avant de i_1, i_2, i_3 (charges égales) et ont pour valeur :

$$\frac{i_0}{\sqrt{3}}.$$

Remarque. Générateur enroulé en triangle. — On a souvent à adopter ce mode d'enroulement. Alors, en appelant I, II, III les branches du générateur, A, B, C les sommets, et en adoptant un sens de circulation pour ces courants, on a évidemment (fig. 292) :

$$U_C - U_A = U_{II}$$
$$U_A - U_B = U_{III}$$
$$U_B - U_C = U_I.$$

De plus, on doit supposer :

$$U_I + U_{II} + U_{III} = 0.$$

Si, comme nous l'avons imaginé plus haut, l'alternateur est établi de telle sorte que, même pour un déséquilibre des charges, les tensions maintenues aux bornes soient réellement triphasées, on peut ramener ce cas au précédent [générateur en étoile], en considérant un point neutre fictif o tel que les tensions en A, B, C soient celles qui résultent des tensions composées U_I, U_{II}, U_{III}. Les tensions simples fictives seront données, à l'origine des temps près, par des expressions de la forme :

$$u_1 = u_0 \cos \Omega t$$
$$u_2 = u_0 \cos \left(\Omega t + \frac{2\pi}{3}\right)$$
$$u_3 = u_0 \cos \left(\Omega t + \frac{4\pi}{3}\right).$$

Or les formules ci-dessous, résultant de celles établies page 225, représentent les tensions simples en fonction des tensions composées (fig. 293) :

$$u_1 = u_0 \cos \left(\Omega t - \frac{\pi}{6}\right) = \frac{U_0}{\sqrt{3}} \cos \left(\Omega t - \frac{\pi}{6}\right)$$

MESURE DE LA PUISSANCE MISE EN JEU DANS LES CIRCUITS 227

$$u_2 = u_0 \cos\left(\Omega t - \frac{\pi}{6} + \frac{2\pi}{3}\right) = \frac{U_0}{\sqrt{3}} \cos\left(\Omega t + \frac{\pi}{2}\right)$$

$$u_3 = u_0 \cos\left(\Omega t - \frac{\pi}{6} + \frac{4\pi}{3}\right) = \frac{U_0}{\sqrt{3}} \cos\left(\Omega t + \frac{7\pi}{6}\right)$$

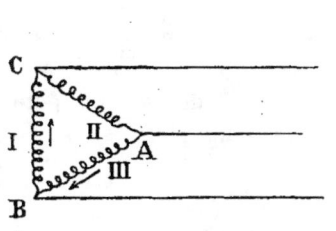

Fig. 292. — Système générateur triphasé enroulé en triangle.

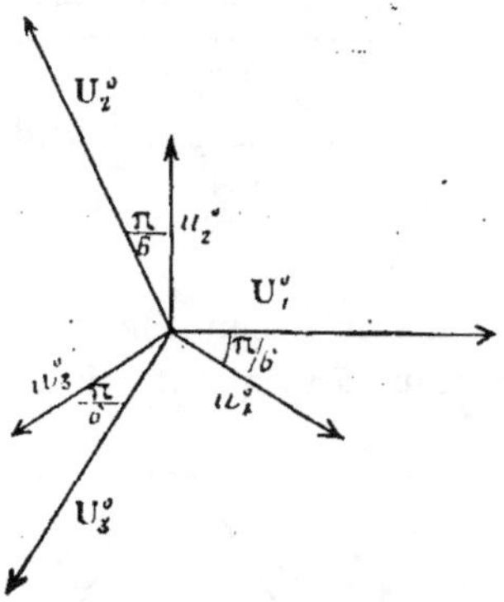

Fig. 293. — Relation entre les quantités composées et les quantités simples dans un système triphasé enroulé en triangle.

car on a évidemment pour les tensions composées :

$$U_1 = U_0 \cos \Omega t$$

$$U_2 = U_0 \cos\left(\Omega t + \frac{2\pi}{3}\right)$$

$$U_3 = U_0 \cos\left(\Omega t + \frac{4\pi}{3}\right).$$

Cette conception du point neutre, fictif ou réel, permet de traiter toutes les questions de la même façon, celle correspondant au cas du générateur couplé en étoile, qui est intuitif, car dans chaque phase, à partir du point neutre, une tension simple agit dans un circuit propre.

Circuits diphasés. — On traiterait de la même façon le cas des circuits diphasés, aujourd'hui bien peu intéressants au point de vue industriel.

Deux cas principaux sont à considérer : celui où les fils de retour sont distincts pour les deux circuits (fig. 294) et celui où ils sont réduits à un seul (fig. 295).

Dans le premier cas, tout se passe comme si l'on avait deux circuits monophasés juxtaposés.

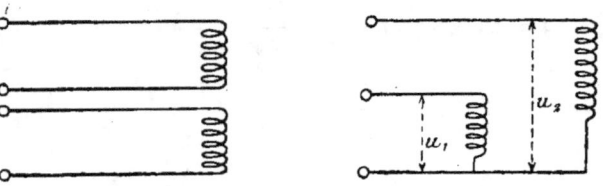

Fig. 294. — Circuits diphasés distincts.   Fig. 295. — Circuits diphasés à fil de retour commun.

Dans le second, le dispositif revient à donner un potentiel commun à un point pris sur chacun des deux circuits.

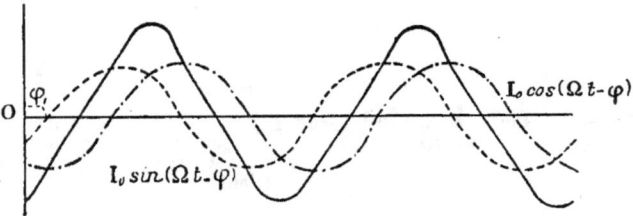

Fig. 296. — Système diphasé à retour commun. Représentation géométrique des courants de phase et de retour.

Le courant dans le fil de retour, même dans le cas de charges égales, n'est jamais nul en valeur efficace, car il est égal à

$$I_0 \sin(\Omega t - \varphi) + I_0 \cos(\Omega t - \varphi)$$

en valeur instantanée (fig. 296).

Il est donné par la somme algébrique de ces deux valeurs, comme le montre le graphique ci-dessus.

Le courant dans le fil de retour a pour expression simple algébrique, dans le cas des charges égales :

$$I_0 \sqrt{2} \cos\left[\Omega t - \varphi + \frac{\pi}{4}\right].$$

Comparaison entre les courants alternatifs monophasés, polyphasés et continus.

Généralités. — Il y a quelques années, on donnait imperturbablement dans les cours une classification de ces différentes formes de courants, aux divers points de vue des économies réalisées pour le transport d'une même énergie, tant dans le prix d'établissement que dans le coût de l'énergie perdue en ligne sous forme de chaleur de Joule.

En réalité, le problème est extrêmement complexe, comme le montrent les solutions très diverses, toutes très intéressantes et très justifiées, adoptées aujourd'hui dans d'innombrables transports d'énergie.

Le principal avantage de l'emploi des courants alternatifs réside dans ce fait que, à l'aide d'appareils fixes [transformateurs], on peut aisément, à l'aide d'une usine génératrice à basse tension, transmettre à de longues distances, sous 30.000 à 50.000 volts composés, une énergie électrique qu'on transforme à l'arrivée, tout aussi économiquement, au moyen de transformateurs de tension jouant un rôle inverse [abaisseurs].

La forme alternative des courants présente, par contre, divers inconvénients au point de vue de la sécurité, en raison même de la production possible de certains phénomènes propres à ces courants [surtension, existence d'harmoniques nocives, effets de capacité, etc.].

Dans l'état actuel de la technique électrique, le choix entre le continu et l'alternatif ne peut être considéré que comme une question d'espèce.

Jusqu'à ces dernières années, on s'est également plu à proclamer l'écrasante supériorité du triphasé sur le monophasé. Au moins provisoirement, cette supériorité existe, mais elle n'est pas aussi absolue que pourraient le faire croire certaines comparaisons courantes péchant par la base.

Telles sont celles données fréquemment touchant l'économie réalisée sur le poids du cuivre et les pertes en ligne.

Pour éclaircir ce point, nous donnerons comme exemple le mode de comparaison le plus logique, basé sur l'égalité dans les deux cas des tensions maxima U_0 (ou efficace U_{eff}) entre les fils, et des densités de courant Δ dans les fils.

COMPARAISON ENTRE LE TRIPHASÉ ET LE MONOPHASÉ

Soient p, p' les puissances perdues en ligne par effet Joule, P la puissance à transporter dans les deux cas, R la résistance du circuit de transport monophasé, l la longueur du transport.

Posons :
$$p = aP \text{ (monophasé)}$$
$$p' = a'P \text{ (triphasé)},$$

soient Q et Q' les poids de cuivre immobilisés en monophasé et en triphasé.

Cherchons les valeurs de $\dfrac{p}{p'}$ et de $\dfrac{Q}{Q'}$.

Transport monophasé. — Si U_{eff} est la tension de départ, on a
$$P = U_{eff} I_{eff}$$
en supposant pour simplifier $\cos \varphi = 1$; puis
$$p = aP = RI^2_{eff}.$$
On a encore :
$$I_{eff} = \frac{P}{U_{eff}}.$$

Cherchons la résistance de la ligne :
$$R = \frac{p}{I^2_{eff}} = \frac{pU^2_{eff}}{P^2} = \frac{aU^2_{eff}}{P}.$$

Soit Δ la densité de courant admise, s la section des conducteurs :
$$\Delta = \frac{I_{eff}}{s} \qquad s = \frac{I_{eff}}{\Delta}.$$

On a donc :
$$R = 2\rho l \frac{\Delta}{I_{eff}} = \frac{aU^2_{eff}}{P} = 2\rho l \Delta \frac{U_{eff}}{P}.$$

d'où, en passant à l'expression de la chute de tension en ligne :
$$R I_{eff} = a\, U_{eff} = 2\rho l \Delta.$$

Soit ϖ le poids spécifique du cuivre ; on a :
$$Q = \varpi.2 ls = \varpi\, 2 l \frac{I_{eff}}{\Delta}. \tag{2}$$

On avait déjà :
$$p = aP = 2\rho l \Delta I_{eff}. \tag{1}$$

Transport triphasé. — Si I'_{eff} est le courant de ligne [dans chaque fil]
$$P = 3\, v_{eff}\, I'_{eff} = 3\, \frac{U_{eff}}{\sqrt{3}} I'_{eff},$$

car
$$U_{eff} = \sqrt{3}\, u_{eff}.$$

Les puissances transportées étant les mêmes que dans le cas du courant monophasé, on aura :
$$P = \sqrt{3}\, U_{eff}\, I'_{eff}$$
$$I'_{eff}\sqrt{3} = I_{eff},$$

d'où, pour le courant de ligne
$$I'_{eff} = \frac{I_{eff}}{\sqrt{3}}$$

$$p' = a'\, P = 3\rho\, \frac{l}{s}\, I'^2_{eff} = 3\rho\, l\, \Delta\, I'_{eff}$$

$$p' = 3\rho\, l\, \Delta\, \frac{I_{eff}}{\sqrt{3}} \qquad (1')$$

d'où :
$$\frac{p'}{p} = \frac{\rho\, l\, \Delta\, I_{eff}\sqrt{3}}{2\rho\, l\, \Delta\, I_{eff}} = \frac{\sqrt{3}}{2}. \qquad (1'')$$

De même :
$$Q' = 3\, l\, s\, \varpi = 3\, l\, \varpi\, \frac{I'_{eff}}{\Delta}$$

$$Q' = \frac{3\, l\, \varpi\, I_{eff}}{\sqrt{3}\, \Delta} = \frac{l\, \varpi\, I_{eff}\sqrt{3}}{\Delta} \qquad (2')$$

d'où :
$$\frac{Q'}{Q} = \frac{\sqrt{3}\, l\varpi}{2\, l\, \varpi} = \frac{\sqrt{3}}{2}. \qquad (2'')$$

On voit le léger avantage du triphasé : il est par conséquent beaucoup moins considérable qu'on pourrait le croire à première vue.

Avantages des courants polyphasés. — Ils résident surtout dans le meilleur fonctionnement des moteurs. Par contre, nous avons signalé que, pendant une fraction de la demi-période, une puissance alternative monophasée fournie par un alternateur est négative [générateur travaillant en récepteur]. De même pendant une fraction de la demi-période, comme nous le verrons, un moteur monophasé travaille en générateur. Avec un moteur

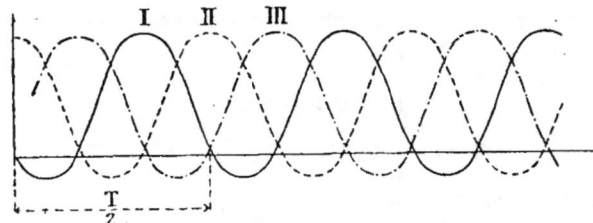

Fig. 297. — Représentation géométrique, en fonction du temps, des puissances fournies par les trois phases d'un circuit triphasé.

polyphasé [triphasé, par exemple], rien de tel, la puissance fournie par le réseau étant toujours positive [somme des trois puissances des trois phases], bien que l'une puisse être négative à un certain moment.

La stabilité est donc bien meilleure. Remarquons que, sur la figure 297, la période de la puissance est égale à $\frac{T}{2}$, T étant la période du courant alternatif.

Mesures des puissances fournies à un réseau.
[Triphasées et, en général, polyphasées.]

Courants triphasés. Points neutres accessibles. — Dans le cas du couplage en étoile pour le générateur et le récepteur, une méthode immédiate consiste à brancher le wattmètre comme l'indique la

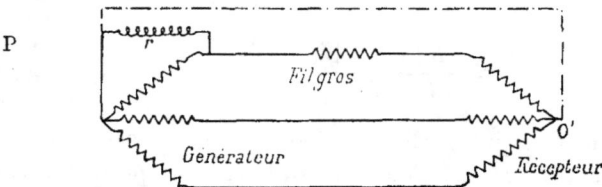

Fig. 298. — Mesure de puissances triphasées par insertion du wattmètre sur chaque branche (point neutre accessible).

figure 298, soit en traits pleins si le point neutre de la distribution est accessible, soit en traits mixtes si c'est le point neutre du récepteur qui est en évidence (fig. 298).

MESURE DE LA PUISSANCE MISE EN JEU DANS LES CIRCUITS

La somme des puissances moyennes

$$P_{1\,moy} + P_{2\,moy} + P_{3\,moy},$$

lues sur l'appareil transporté sur chacune des trois phases, donne la puissance fournie au réseau, naturellement à condition que le régime se maintienne pendant la durée du transport.

Points neutres inaccessibles. — On peut créer un point neutre artificiel, jouant le rôle de celui de la distribution, et brancher le wattmètre comme ci-dessous (fig. 299) :

Le point neutre artificiel est formé par trois bobines à fils fins identiques, couplées en étoile.

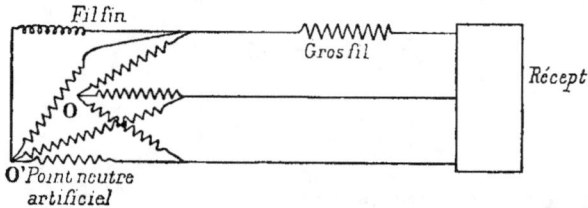

Fig. 299. — Mesures de puissances triphasées au wattmètre. Emploi d'un point neutre artificiel.

Ce montage suppose que l'impédance du circuit fil fin du wattmètre soit considérable par rapport à celle des branches formant le point neutre artificiel.

REMARQUE. — Ces deux méthodes, la première surtout, sont absolument générales. La seconde suppose cependant que l'alternateur conserve trois phases à tensions réellement triphasées, alors même que les charges se déséquilibrent sur les branches du récepteur.

MÉTHODE DES DEUX WATTMÈTRES

(Pas de fil de retour.) La sujétion de la recherche d'un point neutre, ou de sa création, et celle de la nécessité de trois branchements successifs du wattmètre, peuvent être évitées par cette dernière méthode (fig. 300).

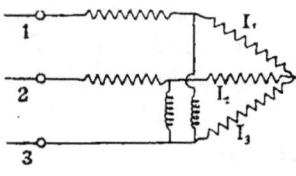

Fig. 300. — Mesures de puissances triphasées. Méthode des deux wattmètres.

Soient trois bornes de distribution, et le wattmètre branché successivement : gros fil sur 1 et 2, fil fin entre 1-3, 2-3.

Soient u_1, u_2, u_3 les tensions simples en 1, 2, 3 (réelles ou fictives).

I_1, I_2, I_3, les courants dans les branches ;
Les puissances moyennes fournies ont pour valeur :

$$P_{1\text{moy}} = \frac{1}{T} \int_0^T u_1\, I_1\, dt$$

.....etc.

Nous aurons :
$$P_{\text{moy}} = P_{1\text{moy}} + P_{2\text{moy}} + P_{3\text{moy}}$$

$$P_{\text{moy}} = \frac{1}{T} \int_0^T u_1\, I_1\, dt + \frac{1}{T} \int_0^T u_2\, I_2\, dt + \frac{1}{T} \int_0^T u_3\, I_3\, dt.$$

C'est précisément ce que donnent les indications des deux wattmètres, qui mesurent respectivement :

$$\frac{1}{T} \int_0^T (u_1 - u_3)\, I_1\, dt$$

et
$$\frac{1}{T} \int_0^T (u_2 - u_3)\, I_2\, dt.$$

En effet, on peut écrire, puisque :
$$I_1 + I_2 + I_3 = 0$$

$$P_{\text{moy}} = \frac{1}{T} \int_0^T (u_1 - u_3)\, I_1\, dt + \frac{1}{T} \int_0^T (u_2 - u_3)\, I_2\, dt.$$

Il suffit donc, pour avoir P, de faire, à l'aide d'un commutateur approprié, et presque simultanément, si le régime ne change pas, les lectures au moyen du même wattmètre branché comme l'indique le schéma (fig. 301).

Si K est la constante du wattmètre, δ et δ' les divisions lues, on aura :

$$P_{\text{tot-moy.}} = K\,(\delta + \delta').$$

REMARQUE. — Il arrive quelquefois que les déviations du wattmètre sont de sens contraire pour les deux mesures. Si le wattmètre est à un seul sens de déviation (Siemens), on constate souvent qu'il faut inverser le courant, par exemple dans le fil fin, pour maintenir les déviations dans le sens normal de l'échelle. Comment interpréter ce fait?

Connexions..... { Gros fil sur la phase 1
 { Fil fin entre 1 et 3

 »   ..... { Gros fil sur la phase 2
 { Fil fin entre 2 et 3.

Remarquons d'abord que la figure 301 nous donne le montage à effectuer pour utiliser un wattmètre dans ce cas spécial.

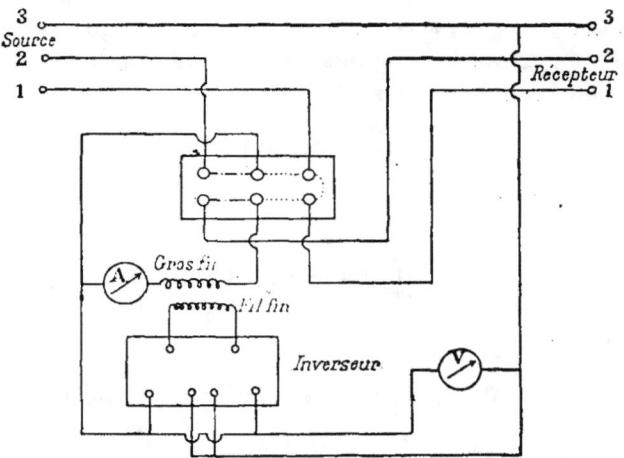

Fig. 301. — Mesure de puissances triphasées. Méthode des deux wattmètres Schéma de la commutation.

Le commutateur de phase, joint à celui du fil fin du wattmètre, permet de faire toutes les mesures nécessaires.

Pour expliquer le fait signalé plus haut, revenons un instant au diagramme des tensions.

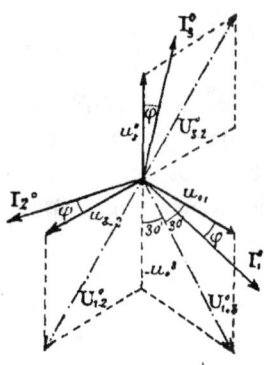

Fig. 302. — Formation des tensions composées et des décalages intervenant dans la mesure des puissances triphasées par la méthode des deux wattmètres

Soient u_1, u_2, u_3 les tensions simples représentées par leurs valeurs maxima égales :

$$u_1^0 = u_2^0 = u_3^0.$$

Hypothèse : tensions triphasées égales aux bornes de l'alternateur, quelle que soit la charge.

Formons les tensions composées U^0_{13} U^0_{23}, c'est-à-dire cherchons les vecteurs de valeurs maxima

$$(u_1 - u_3)^0$$
$$(u_2 - u_3)^0.$$

On sait que :

$$U^0_{13} = U^0_{23} = u_1^0 \sqrt{3}.$$

et que U_{13}^0 est en avance de 30° (ou en retard) par rapport à u_{01}. De même pour U_{23}^0 sur la tension simple u_2^0.

Soit φ l'angle de décalage commun (pour simplifier, phases également chargées, mais conclusions absolument générales) des tensions simples sur les courants dans les branches du récepteur.

Le premier wattmètre mesure :

$$\frac{1}{T}\int_0^T (u_1 - u_3)\, I_1\, dt,$$

le second :

$$\frac{1}{T}\int_0^T (u_2 - u_3)\, I_2\, dt,$$

c'est-à-dire :

$$\frac{1}{2}(u_1 - u_3)^0\, I_1^0 \cos(30° + \varphi) \text{ pour le 1}^{er}\text{ wattmètre}$$

$$\frac{1}{2}(u_2 - u_3)^0\, I_2^0 \cos(30° - \varphi) \quad \text{»} \quad 2° \quad \text{»}$$

On voit que la seconde puissance est toujours positive en valeur absolue, car

$$30° - \varphi < \frac{\pi}{2}.$$

La première peut être négative, si

$$30° + \varphi > \frac{\pi}{2}$$

où $\varphi > 60°$, ce qui se rencontre souvent dans les moteurs faiblement chargés. La puissance totale est donnée dans ce cas particulier par la différence des deux puissances lues, et toujours, en général, par le produit par la constante de la somme algébrique des déviations lues.

NEUVIÈME LEÇON

FONCTIONNEMENT D'UN ALTERNATEUR SUR UN RÉSEAU

CALCUL DE LA FORCE ÉLECTROMOTRICE — ÉTUDE DU DIAGRAMME DE FONCTIONNEMENT — TRACÉ DE CE DIAGRAMME

PREMIÈRE CONCEPTION DU FONCTIONNEMENT DES ALTERNATEURS

Supposons que l'alternateur fonctionne en charge sur un réseau pourvu d'une certaine réactance $L\Omega$ et d'une certaine résistance R. L'alternateur possède lui-même une certaine résistance $l\Omega$ et une certaine résistance r.

Le diagramme ci-dessous résume les conditions de fonctionnement de l'alternateur; AF représente la f.é.m. de l'alternateur, fonction, comme on sait, du flux coupé et de la vitesse (fig. 303).

AC est la chute de tension dont l'alternateur est le siège, chute que l'on doit s'efforcer de rendre négligeable pour que la machine fonctionne, quelle que soit la charge, sous une tension U_{eff} aux bornes sensiblement constante.

rI_{eff} et $l\Omega I_{eff}$ sont respectivement les chutes de tension ohmique et inductive dans l'alternateur.

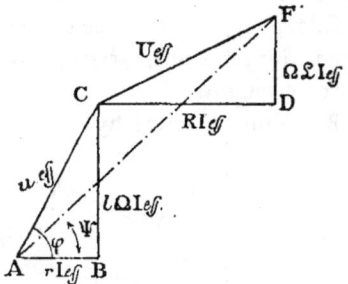

Fig. 303. — Diagramme de fonctionnement d'un alternateur sur un réseau.

U_{eff} est la tension aux bornes.

L'angle φ est le décalage de l'alternateur, Φ celui du réseau, Ψ l'angle de décalage du courant par rapport à la f.é.m., dans le circuit total.

Hypothèse. — Nous supposerons provisoirement que la f.é.m. E_{eff} est la même à vide qu'en charge, c'est-à-dire que ne s'exerce pas, sur la f. é. m. intangible, l'effet démagnétisant étudié dans les machines à courant continu [1] et dénommé réaction d'induit

---

1. *Cours municipal*. Première partie, XIe et XIIe leçons.

(création d'un **flux** en partie antagoniste, suivant la loi de Lenz, donc tendant à s'opposer au flux inducteur principal et par conséquent à le diminuer, — et en partie transversal, c'est-à-dire tendant à tordre le flux inducteur principal).

Quantités accessibles à l'expérience pouvant servir à l'établissement du diagramme de fonctionnement. — Distinguons deux cas, celui où l'alternateur fonctionne réellement en service courant, c'est-à-dire en développant la puissance pour laquelle il est établi, et celui où l'on veut prédéterminer son fonctionnement sur un réseau, mais sans le faire débiter sur celui-ci, par exemple dans l'hypothèse d'un essai à l'atelier, où l'on ne possède pas la puissance nécessaire pour la mise en marche de service, de la machine.

a) *La machine débite réellement.* — On peut mesurer U_{eff}, tension aux bornes, I_{eff} courant débité et cos Φ, facteur de puissance du réseau (lectures aux wattmètre, ampèremètre et voltmètre).

On peut donc construire le triangle CDF (fig. 304.)

Remarquons que, pour une vitesse donnée, la f.é.m. ne dépend que de l'induction maxima, ou, si on veut, de l'intensité i du courant d'excitation.

Elle peut être donnée expérimentalement, comme nous le verrons bientôt [caractéristiques], ou par le calcul, comme il sera montré ensuite.

Revenons à notre hypothèse, savoir Z, U_{ff}, Φ, connus. Si l'on

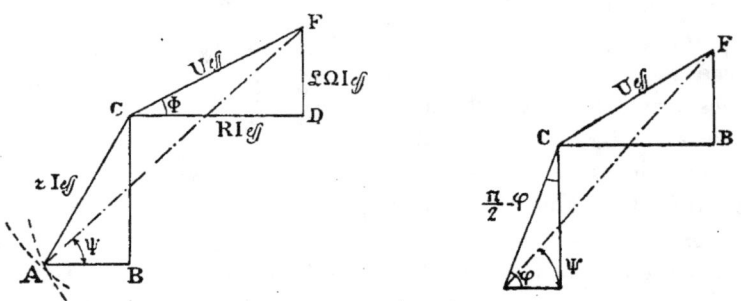

Fig. 304.   Fig. 305.
Construction du diagramme de fonctionnement d'un alternateur débitant sur un réseau.

possède en outre E_{eff} et l'angle de décalage propre de l'alternateur, φ, ou son impédance z, on pourra construire le triangle CAB (fig. 305).

On aura donc déterminé pour chaque valeur de Φ et de I_{eff}, ou de Φ et de

$$Z = \sqrt{R^2 + \Omega^2 L^2}$$

ce qui revient au même, car :

$$U_{eff} = Z\, I_{eff}$$

le diagramme de fonctionnement cherché.

On peut déterminer sur ce diagramme les modifications du décalage principal Ψ par rapport au courant, quand Z et Φ varient.

Cette méthode suppose donc la connaissance de :

$$E_{eff} \text{ et de } z \text{ ou de } \varphi$$

et en outre, de :

U_{eff}, I_{eff}, Φ, données par les appareils, soit de cinq éléments.

b) *La machine ne débite pas.* — On veut tracer le diagramme *a priori* sans charger la machine.

On connaît E_{eff}, z et φ.

On désire étudier le fonctionnement sur un réseau de décalage Φ donné et d'impédance Z donnée (fig. 306).

Connaissant z et φ, on peut tracer un triangle A'B'C, semblable à A B C; soit :

$$DCF = \Phi.$$

Construisons de même C F'D' semblable à C F D. Joignons A'F'.

La droite

$$AF = E_{eff}$$

nous donne l'échelle qui nous manquait :

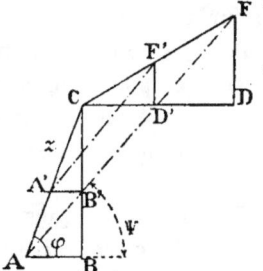

Fig. 306. — Construction du diagramme de fonctionnement d'un alternateur sur un réseau. La machine ne débite pas. Prédétermination de ses conditions de marche.

$$\frac{1}{I_{eff}} = \frac{A'F'}{AF} = \frac{A'F'}{E_{eff}}.$$

Cette méthode nécessite encore la connaissance de cinq éléments

$$z,\, E_{eff},\, \varphi,\, \Phi,\, Z.$$

Elle permet d'obtenir U_{eff}, tension aux bornes, quand Φ ou Z varie.

Il y a du reste une relation immédiate entre I_{eff}, Z, U_{eff}; on a :

$$I_{eff} = \frac{U_{eff}}{Z}.$$

La connaissance de Z et celle de I_{eff} sont donc équivalentes.

Caractéristiques.

CARACTÉRISTIQUES EXTERNES — GÉNÉRALITÉS

Le tracé expérimental, ou *a priori*, de U_{eff} en fonction de Φ (I_{eff} étant constant) ou de I_{eff} (Φ étant constant) constitue ce qu'on appelle une caractéristique externe [différence de potentiel aux bornes en fonction de l'une des variables].

Les variations de U_{eff} en fonction des variables simultanées I_{eff} et Φ se traduiraient par l'équation d'une surface :

$$f(U_{eff}, I_{eff}, \Phi) = 0.$$

Pour Φ constant, nous aurons la courbe $U_{eff}(I_{eff})$, intersection de la surface par un plan parallèle au plan $U_{eff} O I_{eff}$.

Pour I_{eff} constant, nous aurons la courbe $U_{eff}(\Phi)$, intersection de la surface par un plan parallèle au plan $U_{eff} O \Phi$.

On appréciera pleinement l'importance de cette remarque à propos de notre étude sur la régulation de la tension fournie par un alternateur.

Ces caractéristiques sont tracées pour des valeurs données de E_{eff}, z et φ, c'est-à-dire pour une vitesse donnée N et un courant d'excitation donné i.

REMARQUE. — En se reportant à ce que nous avons dit (*Cours municipal*, 1re partie, courants continus) des caractéristiques de dynamos, on voit que les caractéristiques de l'alternateur seront à proprement parler, et en général, celles d'une machine à excitation indépendante. Un alternateur excité par son propre courant redressé, voire transformé, constituerait l'analogue lointain de la dynamo shunt ordinaire. On sait que, pour une machine shunt, il n'y a qu'une caractéristique externe correspondant à une valeur donnée de la vitesse. La machine à excitation indépendante possède, au contraire, une infinité de ces caractéristiques, chacune correspondant, pour la même valeur de la vitesse, à une valeur déterminée i du courant d'excitation.

Caractéristique $U_{eff}(\Phi)$ à I_{eff} constant (N et i constants). — Le triangle ABC est fixe. Le cercle de rayon AD et de centre A est le lien des points d'extrémité des vecteurs représentant la tension aux bornes

$$CD = U_{eff}$$

quand Φ varie. On voit qu'elle est minima pour $\varphi = \Phi$ (fig. 307).

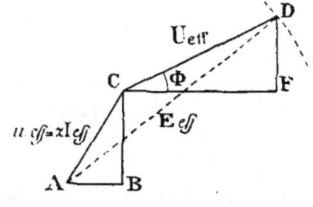

Fig. 307. — Tracé par points de la caractéristique externe $U_{eff}(\Phi)$ à I_{eff}, N et i donnés.

Ainsi, la tension aux bornes est minima, pour E_{eff} et I_{eff} donnés, quand le décalage de l'alternateur est égal à celui du réseau.

Équation de la caractéristique. — On a :

$$E^2_{eff} = I^2_{eff}[(R+r)^2 + (L+l)^2\Omega^2].$$

Or, comme :

$$RI_{eff} = U_{eff}\cos\Phi$$
$$L\Omega I_{eff} = U_{eff}\sin\Phi,$$

on aura :

$$U^2_{eff} + 2U_{eff}I_{eff}(r\cos\Phi + l\Omega\sin\Phi) + I^2_{eff}(r^2 + l^2\Omega^2) - E^2_{eff} = 0.$$

Posons :

$$\cos\Phi = \frac{1-t^2}{1+t^2} \quad \sin\Phi = \frac{2t}{1+t^2},$$

t étant la tg de l'angle $\dfrac{\Phi}{2}$. Il viendra :

$$U^2_{eff} + 2U_{eff}I_{eff}\left[\frac{r(1-t^2) + 2l\Omega t}{1+t^2}\right] + I^2_{eff}(r^2 + l^2\Omega^2) - E^2_{eff} = 0,$$

courbe du quatrième degré facile à construire.

Le fonctionnement voulu d'un alternateur à I_{eff} constant est rare. Aussi cette caractéristique externe est-elle, des deux, la moins intéressante.

Caractéristique $U_{eff}(I_{eff})$ à Φ constant (N et i constants). — Son équation est la même, les variables étant U_{eff} et I_{eff}.

On reconnaît l'équation d'une ellipse ayant son centre à

l'origine des coordonnées (fig. 308) et passant par les points :

$$\text{à vide} \begin{cases} I_{eff} = 0 \\ U_{eff} = E_{eff} \end{cases}$$

$$\text{en court-circuit} \begin{cases} I'_{eff} = \dfrac{E_{eff}}{\sqrt{r^2 + \Omega^2 l^2}} \\ U_{eff} = 0 \end{cases}$$

E_{eff} est la différence de potentiel aux bornes à vide, ou à circuit ouvert, ou bien encore la f.é.m. à vide qu'on suppose immodifiée.

On a d'autre part, l'alternateur étant en court-circuit :

$$I'_{eff} = \frac{E_{eff}}{z} = I_{eff\ cc}.$$

C'est l'intensité du courant de court-circuit, c'est-à-dire la valeur du courant que l'on récolte quand, pour les mêmes valeurs de N et de i, on ferme l'alternateur sur un ampèremètre.

Soit $I_{eff\ cc}$ cette intensité; z est l'impédance de l'alternateur. Cette impédance peut être fournie par le quotient

$$z = \frac{E_{eff}}{I_{eff\ cc}}$$

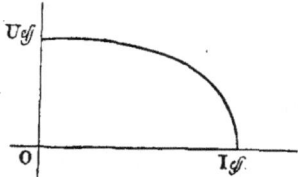

Fig. 308. — Caractéristique externe $U_{eff}(I_{eff})$ pour Φ, N et i constants.

établi, pour une même valeur de N et de i. Cette remarque a été utilisée par l'éminent ingénieur Behn-Eschenburg.

CARACTÉRISTIQUES A VIDE ET EN COURT-CIRCUIT

MÉTHODE DE BEHN-ESCHENBURG POUR LE TRACÉ DU DIAGRAMME DE FONCTIONNEMENT

Cette méthode, très appréciée en raison de sa simplicité et de la large sécurité qu'elle offre par son principe même, suppose la connaissance de E_{eff} et $I_{eff\ cc}$, pour N et I donnés.

Expérimentalement, on trace pour chaque vitesse à étudier la courbe $E_{eff}(i)$, dite caractéristique à vide ou à circuit ouvert (fig. 309).

Comme dans le cas des machines à courant continu, il est facile de voir que la forme de la courbe sera identique à celle de la courbe d'aimantation de la machine [1].

Sur le même graphique traçons, pour la même vitesse N, la

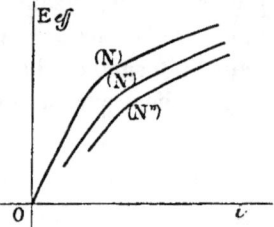

Fig. 309. — Caractéristiques à vide diverses, correspondant aux diverses vitesses.

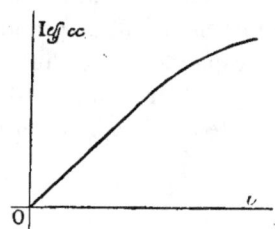

Fig. 310. — Caractéristique en court-circuit unique, quelle que soit la vitesse.

courbe $I_{eff\,cc}$ (*i*) obtenue par la fermeture de l'alternateur sur un ampèremètre de résistance négligeable (fig. 310).

On aura ainsi une courbe qui, d'abord rectiligne, s'incurve légèrement quand la saturation augmente. [Voir plus loin : Réaction d'induit, X^e leçon, pages 265 et suivantes.]

Il est aisé de constater expérimentalement que les courbes E_{eff} (*i*) varient très largement avec la vitesse. Au contraire, la courbe $I_{eff\,cc}$ est pratiquement unique.

Cette indépendance de la caractéristique en court-circuit par rapport à la vitesse est aussi facile à justifier théoriquement.

En effet, le terme $l\,\Omega$, dans un alternateur, est considérable par rapport à *r*, de telle sorte que l'expression :

$$I_{eff\,cc} = \frac{E_{eff}}{z}$$

se réduit pratiquement à :

$$I_{eff\,cc} = \frac{E_{eff}}{l\,\Omega}.$$

Or les deux termes du quotient varient proportionnellement à la vitesse. Donc leur rapport, qui constitue la valeur de $I_{eff\,cc}$, en est indépendant.

Sur le même graphique, traçons la courbe dont les ordonnées ont pour valeur (fig. 311) :

$$z = \frac{E_{eff}}{I_{eff\,cc}}.$$

---

[1]. Cette identité de forme résulte de la proportionnalité à vitesse constante de la f. é. m. au flux qui l'engendre.

Cette courbe a, en général, la forme ci-dessous : $z(i)$. Elle représente la variation de l'impédance de l'alternateur en fonction du courant d'excitation.

Reste la détermination de φ, théoriquement indispensable pour l'établissement du diagramme, ou du moins de la partie de celui-ci correspondant à la chute de tension dans l'alternateur. La quantité φ peut être donnée d'une façon approchée par la mesure directe de r et l'expression :

$$\cos \varphi = \frac{r}{z}.$$

La connaissance de φ est donc liée à celles de z et de r.

Un assez grand nombre d'erreurs peuvent se glisser dans cette double détermination. Ce n'est évidemment là qu'une méthode approchée, mais la connaissance exacte de φ n'est pas toujours nécessaire, car u_{eff} est toujours faible devant U_{eff}.

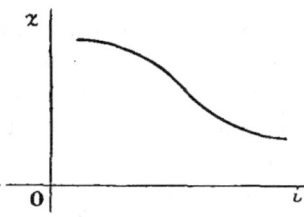

Fig. 311. — Variation de l'impédance d'un alternateur en fonction de l'excitation pour une vitesse donnée.

On préconise souvent de considérer u_{eff} comme dû simplement à la chute de tension inductive dans l'alternateur, ou encore de prendre :

$$\varphi = 85°,$$

valeur souvent rencontrée dans les grands alternateurs

Une mesure directe du facteur de puissance propre ($\cos \varphi$) de l'alternateur, suivant la méthode habituelle, serait absolument spécieuse, comme on le comprendra plus tard.

Application :

EMPLOI DE LA MÉTHODE DE BEHN-ESCHENBURG

Constituons le diagramme de fonctionnement en court-circuit pour une vitesse et une excitation données, en prenant E_{eff}, $I_{\text{eff}\,cc}$ et z dans les caractéristiques précédentes ; φ aura la valeur de 85° par exemple.

Soit un réseau de décalage Φ et d'impédance Z. On pourra tracer le triangle $A\ C_1\ B_1$ de fonctionnement en court-circuit avec

$$AC_1 = E_{\text{eff}}.$$

De même le triangle rectangle AFG de fonctionnement en charge sur le réseau (Z, Φ) avec

$$AG = (r + R) I_{eff}$$
$$GF = (l + L) \Omega\, I_{eff}.$$

La construction de AC'F suppose donc simplement la connaissance de l'angle Ψ, décalage total défini par

$$\operatorname{tg} \Psi = \frac{(l + L) \Omega}{(r + R)}.$$

Connaissant les triangles rectangles précédents, on trace AC'F, d'où :

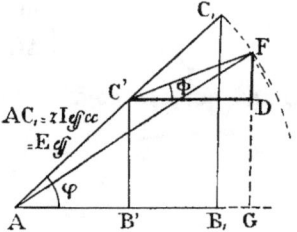

Fig. 312. — Méthode de Behn-Eschenburg. Diagramme fondamental.

$$U_{eff} = C'F.$$

Cette méthode, bien que soulevant certaines difficultés spéciales, est donc extrêmement précieuse puisqu'elle permet, connaissant pour un régime donné (N et i) de l'alternateur, E_{eff}, $I_{eff\,cc}$ et z, de trouver *a priori* la tension aux bornes du réseau (Z, Φ). Très employée dans les ateliers de construction, où il est souvent matériellement impossible de faire débiter un alternateur à sa puissance nominale.

L'emploi pratique de cette méthode peut être effectué sous la forme suivante :

Soit à étudier les variations de tension U_{eff} d'un alternateur devant fonctionner sur un réseau de décalage Φ et d'impédance Z, quand l'impédance du circuit varie, c'est-à-dire soit à construire la courbe U_{eff} (Z).

Nous savons qu'il faut faire un essai à vide et un essai en court-circuit de l'alternateur, ce qui nous donne la courbe de f.é.m. à vide, en fonction du courant d'excitation, et la caractéristique en court-circuit : $I_{eff\,cc}$ (i).

Dans cette méthode, on suppose que E_{eff} est constant quelle que soit la charge, c'est-à-dire que la réaction d'induit est englobée dans le terme inductif de la chute de tension dans l'alternateur. Donc, pour un courant d'excitation donné et une vitesse donnée, on aura :

$$E_{eff} = z I_{eff\,cc};$$

d'où :

$$z = \frac{E_{eff}}{I_{eff\,cc}}.$$

Nous pourrons donc tracer le triangle ABC (fig. 312) de court-circuit et l'on aura :

$$\begin{cases} AB = z I_{\text{eff}\,cc} = E_{\text{eff}} \\ BC = \Omega\, l I_{\text{eff}\,cc} \\ AC = r I_{\text{eff}\,cc} \end{cases}$$

Si, du point A comme centre et avec AB comme rayon, nous

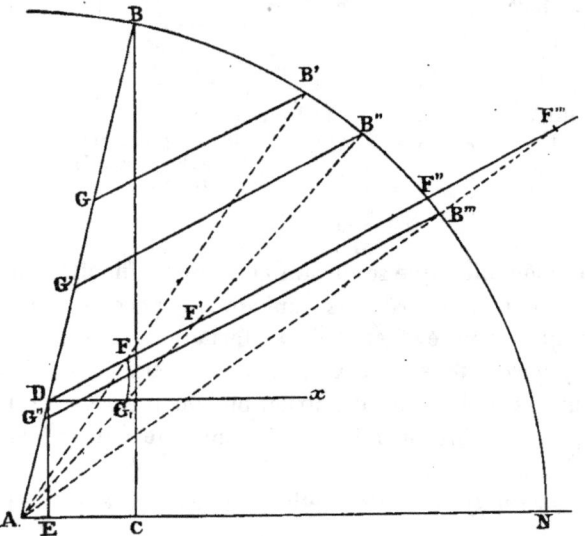

Fig. 313. — Tracés pratiques relatifs à la méthode de Behn-Eschenburg.

décrivons un arc de cercle, nous aurons le lieu des extrémités des vecteurs U_{eff}.

Le lieu des origines de ces vecteurs est la droite AB, qui est l'hypoténuse du triangle rectangle de court-circuit, et qui fait, comme nous le savons, un angle de 85° avec la direction du courant I_{eff}.

Ce qui nous manque pour tracer notre diagramme, c'est la valeur du courant I_{eff} correspondant à une valeur connue de l'impédance du circuit extérieur Z, et par suite la valeur de I_{eff} correspondante.

Nous allons déterminer cette dernière valeur.

Sur AB portons une longueur AD = z (impédance de l'alternateur). Le triangle rectangle ADE a respectivement pour côtés :

AD = z
AE = r (résistance de l'alternateur)
DE = Ωl (réactance de l'alternateur).

Du point D, menons une parallèle à l'axe des I_{eff}, ou AC, et faisons en ce point avec cette parallèle Dx un angle égal à Φ (décalage constant du circuit extérieur).

Portons
$$DF = Z,$$

impédance choisie pour le circuit extérieur. Nous allons pouvoir déterminer le courant I_{eff} qui correspond à cette impédance extérieure et la tension aux bornes U_{eff} correspondant à ce régime.

Joignons AF. Nous avons :
$$\overline{AF}^2 = (R + r)^2 + \Omega^2 (L + l)^2$$

avec :
$$DG_1 = R, \qquad FG_1 = \Omega L \qquad \text{(circuit extérieur)}.$$

Mais comme :
$$E^2_{eff} = I^2_{eff} [(R + r)^2 + \Omega^2 (L + l)^2]$$

on a sur le diagramme
$$E^2_{eff} = \overline{AF}^2 \times I^2_{eff}$$

d'où :
$$I_{eff} = \frac{E_{eff}}{AF}.$$

Nous pourrons donc écrire la proportion :
$$\frac{E_{eff}}{I_{eff}} = \frac{AF}{1} \quad \text{ou} \quad \frac{E_{eff}}{AF} = \frac{I_{eff}}{1} = \frac{z I_{eff}}{z}, \qquad (1)$$

car on ne change pas le dernier rapport en multipliant les deux termes par z.

Prolongeons AF jusqu'à sa rencontre en B', avec l'arc de cercle de centre A et de rayon AB ; on a :
$$E_{eff} = AB = AB', \qquad z = AD.$$

La proportion (1) devient donc :
$$\frac{AB'}{AF} = \frac{z I_{eff}}{D}, \qquad (1')$$

d'où
$$z I_{eff} = \frac{AB' \times AD}{AF}.$$

Si maintenant de B' on mène une parallèle à DF, on aura :

$$\frac{AB'}{AF} = \frac{AG}{AD},\qquad (2)$$

d'où, en comparant avec (1') :

$$z I_{\text{eff}} = AG.$$

Le point G déterminé par la série des constructions précédentes nous donne donc l'origine du vecteur U_{eff}, correspondant au régime d'impédance extérieure Z et de décalage Φ.

On remarque que ce vecteur U_{eff} se confond avec la droite GB puisque GB' est parallèle à OF et fait avec l'axe de I_{eff} un angle égal à Φ.

D'où :
$$Z = DF,$$
quand
$$U_{\text{eff}} = GB' \quad \text{et} \quad I_{\text{eff}} = \frac{GB'}{DF},$$
quand
$$Z = DF',$$

la même construction rapide donne
$$U_{\text{eff}} = G'B'',$$
quand enfin
$$Z = 0,$$

ou lorsqu'on marche en court-circuit, le point F vient en D et
$$U_{\text{eff}} = 0.$$
Quand
$$Z = DF'', \quad U_{\text{eff}} = DF'', \quad I_{\text{eff}} = 1,$$
quand
$$Z = DF''', \quad U_{\text{eff}} = G''B''',$$
quand
$$Z = \infty,$$

(marche à circuit ouvert), on a :
$$U_{\text{eff}} = E_{\text{eff}} = AN = AB.$$

Importance de la chute de tension. Vérification pratique. — On conçoit aisément l'extrême importance de cet élément, dont la valeur ne doit pas dépasser une certaine limite, pour que le fonctionnement des récepteurs, sous différence de potentiel pratiquement constante, n'en soit pas influencé.

On peut vérifier aisément, sur les graphiques ci-dessus, la propriété suivante de la marche de l'alternateur :

A une charge inductive de même ampérage, correspond une chute de tension plus grande que dans le cas d'une charge ohmique.

Caractéristiques relevées sur un alternateur Ganz. — Petit modèle. Monophasé 100 volts. Induit fixe à anneau. Inducteur tournant quadripolaire.

On a relevé les deux caractéristiques ci-dessous sur cet alterna-

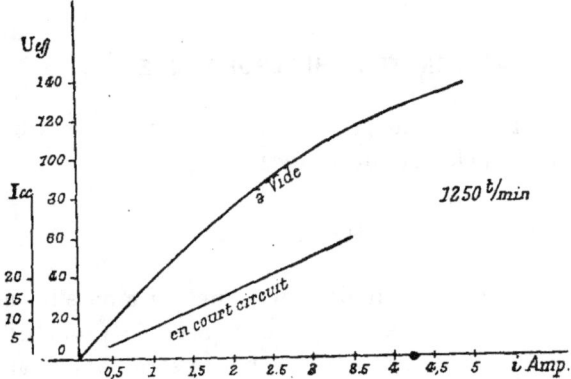

Fig. 314. — Caractéristiques à vide et en court-circuit d'un alternateur Ganz.

teur, et l'on a remarqué que, pour une même excitation (3 amp.), l'intensité en court-circuit $I_{eff_{cc}}$ était la même pour les deux vitesses, 1250 et 1050 t/min.

Calcul de la force électromotrice E_{eff} développée par un alternateur.

Hypothèse. — Nous supposerons l'induction développée dans l'entrefer, de forme sinusoïdale.

Cette hypothèse n'est pas absolument rigoureuse, mais, d'après ce que nous avons dit, on s'efforce, et on y parvient dans les alternateurs modernes, de grouper les conducteurs par bobine, de façon telle que la courbe ondulée représentant la f.é.m. E, somme des f.é.m. particlles *e*, en fonction du temps, ait la forme d'une sinusoïde.

Si cette condition est remplie, on peut bien admettre *a posteriori* que l'induction $\mathfrak{B}$, c'est-à-dire le nombre de lignes de forces, rapporté à l'unité de surface, rencontrées par un conducteur, est, pour chacun de ces conducteurs, de forme sinusoïdale.

Calcul de la f.é m. d'un alternateur dans le cas où $\mathfrak{B}$ est de forme sinusoïdale. — Alors la f.é.m. développée dans un conducteur sera sinusoïdale (fig. 315).

Considérons une spire sous-tendant l'angle θ et se déplaçant dans le sens de la flèche, dans un entrefer d'induction sinusoïdale $\mathfrak{B}$.

ALTERNATEUR HÉTÉROPOLAIRE

Soit $\mathfrak{B}$ l'induction en un point de la spire. Pour un arc $d\beta$, le flux $d\Phi$ traversant l'élément de surface

$$L d\beta \frac{D}{2}$$

[D étant le diamètre du cylindre sur lequel est monté le conducteur, et L la profondeur de celui-ci] sera donné par :

$$d\Phi = \frac{D}{2} d\beta L \mathfrak{B}.$$

Soit $\mathfrak{B}_0$ la valeur maxima de l'induction. C'est une fonction périodique de l'angle β, parcouru par le conducteur, de la forme :

$$\mathfrak{B} = \mathfrak{B}_0 \sin p\beta,$$

car, pour un parcours angulaire égal à 2π, la période de β a été couverte p fois.

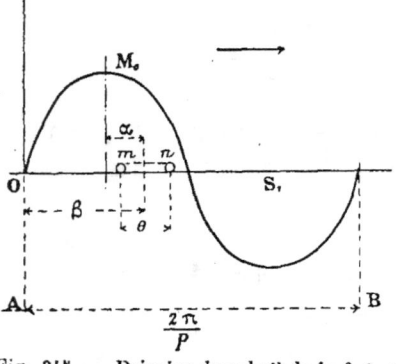

Fig. 315. — Principe du calcul de la f. é. m. développée dans un alternateur hétéropolaire.

Le flux traversant la spire *mn* dans sa position actuelle aura pour valeur :

$$\Phi_{mn} = \frac{\mathfrak{B}_0 DL}{2} \int_m^n \sin p\beta \, d\beta, \qquad (1)$$

avec

$$m = \frac{\frac{2\pi}{p}}{4} + \alpha - \frac{\theta}{2}, \quad n = \frac{\frac{2\pi}{p}}{4} + \alpha + \frac{\theta}{2}.$$

Admettons, comme le suppose la figure 315, que le milieu de la spire se trouve en face de M_0 au temps 0.

Si la spire occupait l'espace AB, il faudrait intégrer de 0 à $\frac{2\pi}{2p}$. On aura donc :

$$\Phi_{mn} = \frac{\mathcal{B}_0 \mathrm{DL}}{2}\left(-\frac{1}{p}\right)(\cos p\beta)_{\frac{\pi}{2p}+\alpha-\frac{\theta}{2}}^{\frac{\pi}{2p}+\alpha+\frac{\theta}{2}}$$

ou, après un calcul aisé :

$$\Phi_{mn} = \frac{\mathcal{B}_0 \mathrm{DL}}{p} \sin\frac{p\theta}{2} \cos p\alpha.$$

Cherchons la valeur du flux émanant d'un pôle (fig. 316); c'est

$$\Phi_p = \mathcal{B}_{moy} \frac{\pi}{2p} \mathrm{DL}.$$

Or, dans l'hypothèse sinusoïdale,

$$\mathcal{B}_{moy} = \frac{2}{\pi} \mathcal{B}_0.$$

On a donc :

$$\Phi_p = \frac{\mathrm{DL}}{p} \mathcal{B}_0.$$

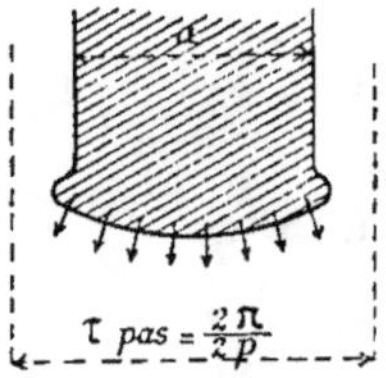

Fig. 316. — Constitution du flux émanant d'un pôle d'alternateur.

Par suite :

$$\Phi_{mn} = \Phi_p \sin\frac{p\theta}{2} \cos p\alpha.$$

On a de plus, si α est l'angle d'écart compté à partir du milieu de la spire :

$$\alpha = \omega t = \frac{\Omega}{p} t,$$

ω étant la vitesse angulaire de l'alternateur, Ω la pulsation du courant.

Nous aurons donc :

$$\Phi_{mn} = \Phi_p \sin\frac{p\theta}{2} \cos\Omega t. \qquad (2)$$

Force électromotrice induite dans la spire.

Ce sera :
$$e = -\frac{d\Phi_{mn}}{dt} = \sin\frac{p\theta}{2}\Omega\,\Phi_p\,\sin\Omega t.$$

Si n est le nombre de fils ou de barres de l'induit [conducteurs périphériques], il y aura $\frac{n}{2}$ spires.

La f.é.m. totale instantanée sera :
$$E = \frac{n}{2}\Omega\,\Phi_p\,\sin\frac{p\theta}{2}\sin\Omega t, \qquad (3)$$

à condition que les spires formant une même bobine soient exactement superposées, c'est-à-dire en phase.

Soit N le nombre de tours de la machine par seconde ; on pourra écrire, comme on sait :
$$\frac{\Omega}{\omega} = p, \qquad \omega = 2\pi N,$$

d'où :
$$\Omega = p\omega = 2pN,$$

d'où enfin
$$E = \pi N n p \Phi_p \sin\frac{p\theta}{2}\sin\Omega t. \qquad (4)$$

On a, par suite :
$$E_{max} = \pi N n p \Phi_p \sin\frac{p\theta}{2} \qquad (4')$$

$$E_{eff} = \left[\frac{\pi}{\sqrt{2}}\sin\frac{p\theta}{2}\right] p N n \Phi_p\,10^{-8}. \qquad (4'')$$

Le facteur
$$K = \frac{\pi}{\sqrt{2}}\sin\frac{p\theta}{2}$$

est dit coefficient de Kapp, du nom si connu de l'ingénieur électricien qui a su le premier montrer les relations existant entre les formes des f.é.m. et les longueurs relatives des bobines et du pas. On a du reste :
$$\frac{\theta}{\frac{\pi}{p}} = \frac{\text{largeur de la bobine } a}{\text{pas de l'alternateur } b},$$

d'où
$$\frac{p0}{2} = \frac{\pi a}{2 b},$$

d'où enfin
$$K = \frac{\pi}{\sqrt{2}} \sin \frac{\pi a}{2 b}.$$

Remarque. — L'expression que nous venons de trouver de la f.é.m. totale est intéressante. Elle est la même que pour une machine à courant continu à $2p$ pôles, au facteur constant K près.

ALTERNATEURS HOMOPOLAIRES

Nous avons, dans nos études précédentes, laissé un peu de côté cette catégorie de machines, car elles sont de moins en moins utilisées aujourd'hui, pour des raisons diverses dont nous avons déjà souligné la plus importante (grande vitesse tangentielle admise actuellement par les alternateurs hétéropolaires).

Nous avons eu de même l'occasion d'en signaler d'autres, peu favorables à la conservation de ce type.

Calcul de la f.é.m. théorique dans un alternateur hétéropolaire. — Le flux inducteur issu des pôles est, comme on le sait, toujours dirigé dans le même sens. Appelons p' le nombre des pôles inducteurs. La période du flux correspondra à un déplacement angulaire $\frac{2\pi}{p'}$.

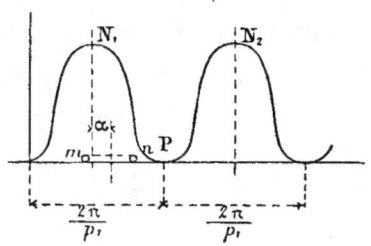

Fig. 317. — Principe du calcul de la f.é.m. développée dans un alternateur homopolaire.

La courbe de l'induction pourra être représentée (fig. 317) par :
$$\mathcal{B} = \frac{\mathcal{B}_0}{2}(1 - \cos p'\beta).$$

Le flux traversant la spire mn d'ouverture angulaire θ sera :
$$\Phi_{mn} = \frac{\mathcal{B}_0}{2} \frac{DL}{2} \int_{\beta_1}^{\beta_2}(1 - \cos p'\beta) d\beta,$$

avec :
$$\beta_1 = \frac{\pi}{p'} + \alpha - \frac{\theta}{2}$$
$$\beta_2 = \frac{\pi}{p'} + \alpha + \frac{\theta}{2},$$

α étant l'angle d'écart du milieu de la spire par rapport à l'axe polaire N; on aura :

$$\Phi_{mn} = \frac{\mathcal{B}_0 DL}{2p'} \left[\frac{p'\theta}{2} + \sin\frac{p'\theta}{2} \cos p\alpha \right].$$

La valeur du flux pour un pôle s'obtient en faisant :

$$\theta = \frac{2\pi}{p'}$$

$$\Phi_p = \frac{\mathcal{B}_0 DL}{2p}\pi.$$

On a donc :

$$\Phi_{mn} = \frac{\Phi_p}{\pi} \left[\frac{p\theta}{2} + \sin\frac{p\theta}{2} \cos p\alpha \right]$$

avec :

$$\alpha = \omega t.$$

La f.é.m. induite dans la spire sera :

$$E_1 = 2p'N\Phi_p \sin\frac{p'\theta}{2} \sin\Omega t.$$

Avec n conducteurs $\left(\frac{n}{2}\text{ spires}\right)$, la f.é.m. induite sera (même hypothèse que plus haut pour la concordance de phase des spires constituant une bobine) :

$$E_{\text{eff}} = \frac{p'Nn\Phi_p \sin\frac{p'\theta}{2}}{\sqrt{2}}.$$

$$K' = \frac{1}{\sqrt{2}} \sin\frac{p'\theta}{2} : \text{coefficient de Kapp};$$

N, nombre de tours par seconde;
n, nombre de conducteurs périphériques;
Φ_p, flux émanant d'un pôle;
p', nombre de pôles inducteurs.

Corrections. — Rappelons nos hypothèses : induction sinusoïdale dans l'entrefer, concordance de phase pour les spires constituant une même bobine.

En tenant compte des coefficients numériques que nous venons d'introduire dans l'expression des f.é.m. E_{eff}, on peut aisément retrouver les deux formules pratiques suivantes, données fréquemment par les aide-mémoire :

Aternateurs hétéropolaires

$$E_{\text{eff}} = 2{,}22 \frac{F}{50} \left(\frac{n}{2}\right) \frac{\mathfrak{B}_0 S}{10.000 \times 100};$$

Alternateurs homopolaires :

$$E_{\text{eff}} = \frac{F}{50} \left(\frac{n}{2}\right) \frac{\mathfrak{B}_0}{10.000} \frac{S}{100},$$

pour les f.é.m. engendrées dans $\frac{n}{2} = n'$ spires en série, ayant chacune S dm^2 de section, soumises à une induction maxima $\mathfrak{B}_0$ et pour une fréquence F, ces spires étant supposées **en concordance de phase**.

EXEMPLES. — **Bobinage à six** trous par pôle et par phase d'un alternateur **monophasé**. — Soit choisi pour $t = 0$ le moment où l'axe du **creux** interpolaire coïncide avec celui de la bobine (f.é.m. **maxima** dans la bobine) ; soit généralement n' le nombre des conducteurs actifs correspondant à un pôle de l'alternateur.

Comparons ce bobinage au bobinage théorique à un trou par pôle et par phase, les spires constituant ce bobinage étant en fait placées dans deux trous distants d'un pas (fig. 318).

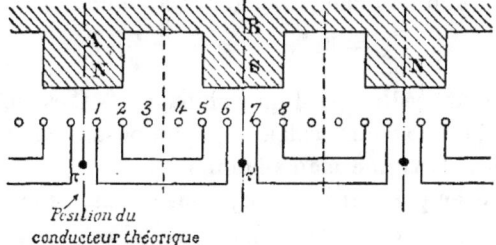

Fig. 318. — Comparaison du bobinage pratique avec le bobinage théorique. Alternateur monophasé à six trous par pôle et par phase.

On aura, si e_0 est la valeur de la f.é.m. maxima développée dans un conducteur, en particulier dans un des conducteurs théoriques, supposés groupant sur eux-mêmes tous ceux de l'enroulement :

f.é.m. dans I $\left(\dfrac{n'}{2} \text{ conducteurs en phase}\right) : \dfrac{n'}{2} e_0 \cos\Omega t,$

— (— —) $: \dfrac{n'}{2} e_0 \cos\Omega t.$

Si E_0 est la force électromotrice théorique pour deux trous par phase et par pôle, ces deux trous étant distants de 1 pas :

$$E = n'e_0 \cos\Omega t.$$
$$E = E_0 \quad \text{pour} \quad t = 0.$$

Or le pas a pour valeur :

$$AB = \frac{2\pi}{2p}.$$

Donc les conducteurs théoriques τ, τ' occupant les positions figurées en face des axes polaires, les conducteurs réels occuperont d'autres positions, telles que les f.é.m. développées dans chacun d'eux auront les valeurs suivantes :

Dans l'encoche 1 $\left[\frac{n'}{4}\text{ conduct. en série}\right]$ $E_1 = \frac{n'}{4} e_0 \cos\left(\Omega t + \frac{2\pi}{24}\right)$

» 2 $\left[\frac{n'}{4}\right.$ » » $\left.\right]$ $E_2 = \frac{n'}{4} e_0 \cos\left[\Omega t + \frac{6\pi}{24}\right]$

» 5 $\left[\frac{n'}{4}\right.$ » » $\left.\right]$ $E_5 = \frac{n'}{4} e_0 \cos\left[\Omega t + \frac{18\pi}{24}\right]$

» 6 $\left[\frac{n'}{4}\right.$ » » $\left.\right]$ $E_6 = \frac{n'}{4} e_0 \cos\left[\Omega t + \frac{22\pi}{24}\right]$.

La f.é.m. produite à chaque instant est donnée par la somme :

$$\varepsilon = E_1 + E_2 + E_5 + E_6.$$

Coefficient de réduction d'un bobinage. — C'est le rapport de la f.é.m. vraie à la f.é.m. calculée en supposant tous les conducteurs en phase dans une même bobine.

On a, par exemple, dans l'exemple ci-dessus, pour $t = 0$:

$$\frac{\varepsilon}{E} = K = \frac{\frac{n'}{4}\cos\frac{2\pi}{24} + \frac{n'}{4}\cos\frac{6\pi}{24} + \frac{n'}{4}\cos\frac{18\pi}{24} + \frac{n'}{4}\cos\frac{22\pi}{24}}{n'}$$

$$K = 0{,}836.$$

Ayant complété l'enroulement par des spires disposées au milieu, soit dans les encoches (3) et (4), on aurait trouvé :

$$K' = 0{,}64.$$

La f. é. m. serait accrue dans le rapport :

$$\frac{3 \times 0{,}64}{2 \times 0{,}836} = 1{,}15.$$

tandis que la résistance aurait augmentée de 33 %, ce qui justifie ce que nous avons dit plus haut, touchant l'inutilité d'un tel enroulement.

Bobinage triphasé, deux trous par pôle et par phase (bobine longue). — Considérons la bobine longue de la figure ci-dessous (fig. 319).

L'enroulement théorique occupe la position figurée en pointillé,

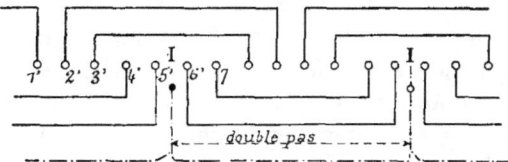

Fig. 319. — Comparaison du bobinage pratique avec le bobinage théorique. Alternateur triphasé à deux trous par pôle et par phase. (Bobine longue.)

symétrique par rapport aux deux faisceaux de conducteurs 6′ et 1, décalés de $\dfrac{2\pi}{24}$ en avant et en arrière de I, I′, bobinage théorique.

On trouve aisément ici :

$$K = 0,968,$$

valeur excellente du facteur de réduction.

Même bobinage (bobine courte). — On voit aisément que dans une phase coexistent deux f.é.m. décalées de $\dfrac{\pi}{4}$ sur la f.é.m. théo-

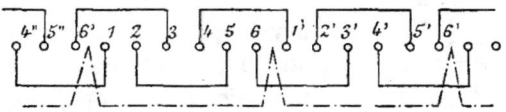

Fig. 320. — Comparaison du bobinage pratique avec le bobinage théorique. Alternateur triphasé à deux trous par pôle et par phase. (Bobine courte.)

rique, en avant ou en arrière. On trouve :

$$K = 0,70$$

d'où une diminution de f.é.m. d'environ 30 %, toutes choses égales, sur l'enroulement à bobines longues.

Telle est la principale raison de l'abandon des bobines courtes.

Expression algébrique de la f.é.m. développée dans un conducteur, ou dans un alternateur, quand la valeur de l'induction dans l'entrefer n'est pas sinusoïdale.

Harmoniques.

DÉCOMPOSITION D'UNE FORCE ÉLECTROMOTRICE ALTERNATIVE

Nous avons déjà insisté longuement sur la différence existant entre les f.é.m. industrielles et la f.é.m. idéale que nous avons considérée dans notre théorie simpliste (sinusoïdale).

Nous avons ajouté qu'aujourd'hui on arrivait, par des artifices variés, à réaliser avec une grande approximation la forme sinusoïdale pour les f.é.m. d'alternateurs.

Il n'en est pas moins nécessaire d'étudier, sous leur forme la plus générale, les f.é.m. qui, bien que souvent sinusoïdales au départ de l'alternateur, peuvent être très modifiées par l'influence des lignes, des transformateurs, sinon des récepteurs.

THÉORÈME DE FOURIER

Toute fonction périodique peut être considérée comme la somme d'une série trigonométrique de fonctions sinusoïdales de la forme :

$$F(t) = C_0 + A_1 \sin \Omega t + A_2 \sin 2\Omega t + \ldots$$
$$+ B_1 \cos \Omega t + B_2 \cos 2\Omega t + \ldots$$

$C_0, A_1, A_2 \ldots B_1, B_2 \ldots$ étant des constantes appropriées.

Or, le champ inducteur d'un alternateur, ou mieux, la f.é.m. développée dans l'enroulement, peut être considérée comme une fonction périodique du temps, quand l'alternateur tourne.

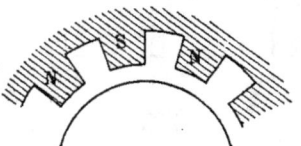

Fig. 321. — Champs inducteurs d'un alternateur hétéropolaire.

Si les champs sont bien symétriques et identiques, la fonction sera de période

$$T = \frac{1}{pN},$$

p étant le nombre de paires de pôles (alternateurs hétéropolaires) (fig. 321).

FONCTIONNEMENT D'UN ALTERNATEUR SUR UN RÉSEAU   259

On aura alors une courbe de f.é.m. présentant l'aspect de la figure 322.

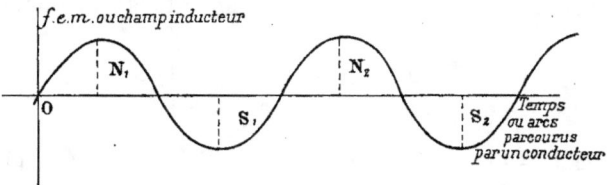

Fig. 322. — Champs magnétiques d'alternateurs à périodes superposables.

Si, au contraire, par suite d'une mauvaise construction, l'alternateur ne possède pas, aux points homologues, des inductions identiques, on aura l'aspect de la figure ci-dessous (fig. 323) :

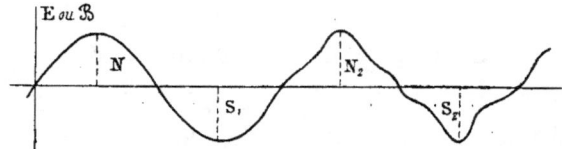

Fig. 323. — Champs magnétiques d'alternateurs à périodes non superposables.

En général, nous admettrons que la période est toujours donnée par :

$$T = \frac{1}{pN}$$

et en outre que les courbes de f.é.m. sont bien réellement alternatives, c'est-à-dire que les régions N_1S_1, N_2S_2, N_3S_3, sont toutes superposables (hypothèse justifiée en réalité avec toutes les machines bien construites).

Sous le bénéfice des hypothèses faites [f.é.m. réellement alternatives] et la période étant encore donnée par la formule :

$$T = \frac{1}{pN},$$

la pulsation par la suivante :

$$\Omega = \frac{2\pi}{T} = 2\pi\, pN,$$

alors, dans le développement de $F(t)$, tous les termes d'ordre pair doivent disparaître, car si l'on fait successivement :

$$t = \theta \qquad t = \frac{T}{2} + \theta$$

par exemple, la fonction doit présenter deux valeurs égales et de signes contraires.

Donc nous aurons, en somme, à étudier le développement suivant :

$$F(t) = C_0 + A_1 \sin\Omega t + A_3 \sin 3\Omega t + \ldots \quad\quad (1')$$
$$+ B_1 \cos\Omega t + B_3 \cos 3\Omega t + \ldots$$

PROBLÈME. — Etant donnée une f.é.m. d'alternateur, ou plus généralement une fonction périodique du temps, déterminer les coefficients C_0, A_1, B_1, A_3, B_3, etc...

Nous pouvons écrire :

$$F(t) = C_0 + E_1^0 \sin(\Omega t + \varphi_1) + E_3^0 \sin(3\Omega t + \varphi_3) + \ldots \quad (1'')$$

en posant :

$$E_1^0 \cos\varphi_1 = A_1 \quad\quad E_1^0 \sin\varphi_1 = B_1$$
$$E_3^0 \cos\varphi_3 = A_3 \quad\quad E_3^0 \sin\varphi_3 = B_3$$
$$\ldots\ldots\ldots\ldots \quad\quad \ldots\ldots\ldots\ldots$$

ce qui nous définit complètement $E^0_1, E^0_3, \varphi_1, \varphi_3$, etc..., connaissant A_1, B_1, etc.

Par analogie avec l'acoustique, le terme $E_1^0 \sin(\Omega t + \varphi_1)$ constitue ce qu'on appelle : le *ton fondamental* ou *l'onde fondamentale*; les termes :

$$E^0_3 \sin(3\Omega t + \varphi_3) \quad\quad E^0_5 \sin(5\Omega t + \varphi_5)$$

sont les *harmoniques supérieures* de périodes plus courtes : $\frac{1}{3}, \frac{1}{5}$, etc.

On peut donc dire que toute f.é.m. alternative est résoluble en une somme de f.é.m. sinusoïdales, dont l'une fondamentale, et les autres, harmoniques de la première.

CAS SIMPLE : *Harmonique 3 en phase avec l'onde fondamentale.*
Alors :
$$\varphi_1 = \varphi_3$$
$$F(t) = E_1 + E_3.$$

Détermination des coefficients. — Multiplions, pour déterminer A_m, tous les termes de l'équation (1") par $\sin m\Omega t$ et intégrons entre les temps 0 et $T = \frac{2\pi}{\Omega}$; nous aurons :

$$\int_0^{\frac{2\pi}{\Omega}} F(t) \sin m\Omega t\, dt = A_m \int_0^{\frac{2\pi}{\Omega}} \sin^2 m\Omega t\, dt,$$

car toutes les autres intégrales de la forme :

$$\int_0^{\frac{2\pi}{\Omega}} \sin p\Omega t \cos q\Omega t\, dt$$

sont nulles. Or :

$$A_m \int_0^{\frac{2\pi}{\Omega}} \sin^2 m\Omega t\, dt = A_m \frac{\pi}{\Omega}.$$

Si nous connaissions l'intégrale définie du premier membre, il serait facile d'avoir A_m par l'équation

$$I_m \frac{\Omega}{\pi} = A_m,$$

I_m désignant la valeur numérique de l'intégrale.

Reste à la calculer. A cet effet, après avoir tracé la courbe $F(t)$, supposée relevée *a priori* par l'une des méthodes exposées dans les

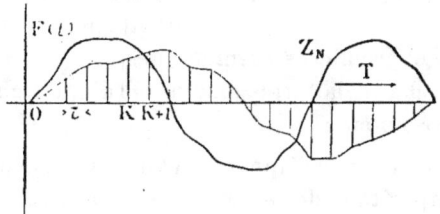

Fig. 324. — Principe de la détermination graphique de la valeur d'une intégrale définie (Simpson).

précédentes leçons, partageons l'abscisse T en $n = 2n'$ parties égales (fig. 324).

Soit τ l'espacement de deux ordonnées correspondantes consécutives, y_k et y_{k+1}.

Nous formerons pour chacune d'elles le produit :

$$Z_k = y_k \sin m\Omega K\tau$$

puisque le temps correspondant à y_k est $K\tau$.

Traçons la nouvelle courbe $Z_k(t)$ par points. La somme étendue à toute la courbe de la figure, c'est-à-dire à toute la période T :

$$\Sigma y_k \sin m\Omega K\tau\, d\tau$$

nous donnera $y_m > 0$ ou < 0 suivant que la somme algébrique des aires telles que I + II l'emporte sur les aires de la forme III (fig. 325).

REMARQUES. — 1° La constante C_0 s'obtient de la manière suivante :

Dans les représentations graphiques ci-dessus, on a supposé que la fonction s'annulait pour $t = 0$. On a donc :

$$F(0) = C_0 + B_1 + B_3 + \ldots = 0$$

d'où

$$C_0 = -[B_1 + B_3 + \ldots]$$

2° On aurait de même les B_1, B_3, B_5, etc..., en opérant comme précédemment, c'est-à-dire en multipliant les termes du développement par $\cos m\,\Omega t$ et en intégrant.

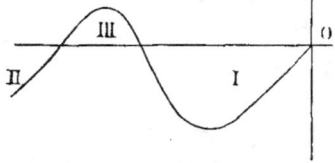

Fig. 325. — Principe de la détermination graphique de la valeur d'une intégrale définie (Simpson).

3° On est averti que le développement arrêté au 3°, au 5°..., au $(2n'+1)^{me}$ terme est pratiquement suffisant quand les coefficients calculés $A_{2n'+1}$, $B_{2n'+1}$ deviennent négligeables par rapport aux premiers obtenus : onde fondamentale et premières harmoniques.

4° La recherche de la forme analytique d'une f.é.m. [alternative ou non] suppose donc :

a) le tracé de la courbe (appareils et méthodes décrits plus haut) ;

b) la décomposition de la courbe, c'est-à-dire la formation des coefficients A_1, A_3, B_1, B_3, etc.

Nous possédons maintenant tous les éléments nécessaires pour effectuer la **décomposition harmonique d'une f.é.m.**

DIXIÈME LEÇON

RÉACTION D'INDUIT DANS LES ALTERNATEURS

NOTIONS PRÉLIMINAIRES — FAIT EXPÉRIMENTAL

Jusqu'ici, nous avons considéré la f.é.m. E_{eff} comme identique à vide ou en charge, puisque nous avons dit qu'elle ne dépendait que du courant d'excitation et de la vitesse N.

Appellons E^0_{eff} la f. é. m. à vide [différence de potentiel aux bornes donnée par les caractéristiques] et U_{eff} la tension aux bornes de la machine en charge, par exemple, pour fixer les idées, sur un réseau de décalage Φ donné mais à impédance variable. Soit de même I_{eff} la valeur du courant débité pour une certaine valeur de Z; on constate que u_{eff}, chute de tension dans l'alternateur, mesurée, par des méthodes en fait délicates, ou même simplement calculée en utilisant la connaissance de z et de I_{eff}

$$\left[z = \frac{E^0_{eff}}{I_{eff}\,cc}\right]$$

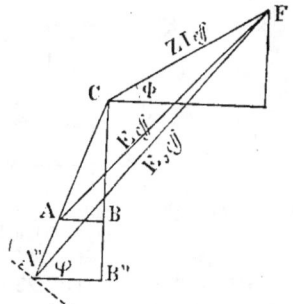

Fig. 326. — Diagramme de fonctionnement des alternateurs. Comparaison entre les f.é.m. à vide et en charge.

est plus petite que celle déduite du diagramme (fig. 326) en supposant l'existence de la même f.é.m. à vide ou en charge.

En d'autres termes, un cercle décrit de F comme centre avec A″F comme rayon

$$(A''F = E^0_{eff})$$

coupe CA en un point A″, alors que U'_{eff}, calculé en partant de z et de I_{eff}, nous donne un point A plus rapproché de C.

On peut donc concevoir la chose sous deux aspects :

1° Ou bien conservation de la même f.é.m. en charge et à vide E^0_{eff}, mais accroissement de la chute de tension dans l'induit de l'alternateur, l'impédance z et peut-être aussi le décalage propre φ, comme nous allons le voir, se modifiant;

264   COURS MUNICIPAL D'ÉLECTRICITÉ INDUSTRIELLE

2° Ou bien affaiblissement de la f.é.m. quand la charge croît. La cause de cet affaiblissement, sans rien préjuger provisoirement de sa nature, est dite « réaction d'induit ».

Elle est en principe analogue à celle que nous avons étudiée dans les machines à courants continus.

Ce qui compliquera notre étude, c'est, comme pour tout autre problème qui concerne les courants alternatifs, la variation simultanée de z et φ.

RAPPEL DE LA NOTION DE RÉACTION D'INDUIT DANS LES MACHINES A COURANT CONTINU

Nous avons montré (*Cours Municipal*, Première partie, XI° leçon, courants continus) que les conducteurs périphériques considérés, par exemple, comme associés en bobines, et parcourus par les courants normaux d'induit, développent des champs inducteurs ↑↑ non concordants avec les champs principaux ↓↓.

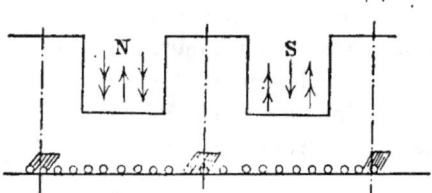

Fig. 327. — Représentation schématique simple de la réaction d'induit d'une machine à courant continu.

La figure ci-contre 327 représente le cas simplifié d'une machine à courant continu avec calage des balais sur la ligne neutre.

Le champ d'induit, ou plus grossièrement l'aimant équivalent, présente ses pôles aux balais, et l'effet de cette aimantation, dite transversale, de l'induit est le suivant :

Distorsion du champ magnétique inducteur résultant, renfor-

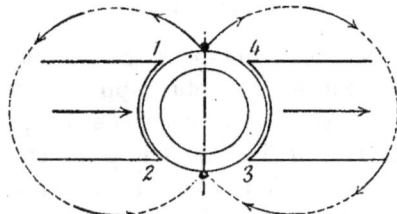

Fig. 328. — Effet du champ d'induit. Distorsion du champ inducteur.

cement de l'induction aux cornes polaires 2 et 4, affaiblissement de celle-ci aux cornes 1 et 3 (fig. 328).

La répartition de l'induction dans l'entrefer peut être considérée comme due à la combinaison d'une induction $\mathcal{B}$ produite par les amp.-tours excitateurs seuls et d'une induction $\mathcal{B}'$ due à l'induit seul, les deux courbes représentatives de ces inductions étant décalées de 1/4 de période (fig. 329).

Pour avoir une idée relativement simple du phénomène, on peut,

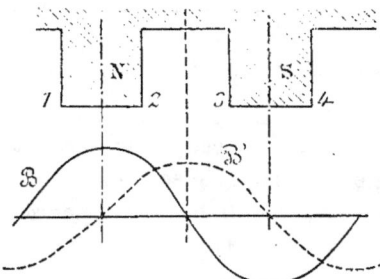

Fig. 329. — Situations respectives des courbes d'induction dans l'entrefer dues à l'inducteur seul et à l'induit seul.

bien que ce ne soit théoriquement pas admissible, composer ces inductions; on voit alors que les $\mathcal{B}$ résultants sont affaiblis en 1 et 3, renforcés en 2 et 4.

L'effet du champ d'induit, dit « transversal », consiste donc simplement à rendre dissymétrique le champ inducteur résultant.

Le phénomène se complique quand le calage des balais n'a plus lieu suivant la ligne neutre. Le champ d'induit a alors un effet double, nettement antagoniste, pour les conducteurs d'ouverture 2α, α étant l'angle de calage (ou de la ligne des balais par rapport à la ligne neutre théorique), et distorsif pour les autres.

RÉACTION D'INDUIT DANS UNE MACHINE A COURANTS ALTERNATIFS

Ensemble du phénomène. — Le phénomène est à peu près le même au moins au point de vue intégral, mais il présente néanmoins avec le précédent des différences essentielles.

Considérons un alternateur et supposons qu'à l'instant considéré les pôles soient en face des bobines de l'induit (fig. 330).

Les bobines sont parcourues par un courant alternatif, d'où un flux périodique alternatif qui, suivant la valeur du décalage ψ, peut être en quadrature [ψ = 0] ou opposé au flux inducteur principal [ψ = 90].

En effet, la f.é.m. E, développée dans une bobine d'induit, f.é.m. due au flux inducteur seul, et ce flux sont en quadrature.

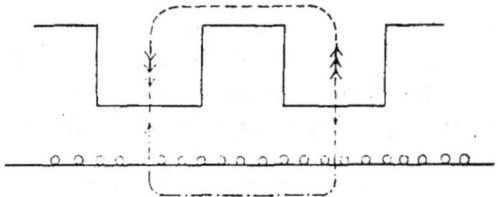

Fig. 330. — Réaction d'induit dans un alternateur. Constitution d'un circuit magnétique à un instant donné.

Le flux d'induit $\Phi^a = K'I$ occupe par rapport à E une position donnée par l'angle de décalage électrique ψ.

Positions relatives des points et vecteurs figuratifs d'un diagramme circulaire représentant les flux d'inducteur et d'induit embrassés par une bobine.

N.-B. — On voudra bien remarquer, dans la théorie ci-dessous, que si nous parlons de flux distincts, d'inducteur et d'induit, c'est là une simple forme de langage. Il y a : *des champs distincts, une induction résultante unique* et, par suite, *un flux unique* dans une région donnée du circuit magnétique.

Ce pseudo-flux d'induit est de même période et de même phase que le courant qui l'engendre. Soit Φ_i le flux principal inducteur.

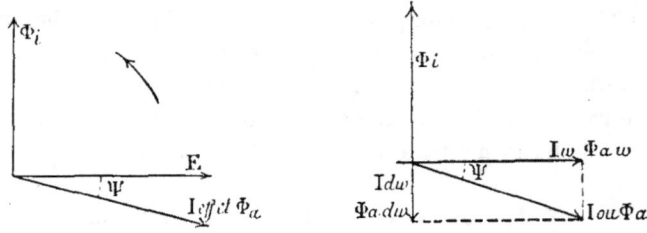

Fig. 331.   Fig. 332.
Situations générales relatives des flux d'inducteur, d'induit, des f.é.m. et du courant. Composantes wattées et déwattées.

Il est en avance de 90° sur la f.é.m. d'induction E engendrée par Φ_i dans la bobine constituée par les conducteurs convenables [1].

---

1. On supposera fréquemment, ce qui est vrai en première approximation, que le flux inducteur propre Φ_i est proportionnel au courant excitateur (*i*), ou aux amp.-tours correspondants (*ni*).

RÉACTION D'INDUIT DANS LES ALTERNATEURS 267

Soient : ψ l'angle de décalage de la f.é.m. et du courant I_{eff} et Φ_a le flux fictif d'induit.

Si $\psi > 0$ (self-induction prédominante), Φ_a est en retard de plus de 1/4 de période par rapport à Φ_i (fig. 331).

De même, si $\psi < 0$ (effet de capacité prédominant), Φ_a sera en retard par rapport à Φ_i de moins de 1/4 de période.

Décomposons I et Φ_a en leur deux composantes wattées et déwatées (fig. 332).

On voit que Φ_{aw} produit une distorsion simple du champ, $\Phi_{a\,dw}$ une action, démagnétisante si $\psi > 0$ (E en avance sur I) ou magnétisante supplémentaire si $\psi < 0$ (E en retard sur I).

Nous donnons une représentation, figure 333, des situations relatives de Φ_i, de E (à 90° en arrière de Φ) :

$$E = -\left(\frac{d\Phi}{dt}\right)$$

de I, en retard si $\qquad L\Omega - \dfrac{1}{\Omega C} > 0$

ou en avance, si $\qquad L\Omega - \dfrac{1}{\Omega C} > 0$

par rapport à E, les quantités L, C et Ω ayant les significations maintes fois définies.

On peut constater que si I est en retard par rapport à E, pendant la majeure partie de la demi-période, Φ_i et I, donc Φ_i et Φ_a, sont de

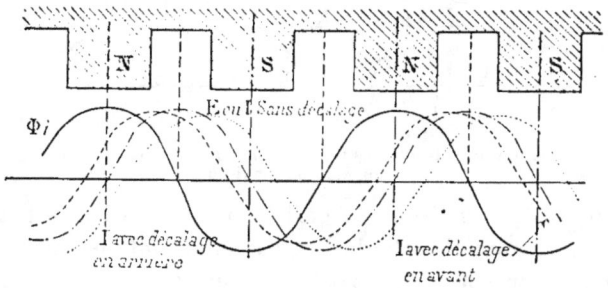

Fig. 333. — Représentations géométriques respectives des flux inducteurs, f.é.m. et courant d'induit.

signes contraires, d'où effet intégral discordant et, par suite, tendance à la diminution du flux inducteur résultant.

C'est le contraire quand I est en avance par rapport à E.

Il faut bien remarquer que cette courbe représente les valeurs de l'induction dans l'entrefer, ou des f.é.m. engendrées, et les courants dans les conducteurs, rapportées aux positions d'un index entraîné par le mouvement de l'alternateur, par exemple l'axe d'une bobine induite.

Étude détaillée de la réaction d'induit dans un alternateur monophasé.

Hypothèse. — Pour faire cette étude d'une manière simple, nous supposerons toujours, comme plus haut, que la f.é.m. d'induction E, le flux inducteur Φ_i et le courant engendré sont de forme sinusoïdale. Il en sera évidemment de même pour le flux d'induit.

En outre, pour simplifier la démonstration, nous supposerons que l'alternateur est à inducteur fixe et à induit mobile.

Il est évident que cette hypothèse ne restreindra en rien la généralité de notre étude [1].

Représentation de la réaction d'induit dans l'alternateur. — Pour simplifier, imaginons d'abord que I et E soient en phase.

Supposons d'abord que, l'alternateur étant fixe, on fasse parcourir les enroulements par un courant de même nature et de même intensité que celui qu'il produisait alors que, dans son déplacement devant les pôles inducteurs, il était le siège d'une f.é.m. d'induction.

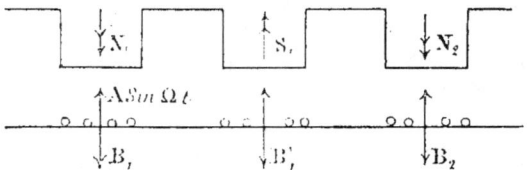

Fig. 334. — Situation relative des pôles inducteurs et des bobines dans la position de flux maximum.

La figure 334 représente la position relative de l'induit et de l'inducteur (par exemple celle du flux maximum embrassé par une spire) au moment où l'on suppose l'alternateur figé dans son mouvement,

---

1. On voudra bien noter, conformément à ce que nous avons déjà spécifié longuement au cours de ces leçons (Voir aussi Première partie, courants continus), que si la f. é. m. d'induction développée dans un conducteur est donnée par la formule classique $e = \mathcal{B} L V$, celle développée dans la bobine constituée par deux conducteurs associés, par $E = -\dfrac{d\Phi}{dt}$, ces f. é. m. se ramènent aisément l'une à l'autre, la seconde n'étant que la somme algébrique de deux f. é. m. analogues à la première, et l'index servant à la représentation de la f.é.m. E étant, non un conducteur, mais l'axe de la bobine constituée par deux conducteurs associés.

le courant ayant la valeur qu'il possédait à l'arrêt, et le décalage du courant étant nul par rapport à la f.é.m.

Prenons comme origine du temps, par exemple, l'instant où le repère, axe de la bobine, passe devant un axe interpolaire.

Le champ de la bobine B_1, à l'instant considéré $t = \dfrac{2\pi}{4\Omega}$, a pour valeur $A \cos \Omega t$, Ω étant la pulsation du courant alternatif donné par :

$$\Omega = \frac{2\pi}{T}$$

$T = \dfrac{1}{pN}$ étant la durée de la période ou le temps mis par l'alternateur pour passer de N_1 à N_2. (Cas général de l'alternateur hétéropolaire.)

Or, t représentant maintenant la variable temps, on sait que : $A \cos \Omega t$ peut être décomposé en deux composantes :

$$\frac{A}{2} \cos \Omega t$$

considérées l'une et l'autre comme la projection des vecteurs a' et a'' de grandeur $\dfrac{A}{2}$ se déplaçant, l'un dans un sens avec la vitesse angulaire Ω, l'autre en sens inverse, avec la vitesse angulaire $-\Omega$.

En effet, les composantes sur un deuxième axe X' X", rectangulaire avec le précédent, sont respectivement :

$$\frac{A}{2} \sin \Omega t$$

et

$$-\frac{A}{2} \sin \Omega t,$$

c'est-à-dire égales et de signes contraires (fig. 335).

Il en résulte que l'effet magnétisant de la bobine B_1 peut être remplacé par deux champs de grandeur constante, tournant en sens inverse, l'un Φ'_a avec la vitesse angulaire de l'alternateur, l'autre Φ''_a avec une vitesse égale et de signe contraire.

On a donc décomposé Φ_a, flux fictif d'induit, en deux flux Φ'_a et Φ''_a tournant dans les conditions indiquées plus haut.

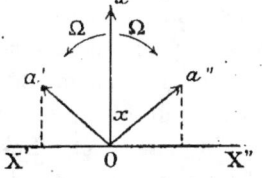

Fig. 335. — Réaction d'induit dans un alternateur monophasé. Décomposition du flux alternatif d'induit en deux flux tournants.

Animons maintenant l'alternateur du mouvement de vitesse angulaire :

$$\omega = \frac{\Omega}{p}.$$

Quand la bobine sera venue de B_1 en B_2, les mêmes valeurs des courants se seront reproduites. On peut donc considérer l'un des flux, soit Φ'_a, comme fixe dans l'espace, exactement comme le flux inducteur Φ_i.

Ceci suppose toujours qu'on n'a pas de décalage entre E et I.

Le second flux Φ''_a se déplace par rapport à l'induit avec la vitesse angulaire absolue Ω, dans le sens contraire de la marche de l'alternateur, ou avec la vitesse absolue 2Ω par rapport au système fixe (fig. 336).

La courbe de l'induction fictive dans l'entrefer due à ce champ parasite, ou de ce flux Φ''_a, peut être considérée comme donnée à un instant quelconque par le déplacement, indiqué plus haut, de la courbe fixe Φ'_a, l'arc décrit au bout du temps t étant $2\Omega t$; il en résulte que les deux courbes se rencontrant et coïncidant aux temps $0, \frac{T}{2}, T$, etc... seront en opposition aux temps $\frac{T}{4}, \frac{3T}{4}$, etc..., et qu'à ces moments-là, le champ d'induit, somme algébrique de champs correspondant à Φ'_a et Φ''_a, sera sans effet sur l'inducteur, car il sera nul [1].

Conséquences pratiques. Influence néfaste de Φ''_a. — Le champ inducteur Φ_T [résultant ou total] sera donc la somme géométrique des flux Φ'_a et Φ_i.

Plus exactement, il faudrait parler de champs composants, et non de flux composants, comme nous l'avons dit maintes fois, mais nous ne saurions trop le répéter.

Les maxima de Φ'_a et de Φ_i n'étant pas concordants dans l'espace, il y aura donc distorsion du champ.

De plus, le champ Φ''_a tournant avec la vitesse 2Ω par rapport à l'inducteur fixe, induira une f.é.m. de fréquence $2F$ dans le circuit inducteur, et celle-ci donnera un courant inducteur i' alternatif plus ou moins en phase avec cette f. é. m. alternative.

---

[1] On voit que le mécanisme du raisonnement consiste à considérer un entrefer idéal comme siège d'une induction donnée par la combinaison du flux inducteur propre et du flux Φ'_a et balayé périodiquement par la courbe d'induction correspondant à Φ''_a, se déplaçant dans cet entrefer avec une vitesse double de celle de l'**alternateur.**

La f.é.m. induite par i', ou plutôt par le champ qu'il crée, sera également périodique, mais de fréquence 3 F, car le champ Φ''_a tourne avec la fréquence 2F en sens contraire du déplacement de l'inducteur, ou du point figuratif du diagramme de l'onde fondamentale (fréquence F).

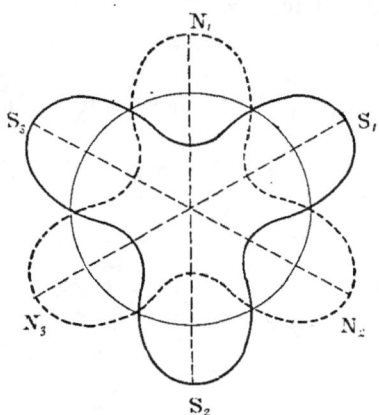

Fig. 336. — Réaction d'induit dans un alternateur monophasé. Superposition des effets magnétiques des deux flux tournants d'induit.

Le champ Φ''_a produira donc dans la f.é.m. une harmonique 3me, généralement peu favorable, puisqu'elle rend la f.é.m. totale dissymétrique, et abaisse souvent le rapport de la tension totale à la tension maxima.

Nous aurons plus tard l'occasion d'étudier complètement ces effets.

En plus des perturbations apportées à la f.é.m. d'induit, il faut signaler une dissipation d'énergie dans les inducteurs. Les circuits magnétiques constitués par ceux-ci étant le siège de pulsations magnétiques provenant du flux Φ''_a, de fréquence 2F, ces pulsations magnétiques produiront des courants de Foucault dans les masses polaires d'inducteurs, particulièrement graves si celles-ci ne sont pas feuilletées.

La variation du champ inducteur donne lieu à un ronflement sourd dû aux vibrations des masses magnétiques, et particulièrement fort avec les machines dentées.

Valeur du champ et du flux résultants. — Cas où I est décalé par rapport à E. — Il y a alors, comme nous l'avons vu, une composante antagoniste due au courant déwatté.

Les champs $\mathcal{H}_i$ et $\mathcal{H}_a$ peuvent être composés; le champ résultant sera (fig. 337) :

$$\mathcal{H}_R = \sqrt{(\mathcal{H}_i - \mathcal{H}'_{adw})^2 + \mathcal{H}'^2_{aw}}.$$

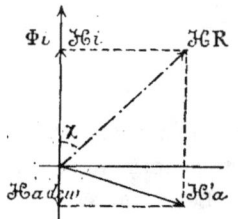

Fig. 337. — Composition géométrique des champs inducteur et induit d'un alternateur monophasé.

Nous faisons abstraction dans tout ceci du flux périodique Φ''_a qui donne lieu, comme on l'a vu, à un deuxième régime de courant inducteur périodique se superposant au précédent, de telle sorte que le courant inducteur définitif aura la forme ondulée ci-contre, de période double de celle du courant fondamental (fig. 338).

Considérons un alternateur hétéropolaire ayant $2p$ pôles et $(AT)_i$ ampère-tours excitateurs par pôle.

Il y a, comme on l'a vu (*Cours Municipal*, Première Partie : Courants continus) :

$2p$ circuits magnétiques, donc $(AT)_i$ ampère-tours par circuit magnétique (fig. 339).

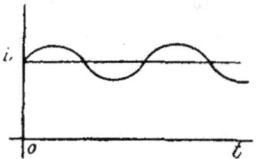

Fig. 338. — Forme réelle du courant excitateur d'un alternateur monophasé.

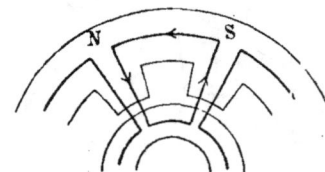

Fig. 339. — Constitution des circuits magnétiques et lignes de force d'un alternateur monophasé.

De même, si n est le nombre de conducteurs périphériques, il y a :
$\dfrac{n}{2p}$ conducteurs par circuit magnétique, et en tout :

$$n' = \frac{n}{2} \text{ spires}$$

d'où :

$$\frac{n'}{2p} = \frac{n}{4p} \text{ spires par pôle.}$$

Les ampère-tours d'induit par pôle, ou par circuit magnétique, seront donc :

$$\frac{n}{4p} \cdot \frac{I_{\text{eff}} \sqrt{2}}{2},$$

le champ fixe $\mathcal{H}'_a$ ayant pour valeur la moitié de la valeur maxima du champ alternatif d'induit $\mathcal{H}_a$ total (fig. 340).

Les ampère-tours totaux résultants par pôle $(AT)_R$ auront donc pour valeur :

$$(AT)_R = \sqrt{\left[(AT)_i - \frac{n}{4p} \frac{I_{\text{eff}}}{\sqrt{2}} \sin\psi\right]^2 + \left[\frac{n}{4p} \frac{I_{\text{eff}}}{\sqrt{2}} \cos\psi\right]^2}$$

le champ dû à ces ampères-tours fait avec $\mathcal{H}_i$ l'angle χ donné par :

$$\operatorname{tg}\chi = \frac{\dfrac{n}{4p}\dfrac{I_{\text{eff}}}{\sqrt{2}}\cos\psi}{(AT)_i - \dfrac{n}{4p}\dfrac{I_{\text{eff}}}{\sqrt{2}}\sin\psi}$$

ou encore :

$$\operatorname{tg}\chi = \frac{\cos\psi}{\dfrac{(AT)_i}{\dfrac{n}{4p}\dfrac{I_{\text{eff}}}{\sqrt{2}}} - \sin\psi}.$$

Posons :

$$(AT)_a = \frac{n}{4p}\frac{I_{\text{eff}}}{\sqrt{2}}$$

amp.-tours totaux d'induit par pôle.

Nous aurons :

$$(AT)_R = \sqrt{[(AT)_i - (AT)_a \sin\psi]^2 + (AT)^2_a \cos^2\psi}$$

$$\operatorname{tg}\chi = \frac{\cos\psi}{\dfrac{(AT)_a}{(AT)_i} - \sin\psi}$$

Remarquons que Φ, décalage du réseau, est à peu près le même que ψ, décalage total de E_{eff} sur I_{eff}. Cette observation nous servira pour calculer aisément des valeurs suffisamment approchées de $(AT)_R$ et de $\operatorname{tang}\chi$.

La f.é.m. développée (onde fondamentale) dans l'induit sera décalée de

$$90^\circ + \psi$$

par rapport à Φ_i, et sera réduite, si on admet la proportionnalité des $\mathcal{B}$ aux $\mathcal{H}$ (machines non saturées) dans le rapport :

$$\frac{\mathcal{H}_R}{\mathcal{H}_i} = \frac{\sqrt{[(AT)_i - (AT)_a \sin\psi]^2 + (AT)^2_a \cos^2\psi}}{(AT)_i}$$

Remarque sur la nature des flux Φ'_{aw} et Φ'_{adw}. — On voit que le premier peut être considéré comme l'analogue du flux d'induit, dit transversal, dans les dynamos à courant continu (fig. 340 et 341).

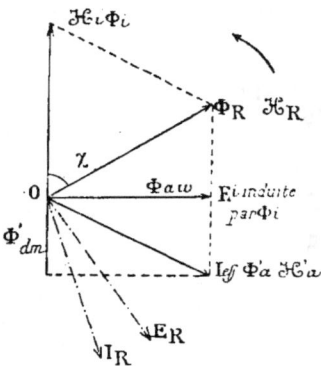

Fig. 340. — Situations géométriques relatives des vecteurs flux, champs, f.é.m. et courant dans un alternateur monophasé.

L'induction dans l'entrefer $\mathcal{B}'_{aw}$, due à ce flux Φ'_{aw}, est décalée de 90° en arrière, ou en quadrature avec $\mathcal{B}_i$ due aux inducteurs seuls.

L'induction $\mathcal{B}'_{adw}$, due au flux Φ'_{adw}, est décalée à 90° en arrière de la précédente (fig. 341), soit à 180° de $\mathcal{B}_i$. Celle-ci est nettement démagnétisante. Le flux Φ'_{adw} joue donc un rôle tout à fait analogue au flux antagoniste (calage des balais en avant de la ligne neutre) dans le cas des machines à courant continu.

Artifices proposés pour supprimer Φ''_a. — Nous avons vu son influence néfaste. Si l'on réussissait à produire un champ Φ'''_a, opposé et à peu près égal en valeur absolue à Φ'_a, de manière à réaliser un effet résultant à peu près nul, la difficulté serait résolue.

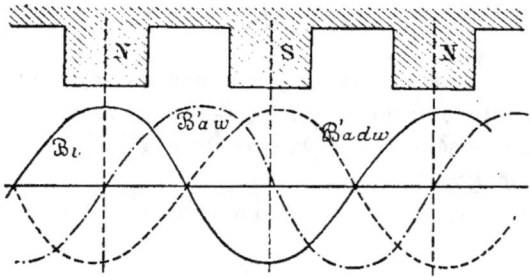

Fig. 341. — Situations géométriques relatives des inductions dans l'entrefer dues à l'inducteur seul et à l'induit seul dans un alternateur monophasé.

On y arrive par divers artifices, se ramenant tous au même principe : installer sur les inducteurs de fortes masses de cuivre [dites amortisseurs. Système préconisé par M. Leblanc].

Φ''_a induit dans ces masses des courants à peu près en phase [réactance négligeable] avec leur f.é.m. génératrice e''_a, c'est-à-dire décalée à 90° en arrière de Φ'_a. Ils constituent eux-mêmes des champs à peu près égaux à Φ''_a, si l'habileté du constructeur **sait** réaliser cette condition (fig. 342).

Pour que la compensation existe, il faut que ces champs soient en tout cas opposables à Φ''_a.

La disposition représentée dans la figure 342. A a été souvent employée.

Le flux Φ''_a tournant, la f.é.m. e''_a développée dans les masses métalliques m formant pont entre N et S est décalée à 90° en **arrière** de Φ''_a.

Au moment représenté sur la figure, le champ inducteur Φ''_a dans m est nul, e''_a est maximum et par suite Φ'''_a, en phase avec e''_a, est donc en m en retard de 90° sur Φ''_a.

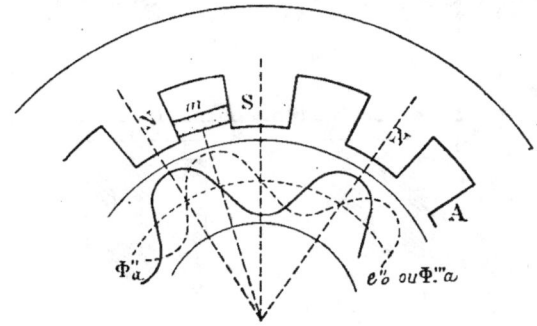

Fig. 342. A. — Artifice proposé pour la suppression des effets du flux parasite d'induit dans un alternateur monophasé. Ponts métalliques entre les pôles inducteurs.

Le flux Φ'''_a se fermant par les pôles inducteurs, ceux-ci sont parcourus :

1° par Φ''_a ;

2° par Φ'''_a, en phase avec e''_a (car le courant I''_a, qui produit ce **flux**, est en phase avec e''_a, puisque la spire m est résistante, sa réactance étant presque nulle), c'est-à-dire en retard de 90° sur la valeur du flux en m, c'est-à-dire de 180° en retard sur la valeur du flux en N (fig. 343).

Cette disposition donne d'assez bons résultats. Meilleures encore sont les dispositions des figures 344 à 346 (dispositions B et C), insertion sur les inducteurs de spires à forte section en court-circuit [réactance importante].

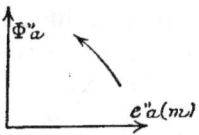

Fig. 343. — Situations géométriques relatives du flux parasite d'induit et de la f.é.m. qu'il engendre dans les masses inductrices.

Nous retrouvons cet artifice très employé dans les compteurs à champs tournants, où les flux jouant le rôle de Φ''_a et Φ'''_a sont bien en opposition de phase (Φ'''_a étant le flux dû aux spires en court-circuit).

En effet, Φ'''_a dû au courant des spires en court-circuit est presque à 90° en arrière de e''_a [résistance négligeable, forte self-induction].

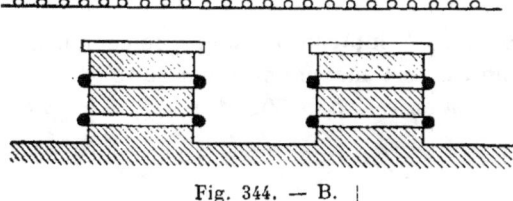

Fig. 344. — B.

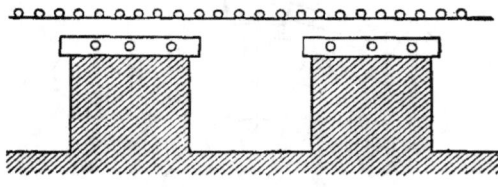

Fig. 345. — C.

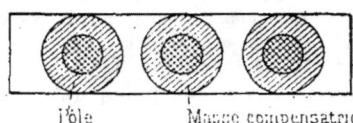

Fig. 346. — C.

Artifices destinés à la suppression des effets du flux parasite d'induit dans un alternateur monophasé. Spires en court-circuit.

La disposition A de la figure 343 aurait aussi convenu beaucoup mieux, si l'on avait encerclé les pôles par les masses métalliques additionnelles.

Réaction d'induit dans les alternateurs polyphasés.

Nous examinerons seulement, comme le plus intéressant, le cas des alternateurs triphasés qui, avec les alternateurs monophasés, constituent l'immense majorité des machines à envisager dans la pratique.

ALTERNATEURS TRIPHASÉS

Après l'étude très complète de la question, dans le cas des alternateurs monophasés, que nous venons de faire, nous pourrons traiter rapidement ce nouveau cas.

Les bobines de l'induit se rencontrant sur la surface de celui-ci dans l'ordre des phases :

$$I\ II\ III, \quad I'\ II'\ III', \text{ etc...}$$

les groupes I I', etc. donnent pour chaque bobine **un champ** (ou un flux fictif) Φ_{aI} décomposable en deux autres

$$\Phi'_{aI} \quad \text{et} \quad \Phi''_{aI}$$

tournant suivant le mode indiqué précédemment.

De même pour II et III. Les amplitudes maxima de chacun d'eux sont :

$$\frac{\Phi_{aI}}{2} = \frac{\Phi_{aII}}{2} = \frac{\Phi_{aIII}}{2}.$$

Les flux $\Phi'_{aI}, \Phi'_{aII}, \Phi'_{aIII}$ sont fixes dans l'espace, ou plutôt et plus généralement, par rapport à l'inducteur. Les flux $\Phi''_{aI}, \Phi''_{aII}, \Phi''_{aIII}$ tournent dans l'espace par rapport à cet inducteur, en sens contraire du mouvement réel, avec la vitesse 2Ω.

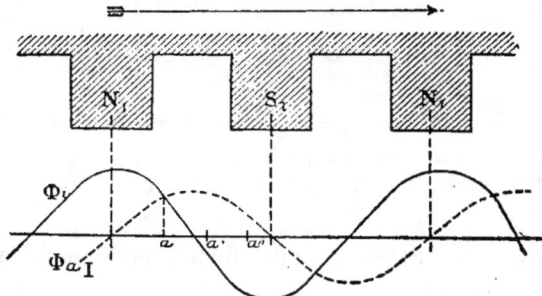

Fig. 347. — Flux propre d'inducteur et flux propre d'induit dans un alternateur triphasé. Inductions correspondantes.

Supposons encore, pour simplifier, que les courants I ne soient pas décalés par rapport aux f.é.m. Pour Φ'_{aI}, pas de difficultés. Ce que nous avons dit précédemment subsiste (fig. 347).

Pour Φ'_{aII}, nous savons que le courant générateur de ce flux est décalé de $\frac{2\pi}{3}$ par rapport à I_1.

278 COURS MUNICIPAL D'ÉLECTRICITÉ INDUSTRIELLE

La même courbe I_I ou Φ'_{aI} peut représenter la valeur du courant (ou de la f.é.m. induite) dans la bobine du groupe II, son axe occupant les positions relatives successives a, a', a'' par rapport à l'inducteur. Ce sera aussi la représentation de I_{II} ou Φ'_{aII} (fig. 348).

Si l'on veut déterminer à quelle position a_0 de l'axe de la bobine II correspondra le maximum du courant I_{II} (ou du champ Φ'_{aII}), ce sera évidemment la même que pour I_I et pour Φ'_{aI}.

De même pour Φ'_{aIII}. En d'autres termes, les trois champs et les flux

$$\Phi'_{aI} \quad \Phi'_{aII} \quad \Phi'_{aIII}$$

seront superposés [ce qui était évident *a priori*], la valeur de ces champs étant représentable par une seule courbe, à l'échelle près, celle de la f.é.m. ou du courant induit dans une bobine en fonction

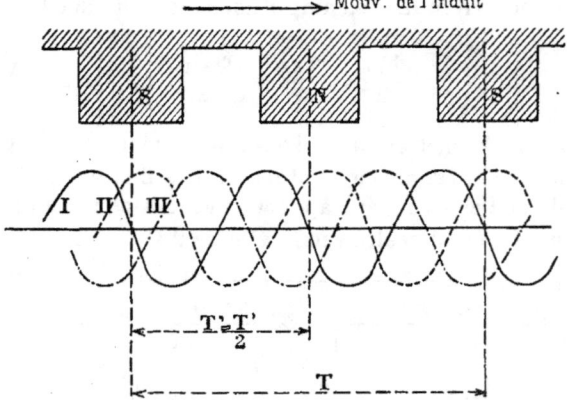

Fig. 348. — Représentations géométriques respectives des courants dans les phases d'un alternateur triphasé, rapportés à un même repère (axe d'une bobine de phase).

des positions occupées par un index lié à la position de la bobine, par exemple son axe.

Le champ résultant fixe de l'induit aura donc pour valeur maximum :

$$\Phi'_a = 3\Phi'_{aI} = \frac{3}{2}\Phi_{aI}.$$

Quant aux trois champs Φ''_{aI}, Φ''_{IIa}, Φ''_{aIII}, ils peuvent être représentés par trois sinusoïdes de la forme :

$$\Phi''_{aI} = \frac{\Phi_a}{2}\sin(-2\Omega t)$$

$$\Phi''_{a\,II} = \frac{\Phi_a}{2} \sin\left(-2\Omega t + \frac{2\pi}{3}\right)$$

$$\Phi''_{a\,III} = \frac{\Phi_a}{2} \sin\left(-2\Omega t + \frac{4\pi}{3}\right)$$

se déplaçant avec la vitesse angulaire 2Ω en sens inverse du mouvement, c'est-à-dire avec la vitesse absolue 2Ω par rapport à l'inducteur de l'alternateur. Ce seront les courbes de la figure ci-dessus (fig. 348).

Le champ résultant Φ''_a a à chaque instant pour valeur la somme des ordonnées de ces trois sinusoïdes correspondant à une même abscisse. Or, on sait que la somme instantanée de trois quantités triphasées est nulle.

Conclusions. — 1° Dans un alternateur triphasé, le flux propre de l'induit est fixe et a pour valeur :

$$\frac{3}{2}\Phi_{a\,I},$$

$\Phi_{a\,I}$ étant le flux maximum relatif à une phase, celui correspondant à un pôle inducteur, si l'on a une bobine par pôle et par phase ;

2° Le flux parasite résultant Φ''_a est annulé à chaque instant ;

3° Les ampère-tours totaux d'induit, ou, comme on dit souvent, la réaction totale d'induit par pôle est donnée par

$$(AT)_a = \frac{n}{4p}\,\frac{I_{\text{eff}}}{\sqrt{2}} \times 3 = 1,5\left[\frac{n}{4p}\right]I_{\text{eff}}\sqrt{2},$$

n étant le nombre de conducteurs d'induit périphériques ;

4° Naturellement, comme dans le cas des alternateurs monophasés, pour faire une étude complète de la question, il faut tenir compte du décalage de E et de I [voir plus haut], mais les champs résultants Φ''_a restent dans tous les cas nuls.

REMARQUES. — I. **Dispersion magnétique d'induit.** — Dans la théorie précédente, on a supposé que le flux Φ_a se fermait tout entier par l'inducteur, c'est-à-dire qu'il n'y avait pas de dispersion magnétique d'induit. Cette dispersion existe en réalité.

La f.é.m d'induction E_R résultante a été déterminée d'après ces bases (fig. 340).

Nous verrons dans la prochaine leçon comment il convient de tenir compte, pour calculer l'expression exacte de la f.é.m., de cette nouvelle forme du phénomène.

II. Dispersion magnétique d'inducteur. — Tout ce que nous avons dit à ce sujet dans la première partie de ce cours[1] s'applique ici sans difficulté, si l'on veut bien remarquer que le flux transversal d'induit et le flux antagoniste jouent respectivement le même rôle par rapport à l'inducteur, en courant continu, que les flux watté et déwatté en courant alternatif. Tout ce que nous allons dire dans la leçon suivante pourrait être établi par le lecteur lui-même au moyen d'analyses intuitives.

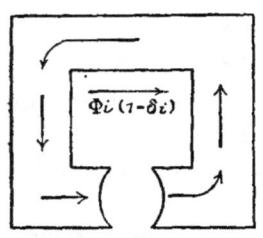

Fig. 349. — Constitution schématique d'un circuit inducteur d'alternateur. Effet de la dispersion.

Provisoirement, admettons simplement que, d'un flux total inducteur Φ_{Ti}, la portion

$$\Phi_{Ti}\, \delta_i, \text{ avec } \delta_i < 1$$

passe seulement dans l'induit.

La portion

$$\Phi_i = \Phi_{Ti}(1 - \delta_i)$$

ne se ferme pas dans l'induit. Le facteur

$$\frac{1}{\delta_i} = K_i$$

est le coefficient d'Hopkinson pour l'inducteur.

Il est fonction de la forme géométrique de la machine et du courant d'excitation i, puisque il est fonction, on le sait, de la saturation de l'inducteur.

Φ_i représentera donc, dans ce qui va suivre, le flux inducteur Φ_{Ti} réellement parvenu à l'induit.

---

[1]. Voir *Cours municipal*. Première partie, courants continus, VI⁰ leçon, page 88 et suivantes.

ONZIÈME LEÇON

DIVERS MODES DE CONCEPTION DE LA CHUTE DE TENSION DANS UN ALTERNATEUR

DISPERSION MAGNÉTIQUE — RÉGULATION ET COMPOUNDAGE

MODIFICATION DE NOTRE THÉORIE PRIMITIVE
NOUVEAU DIAGRAMME

La conception un peu simpliste du mode de fonctionnement d'un alternateur, que nous avions jusqu'ici adoptée, peut être maintenant modifiée dans un sens plus voisin de la réalité.

Champ propre d'induit. Dispersion magnétique. — Faisons abstraction du flux pulsatoire Φ''_a de la leçon précédente. Considérons le flux fixe Φ'_a dû à l'induit, de répartition plus ou moins sinusoïdale dans l'entrefer. Du flux Φ'_a relatif à un pôle, c'est-à-dire de la somme du nombre de lignes de forces concentrées sur un pôle par l'induit, soit

$$\Phi'_a = \Sigma \, \mathcal{B}'_a \, ds$$

ds représentant un élément de surface polaire, une portion Φ'_{a_1} passe

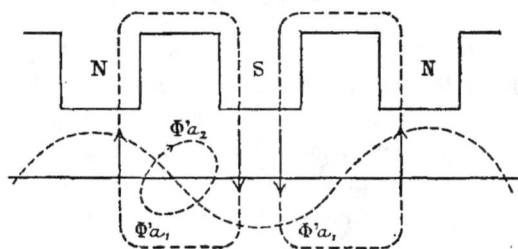

Fig. 350. — Décomposition du flux d'induit en flux dispersif et flux non dispersif.

dans le circuit inducteur en se fermant suivant les mêmes lignes de force [combinaison du flux inducteur Φ_i avec Φ'_{a_1}]. La seconde Φ'_{a_2} échappe au circuit inducteur et se ferme sur l'induit sans passer par les pôles inducteurs. C'est un phénomène de dispersion magnétique pour l'induit. Si l'on considère les flux Φ'_{a_1} et Φ_i coupés par la bobine dans une de ses positions, Φ'_{a_1} et Φ_i peuvent être composés en un flux unique, suivant le mode indiqué précédemment, où l'on n'avait pas encore parlé de dispersion magnétique [car nous admettions que tout le flux d'induit passait dans l'inducteur] de manière à donner lieu à une f.é.m. définitive instantanée ε ou ε_R (fig. 353), donnée par

$$\varepsilon = -\frac{d\Phi_R}{dt},$$

Φ_R étant la résultante de Φ'_{a_1} et de Φ_i. Pour avoir la f.é.m. totale, il faudrait évidemment sommer les f.é.m. développées dans les bobines partielles correspondant respectivement aux pôles, ce qui est en général immédiat [une bobine par pôle ou par paire de pôles].

Fig. 351. — Situations respectives des flux d'inducteur et non dispersif d'induit et des inductions correspondantes.

La figure 351 nous donnera donc les positions relatives de Φ'_{a_1} et de Φ_i (décalage de $\frac{\pi}{2} + \chi$ entre les maxima).

On peut admettre [ce qui est vrai pour les champs excitateurs mais non pour les flux], que Φ'_{a_2} produisant une f.é.m. ε' dans l'induit de l'alternateur coupant ce flux fixe est proportionnel au courant d'armature I_{eff}.

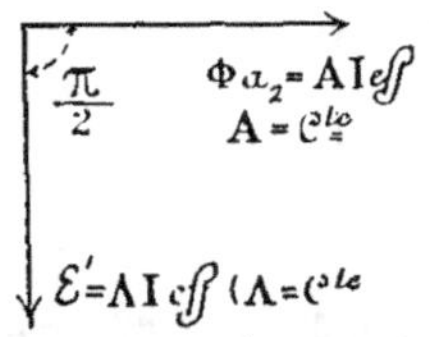

La f.é.m. ε' ainsi produite est décalée à 90° en arrière de Φ'_{a_2} comme la f.é.m. ε par rapport à Φ_R (fig. 352).

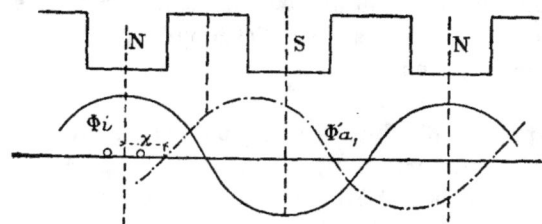

Fig. 352. — Situations relatives du flux dispersif d'induit et de la f.é.m. qu'il engendre.

On a :

$$\varepsilon' = -\frac{d\Phi'_{a_2}}{dt}.$$

L'alternateur sera le siège de deux f.é.m. distinctes, l'une ε due au flux Φ_R de la figure ci-dessus 353, résultant de Φ_i et de Φ'_{a_1}, l'autre ε' due à Φ'_{a_2}, d'où pour la f.é.m. résultante instantanée

$$\varepsilon_T = \varepsilon + \varepsilon'.$$

Construction de la force électromotrice définitive. — Traçons sur un même diagramme Φ_i, E (valeur et direction de la f.é.m., si Φ_i était seul, c'est-à-dire f.é.m. à vide pour le régime d'excitation et de vitesse considéré); enfin I et Φ'_{a_1}, c'est-à-dire le courant et le flux non dispersif d'induit qui serait dû à E, si elle existait réellement en charge. Nous aurons aisément Φ_R, ce qui nous donnera en général ε et $\mathcal{J}$ définitifs, sans qu'aucune correction nouvelle soit en réalité nécessaire pour tenir compte de ce fait que I étant devenu $\mathcal{J}$, Φ'_{a_1} a changé.

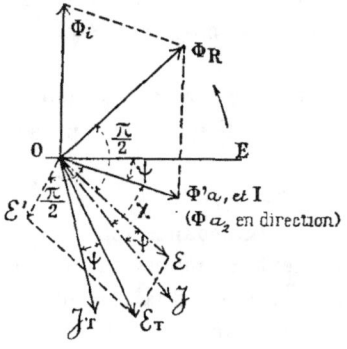

Fig. 353. — Construction de la f.é.m. définitive d'un alternateur.

Théoriquement, il faudrait composer la nouvelle valeur $\Phi'\mathcal{J}_{a_1}$ pour $\mathcal{J}$) avec Φ_i, et avoir la nouvelle valeur Φ_R, d'où l'on déduirait une nouvelle série de valeurs de $\mathcal{E}$ et $\mathcal{J}$ (méthodes d'approximations successives).

En général, en marche de service (et non en court-circuit) le premier groupe de valeurs approchées, de $\mathcal{E}$ et $\mathcal{J}$ données par notre construction, suffit.

La f.é.m. effective dans l'induit est $\mathcal{E}_T$, comme on le voit, décalée de plus de $\dfrac{\pi}{2}$ par rapport à Φ_R.

Relation de la conception nouvelle avec l'ancienne. — Jusqu'ici nous avons considéré l'alternateur comme possédant une impédance z et un facteur de puissance $\cos\varphi$, donc comme étant de même nature que le réseau sur lequel il travaille.

Cette conception simpliste n'est pas exacte. En effet, si i peut être considéré comme constant, il n'en est pas de même de l, self-induction de l'alternateur. Elle varie pour un même régime d'excitation i, par tour de la machine, avec la position relative des bobines induites et des pôles, et en outre avec le courant débité I_{eff}.

Du reste, la caractéristique d'impédance z que nous avons tracée (page 242) nous montre que z, et par suite φ, varient, même en supposant

$$E_{\text{eff}} = E^0_{\text{eff}}.$$

Il est plus conforme à la logique, et c'est là la tendance des théories modernes, de considérer la f.é.m. totale comme la somme géométrique ε_T de ε et ε', ainsi que nous venons de l'indiquer, en remarquant, pour établir la correspondance entre ces deux théories :

1° Que le terme $z\, I_{\text{eff}}$ (dans la première) n'est pas l'équivalent, loin de là, de ε' au signe près dans la seconde, car dans l'expression

$$z = \sqrt{l^2 \Omega^2 + r^2}$$

figure l'impédance totale z de l'alternateur qui serait donnée logiquement, au moins en théorie, par le quotient, à un facteur constant près, des flux $\Phi_{a\text{eff}}$ que crée l'induit par le courant I_{eff} qui parcourt cet induit.

Il convient en effet, comme on sait, pour avoir le coefficient de self-induction, de multiplier $\Phi_{a\text{eff}}$ par le nombre convenable de spires ν_a d'induit parcourues par ce flux.

On a en effet :

$$l \frac{dI}{dt} = \nu_a \frac{d\Phi_a}{dt}$$

$$l = \nu_a \frac{\Phi_{a\text{eff}}}{\Omega I_{\text{eff}}}.$$

Au contraire, dans le second cas, on a combiné le flux inducteur initial Φ_i avec la portion non dispersive Φ'_{a_1} du second flux Φ'_a, de sorte que l'induit peut être considéré comme soumis à un flux inducteur Φ_R résultant de Φ_i et Φ'_{a_1}, circulant dans l'ensemble du circuit magnétique inducteur et induit, avec superposition dans celui-ci du flux dispersif Φ'_{a_2} (fig. 354 et 355).

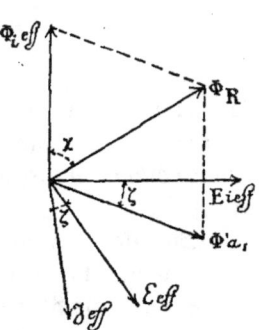

Fig. 354. — Constitution de la f.é.m. d'induit résultant de la combinaison du flux inducteur et du flux non dispersif d'induit.

Celui-ci se fermant surtout par l'air, on peut admettre que la réluctance qui lui est offerte est constante, donc que :

$$\Phi'_{a_2} = A\, I_{\text{eff}}$$

[Φ'_{a_2} est la valeur constante du flux

DIVERS MODES DE CONCEPTION DE LA CHUTE DE TENSION 285

dispersif fixe dans l'espace, d'après ce que nous avons dit; mais une bobine d'induit, dans son mouvement, embrassera une portion variable de ce flux. On peut donc concevoir l'existence d'un flux alternatif de valeur maxima Φ'_{a2}, de valeur efficace $\sqrt{2}$ fois plus petite, agissant sur une bobine correspondant à un pôle.

$A = C^{te}$ est donc une sorte de coefficient de self-induction partielle pour le flux dispersif d'induit.

2° Cette deuxième manière de voir donne beaucoup plus d'aisance, pour l'introduction dans l'étude du fonctionnement d'un alternateur, de la notion de dispersion magnétique.

3° Cependant le lecteur voudra bien remarquer le caractère lâche des théories précédentes commodes pour une première étude, mais qui doivent être sévèrement contrôlées et vérifiées par l'expérience.

Les hypothèses qu'on a faites au cours de l'exposé de ces théories, par exemple composition directe des flux, sont, comme nous le savons, inexactes et n'ont d'autre but que de permettre de débarrasser cette étude de formules et d'équations inextricables et sans aucune portée pratique.

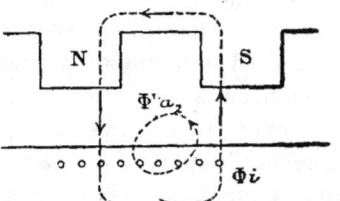

Fig. 355. — Situations respectives du flux d'inducteur et du flux dispersif d'induit dans un alternateur.

En particulier, la perméabilité qui intervient dans la réluctance des circuits magnétiques est toujours celle correspondant au flux résultant.

Nouveau diagramme de fonctionnement des alternateurs. — Soit le

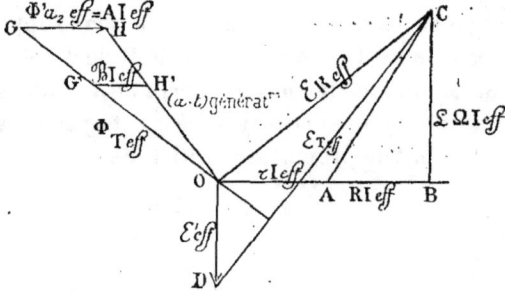

Fig. 356. — Diagramme général de fonctionnement d'un alternateur sur un réseau. Situations relatives des diverses f.é.m. et des flux générateurs.

diagramme ci-dessus, supposé tracé, tous les éléments étant connus :

ABC constitue le triangle de fonctionnement de l'alternateur, fournissant la tension $AC = U_{eff}$ sur le réseau $(R, L \Omega)$, ε_{Reff} et ε'_{eff} représentent les f.é.m. respectivement dues aux flux Φ_R (résultant dans l'induit du flux inducteur propre Φ_i et de Φ'_{a1}, flux propre d'induit non dispersif) et du flux AI_{eff} [flux dispersif d'induit Φ'_{a2}].

$\varepsilon_{R\,eff}$ et ε'_{eff} se résolvent en une seule f.é.m. définitive ε_{Teff}, qui peut être considérée comme résultant de la composition des flux Φ_R et $\Phi'_{a2} = AI_{eff}$.

REMARQUE I. — Il y a proportionnalité, comme nous l'avons dit, entre les flux fictifs ainsi considérés et les ampère-tours générateurs, à condition que les flux se développent sur un même circuit magnétique, l'induction dans ce circuit étant celle correspondant au flux résultant, supposée connue *a priori* ou obtenue par une méthode d'approximations successives facile à imaginer.

Les circuits magnétiques ne sont pas les mêmes pour les divers flux, mais il ne faudrait pas cependant s'exagérer, particulièrement en ce cas, l'importance de cette inexactitude. Cette hypothèse est faite constamment dans l'étude des courants alternatifs. Elle est indispensable, car autrement la complication des calculs serait extrême, quand ceux-ci ne seraient rendus, même pas irréalisables mais impossibles, par l'intervention permanente de la courbe de magnétisme dont l'expression algébrique explicite n'est pas facilement utilisable.

Ici, l'induit étant toujours maintenu loin de la saturation, pour ne pas donner lieu à des pertes trop importantes par hystérésis et courants de Foucault, et d'autre part, le flux dispersif se fermant sur un large espace d'air, constituant donc de beaucoup le facteur principal de la réluctance, nous pourrons supposer :

1° Que les coefficients de proportionnalité B de Φ_T et Φ_R aux courants excitateurs, sont les mêmes [en vertu de la faiblesse de ε'_{eff}, par rapport à ε_{eff} et $\varepsilon_{T\,eff}$]. — Cette hypothèse est à peu près vérifiée [1].

2° Que le coefficient de proportionnalité A de

$$\Phi'_{a2\,eff} = AI_{eff}$$

est différent de B.

Nous aurons :

$$\Phi_{T\,eff} = Bj$$

---

1. Les notations ε et ε_R, équivalentes, seront indifféremment employées.

DIVERS MODES DE CONCEPTION DE LA CHUTE DE TENSION 287

$$\Phi_{\text{Reff}} = Bi$$
$$\Phi'_{a_2\text{eff}} = A\, I_{\text{eff}}$$

j, i et $\dfrac{A}{B} I_{\text{eff}}$ sont les courants qu'il faudrait faire passer dans les enroulements inducteurs pour réaliser dans l'induit, indépendamment les uns des autres, les flux :

$$\Phi_T \qquad \Phi_R \qquad \text{et } \Phi'_{a_2}$$

mais en toute rigueur, les inductions dans les circuits magnétiques intéressés étant celles qui correspondent à l'existence simultanée de ces trois flux.

Remarque II. — La comparaison graphique des deux modes de conception du fonctionnement d'un alternateur est donnée ci-dessous :

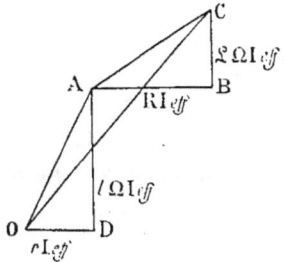 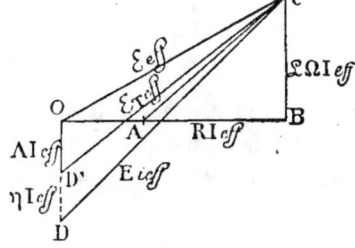

Fig. 357. — Premier mode.   Fig. 358. — Deuxième mode.
Comparaison graphique des deux modes de conception du fonctionnement d'un alternateur.

1er *Mode.* —. $\Omega I_{\text{eff}} = \nu_a \Omega \Phi_{a\,\text{eff}}$, Φ_a flux total d'induit, ν_a nombre de spires d'induit dans lesquelles circule ce flux Φ_a [1].

$E_{\text{eff}} = CO$, f.é.m. due à l'inducteur considéré comme existant seul (fig. 357).

2e *Mode.* —. $\varepsilon'_{\text{eff}} = \Lambda I_{\text{eff}}$, f.é.m. de self-induction partielle.

ε_{eff} f.é.m. due à la combinaison des flux Φ'_{a_1} et Φ_i.

$\varepsilon_{T\text{eff}}$ f.é.m. résultante totale ou définitive dans l'induit.

Portons sur le prolongement de ΛI_{eff}, à partir de l'origine O, une longueur égale à $l \Omega I_{\text{eff}}$. Soit D l'extrémité de ce segment.

Nous avons en DD' ce qu'on pourrait appeler la f.é.m., non

---

[1]. On remarquera, ce qui est intuitif, que l, coefficient de self-induction complète, ainsi défini, est comme r résistance de l'alternateur, fonction du couplage des bobines de l'induit entre elles. La fixation du nombre convenable ν_a à introduire dans le calcul est évidemment lié au même facteur.

dispersive de self-induction d'induit, soit $\eta\, I_{\text{eff}}$, correspondant au flux Φ'_{a_1} non dispersif.

REMARQUE III. — Supposons connu le triangle OCD des f.é.m.; A ε_r correspond sur la caractéristique à vide un courant inducteur j facile à déterminer (fig. 359).

Expression des ampères-tours induits de fuite. — On voit que si l'on construit un triangle OG'H' sur i, j et $\beta I_{\text{eff}}, \beta$ coefficient de proportionnalité des ampères-tours induits dispersifs aux ampères-tours inducteurs, est connu (fig. 360).

En effet, dans OG'H', on connaît :

$$j = OG'$$

en grandeur et en direction, donc, comme OG'H' est semblable à OCD, triangle des f.é.m. :

$$\beta I_{\text{eff}} = G'H'$$

et

$$i = H'O$$

sont connus. On connaît donc i, intensité équivalente, dans les inducteurs, c'est-à-dire celle qui serait nécessaire pour produire $\varepsilon_{R\,\text{eff}}$, l'induit étant supposé à circuit ouvert. Ce diagramme nous

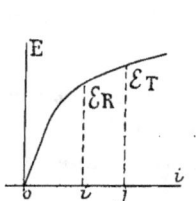
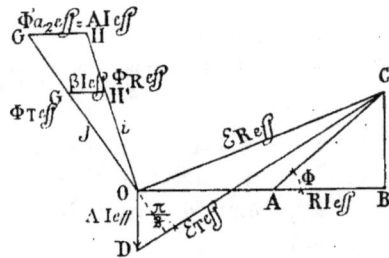

Fig. 359. — Recherche des i et j courants d'excitation effectifs au moyen de la caractéristique à vide de l'alternateur.

Fig. 360. — Relation des courants d'excitation avec les diverses f.é.m. engendrées dans un alternateur.

donne par suite i, c'est-à-dire le courant inducteur résultant ou effectif dû à la combinaison de i_o, courant inducteur réel, et du courant équivalent des ampère-tours non dispersifs d'induit, et le courant équivalent de fuite :

$$\beta I_{\text{eff}}$$

Recherche de la force électromotrice définitive et du courant d'excitation correspondant pour U_{eff}, I_{eff} et le décalage Φ.

PROBLÈME. — Connaissant les constantes d'un réseau Z et Φ et la tension U_{eff} aux bornes d'un alternateur (ou Φ, I_{eff}, U_{eff}), construire la f.é.m. $\varepsilon_{\tau eff}$ de l'alternateur, le flux résultant Φ_R et déterminer le courant d'excitation effectif correspondant i.

Pour construire la f.é.m. ε_τ, soit DC, il faudrait que nous connaissions OD en grandeur et en direction, ou $\Lambda\, I_{eff}$, Λ étant une constante convenable.

Si nous connaissions Λ, nous pourrions construire OABCD.

Nous savons en outre que les flux $\Phi'_{a2}, \Phi_R, \Phi_T$ sont respectivement perpendiculaires à $\varepsilon'_{eff}, \varepsilon_{eff}, \varepsilon_{Teff}$, et leur sont proportionnels.

Sous le bénéfice des hypothèses précédentes, on sait qu'ils sont également proportionnels aux intensités d'excitation, mais que ces coefficients de proportionnalité sont différents pour Φ'_{a2} d'une part, Φ_R et Φ_T de l'autre.

On peut construire, comme nous l'avons dit, le triangle OG'H' sur

$$OG' = j$$
$$OH' = i$$
$$G'H' = \frac{A}{B} I_{eff} = \beta I_{eff}$$

en posant

$$\beta = \frac{A}{B}$$

i et j étant les courants d'excitation qu'il serait nécessaire de faire passer dans les inducteurs pour avoir à circuit induit ouvert :

$$\Phi_R \text{ ou } \Phi_T.$$

Connaissant la figure OABCD, nous pouvons, en cherchant sur la caractéristique à vide le point correspondant à ε_{Teff}, avoir le point G'.

Construisons G'H'O semblable à ODC. Nous aurons

$$G'H' = \beta I_{eff}$$

donc β, et enfin

$$H'O = i,$$

courant d'excitation effectif (circuit induit ouvert) à fournir pour réaliser la f.é.m. ε_{eff} (ou ε_{Reff}) du diagramme précédent.

Conclusions. — **Valeur des ampère-tours inducteurs nécessaires pour la production de ε_{eff}.**

Il nous suffira donc de connaître le coefficient Λ de proportionnalité de $\varepsilon'_{\text{eff}}$ (f.é.m. de flux dispersif) à I_{eff} pour pouvoir tracer le diagramme de fonctionnement d'un alternateur sur un réseau de facteur $\cos\Phi$ donné, connaissant I_{eff} et U_{eff}.

Ce diagramme nous donnera la f.é.m. nécessaire ε_T, celle ε_R due à la combinaison des ampère-tours inducteurs et induits non dispersifs, enfin les ampère-tours effectifs $\nu_i i$.

Connaissant les ampère-tours non dispersifs d'induit, supposés réduits en ampère-tours inducteurs, on aurait aisément, en combinant convenablement ceux-ci aux ampère-tours inducteurs effectifs $\nu_i i$, les ampère-tours inducteurs nécessaires $\nu_i i_0$ par une construction géométrique simple, comme nous allons l'indiquer ci-dessous.

Equivalence des ampère-tours inducteurs et non dispersifs induits. — Il est facile d'établir cette équivalence et de trouver le facteur de réduction des premiers aux seconds.

Remarquons que $OG'H'$, construit sur $j, i, \beta I_{\text{eff}}$, nous donne aisément, en appelant ν_i le nombre de spires inductrices par pôle, la valeur $\nu_i \beta I_{\text{eff}}$ cherchée pour les ampère-tours dispersifs d'induit par pôle, évalués en ampère-tours inducteurs équivalents.

On a vu que si n désigne le nombre des conducteurs périphériques d'induit, $2p$ le nombre de pôles, il y a par bobine, ou mieux et ce qui est plus général, par pôle :

$$\frac{n}{4p} \text{ spires}$$

donc :

$$\frac{n}{4p} \frac{I_{\text{eff}} \sqrt{2}}{2}$$

ampère-tours générateurs pour le flux Φ'_a, [flux fixe d'induit de valeur maxima égale à la moitié du flux Φ_a, les ampère-tours générateurs de celui-ci étant :

$$\frac{n}{4p} I_{\text{eff}} \sqrt{2}].$$

Les ampère-tours $\nu_i i$ du flux Φ_R seraient donc donnés par :

$$\nu_i i = \nu_i \sqrt{\left(i_0 - \frac{n}{4p} \frac{I_{\text{eff}} \sqrt{2}}{2\nu_i} \delta_a \sin\psi\right)^2 + \left(\frac{n}{4p} \frac{I_{\text{eff}} \sqrt{2}}{2\nu_i} \delta_a \cos\psi\right)^2}$$

Le courant d'excitation effectif, supposé constant à vide comme en charge, δ_a représentant la fraction des ampère-tours d'induit affectés au flux non dispersif, on a :
$1 - \delta_a =$ coefficient de dispersion d'induit.

Posons :

$$\frac{n}{4p}\left[\frac{I_{\text{eff}}\sqrt{2}}{2\nu_i}\right] = a$$

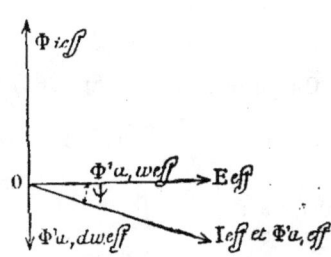

Fig. 361. — Situation relative des vecteurs représentatifs des flux propre d'inducteur et non dispersif d'induit dans un alternateur.

a : coefficient d'équivalence entre les ampère-tours inducteurs et induits. Nous aurons pour les ampère-tours ν_i (les ampère-tours induits étant supposés réduits en ampère-tours inducteurs) nécessaires à la production de Φ_R :

$$i = \sqrt{(i_0 - a I_{\text{eff}} \delta_a \sin\psi)^2 + a^2 I^2_{\text{eff}} \delta^2_a \cos^2\psi}$$

a : coefficient d'équivalence
$\psi =$ angle de décalage de I sur E.
δ_a : coefficient de dispersion d'induit.
Posons :
$$\gamma = a\delta_a.$$
On a :
$$i = \sqrt{i_0^2 + \gamma^2 I_{\text{eff}} - 2 i_0 \gamma I_{\text{eff}} \sin\psi}.$$

Traçons (fig. 362) un triangle AOB de côté fixe,
$$OA = i_0$$

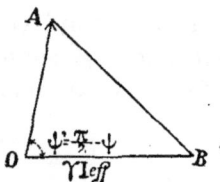 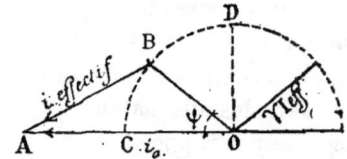

Fig. 362.   Fig. 363.
Variation des ampère-tours inducteurs nécessaires pour la création d'une f.é.m. donnée quand varie le décalage.

et de côté mobile,
$$OB = \gamma I_{\text{eff}}$$
l'angle AOB étant ψ'. On aura :
$$\overline{AB}^2 = i_0^2 + \gamma^2 I_{\text{eff}} - 2\gamma I^{\text{eff}} i_0 \cos\psi'$$

si on fait :

$$\psi' = \frac{\pi}{2} - \psi.$$

On pourra suivre (fig. 363) l'affaiblissement de i, depuis :

$$\psi = 0 \quad \psi' = \frac{\pi}{2} \quad i = AD$$

jusqu'à :

$$\psi = \frac{\pi}{2} \quad \psi' = 0 \quad i = AC.$$

On obtient donc ainsi graphiquement, en combinant cette dernière notion avec la précédente (fig. 360), une représentation des effets de la réaction d'induit, car on connaît β et γ.

Modifier le diagramme pour les diverses valeurs de I_{eff}.

RÉGULATION D'UN ALTERNATEUR

Applications. — Le problème de la régulation d'un alternateur a le même but que celui de la régulation des machines à courant continu, but qui est le suivant[1] :

Maintenir la tension U_{eff} constante pour toutes les valeurs de la charge [ou plus généralement : donner une valeur voulue à U_{eff} correspondant à une valeur donnée de la charge].

Or, différence essentielle avec ce que nous avons dit à propos du même problème en courant continus, — où soit I_a, courant d'armature, soit R, résistance du réseau, constitue en somme la seule variable à considérer, — en courants alternatifs, I_{eff} et Φ (ou Z et Φ) pourront varier simultanément.

Au point de vue algébrique, il faudra modifier les ampère-tours inducteurs i_0 dans la machine, de manière que U_{eff}, ou pratiquement ε_{Reff}, reste constante [rI_{eff} étant toujours extrêmement faible dans les alternateurs].

Résolue par rapport à i_0, l'équation

$$i = \sqrt{(i_0 - \gamma I_{eff} \sin \psi)^2 + \gamma^2 I^2_{eff} \cos^2 \psi} \qquad (1)$$

devient

$$i_0 = \gamma I_{eff} \sin \psi + \sqrt{i^2 - \gamma^2 I^2_{eff} \cos^2 \psi}. \qquad (2)$$

---

[1]. On consultera avec avantage, pour les questions concernant la régulation électrique et mécanique des groupes électrogènes, les fascicules n°s 38 et 39, de *l'Encyclopédie Electrotechnique*. Geisler, éditeur, à Paris.

DIVERS MODES DE CONCEPTION DE LA CHUTE DE TENSION 293

Nous savons d'autre part que Φ et ψ sont pratiquement équivalents.

Le problème général de la régulation est le suivant :

A vitesse constante N,

étant donnée une loi de variation

$$U_{\text{eff}} [I_{\text{eff}}, \psi]$$

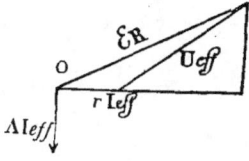

Fig. 364. — Quasi-égalité de ε_R et U dans un alternateur.

qu'on s'impose *a priori*, chercher les ampère-tours i_0 inducteurs [alors variables] pour chaque régime nécessaires à la réalisation de cette tension?

i_0, quantité cherchée, est donnée par la formule (2).

Pour chaque valeur de U_{eff} [à peu près égale à $\varepsilon_{R\text{eff}}$], prenons sur les graphiques précédents, où β est supposée connue, la valeur de i correspondante. Nous aurons à faire développer par les inducteurs les ampère-tours donnés précisément par la formule (2).

Régulation à potentiel constant [quelle que soit la charge]. — Alors U_{eff}, $\varepsilon_{R\text{eff}}$ et i sont constants. Donc la formule (2), dans laquelle

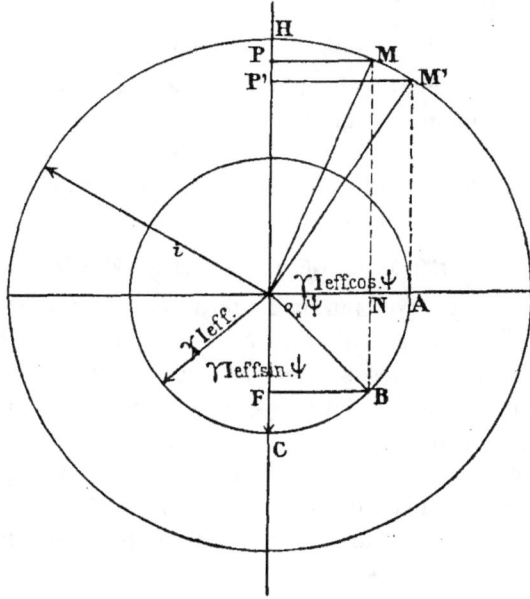

Fig. 365. — Graphique des variations des ampère-tours inducteurs nécessaires pour la régulation d'un alternateur à tension constante, quand, le décalage restant constant, l'impédance d'un réseau varie.

i est constant, nous donnera les diverses valeurs cherchées de i_0.

On peut construire graphiquement i_0. Il est donné par la longueur PF du diagramme ci-dessus (fig. 365) où :

$$OB = OA = \gamma I_{\text{eff}} = \frac{n}{4p}\left[\frac{I_{\text{eff}}\sqrt{2}}{2\nu_i}\right]\delta_a$$

$$OM = i$$

$$\widetilde{AOB} = \psi$$

$$OF = \gamma I_{\text{eff}} \sin \psi$$

$$ON = \gamma I_{\text{eff}} \cos \psi$$

$$OP = \sqrt{i^2 - \gamma^2 I^2_{\text{eff}} \cos^2 \psi}$$

enfin l'expression :

$$i_0 = PF = PO + OF$$

nous donne les ampère-tours inducteurs à installer pour I_{eff} constant, quand ψ varie.

Pour $\psi = 0$, i_0 est minimum, ce qui était facile à prévoir, et égal à OP.

Pour $\psi = \frac{\pi}{2}$, i_0 est maximum et égal à :

$$HC = [i + \gamma I_{\text{eff}}]$$

ce qui était également facile à prévoir. Même construction pour les I_{eff} différents, quand l'angle ψ reste constant.

On peut donc concevoir la possibilité de régler à valeur constante la différence de potentiel d'un alternateur, par l'utilisation judicieuse d'un tel diagramme.

COMPOUNDAGE D'UN ALTERNATEUR

Principe. — Si l'on munit l'alternateur d'un dispositif permettant d'insérer automatiquement les ampère-tours complémentaires convenables suivant les valeurs de I_{eff} et de ψ, on réalise le compoundage [ou l'hypercompoundage] de l'alternateur, c'est-à-dire le maintien d'une tension constante quelle que soit la charge, ou la création d'une tension montant d'une façon déterminée à mesure que croît cette charge.

Nous aurons l'occasion de revenir sur ce problème des plus importants. Les solutions relativement compliquées, qui en ont été données, nécessitent, pour être pleinement comprises, des notions que nous ne possédons pas encore.

Conclusion. — La connaissance expérimentale des coefficients γ et Λ est donc indispensable pour résoudre ces divers problèmes par les diagrammes correspondants.

Détermination des coefficients de la théorie précédente.

MÉTHODE DE POTIER

Prédétermination de la chute de tension dans un alternateur.

Principe. — Nous venons de voir que la connaissance de la f.é.m. résultante réellement développée dans l'alternateur, et de l'excitation correspondante, nécessitait la connaissance de deux coefficients, savoir $\Lambda\,I_{\text{eff}}$, facteur de proportionnalité à I_{eff} de la f.é.m. de self-induction partielle de fuite et $\gamma = a\,\delta_a$, coefficient d'équivalence des ampère-tours induits non dispersifs, supposés réduits en ampère-tours inducteurs.

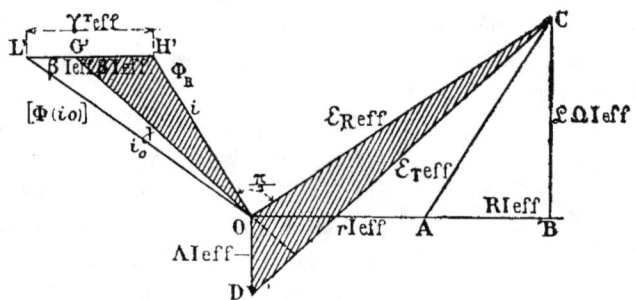

Fig. 366. — Diagramme fondamental définissant les éléments à déterminer pour l'application de la méthode de Potier.

La méthode de Potier permet, par l'établissement de quelques hypothèses, malheureusement parfois incomplètement vérifiées par l'expérience, de ramener cette recherche à celle de deux éléments : α, que nous allons définir, et Λ.

Problème : Déterminer Φ_{i_0} et i_0, flux inducteur propre (ou à vide) et courant inducteur réel, pour un régime donné de marche.

Considérons (fig. 366) :
$$OC = \varepsilon_{R\text{eff}}.$$

Cette f.é.m. dérive du flux Φ_R qui peut être considéré comme résultant de Φ'_{a_1} et de Φ_i (conformément à nos notations précédentes).

Portons Φ'_{a_1} suivant une parallèle à I_{eff} passant par H'. Si on connaissait Φ'_{a_1}, proportionnel à γI_{eff}, on aurait le point L' du triangle O H' L' construit sur i, i_0 et γI_{eff}.

Au lieu de construire :
$$LH' \quad \text{fe}' \quad \gamma = I$$
construisons :
$$G'L' = \alpha I_{\text{eff}}.$$
On a évidemment :
$$\alpha = \gamma - \beta.$$

Si nous pouvions déterminer expérimentalement $\alpha = \gamma - \beta$, cette connaissance, jointe à celle de Λ, nous permettrait de tracer le diagramme, car la f.é.m. ΛI_{eff} est engendrée par les ampère-tours βI_{eff} et on connait $G'H'O$.

La méthode de Potier donne précisément Λ et
$$\alpha = \gamma - \beta$$

Signification de α. — Remarquons que α n'est pas, comme on le dit souvent, ce qui explique bien des mécomptes obtenus par la méthode, le coefficient d'équivalence des ampère-tours d'induits, réduits en ampère-tours inducteurs ; — c'est la différence des coefficients d'équivalence des ampère-tours induits non dispersifs et dispersifs [1].

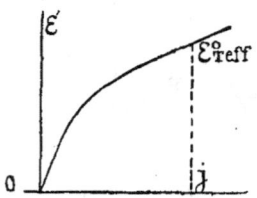

Fig. 367. — Recherche du courant d'excitation sur la caractéristique à vide. Méthode de Potier.

Construction de $OH'G'$. — Par conséquent, connaissant Λ, nous pourrions tracer $OABCDO$ (fig. 366). Élevons en O une perpendiculaire OG à ε_T. Portons sur OH la longueur OH' représentant le courant j d'excitation qu'il faudrait faire passer dans les inducteurs pour réaliser $\varepsilon_{\text{Teff}}$, courant j pris sur la caractéristique à vide (fig. 367).

On aura donc G'. Connaissant α, et par suite αI_{eff}, on a enfin L', d'où :
$$OL' = i_0$$

courant d'excitation cherché. [Principe de la régulation nécessaire pour réaliser U_{eff} donné pour I_{eff} et Φ donnés]. La différence entre la f.é m. à vide correspondant à i_0 et la tension U_{eff} pour cette même excitation permet de prédéterminer la chute de tension correspondant à ce régime.

---

[1]. On sait que β est donné par construction quand on connait Λ ; d'autre part, comme $\alpha = \gamma - \beta = a\,\delta_a - \beta$, le seul coefficient pratique δ_a est à déterminer, a étant fourni par le calcul si l'on veut tirer α de la formule précédente (voir page 291).

Détermination graphique de α et Λ
[Méthode de Potier]
Prédétermination de la chute de tension.

Fonctionnement de l'alternateur en courant pratiquement déwatté. — Imaginons que le circuit d'essai de l'alternateur soit constitué par une self-induction considérable par rapport à sa résistance [mise en circuit de transformateurs à vide, de moteurs asynchrones à vide, de bobines de self-induction au moins pour les petites puissances].

Alors U et I sont pratiquement décalés à 90° (fig. 368).

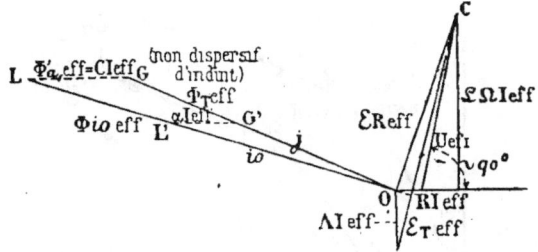

Fig. 368. — Graphique fondamental de la méthode Potier dans le cas d'un réseau uniquement réactant.

$\boxed{\varepsilon_T}$ ε_T est donc pratiquement perpendiculaire à I et, en valeur efficace, égal à :

$$\boxed{\varepsilon_{T\,\text{eff}} = U_{\text{eff}} + \Lambda I_{\text{eff}}}$$

De plus, Φ_T flux générateur de ε_T, et Φ_{i_0}, flux générateur de la f.é.m. d'induit inconnue totale, enfin

$$\Psi'_{a\,\text{eff}} = C I_{\text{eff}}$$

auquel correspondent les ampères réduits αI_{eff}, sont liés par la relation approchée [Φ_T et Φ_{i_0} coïncidant à peu près en direction],

$$\boxed{\Phi_{i_0\,\text{eff}} = \Phi_{T\,\text{eff}} + C I_{\text{eff}}}$$

d'où, pour les courants générateurs des flux, une relation analogue :

$$\boxed{i_0 = j + \alpha I_{\text{eff}}}$$

Les deux équations :

$$\boxed{\varepsilon_{\text{Teff}} = U_{\text{eff}} + \Lambda I_{\text{eff}}} \qquad (1)$$

$$\boxed{i_0 = j + \alpha I_{\text{eff}}} \qquad (2)$$

caractérisent le fonctionnement du système sur courant purement déwatté I_{eff}.

Courbe $U_{\text{eff}}(i)$. — *Supposons construite la courbe $U(i)$ obtenue en portant en ordonnées les valeurs de U correspondant à chaque abscisse i_0* (courant d'excitation variable pour courant I_{eff} constant).

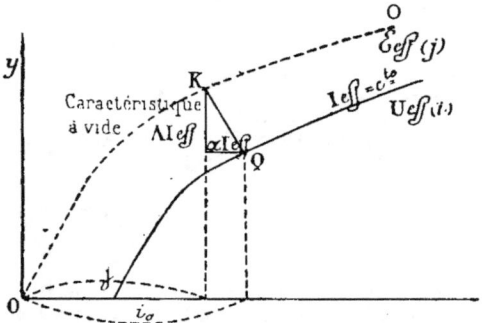

Fig. 369. — Méthode Potier. Tracé de la caractéristique à vide et des caractéristiques déwattées $U(i)$ à courant constant.

Nous aurons, pour une valeur i_0, un point Q (fig. 369). Prenons le point K défini par les ordonnées de Q, modifiées comme suit :

$$\left. \begin{array}{l} \varepsilon_{\text{T}} = y_{\text{K}} = U_{\text{eff}} + \Lambda I_{\text{eff}} = y_{\text{Q}} + \Lambda I_{\text{eff}} \\ j = x_{\text{K}} = i_0 - \alpha I_{\text{eff}} = x_{\text{Q}} - \alpha I_{\text{eff}} \end{array} \right\} \qquad (3)$$

Le lieu des points K constitue la courbe caractéristique à vide $\varepsilon_{\text{Teff}}(j)$. Pour un même courant déwatté I_{eff}, il existe donc une caractéristique $U_{\text{eff}}(i)$ s'obtenant par la translation donnée par les formules (3), car

$$KQ = I_{\text{eff}}\sqrt{\Lambda^2 + \alpha^2}.$$

La caractéristique déwattée $Q(i_0)$ est parallèle à la caractéristique à vide $\varepsilon_{\text{Teff}}^*$.

REMARQUE. — Les courbes Q, soit $U_{\text{eff}}(i_0)$ en courant déwatté et $\varepsilon_{\text{Teff}}(j)$ à vide, peuvent se déterminer rapidement toutes les deux. **Mais si on connaît la seconde [caractéristique à vide] et un** point Q de la première, correspondant à un point connu **K** de la seconde, on pourra tracer KPQ et déterminer :

$$KP = \Lambda I_{\text{eff}}$$
$$QP = \alpha I_{\text{eff}},$$

I_{eff} étant connu, on aura α et Λ. C'est le principe de la **méthode de Potier**.

Recherche des points correspondants sur les courbes. — Supposons le problème résolu. On a, en vertu de l'égalité des triangles, $K_1P_1Q_1$, $K_2P_2Q_2$ (fig. 370).

$$K_1K_2 = Q_1Q_2.$$

Il en résulte que, si l'on cherche à placer sur K_1 un segment K_1K_2

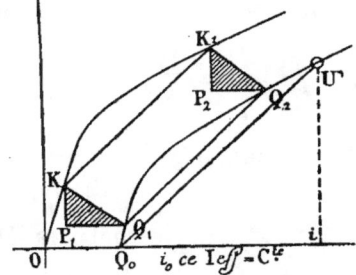

Fig. 370. — Méthode Potier. Tracé des caractéristiques déwattées par parallélisme avec celle à vide.

égal et parallèle à Q_1Q_2, de telle sorte que les extrémités K_1K_2 soient sur la courbe, on pourra trouver les points de la courbe K correspondante à Q_1, Q_2 de Q.

Choix du point de base sur Q. — *Prenons pour* Q_1 *le point* Q_0 [U = 0], alternateur en court-circuit sur un ampèremètre.

Expérimentalement, cela revient à faire débiter, par modification convenable de l'excitation jusqu'à la valeur $i_{0\,cc}$ correspondant à I_{eff}, l'alternateur en court-circuit au régime I_{eff} (fig. 371).

On a donc Q_0 [U = 0] ; $i = i_{0\,cc}$ excitation reconnue nécessaire pour réaliser le courant I_{eff} de court-circuit (fig. 372).

Prenons un autre point Q′ correspondant à une marche effective sous tension U_{eff} en

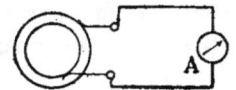

Fig. 371. — Méthode Potier. Détermination du point de base de la caractéristique déwattée, par essai en court-circuit de l'alternateur.

courant déwatté I_{eff} [excitation i], c'est-à-dire sur un réseau Z [$\varphi = 90°$] donnant :

$$U_{eff} = I_{eff} Z.$$

Nous aurons donc le segment Q_0Q' et par suite, en cherchant à placer ce segment Q_0Q' sur la caractéristique à vide, nous aurons le point K' correspondant à Q (fig. 372).

Nous obtenons immédiatement Λ et α.

Conclusion. — Ainsi, il nous a été nécessaire de posséder :

1° *La caractéristique à vide;*

2° *Un point de la caractéristique en court-circuit :* $I_{eff\,cc}$ *et* $i_{0\,cc}$.

3° *Un point Q' en fonctionnement déwatté.*

Tracé éventuel des caractéristiques $U_{eff}(i_0)$. — Pour tracer les autres caractéristiques correspondant respectivement à I'_{eff}, I''_{eff},... etc., il nous suffira de connaître les points :

$$i'_{0\,cc} \quad I'_{eff\,cc}$$
$$i''_{0\,cc} \quad I''_{eff\,cc}$$
etc.

c'est-à-dire la caractéristique $I_{cc\,eff}$ [i_{cc}] en court-circuit. Les segments $K'_0Q'_0$, $K''_0Q''_0$, etc. seront parallèles à K_0Q_0 et entre eux comme :

$$I_{eff\,cc}, \quad I'_{eff\,cc}, \quad I''_{eff\,cc}.$$

Nous aurons donc une famille $U_{eff}(i_0)$ de courbes parallèles pour diverses valeurs du paramètre

$$I'_{eff}, \quad I''_{eff}, \text{ etc.}$$

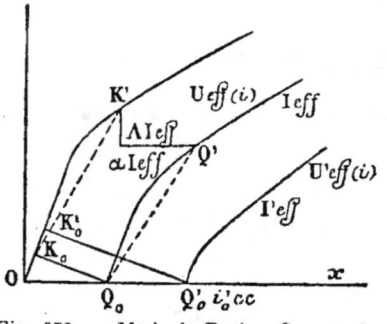

Fig. 372. — Méthode Potier. Caractéristiques diverses déwattées $U_{eff}(i_0)$ correspondant aux divers régimes I_{eff}.

La forme prévue pour la caractéristique

$$I_{eff\,cc}(i_{cc})$$

droite passant par l'origine permet même de la tracer *a priori*.

Il suffit d'en connaître un point par voie expérimentale.

Conséquences de la possession de α et Λ. Fonctionnement sur un réseau donné. Recherche de la chute de tension. — On peut alors tracer le diagramme qui fait connaître ε_R comme nous l'avons déjà dit, et i par la connaissance du triangle $OG'H'$ [$i, j, \alpha I_{eff}$].

La caractéristique à vide fait connaître ε'_{eff} ou E'_{eff} correspondant à i.

DIVERS MODES DE CONCEPTION DE LA CHUTE DE TENSION 301

La différence, prise sur la même ordonnée, des quantités U_{eff} et ε'_{oeff} donne une représentation de la chute de tension (fig. 374); mais AB n'est pas à proprement parler la chute de tension dans l'alternateur qui, comme on sait, n'est pas en phase avec ε'_{oeff} et U_{eff} (fig. 373).

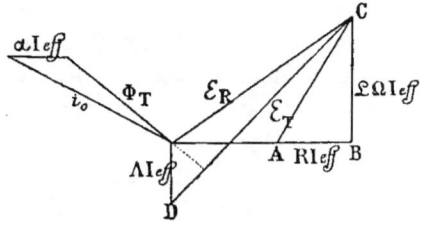 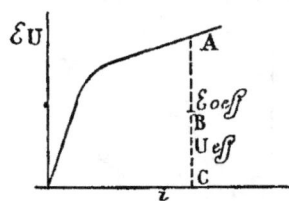

Fig. 373. — Diagramme fondamental de la méthode Potier. Sa construction avec la connaissance des éléments α et Λ.

Fig. 374. — Représentation de la différence entre la f. é. m. à vide dans un alternateur et la tension aux bornes, pour une même excitation et un régime donné I_{eff}.

Ce n'est que la différence manquante ou le nombre de volts efficaces manquants.

REMARQUES. — 1° *Si l'alternateur ne débite pas*, mais qu'on connaisse Z et Φ du réseau et qu'on s'impose I_{eff}, on pourra de même tracer le diagramme, car

$$U_{eff} = I_{eff} Z.$$

2° *Effet du magnétisme rémanent*. — La caractéristique à vide ne part pas de l'origine, mais un peu au-dessus.

Cette ordonnée est toujours faible. Les raisonnements ne sont pratiquement modifiés en rien par son existence.

Observations sur la méthode de Potier.

REMARQUE I. — **Sur la nécessité de la saturation dans les machines.** — Il y a indétermination quand les points Q_1 et Q_2 sont tous deux sur la partie rectiligne de la courbe (fig. 372).

Il faut donc déterminer un point Q_2 nettement situé après le coude de la courbe du magnétisme. Ce n'est pas possible avec toutes les machines, en particulier avec celles ne permettant pas d'atteindre le coude [cas d'un grand entrefer, section des inducteurs insuffisante pour pouvoir supporter le courant de saturation].

REMARQUE II. — **Sur la forme de la caractéristique $I_{cc\,eff}\,(i)$.** —

Soit $I_{cc\,\text{eff}}$ l'intensité en court-circuit correspondant à Q_0, i l'excitation correspondante. Traçons (fig. 375) la caractéristique correspondant à :

$$I'_{cc\,\text{eff}} > I_{cc\,\text{eff}}.$$

Soit Q' cette nouvelle courbe. Le point de départ Q'_0 correspond à une excitation $i'_0 > i_0$.

Considérons K_0Q_0 qui joint le point Q_0 au point correspondant K_0.

C'est l'hypoténuse d'un triangle rectangle de côtés :

$$\alpha I_{cc\,\text{eff}} \text{ et } \Lambda I_{cc\,\text{eff}}$$

Elle est donc proportionnelle à $I_{cc\,\text{eff}}$ et le coefficient de proportionnalité est :

$$\sqrt{\Lambda^2 + \alpha^2}$$

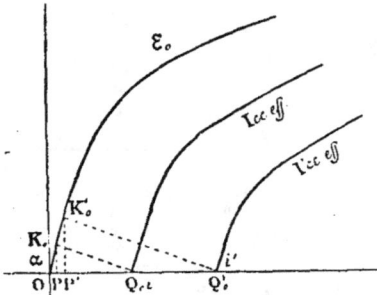

Fig. 375. — Méthode Potier. Relation entre la forme de la caractéristique en court-circuit et celle des caractéristiques déwattées et à vide.

Or, à $\Lambda Q'_0$ correspond un point K'_0 tel que $K'_0 Q'_0$ est l'hypoténuse d'un triangle rectangle de côtés :

$$\alpha I'_{cc\,\text{eff}} \quad \text{et} \quad \Lambda I'_{\text{eff}\,cc}.$$

Ce triangle est semblable au précédent. Enfin, si le magnétisme rémanent est faible, les triangles PK_0Q_0 et $P'K'_0Q'_0$ sont à peu près semblables, et l'on a :

$$\frac{K_0Q_0}{K_0'Q_0'} = \frac{I_{cc\,\text{eff}}}{I'_{cc\,\text{eff}}} = \frac{PQ_0}{P'Q'_0} = \frac{i_{cc}}{i'_{cc}}$$

en appelant i_{cc} et i'_{cc} les courants d'excitation nécessaires pour produire les courants de court-circuit $I_{cc\,\text{eff}}$, $I'_{cc\,\text{eff}}$.

Conséquence I. — Traçons la courbe $I_{\text{eff}\,cc}(i)$; nous aurons sensiblement une droite. Elle reste rectiligne pour des valeurs de l'excitation i_0 pour lesquelles $\varepsilon_{\text{eff}}^0$ s'infléchit déjà, car :

$$j = i_0 - \alpha I_{\text{eff}}$$

est sensiblement plus petit que i_0.

Conséquence II. — $\varepsilon_{cc\,\text{eff}}$, f.é.m. effective en court-circuit, est proportionnelle à $I_{cc\,\text{eff}}$, car le diagramme en court-circuit se ramène au triangle OCD de la figure 376, avec $zI_{cc\,eff}$ très faible.

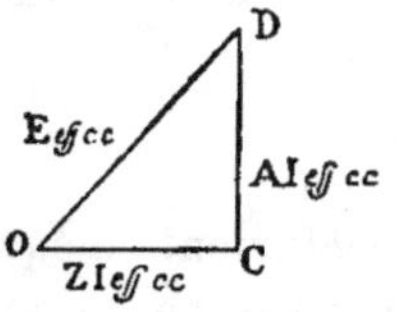

Puis, $\varepsilon_{cc\,eff}$ se trouvant sur la partie rectiligne de la caractéristique à vide, est proportionnelle également à :

$$i_{cc} - \alpha I_{cc\,eff}$$

excitation correspondante.

Fig. 376. — Triangle représentatif de la marche de l'alternateur en court-circuit.

Soit h le coefficient de proportionnalité. Alors,

$$\frac{\varepsilon_{eff\,cc}}{i_{cc} - \alpha I_{eff\,cc}} = h$$

comme d'autre part :

$$\varepsilon_{cc\,eff} = \Lambda\, I_{cc\,eff}$$

il résulte que :

$$\frac{h\,[i_{cc} - \alpha I_{cc\,eff}]}{I_{cc\,eff}} = \Lambda$$

d'où, K étant la constante,

$$K = \frac{h}{\Lambda + \alpha h};$$

on a par suite :

$$\frac{I_{cc\,eff}}{i_{cc}} = K,$$

ce dernier rapport est indépendant de la vitesse de rotation de l'alternateur.

On retrouve donc ce que nous avions déjà énoncé : que la caractéristique en court-circuit $I_{eff\,cc}(i)$ est indépendante de la vitesse [dans une certaine limite tout au moins].

Son tracé n'exige donc pas que la vitesse de l'alternateur soit maintenue constante.

REMARQUE III. — *Sur la valeur de la méthode de Potier, les hypothèses qu'elle implique et la valeur des résultats qu'elle donne.* — Elle s'applique, comme on l'a vu, très simplement pour les machines à saturation atteinte.

Elle donne, grâce à la connaissance de la caractéristique déwattée, des valeurs très acceptables pour la chute de tension.

Certains auteurs, qui confondent

$$\alpha = \gamma - \beta$$

de la méthode de Potier avec :

$$a = \frac{n}{4p} \frac{\sqrt{2}}{2\nu_i},$$

coefficient d'équivalence des ampère-tours induits supposés réduits en ampère-tours inducteurs, s'étonnent de la divergence entre α trouvé et a calculé.

Cette difficulté ne nous arrêtera pas après les distinctions établies.

Remarquons enfin, ce que nous ne saurions trop faire, que le coefficient théorique d'équivalence est donné par :

$$\frac{n}{4p\nu_i} \frac{\sqrt{2}}{2} \quad \text{et non par} \quad \frac{n}{4p\nu_i} \sqrt{2}$$

comme on pourrait le croire à première vue.

En effet, on a évidemment, en conservant nos notations habituelles :

$$\Phi'_a{}^{\text{eff}} = \frac{1}{2} \Phi_a{}_{\text{eff}}$$

et l'on n'a pas le droit de composer Φ_a, Φ_{a_1}, Φ avec Φ_i. Les flux d'induits à composer sont, comme on sait : Φ'_a, Φ'_{a_1}, Φ'_{a_2} flux fixes comme Φ_i.

Les flux Φ''_a, Φ''_{a_1}, Φ''_{a_2} sont au contraire des flux mobiles par rapport à Φ_i et ayant l'effet fâcheux, mais inévitable, d'onduler les résultats obtenus.

En effet, on sait que dans un alternateur monophasé, Φ_a varie à la fois dans l'espace et dans le temps, et que les diagrammes circulaires ne peuvent être applicables que, soit à des systèmes géométriques fixes dans lesquels circulent des flux, des intensités, etc..., variables avec le temps, soit à des systèmes géométriquement invariables, mais animés d'un même mouvement commun par rapport à des influences électriques ou magnétiques fixes.

Par suite, nous ne pensons pas que, même dans le cas souvent donné comme justifiant complètement la méthode, d'alternateurs [très anciens et maintenant théoriques] sans pôles saillants, c'est-à-dire dans lesquels l'inducteur et l'induit sont constitués par deux tores bobinés concentriques, on puisse encore admettre la composition de Φ_a, flux bipériodique dans une bobine, et de Φ_i, flux monopériodique.

THÉORIE DE BLONDEL

Remarque I. — Il convient de signaler que M. Blondel a donné une théorie voisine de celle de M. Potier, mais plus complète, en distinguant nettement le flux transversal (dû au courant d'induit watté) du flux antagoniste (dû au courant d'induit déwatté) qu'il appelle flux de réaction directe.

M. Blondel remarque notamment que le premier flux (transversal)

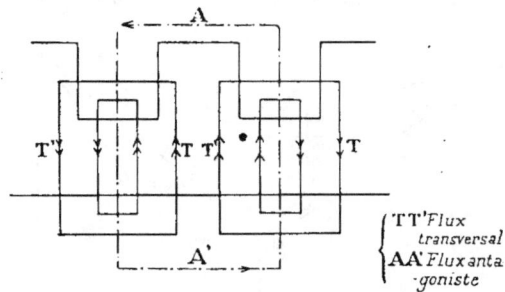

Fig. 377. — Méthode de Blondel. Constitution schématique du flux d'induit.

est proportionnel au courant watté, le fer de l'induit étant peu saturé et le flux rencontrant surtout, comme réluctance, celle de l'entrefer qui est constante. Au contraire, le flux antagoniste passant dans les inducteurs toujours très fortement saturés y rencontre une réluctance variable, de telle sorte que le flux de réaction directe ne serait plus proportionnel au courant déwatté (fig. 377).

L'étude complète de cette théorie très intéressante sortant du cadre de cette leçon, nous renverrons le lecteur à l'exposé qu'en a fait son auteur. Elle est indispensable à une compréhension d'ensemble de la question.

(*Eclairage électrique*, t. XXI, page 151 : Sur la réaction d'induit des alternateurs.)

MÉTHODE DE ROTHERT

Principe. — On supprime mentalement dans cette méthode la chute de tension due à la self-induction partielle, ou de fuite, de l'induit et l'on considère la réaction d'induit comme due à une action simplement démagnétisante.

Le diagramme est le suivant (fig. 378) : on a marqué en traits ponctués la portion du diagramme utilisée dans la méthode de Potier, qui ne l'est pas dans la méthode de Rothert, soit G'NMO.

Dans la méthode de Rothert, on construit :

$$H'L' = \gamma I_{\text{eff}} \quad \text{d'où} \quad \gamma.$$

La méthode de Potier fournit au contraire

$$\alpha = \gamma - \beta.$$

On a alors, connaissant L' :

$$OL' = i'_0.$$

La méthode-diagramme de Rothert suppose donc la connaissance

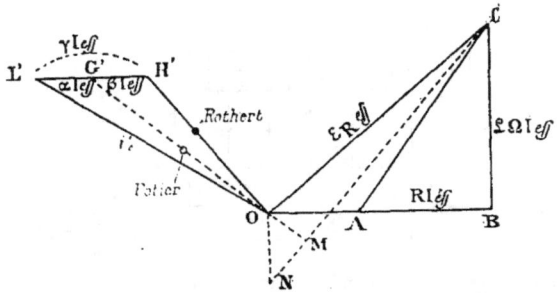

Fig. 378. — Comparaison du diagramme de Rothert avec celui de Potier.

de γ. Or, en court-circuit, le diagramme de fonctionnement [$\Lambda = 0$] se réduit à un point, si r est négligeable, ou mieux, à une droite $r \cdot I_{\text{eff}}$.

En d'autres termes, on a, d'après Rothert, une f.é.m. de court-circuit nulle ou, en tous cas, extrêmement faible.

$E_{cc\,\text{eff}}$ est donc égale à $r\,I_{\text{eff}\,cc}$, et il y a, à la très faible f.é.m. près, égalité entre les ampère-tours inducteurs $\nu_i i_{0cc}$ et les ampère-tours induits équivalents $\nu_i \gamma I_{\text{eff}}$.

On aura donc, en supposant $r I_{\text{eff}}$ négligeable :

$$i_{0\,cc} = \gamma\, I_{\text{eff}\,cc}.$$

[Caractéristique en court-circuit. Son coefficient angulaire fournit l'inverse de γ.]

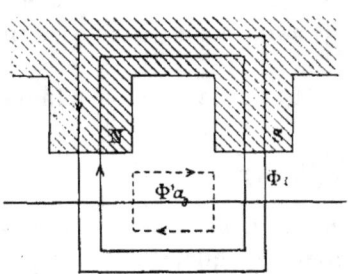

Fig. 379. — Méthode Rothert. Constitution schématique des flux dans l'essai en court-circuit.

Le tracé du diagramme de Rothert est donc le suivant :

Par un essai en court-circuit, on a i_{0cc}, courant d'excitation correspondant à $I_{\text{eff}\,cc}$.

DIVERS MODES DE CONCEPTION DE LA CHUTE DE TENSION

Le rapport

$$\frac{1}{\gamma} = \frac{I_{\text{eff } cc}}{i_{0\, cc}}$$

[coefficient angulaire de la caractéristique en court-circuit] étant connu, on aura L' en portant à partir de H', la longueur $L'H' = \gamma I_{\text{eff}}$, la longueur OH' correspondant à $\varepsilon_{R\text{eff}}$, déduite de la caractéristique à vide, pour une intensité efficace I_{eff}. Nous avons ainsi :

$$H'L' = \gamma J_{\text{eff}}.$$

Cette méthode donne donc, comme la méthode de Potier, des résultats exacts [à l'hypothèse près rI_{eff} négligeable] pour les chutes de tension.

Il convient, bien entendu, comme nous l'avons dit, de savoir interpréter ces méthodes, qui ont pour but, apparent ou non, toutes deux, de fournir L', et prendre soin de ne pas identifier

$$\alpha = \gamma - \beta$$

obtenu avec la méthode de Potier, avec γ obtenu avec la méthode de Rothert.

Cette dernière méthode ne nécessite pas le tracé des caractéristiques déwattées, ce qui est un précieux avantage.

COMPARAISON DES MÉTHODES POTIER ET ROTHERT, AVEC CELLE DE BEHN-ESCHENBURG

Reportons-nous à l'exposé du fait expérimental que nous avons donné au début de notre étude sur la réaction d'induit (IXe Leçon, page 236).

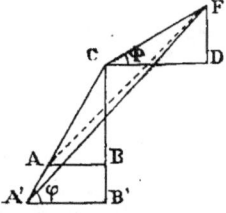

Fig. 380.   Fig. 381.
Comparaison des méthodes de Behn-Eschenburg, Potier et Rothert.

Si l'on forme pour U_{eff} donné, Φ donné, la f.é.m. E^0_{eff} de la machine, en prenant, pour zI_{eff}, z donné par le quotient des coefficients angulaires des portions rectilignes des caractéristiques $\varepsilon^0_{\text{eff}}(i)$ et $I_{\text{cceff}}(i)$, on constate que $\varepsilon'_{\text{eff}}$ donné par FA' est trop grand, en d'autres termes que le courant d'excitation i_0 ainsi trouvé, en se reportant à la caractéristique, est plus grand que celui qu'il est nécessaire de fournir en réalité (fig. 380).

C'est à peu près évident, si l'on veut bien se reporter à la caractéristique d'impédance extérieure z de l'alternateur. L'élément z, après avoir été à peu près constant [quotient des ordonnées des portions rectilignes de $E^0_{\text{eff}}(i)$ et $I_{\text{cceff}}(i)$], baisse ensuite plus ou moins rapidement.

La méthode de Behn-Eschenburg donne un z trop grand, un point A' au lieu d'un point A, donc une f.é.m. E^0_{eff} et un courant i_0 plus grand que celle et que celui réellement nécessaires.

Au contraire, les méthodes de Potier et Rothert donnent théoriquement un courant d'excitation i_0 exact.

Conclusions. — La chute de tension [prévue pour un courant i_0 d'excitation donné] est plus grande dans la méthode de Behn-Eschenburg que dans celles de Pothier et Rothert (fig. 380).

Le courant d'excitation i_0 à prévoir pour réaliser une tension donnée U_{eff} est plus grand dans la méthode de Behn-Eschenburg que dans les deux autres (fig. 381).

La méthode de Behn-Eschenburg est donc une méthode de sécurité.

DOUZIÈME LEÇON

CALCUL DES ALTERNATEURS

A. — DONNÉES A FIXER AU CONSTRUCTEUR.

P. — *Puissance que doit fournir l'alternateur.* — Cette puissance doit être exprimée en K.V.A. pour un cos φ minimum déterminé. Il serait insuffisant de donner la puissance en K.V.A. ou en K.W. sans indiquer le cos φ, car, en raison de la chute de tension, la puissance en K.V.A., et *a fortiori* en K.W., que peut fournir un alternateur, diminue avec le cos φ.

Le cos φ indiqué ordinairement dans le cas d'un alternateur destiné à l'éclairage et à la force motrice varie de 0,70 à 0,85.

Nombre de phases. — Le courant diphasé n'étant plus employé pour les nouvelles installations, les alternateurs seront donc, ou monophasés, ou triphasés.

Ainsi qu'on l'a déjà vu, la construction des alternateurs monophasés est semblable à celle des alternateurs triphasés, la différence principale portant seulement sur l'enroulement qui, dans le cas du monophasé, n'utilise que les 2/3 des encoches. Ainsi, un alternateur monophasé est un véritable alternateur triphasé dans lequel on a enlevé le bobinage d'une phase. Il en est à peu près de même pour le calcul d'un alternateur monophasé, qui se déduit immédiatement du mode adopté pour le triphasé.

Dans tout ce qui suivra, on n'envisagera que le cas des alternateurs triphasés, et on indiquera, seulement à la fin, les légères modifications à apporter aux calculs dans le cas des alternateurs monophasés.

Appelons toujours :

U_{eff}. — *La tension efficace aux bornes* [*tension composée*].

N'. — *Le nombre de tours par minute.*

f. — *La fréquence en périodes par seconde.*

Connaissant f et N, on a immédiatement le nombre de pôles par la relation :

$$\frac{f}{p} = \frac{N'}{60}.$$

On doit fixer également au constructeur :

La tension d'excitation ;

Le rendement en % à différentes charges pour $\cos\varphi = 1$ et pour $\cos\varphi$ minimum ;

La chute de tension à pleine charge pour $\cos\varphi = 1$ et pour $\cos\varphi$ minimum ;

L'intensité en ampères du courant de court-circuit dans le cas d'un alternateur destiné à l'électrochimie ;

L'échauffement maximum des différentes parties de l'alternateur ;

La résistance à l'emballement ;

Le prix et certaines conditions relatives au montage et au démontage de l'alternateur, etc...

B. — CHOIX DU TYPE D'ALTERNATEUR.

On a vu, dans l'étude de la construction des alternateurs, les raisons qui font qu'actuellement on adopte toujours :

Les alternateurs hétéropolaires.

L'induit fixe, extérieur à l'inducteur.

L'inducteur mobile, avec autant de bobines que de pôles.

L'induit à encoches.

Les bobines d'induit longues, etc., etc.

Il n'y aura donc d'hésitations à avoir que pour :

1° *Le choix de la forme des encoches.* [Voir nos leçons précédentes sur la construction des alternateurs, leçons III, IV et V.]

Actuellement, on tend à abandonner les encoches complètement fermées et à préférer, aux encoches en partie fermées, les rainures complètement ouvertes.

2° *Le choix du nombre d'encoches par pôle et par phase.* — Soit m_e ce nombre.

En prenant un grand nombre d'encoches par pôle et par phase, on réalise une courbe plus sinusoïdale, des courants de Foucault moins intenses dans les pièces polaires, et surtout une chute de tension plus faible, car on peut dans ce cas, comme on le verra dans la suite, plus facilement réduire le flux de fuite de l'induit, mais on est vite limité par l'augmentation du prix de revient de la machine et par des difficultés d'isolement dans le cas d'alternateurs à haute tension.

Pour les alternateurs ordinaires et pour une fréquence de 50 périodes, m_e est quelquefois égal à 1 ou 3, le plus souvent égal à 2 et rarement supérieur à 3.

3° *Le choix du nombre des voies d'enroulement.* — Soit a ce nombre. [Nombre de circuits induits en parallèle.]

Si l'intensité que doit débiter l'alternateur n'est pas trop considérable, on n'emploiera qu'une seule voie d'enroulement : $a = 1$.

Si l'intensité est considérable, pour éviter l'emploi de barres de trop grosse section [difficiles à travailler, et dans lesquelles peuvent prendre naissance des courants de Foucault importants], on choisit un nombre de voies a tel que

$$\frac{2p}{a} \quad \text{ou} \quad \frac{a}{2p}$$

soit un nombre entier, afin de pouvoir constituer facilement des circuits possédant tous à chaque instant la même f.é.m., pour que l'on puisse les mettre en parallèle.

On dépasse rarement 600 à 800 ampères par voie d'enroulement.

4° *Le choix du mode d'enroulement* de l'induit et de l'inducteur, etc. Se reporter à ce qui a été dit plus haut à ce sujet.

C. — CALCULS ÉLECTRIQUES.

Comme pour les dynamos à courant continu, on divise les calculs afférents à l'établissement des alternateurs en :

Calculs électriques. — Calculs mécaniques.

Les calculs électriques ont pour but de déterminer :

Le diamètre d'alésage de l'induit....................	D
La largeur totale des tôles.........................	l
Le diamètre extérieur des tôles.....................	D'
Les dimensions des encoches et des dents.	
Le nombre de conducteurs par phase.................	n_1
La section des conducteurs........................	s_a
Les pertes dans l'induit.	
La valeur de l'entrefer...........................	e
Les dimensions des noyaux et pièces polaires.	
L'intensité du courant d'excitation..................	i
Le nombre de spires des bobines inductrices.	
La section de ces spires.	
La perte par effet Joule dans l'inducteur.	

1° *Calcul de l'induit.* — Soit E la f.é.m. induite *par phase*.

On peut admettre que, même en charge, la f.é.m. induite est

pratiquement égale à la tension aux bornes, car la chute de tension ohmique est négligeable.

Il est bien entendu que la f.é.m. considérée ici est la f.é.m. totale, et d'ailleurs seule réellement existante, au point de vue qui nous intéresse, c'est-à-dire la f.é.m. due au flux réel Φ_A qui passe dans l'induit [flux résultant du flux inducteur effectif et du flux de fuite de l'induit] [1].

On verra, au cours de la partie de notre étude consacrée au calcul de l'inducteur, comment on doit calculer celui-ci pour pouvoir maintenir :

Φ_A constant à toutes les charges.

On aura donc pour le triphasé :

$$E_{eff} = \frac{U_{eff}}{\sqrt{3}}.$$

D'autre part, on a évidemment aussi :

$$E_{eff} = K \frac{n_1}{a} \Phi_A \frac{N'}{60} p \cdot 10^{-8} \text{ volts.} \qquad (1)$$

Avec :

K = coefficient de bobinage ;
n_1 = nombre de conducteurs par phase ;
a = nombre de circuits en parallèle :
Φ_A = flux par pôle qui entre dans l'induit ;
N' = nombre de tours par minute ;
p = nombre de paires de pôles.

Soit $\mathfrak{B}_e$ l'induction moyenne dans l'entrefer.

On peut admettre, en négligeant le flux de fuite de l'induit, que :

$$\Phi_A = \mathfrak{B}_e \frac{\pi D l}{2p} \frac{\text{arc polaire}}{\text{pas polaire}}. \qquad (2)$$

Dans les alternateurs modernes, pour avoir une bonne courbe de l'induction dans l'entrefer, on fait ordinairement (fig. 382) :

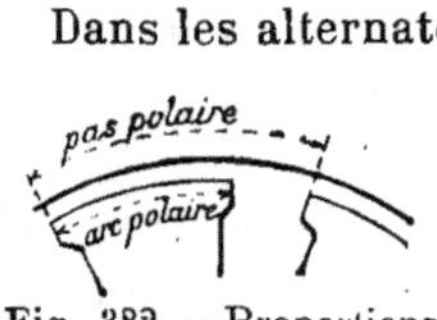

$$\frac{\text{arc polaire}}{\text{pas polaire}} = \frac{2}{3}.$$

Fig. 382. — Proportions relatives du pas polaire et de l'arc polaire dans un alternateur moderne.

D'où en remplaçant, dans (1), Φ_A par sa valeur tirée de (2), on a :

---

1. On ne commettra pas la faute de confondre Φ_A, flux effectif passant dans l'induit, et créant la f.é.m. utilisée, avec Φ_a, flux propre dû à l'induit, dont l'existence entraîne celle de la réaction d'induit (Voir X[e] et XIe leçons).

CALCUL DES ALTERNATEURS

$$Dl = \frac{E_{\text{eff}} \times 60 \times 3 \times 10^8}{K \pi \dfrac{n_1}{a} N' \mathfrak{B}_e}. \qquad (3)$$

Pour connaître Dl, il faut déterminer
K, n_1, $\mathfrak{B}_e$.

DÉTERMINATION DU COEFFICIENT DE BOBINAGE : K

1° Cas d'une seule bobine par paire de pôles et par phase :

$m_e = 1.$

On sait dans ce cas que :

$$K = \frac{\pi}{\sqrt{2}} \sin \frac{p\theta}{2}.$$

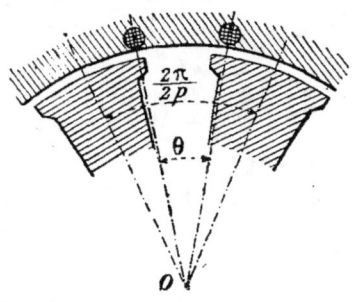

Fig. 383. — Alternateur triphasé. Cas d'une seule bobine par paire de pôles et par phase. Calcul du coefficient de Kapp.

K étant alors plus spécialement appelé coefficient de Kapp, θ étant l'angle fait par les rayons passant par les faisceaux de conducteurs constituant la bobine.

K est alors maximum pour :

$$\sin \frac{p\theta}{2} = 1$$

c'est-à-dire pour :

$$\theta = \frac{2\pi}{2p},$$

ce qui est le cas d'une bobine longue.

2° Cas de plusieurs bobines par paire de pôles et par phase.

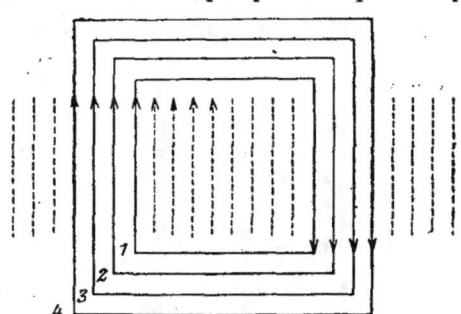

Fig. 384. — Alternateur triphasé. 4 trous par pôle et par phase. Calcul du coefficient de Kapp.

Prenons comme exemple le cas d'un alternateur triphasé avec 4 trous par pôle et par phase :
$$m_e = 4$$
et considérons les bobines d'une seule phase pour une paire de pôles. On en a la représentation intuitive dans les figures 384 et 385.

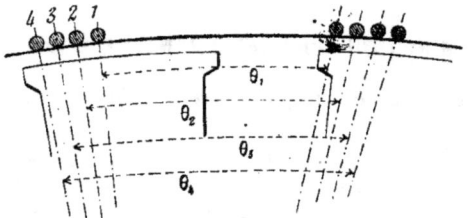

Fig. 385. — Alternateur triphasé. 4 trous par pôle et par phase. Calcul du coefficient de Kapp.

Soient :

$e_{1\text{eff}}$ la f.é.m. des bobines 1 mises en série pour toutes les paires de pôles.

$e_{2\text{eff}}$ — 2 — —
$e_{3\text{eff}}$ — 3 — —
$e_{4\text{eff}}$ — 4 — .

Les bobines ayant toutes le même axe, leurs f.é.m. sont en phase, et l'on a :
$$E_{\text{eff}} = e_{1\text{eff}} + e_{2\text{eff}} + e_{3\text{eff}} + e_{4\text{eff}}$$
$$E_{\text{eff}} = [K_1 + K_2 + K_3 + K_4] \frac{n_1}{a m_e} \frac{N'}{60} \Phi_A \, p \, 10^{-8}.$$
$$E_{\text{eff}} = K \frac{n_1}{a} \frac{N'}{60} p \, \Phi_A \, 10^{-8}.$$

K_1, K_2, K_3, K_4 étant les coefficients de Kapp des bobines considérées, et
$$K = \frac{K_1 + K_2 + K_3 + K_4}{m_e}$$
étant le coefficient équivalent pour tout le bobinage. On a évidemment :

$$\begin{cases} K_1 = \dfrac{\pi}{\sqrt{2}} \sin \dfrac{p \theta_1}{2}. \\[4pt] K_2 = \dfrac{\pi}{\sqrt{2}} \sin \dfrac{p \theta_2}{2}. \\[4pt] K_3 = \dfrac{\pi}{\sqrt{2}} \sin \dfrac{p \theta_3}{2}. \\[4pt] K_4 = \dfrac{\pi}{\sqrt{2}} \sin \dfrac{p \theta_4}{2}. \end{cases}$$

Avec :

$$\theta_1 = \frac{2\pi\,[2m_e + 1]}{2p\,.\,3m_e}$$

$$\theta_2 = \frac{2\pi\,[2m_e + 1 + 2]}{2p\,.\,3m_e}$$

$$\theta_3 = \frac{2\pi\,[2m_e + 1 + 2 + 2]}{2p\,.\,3m_e}$$

$$\theta_4 = \frac{2\pi\,[2m_e + 1 + 2 + 2 + 2]}{2p\,.\,3m_e}.$$

On peut calculer plus simplement le coefficient K de la façon suivante :

Remarquons qu'au point de vue de la constitution de la f.é.m. E_{eff}, l'enroulement de la figure 384 donne le même résultat que celui de la figure 386.

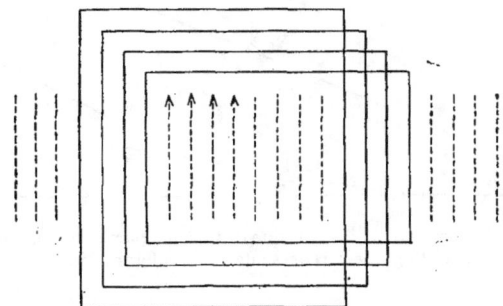

Fig. 386. — Alternateur triphasé, 4 trous par pôle et par phase. Calcul du coefficient de Kapp. Enroulement équivalent à celui de la figure 384, au point de vue de la sommation des f.é.m.

Dans cet enroulement, toutes les bobines ont le même coefficient de Kapp, égal au maximum, c'est-à-dire à $\frac{\pi}{\sqrt{2}}$, et par suite :

$$e_{1\text{eff}} = e_{2\text{eff}} = e_{3\text{eff}} = e_{4\text{eff}} = \frac{\pi}{\sqrt{2}}\,\frac{n_1}{a\,m_e}\,\frac{60}{N'}\,p\,\Phi_A\,10^{-8}\,;$$

mais ces f.é.m. sont décalées entre elles. On ne peut donc plus, pour avoir la f.é.m. résultante, les ajouter arithmétiquement, à moins de multiplier leur somme par un certain coefficient appelé coefficient de réduction.

On détermine ce coefficient de réduction en écrivant que :

$$E_{\text{eff}} = \text{val. efficace}\, \sum\nolimits_{\text{géom}}\, \overline{e_1} + \overline{e_2} + \overline{e_3} + \overline{e_4}.$$

Soit θ' l'angle de décalage de e_1 par rapport à e_2, de e_2 par rapport à $\overline{e_3}$, etc.

On a évidemment :

$$\theta' = \frac{\pi}{3\,m_e}.$$

Les f.é.m. étant décalées successivement de θ', on peut construire le diagramme de la figure 387, en tenant compte de ce fait que, ainsi qu'on l'a déjà dit :

$$e_{1\text{eff}} = e_{2\text{eff}} = e_{3\text{eff}} = e_{4\text{eff}} = \frac{\pi}{\sqrt{2}} \frac{n_1}{a\,m_e} p \frac{N'}{60} \Phi_\Lambda\, 10^{-8} \text{ volts.}$$

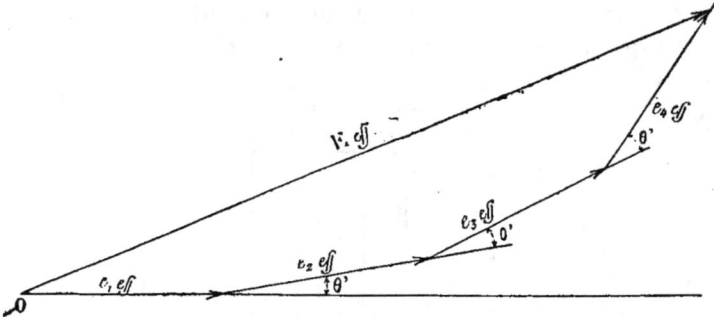

Fig. 387. — Sommation géométrique des f.é.m. partielles correspondant à l'hypothèse représentée par la figure 386.

On trouve facilement, dans ce cas, que :

$$E_{\text{eff}} = 2\left[\cos\frac{3}{2}\theta' + \cos\frac{\theta'}{2}\right] \frac{\pi}{\sqrt{2}} \frac{n_1}{a\,m_e} p \frac{N'}{60} \Phi_\Lambda\, 10^{-8}.$$

D'où le coefficient de réduction :

$$2\left[\cos\frac{3}{2}\theta' + \cos\frac{\theta'}{2}\right] \frac{1}{m_e}.$$

et le coefficient de bobinage K :

K = coeff. réduction × coeff. Kapp commun à toutes les bobines :

$$K = 2\frac{\pi}{\sqrt{2}}\left[\cos\frac{3\theta'}{2} + \cos\frac{\theta'}{2}\right] \frac{1}{m_e}.$$

En partant du diagramme de la figure 387, on démontre que, s'il existe m_e encoches par pôle et par phase, le **coefficient de réduction** est donné par la formule :

$$\left[2\left\{\cos(m_e-1)\frac{\theta'}{2}+\cos(m_e-3)\frac{\theta'}{2}+\ldots\right\}+[1]\right]\frac{1}{m_e}$$
$$\text{si } \overbrace{m_e \text{ est impair}}$$

le facteur entre crochets [1] ne subsistant en effet que si m_e est impair. On a de même, dans ce cas, le coefficient de bobinage K par la formule :

$$K = \left[2\left\{\cos(m_e-1)\frac{\theta'}{2}+\cos(m_e-3)\frac{\theta'}{2}+\ldots\right\}+[1]\right]\frac{1}{m_e}\frac{\pi}{\sqrt{2}}$$

avec :

$$\theta' = \frac{\pi}{3\,m_e}.$$

Dans cette formule, on ne prendra pour $(m_e-1), (m_e-3)\ldots,$ etc., que des valeurs > 0.

Exemples : Soit
$$m_e = 1$$
$$K = [2(0)+1]\frac{\pi}{\sqrt{2}} = \frac{\pi}{\sqrt{2}}$$

Soit
$$m_e = 2$$
$$K = \left[2\cos(2-1)\frac{\pi}{12}+1\right]\frac{1}{2}\frac{\pi}{\sqrt{2}} = 0{,}966\,\frac{\pi}{\sqrt{2}}.$$

Soit
$$m_e = 3$$
$$K = \left[2\cos(3-1)\frac{\pi}{18}+1\right]\frac{1}{3}\frac{\pi}{\sqrt{2}} = 0{,}960\,\frac{\pi}{\sqrt{2}}.$$

DÉTERMINATION DU NOMBRE n_1 DE CONDUCTEURS PAR PHASE

Ce nombre sera déterminé surtout par la condition de réaliser à pleine charge une chute de tension limitée.

La chute de tension dans un alternateur est, comme on sait, due à l'action du courant circulant dans l'induit.

Ce courant détermine :

a) Une chute de tension ohmique toujours très faible, et que l'on peut négliger, dans un premier calcul tout au moins ;

b) Des actions magnétiques que l'on va examiner rapidement :

Considérons par exemple un alternateur possédant quatre encoches par pôle et par phase, et n'envisageons qu'une seule phase.

Le courant de l'induit tend à produire trois sortes de flux (fig. 388) :

Les *flux* φ_1, qui passent d'une dent à l'autre en contournant chaque encoche ;

Les *flux* φ_2, qui font le tour de toutes les encoches d'un pôle et d'une phase.

Ces flux φ_1 et φ_2 forment ce que l'on appelle le flux de fuite et **c'est d'eux** que dépend la self-induction partielle de l'induit [1].

Les *flux* φ_3, **qui se** combinent avec le flux inducteur.

En réalité, comme **nous** l'avons dit, ce flux fictif φ_3 représente le flux tendant à être créé **par la force** magnétomotrice de l'induit, qui se compose avec celle de l'**induc**teur pour donner la force magnéto-motrice résultante [2].

Dans le cas de la figure 388, on a supposé, **pour** simplifier, que

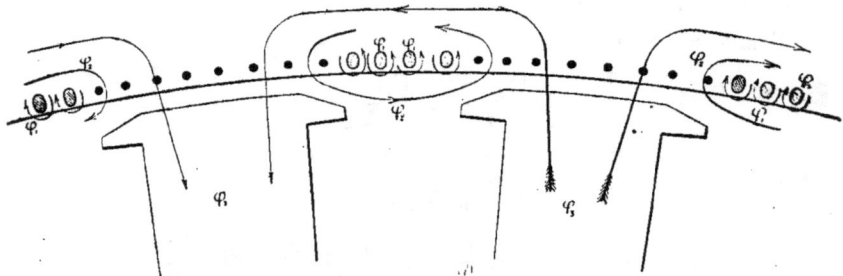

Fig. 388. — Constitution des flux dispersifs et non dispersifs d'induit dans un alternateur.

le courant dans l'induit était complètement déwatté, et que par suite le flux φ_3 était directement opposé au flux inducteur.

Ce sont ces trois groupes de flux qui déterminent la chute de tension : φ_1 et φ_2 en donnant à l'induit sa self-induction partielle, et φ_3 en diminuant le flux inducteur, soit par effet antagoniste direct, soit en le distordant.

En général, dans les alternateurs servant à l'éclairage ou au transport de force, le décalage du courant sur la tension n'étant jamais très considérable [cos φ = 0,70 à 0,85], l'action du flux de fuite prend par rapport à celle du flux non dispersif une im-

---

1. Voir Leçons X et XI. La combinaison des flux φ_1 et φ_2 donne le flux Φ_{a1} (dispersif).
2. L'ensemble de ces flux φ_2 constitue le flux Φ_{a1} non dispersif d'induit, considéré plus haut (voir mêmes leçons que ci-dessus).

portance assez grande. D'autre part, on peut toujours combattre l'action de ce dernier flux φ_3 en faisant l'inducteur suffisamment puissant. *Il faut donc chercher à réduire le flux de fuite le plus possible.*

Soit A le produit du nombre de **conducteurs contenus dans une** encoche par l'intensité passant **dans chacun** de ces conducteurs. Le facteur A représente **ce qu'on** peut appeler le nombre d'ampères-fils par encoche.

On a par définition :

$$A = \frac{I_{\text{eff}}}{a} \frac{n_1}{2p\, m_e}. \qquad (4)$$

Chaque flux φ_1 est évidemment proportionnel à A, qui représente, à une constante près, la force magnétomotrice produisant ce flux.

Les flux φ_2 sont de même proportionnels à Am_e, puisqu'ils sont dus à l'ensemble des encoches d'un pôle et d'une phase.

En particulier, lorsque $m_e = 1$, $\varphi_1 = \varphi_2$.

On peut remarquer que lorsque m_e augmente, la réluctance de φ_2 s'accroissant (car les lignes de force s'allongent), il en résulte que pour une valeur de A déterminée, φ_2 n'augmente pas proportionnellement à m_e.

Le flux φ_3 est également proportionnel à Am_e, mais dans ce cas, la longueur des lignes de force n'augmente pas avec m_e.

On voit donc que :

a) Pour réduire φ_2 et φ_3, il faut diminuer Am_e, c'est-à-dire n_1, d'après l'égalité (4). Il en résulte, d'après (3), une augmentation de Dl, donc des dimensions de l'induit.

Un alternateur sera donc d'autant plus volumineux, et plus coûteux, qu'on voudra lui assigner une chute de tension plus faible.

b) Pour réduire φ_1, il faut diminuer A. Par conséquent, pour une valeur Am_e déterminée, on a intérêt à augmenter m_e et à diminuer A. D'autre part, comme les flux φ_1 sont relativement plus importants que les flux φ_2 (car leur réluctance est plus faible), et comme il est toujours possible de combattre l'action nuisible de φ_3 en agissant sur l'inducteur, on pourra donc augmenter un peu Am_e, si l'on réduit A.

On constate bien, dans la réalité, que les machines qui ont un grand nombre d'encoches par pôle et par phase (d'où une faible valeur de A) ont une chute de tension relativement faible, malgré une valeur plus grande de Am_e.

Ainsi qu'on l'a vu, on est limité dans l'augmentation de m_e par l'accroissement du prix de l'alternateur, et par les difficultés d'isolation.

L'expérience seule permet de déterminer les valeurs les plus convenables à donner à A dans chaque cas.

A dépend :

1° *Du nombre d'encoches par pôle et par phase*. — A pourra être d'autant plus petit que m_e sera plus grand.

2° *De la nature des encoches*. — Il est évident que, pour un flux de fuite déterminé, on pourra donner à A des valeurs plus grandes, pour les encoches complètement ouvertes, que pour celles qui sont fermées en partie ou complètement, car la réluctance opposée au flux de fuite φ_1 augmente à mesure que l'on ouvre les encoches.

Le tableau ci-dessous donne quelques valeurs de A pour les cas usuels :

ENCOCHES par pôles et par phase	NATURE des encoches	A	Am_e	USINE utilisant l'alternateur	CONSTRUCTEUR
$m_e = 1$	complèt⁺ ouvertes	1296	1296	Engins (Soc. Grenoble-Voiron)	Oerlikon
	— fermées	972	972	Engins (Soc. Grenoble-Voiron)	Eclairage électrique
$m_e = 2$	complèt⁺ ouvertes	1105	2210	Loulla (Fure et Morge)	Oerlikon
	en partie ouvertes	807,5	1615	Sauviat (Forc. mot. d'Auvergne)	Alioth
	—	812	1624	Avignonet (Force et Lumière)	Creusot
	complèt⁺ fermées	690	1380	Exposition 1900	Eclairage électrique
$m_e = 3$	complèt⁺ ouvertes	800	2400	Soc. forc. mot. des lacs de Joux	Oerlikon
	en partie ouvertes	728	2184	Exposition 1900	Ganz
	complèt⁺ fermées	669	2007	Champ (Fure et Morge)	Brown Boveri

3° *A dépend de la fréquence f*. — Le vecteur :

$$\lambda \Omega I_{\text{eff}} = 2\pi f \lambda I_{\text{eff}}$$

représentant la chute de tension due à la self partielle λ de l'induit, étant proportionnel à f, on peut donc, pour une même chute de tension, augmenter A dans le cas de basses fréquences.

EXEMPLE. — Alternateurs avec encoches complètement ouvertes et ne possédant qu'une encoche par pôle et par phase ($m_e = 1$).

Alternateur de l'usine d'Engins (Oerlikon).

$$f = 50 \text{ périodes} \qquad A = 1.296.$$

Alternateur exposé en 1900 par la Compagnie Thomson-Houston :

$$f = 25 \text{ périodes} \qquad A = 2.625.$$

4° A dépend des dimensions D, l — que l'on veut donner à l'induit, et

5° A dépend aussi de *l'induction* $\mathfrak{B}_e$ *dans l'entrefer.*

En remplaçant dans (3) n_1 par sa valeur tirée de (4), on a en effet :

$$Am_e = \frac{E_{\text{eff}} I_{\text{eff}}}{N'} \frac{60 \times 3 \times 10^8}{Dl . \mathfrak{B}_e . K\pi . 2p}.$$

On voit donc qu'une faible chute de tension ne peut être obtenue qu'en donnant à l'induit de grandes dimensions, et à l'induction dans l'entrefer des valeurs élevées.

On se donnera A, en se basant sur les exemples précédents, qui fournissent des valeurs moyennes assez généralement rencontrées et l'on modifiera A, si c'est nécessaire, pour obtenir des dimensions convenables.

DÉTERMINATION DE L'INDUCTION MOYENNE DANS L'ENTREFER

On verra, au cours de notre calcul de l'inducteur, que, pour réduire la chute de tension de l'alternateur, il faut réaliser un inducteur très puissant, afin que les ampère-tours de l'induit soient faibles devant ceux de l'inducteur. L'inducteur étant alors plus important qu'il serait nécessaire pour créer le flux Φ_A, on absorbe, dans l'entrefer principalement, son excès de puissance.

Si l'on prenait pour l'induction $\mathfrak{B}_e$ une faible valeur, il faudrait, pour absorber cet excès de puissance de l'inducteur, adopter une grande longueur de l'entrefer; il en résulterait des fuites importantes pour l'inducteur et l'induit, et d'autre part, d'après (3), on serait obligé de donner à l'induit d'assez grandes dimensions.

Il faut donc attribuer à $\mathfrak{B}_e$ une valeur assez élevée, valeur qui sera limitée principalement par la condition que l'induction, dans les dents et le reste de l'induit, ne soit pas exagérée, sinon les pertes et l'échauffement de l'induit deviendraient trop considérables.

On a en général :

$$6.000 < \mathfrak{B}_e < 9.000 \text{ gauss.}$$

On prendra donc pour $\mathfrak{B}_e$ 7 000 à 8 000 gauss, et l'on modifiera ensuite cette valeur, s'il y a lieu.

DÉTERMINATION DES VALEURS LES PLUS CONVENABLES A DONNER AU DIAMÈTRE D ET A LA LARGEUR l DE L'INDUIT

La formule (3) devient, en remplaçant n_1 par sa valeur donnée par (4) :

$$Dl = \frac{E_{eff} I_{eff}}{N'} \frac{60 \times 3 \times 10^8}{K \pi \mathfrak{B}_e 2p \, Am}.$$

Si l'on remarque que :

$$\frac{pN'}{60} = f \quad \text{et} \quad \frac{3}{2\pi} = 0{,}477.$$

Il vient :

$$Dl = 0{,}477 \, \frac{E_{eff} I_{eff}}{f} \, \frac{10^8}{K \mathfrak{B}_e A m_e} \, \text{cm}^2. \qquad (5)$$

L'expression (5) donne Dl ; il faut chercher maintenant quelles sont les valeurs les plus convenables à donner à D et à l.

Pour cela, étudions ce que devient le poids (et par suite le prix) d'un alternateur lorsqu'on fait varier D et l, le produit Dl restant constant.

Dans le poids total d'un alternateur, on peut distinguer :

a) Le poids des *matières actives*, comprenant :

- Le poids du cuivre induit,
- Le poids du cuivre inducteur,
- Le poids du fer induit,
- Le poids du fer inducteur.

b) Le poids des *matières de soutènement :* c'est-à-dire celles servant à supporter les matières actives (carcasse d'induit et roue polaire).

INFLUENCE DES VARIATIONS DE D ET DE l SUR LE POIDS DES MATIÈRES ACTIVES

1. — *Sur le poids de cuivre induit.* — Considérons, pour simplifier, un alternateur ne possédant qu'une bobine par pôle et par phase [bobine longue] (fig. 389 et 390).

Il faut que tout le flux Φ_A passe dans cette bobine, c'est-à-dire dans la surface $(b_1 \times b_2)$ embrassée par ladite bobine.

L'induction étant choisie, cette surface est déterminée.

Le produit $(b_1 \times b_2)$ étant constant, la longueur $2(b_1 + b_2)$ des spires de la bobine, et par suite le poids de cuivre de l'induit, sera donc minimum lorsque l'on aura :

$$b_1 = b_2.$$

Comme le pas polaire est égal sensiblement à b_2, et que, d'autre part :

$$\pi D = 2p \times \text{pas polaire}.$$

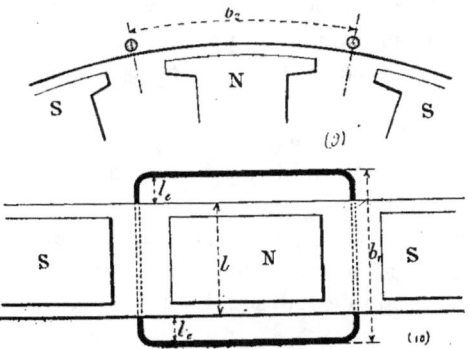

Fig. 389 et 390. — Influence des variations de D et l sur le poids de cuivre induit
Alternateur avec une bobine par pôle et par phase.

On a donc :

$$b_2 = \frac{\pi D}{2p}.$$

Le poids de cuivre sera par suite minimum quand on aura :

$$\frac{\pi D}{2p} = l + 2l_c,$$

l_c représentant l'écartement, par rapport à l'induit, des conducteurs inactifs de la bobine.

On aurait donc ainsi entre D et l une relation qui, avec (4), permettrait de déterminer D et l.

En réalité, on a toujours, ainsi qu'on le verra plus loin :

$$\frac{\pi D}{2p} < l + 2l_c.$$

2. — *Sur le poids de cuivre de l'inducteur.* — Le nombre de spires inductrices et le flux inducteur étant déterminés, on aura le minimum du poids de cuivre inducteur en adoptant pour les noyaux polaires une section circulaire, ou, si cela n'est pas possible (dans le cas de noyaux feuilletés par exemple), une section carrée.

Cette condition est plus importante à réaliser que celle qui donne le minimum de poids pour le cuivre induit, car, presque toujours, le poids de cuivre inducteur est bien supérieur à celui de l'induit (le nombre d'ampère-tours de l'inducteur devant être beaucoup plus grand que celui de l'induit).

Pour déterminer les valeurs qui doivent être assignées à D et l afin d'obtenir le minimum de poids de cuivre inducteur, il faut donc procéder au calcul de cet inducteur [voir, plus loin, calcul de l'inducteur].

Remarque. — En diminuant la longueur des spires de l'induit et de l'inducteur, on diminue en même temps les pertes par effet Joule.

Pour l'inducteur, si l'intensité est déterminée, on conservera la même résistance, malgré la réduction de longueur des spires, en diminuant la section de celles-ci. D'où, une réduction supplémentaire du poids.

3. — *Sur le poids de fer de l'induit.* — Soit H la hauteur radiale des tôles de l'induit, moins la hauteur h des dents (fig. 391).

$$H \times l = S_a$$

est la section de passage du flux $\dfrac{\Phi_A}{2}$.

L'induction $\mathfrak{B}_a$ étant choisie, la section S_a doit rester constante lorsqu'on fait varier D et l.

Si l'on néglige l'espace occupé par le papier isolant les tôles, et par les canaux de ventilation, le volume V des tôles est :

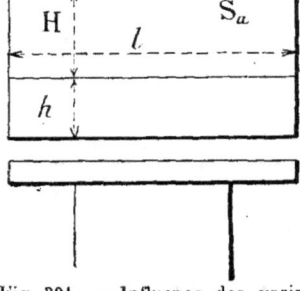

Fig. 391. — Influence des variations de D et de l sur le poids du fer de l'induit.

$$V = \frac{\pi}{4}[(D+H)^2 - D^2]\,l$$

$$V = \frac{\pi}{4l}[2Dl \times Hl + H^2l^2].$$

Le produit Dl étant supposé constant, ainsi que Hl, on voit que le volume du fer induit diminue quand l augmente aux dépens de D.

4. — *Sur le poids de fer de l'inducteur.* — Le poids des noyaux polaires est évidemment minimum en même temps que celui du cuivre inducteur.

INFLUENCE DES VARIATIONS DE D ET l
SUR LE POIDS DES MATÉRIAUX DE SOUTÈNEMENT

Il est difficile d'étudier avec précision cette influence. Néanmoins, on peut se rendre compte de ce fait que le poids des matériaux de soutènement diminue un peu quand on augmente l au détriment de D.

CONCLUSIONS

En résumé, lorsqu'on diminue le diamètre d'alésage de l'induit D, et que l'on augmente par suite la largeur l, le produit (Dl) restant constant, on obtient les résultats suivants :

Les poids de cuivre de l'induit et de l'inducteur passent par un minimum [le minimum pour le cuivre induit a lieu un peu avant celui du cuivre inducteur].

Le poids des noyaux polaires passe par un minimum en même temps que celui du cuivre inducteur.

Les poids du fer induit et des matériaux de soutènement diminuent en même temps que le diamètre.

Soient :

D_1, le diamètre donnant le minimum du poids de cuivre de l'induit ;

D_2, le diamètre donnant le minimum du poids de cuivre et de fer inducteur.

En général D_1 est légèrement plus grand que D_2. D'ailleurs D_2 n'est pas fixé exactement, car en faisant varier convenablement les pièces polaires, on peut conserver le minimum du poids de cuivre pour plusieurs valeurs du diamètre.

Si l'on fait diminuer D :

Pour $D > D_1$, toutes les parties de l'alternateur diminuent de poids ;

Pour $D_2 < D < D_1$, le poids du cuivre induit augmente, mais le poids des autres parties diminue.

Pour $D > D_1$, le poids de cuivre induit et inducteur et celui du fer inducteur augmentent ; le poids du fer induit et des matériaux de soutènement diminue.

Comme le cuivre coûte environ quatre fois plus que les tôles de l'induit et les matériaux de soutènement, ordinairement en fonte, le diamètre donnant le prix minimum doit être inférieur à D_1, mais voisin de D_1.

La détermination exacte de ce diamètre est difficile et ne peut être faite que si l'on connaît parfaitement les prix des matériaux employés et les frais de main-d'œuvre dans chaque cas.

Dans un premier calcul, on prendra pour le diamètre d'induit la valeur D_1, qui sera déterminée plus loin (voir calcul de l'inducteur).

VÉRIFICATION DE LA VITESSE TANGENTIELLE V_t

$$V_t = \pi D \frac{N'}{60}.$$

Lorsque les bobines inductrices sont faites avec du fil rond ou du câble, il n'est pas prudent de prendre V_t supérieur à 30 mètres par seconde.

Lorsqu'elles sont faites avec du ruban de cuivre enroulé sur champ, on peut atteindre 40 m./sec.

L'emploi du ruban de cuivre n'est possible que si la section du fil inducteur est suffisante (voir, plus loin, calcul de l'inducteur).

Si le diamètre déterminé par les considérations précédentes donne une vitesse V_t plus petite que la vitesse maxima admise, on conservera ce diamètre; dans le cas contraire, on choisit le diamètre qui donne la vitesse tangentielle maxima.

DÉTERMINATION DE l_f LARGEUR UTILE DU FER INDUIT

Si n_c représente le nombre de canaux de ventilation et c leur épaisseur, on a :

$$l_f = (l - n_c \times c)\,0{,}9.$$

avec introduction du coefficient 0,9 pour tenir compte de l'espace occupé par le papier isolant les tôles.

On place ordinairement un canal de ventilation tous les 8 à 12^{cm}, suivant que la machine a besoin d'être plus au moins ventilée, et la largeur de chaque canal varie de 6 à 10 millimètres.

DIMENSIONS DES ENCOCHES

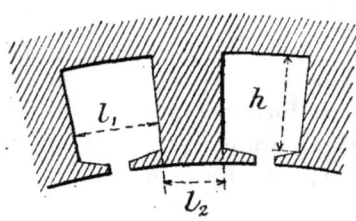

Fig. 392. — Déterminations des dimensions des encoches du fer induit.

Calcul de l_1 et l_2. — La largeur l_2 des dents se détermine, comme pour les dynamos à courant continu, par la condition que l'induction $\mathfrak{B}_d$ dans ces dents ait une valeur convenable.

Ordinairement, pour 50 périodes, on prend :

$15\,000 < \mathfrak{B}_d < 22\,000$ *gauss.*

En supposant que tout le flux qui passe par l'entrefer ne traverse que les dents, on a aisément (fig. 392) :

$$l_2 l_f \mathfrak{B}_d = \mathfrak{B}_e (l_1 + l_2) l.$$

D'autre part, $l_1 + l_2$ représentant le pas de la denture, plein et vide, afférant à une encoche :

$$l_1 + l_2 = \frac{\pi D}{\text{nombre d'encoches}}.$$

$$l_1 + l_2 = \frac{\pi D}{3 m_e . 2 p}. \tag{A}$$

D'où :

$$l_2 = \frac{\mathfrak{B}_e}{l_f \, \mathfrak{B}_d} \times \frac{\pi D}{3 m_e . 2 p} \, l \tag{B}$$

l_2 étant ainsi déterminé, on calculera l_1 au moyen de (A).

Calcul de h. — Comme pour les dynamos à courants continus, h est déterminé par la condition que l'encoche soit suffisamment grande pour que l'on puisse y loger les conducteurs et leurs isolants.

Il faut également, surtout pour les encoches complètement ouvertes, que la hauteur h soit assez grande par rapport à l'entrefer pour que les courants de Foucault dans les conducteurs ne soient pas trop considérables.

Il convient pour cela de prendre :

$$h \geqslant 3 \text{ à } 5 \text{ fois } e,$$

e étant l'épaisseur de l'entrefer.

Détermination de l'espace occupé dans une encoche par les conducteurs et leur isolant. — La section s_a des conducteurs de l'induit est déterminée par la condition que la densité de courant δ_a ne soit pas exagérée. On a à prendre comme limite de δ_a :

$$2 < \delta_a < 4^{\text{amp/mm}^2}.$$

suivant l'importance du refroidissement escompté pour l'induit. D'où :

$$s_a = \delta_a \, \frac{I_{\text{eff}}}{a}.$$

Rappelons que a représente le nombre de circuits en parallèle.

On emploie comme conducteurs :

Du fil rond pour les faibles sections ;

Du câble pour les moyennes sections ;

Du ruban ou des barres, pour les fortes sections.

Ces conducteurs sont isolés par une couche, ou, le plus souvent, par deux couches de coton [fils de coton pour les fils et câbles, rubans de coton pour les rubans et les barres].

Épaisseur d'une couche de fils de coton : $0^{mm},125$.

Épaisseur d'une couche de rubans de coton : $0^{mm},25$.

Dans le cas du fil rond par exemple, si

d représente le diamètre du fil nu,

d_i représente le diamètre du fil isolé,

on aura :

$d_i = d + 0^{mm},25$ pour une couche,

$d_i = d + 0^{mm},50$ pour deux couches.

Si, dans une bobine, la tension entre deux couches de conducteurs est un peu élevée,

soit $> 50^v$ si les conducteurs sont isolés par une couche ;

et $> 100^v$ si les conducteurs sont isolés par deux couches ;

on place entre les couches de conducteurs des feuilles de presspahn de 0,2 à $0^{mm},4$ (fig. 393). Dans le cas de bobines faites d'avance sur gabarit, l'on maintient les conducteurs, réunis ensemble, en les entourant d'un ruban de coton. Ce ruban forme ordinairement deux couches.

Fig. 393. — Isolement des couches de conducteurs, dans les encoches au moyen de feuilles de presspahn.

Enfin, dans les encoches, les faisceaux des bobines sont isolés des tôles de l'induit au moyen de tubes en micanite.

Pour l'épaisseur de ces tubes, on compte ordinairement $0^{mm},5$ par 1.000 volts (tension simple si l'alternateur est monté en étoile, avec un minimum de 1^{mm} environ).

Exemples de calculs d'encoches. — a) *Encoches en partie ouvertes.* — Bobines faites avec du fil rond isolé par deux couches de coton (fig. 394).

Soit d le diamètre de chaque fil nu,

$$U_{eff} = \text{tension aux bornes} \left[\frac{U_{eff}}{\sqrt{3}} = \text{tension simple} \right].$$

Soient 2 rangées de 4 fils chacune, c'est-à-dire : $2 \times 4 = 8$ conducteurs.
Alors :

$$\begin{cases} l_1 = 3[d+0,5] + 0,2 + 2 \times 0,5 \dfrac{U_{eff}}{\sqrt{3}} + 0,5 \\ 0,5 = \text{isolement des fils (2 couches de coton)} \\ 0,2 = \text{feuilles de presspahn} \\ 2 \times 0,5 \dfrac{U_{eff}}{\sqrt{3}} = \text{tube de micanite} \\ 0,5 = \text{jeu.} \end{cases}$$

$$h = 4(d+0,5) + 2 \times 0,5 \dfrac{U_{eff}}{\sqrt{3}} + 0,5.$$

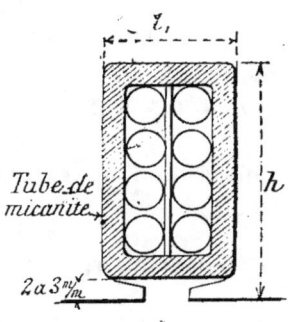

Fig. 394. — Exemple de calcul d'encoches. Encoches en partie ouvertes. Emploi de fil rond.

Toutes ces longueurs sont exprimées en millimètres.

b) *Encoches complètement ouvertes.* — La figure 395 représente un enroulement avec ruban de cuivre; la figure 396, un enroulement avec barres, chaque barre étant isolée par deux couches de coton. Si e_a représente l'épaisseur en millimètres de chaque ruban et l_a la largeur en millimètres de ces rubans, on a, d'après la figure 395, et en prenant encore :

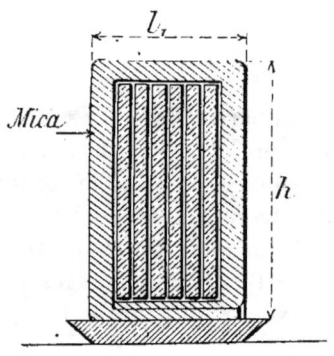 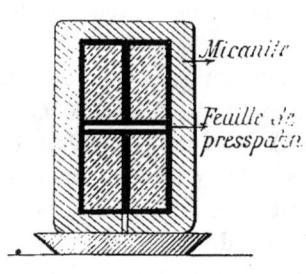

Fig. 395. — Encoches complètement ouvertes. Ruban de cuivre, deux couches de coton, six conducteurs.

Fig. 396. — Encoches complètement ouvertes. Enroulement à barres, isolement à deux couches de coton.

$$\begin{cases} 0,5 = \text{ruban de coton entourant chaque conducteur.} \\ 2 \times 0,25 = \text{ruban de coton entourant l'ensemble des conducteurs.} \\ 2 \times 0,5 \dfrac{U_{eff}}{\sqrt{3}} = \text{tube de micanite.} \\ 0,5 = \text{jeu.} \end{cases}$$

$$\begin{cases} l_1 = 6(e_a + 0,5) + 2 \times 0,25 + 2 \times 0,5 \dfrac{U_{eff}}{\sqrt{3}} + 0,5 \\ h = l_a + 0,5 + 2 \times 0,25 + 2 \times 0,5 \dfrac{U_{eff}}{\sqrt{3}} + 0,5. \end{cases}$$

La disposition des conducteurs dans les encoches peut varier beaucoup.

COEFFICIENT D'UTILISATION DES ENCOCHES : K_u

K_u peut être défini par le rapport :

$$K_u = \frac{\text{Section du cuivre dans l'encoche}}{\text{Surface de l'encoche}}.$$

En d'autres termes :

$$K_u = [\text{nombre de conducteurs par encoche}] \frac{S_a}{h l_1}.$$

C'est une quantité intéressante à calculer, qui dépend évidemment de l'importance des isolants, du nombre des conducteurs et de la forme de ceux-ci.

Ce coefficient est plus grand quand on emploie des barres ou du ruban de cuivre, au lieu des fils ronds ou des câbles.

K_a varie ordinairement de :

0,20 (bobines haute tension, fils ronds),

à :

0,45 (bobines basse tension, ruban ou barres)

et même peut atteindre des valeurs encore plus considérables.

Remarque. — Pour pouvoir loger convenablement les conducteurs dans les encoches, on modifie légèrement, s'il y a lieu, les valeurs de l_1 et l_2 déterminées précédemment, mais en ayant soin de ne pas diminuer sensiblement l_2, car l'induction dans les dents deviendrait trop grande, à moins d'avoir pris pour celle-ci, au début, une valeur moyenne.

Si l'on veut employer un grand nombre d'encoches par pôle et par phase, pour que le pas de la denture ($l_1 + l_2$) ait une valeur convenable, on peut être obligé d'augmenter le diamètre de l'induit que l'on avait déterminé par la condition du prix minimum. Il faut, dans ce cas, n'augmenter le diamètre que de la quantité strictement nécessaire et examiner si l'on n'aurait pas intérêt, pour ne pas modifier ce diamètre, à réduire le nombre des encoches m_e.

DÉTERMINATION DU DIAMÈTRE EXTÉRIEUR DES TOLES D'

On a vu plus haut que :

$$\Phi_A = \mathfrak{B}_e \frac{\pi D l}{3p}$$

D'autre part :

$$\Phi_A = 2 \mathfrak{B}_a l_f H$$

et comme :

$$H = \frac{D' - D}{2} - h$$

on peut déterminer facilement D', si l'on connaît $\mathfrak{B}_a$, induction dans l'induit (fig. 397).

$\mathfrak{B}_a$ dépend de la puissance et de la fréquence :

pour $f = 20$ à 25 périodes :
$$10.000 < \mathfrak{B}_a < 12.000 \text{ gauss}$$
$f = 40$ à 50 périodes :
$$7.000 < \mathfrak{B}_a < 7.000 \text{ gauss.}$$

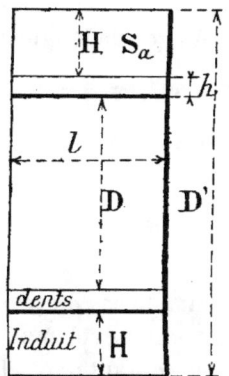

Fig. 397. — Détermination du diamètre extérieur des tôles.

Nota. — Lorsque les boulons de serrage des tôles traversent celles-ci, il faut augmenter H d'environ 3^{cm}, et par suite D' de 6^{cm}, pour tenir compte de la place occupée par lesdits boulons à la périphérie de l'induit, place inutilisée par le flux Φ_A.

CALCUL DES PERTES DANS L'INDUIT

1° Pertes dans le fer.

Pour déterminer ces pertes, on applique les formules bien connues :

$$P_H = \eta f \left[V_a \, \mathfrak{B}_a^{1,6} + V_d \, \mathfrak{B}_d^{1,6} \, 10^{-4} \right]$$

$$P_F = K \left(\frac{\varepsilon f}{100} \right) \left[V_a \frac{\mathfrak{B}_a^2}{10^6} + V_d \frac{\mathfrak{B}_d^2}{10^6} \right]$$

avec :

P_H = pertes par hystérésis en watts.

P_F = pertes par courants de Foucault en watts.

η = coeff. de Steinmetz, soit 0,002.

f = fréquence du courant en périodes par seconde.

V_a = volume de l'induit en décimètres cubes (moins les dents).

V_d = volume des dents (*même unité*).

$\mathfrak{B}_a$ = induction dans l'induit en gauss.

$\mathfrak{B}_d$ = induction dans les dents en gauss.

K = en pratique, environ 1,8

ε = épaisseur des tôles en millimètres (0,5).

2° Pertes par effets Joule.

Si l_a est la longueur moyenne d'une spire dont la section est s_a, comme il y a $\frac{n_1}{2}$ spires par phase, la résistance de chaque phase sera :

$$R_a = 1,8 \frac{l_a}{s_a} 10^{-2} \text{ohms}$$

$\begin{cases} l_a \text{ en mètres.} \\ S_a \text{ en mm}^2. \end{cases}$

Dans le cas du triphasé, la perte totale par effet Joule dans l'induit serait évidemment, R_a étant la résistance d'une des phases et I_{eff} le courant dans chaque phase

$$3 R_a I^2_{eff}.$$

DÉTERMINATION DE LA LONGUEUR MOYENNE DES SPIRES INDUITES

Pour déterminer l_a, il faut connaître l'écartement des conducteurs inactifs par rapport à l'induit.

Pour les alternateurs à basse ou moyenne tension, cet écartement est déterminé, comme pour les dynamos, par la condition de pouvoir exécuter un bobinage régulier.

Pour les alternateurs à haute tension, cet écartement est surtout déterminé par des conditions d'isolement. Les figures 398 et 399 représentent les parties inactives des bobines d'un alternateur triphasé possédant un enroulement à trois étages de bobines.

Les tubes de micanite des phases 1 et 3 sont prolongés en dehors des encoches d'une longueur e, afin d'écarter suffisamment les conducteurs de la masse de l'induit.

En sortant des tubes de micanite, les parties situées en dehors des tôles (parties inactives) des bobines des phases 1 et 3, sont relevées ou abaissées, de façon à se trouver écartées de la distance e par rapport à la phase 2.

Les tubes de micanite de la phase 2 sont prolongés en dehors des tôles d'une longueur égale à environ $2e$.

On prend en général $e = 6$ à 8^{mm} par 1.000 volts de tension composée.

CALCUL DES ALTERNATEURS

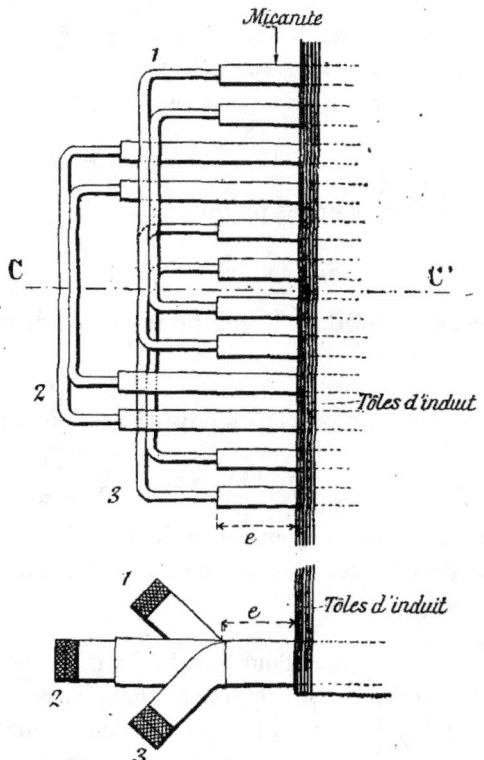

Fig. 398. — Développement. Redressement de l'induit.
Fig. 399. — Coupe suivant CC'.
Mode de construction des parties inactives des bobines d'un alternateur triphasé avec trois étages de bobines.

CALCUL DE L'INDUCTEUR

DIMENSIONS DES NOYAUX POLAIRES

Si Φ_i représente le flux dans les noyaux polaires, on a, comme on sait :

$$\Phi_i = \nu \Phi_A$$

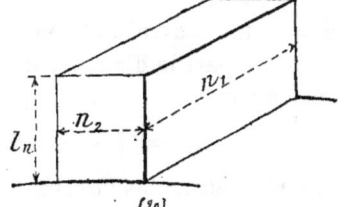

ν étant le coefficient d'Hopkinson. [Pour les alternateurs modernes, on peut prendre :

$$\nu = 1,2 \text{ à } 1,3].$$

Fig. 400. — Détermination de la dimension des noyaux polaires. Noyaux rectangulaires.

Si $\mathfrak{B}_n$ est l'induction dans les

noyaux polaires [voir, dans nos leçons sur le calcul des dynamos à courant continu, les valeurs à donner à $\mathcal{B}_n$].

S_n = section des noyaux polaires.

$ = n_1 . n_2$ pour les noyaux rectangulaires (fig. 400).

$ = \dfrac{\pi d_n^2}{4}$ — circulaires (fig. 401).

On a en particulier pour les premiers :

$$S_n = n_1 . n_2 = \dfrac{\Phi_i}{\mathcal{B}_n}.$$

Pour réaliser la condition du minimum de poids de cuivre sur l'inducteur, on fera :

$$n_1 = n_2$$

Ou bien l'on prendra, si possible, un noyau à section circulaire, d'où :

$$n_1 = \sqrt{\dfrac{\Phi_i}{\mathcal{B}_n}} \quad \text{ou bien} \quad d_n = \sqrt{\dfrac{4\Phi_i}{\pi . \mathcal{B}_n}}.$$

Connaissant n_1 ou d_n, on peut déterminer facilement la longueur moyenne l_m des spires des bobines inductrices, et le diamètre D_j de la jante de la roue polaire.

En effet :

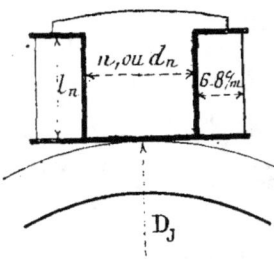

Fig. 401. — Détermination des dimensions des noyaux polaires. Noyaux circulaires.

Pour que l'échauffement à l'intérieur des bobines inductrices ne soit pas exagéré, l'expérience montre qu'il ne faut pas donner à celles-ci une épaisseur supérieure à 6 ou 8^{cm}, surtout si elles sont faites avec du fil rond.

On a donc, pour la longueur moyenne des spires inductrices, en supposant les bobines carrées :

$$l^m = 4[n_1 + \underbrace{6 \text{ à } 8^{cm}} + 2^{cm}]$$

en comptant environ 2^{cm} pour le jeu et l'épaisseur de l'isolant.

D'autre part le diamètre de la jante D_j est déterminé par la relation suivante :

$$\pi D_j = [n_1 + 2(6 \text{ à } 8^{cm}) + 2^{cm} \text{ de jeu}] 2p.$$

La hauteur l_n des noyaux polaires sera déterminée par la condition de pouvoir loger toutes les spires inductrices, en admettant pour les bobines une épaisseur convenable.

Pour déterminer l_n, il faut donc connaître le nombre de spires, ou, ce qui revient au même, le nombre d'ampère-tours à placer sur chaque bobine.

REMARQUE. — Si, pour diminuer l_n, on augmente l'épaisseur des bobines, on augmente également leur échauffement; d'autre part, si on diminue l'épaisseur des bobines pour qu'elles se refroidissent mieux, on augmente l_n et par suite le flux de fuite de l'inducteur. Il faut donc donner aux bobines l'épaisseur correspondant à l'échauffement maximum admissible, soit 6 à 8^{cm}, et non pas chercher à trop diminuer cette épaisseur.

CALCUL DES AMPÈRE-TOURS INDUCTEURS

Dans un alternateur, le nombre des ampère-tours inducteurs, c'est-à-dire le nombre de spires à placer sur les bobines inductrices, est déterminé uniquement par la condition que la chute de tension de l'alternateur ne soit pas exagérée.

Comme la chute de tension est due en grande partie à la réaction d'induit, c'est-à-dire aux ampère-tours antagonistes de l'induit, il faut faire, comme nous l'avons dit, l'inducteur très puissant par rapport à l'induit. A cause de cela, le nombre d'ampère-tours inducteurs que l'on trouve convenable, pour avoir une chute de tension déterminée, est toujours beaucoup plus grand que celui qui serait nécessaire pour produire, dans les différentes parties du circuit magnétique [moins l'entrefer], les inductions adoptées.

On absorbe alors, ainsi qu'on l'a déjà dit, l'excès de puissance de l'inducteur dans l'entrefer.

Connaissant cet excès de puissance, on en déduit facilement, ainsi qu'on le verra dans la suite, la valeur exacte de l'entrefer.

Le nombre d'ampère-tours inducteurs devant être calculé pour que la chute de tension ne soit pas exagérée, il importe de définir exactement ce que l'on entend par chute de tension.

Valeur de la chute de tension. — Soit U_{eff} la tension normale de fonctionnement de l'alternateur.

Supposons l'excitation et la vitesse constantes. On peut envisager la chute de tension de deux façons différentes :

a) L'excitation est réglée pour avoir à vide la tension normale U_{eff}.

A mesure que la charge augmente, la tension diminue et devient en pleine charge $U'_{eff} < U_{eff}$.

Dans ce cas, la chute de tension relative est :

$$\frac{U_{eff} - U'_{eff}}{U_{eff}}.$$

Si l'on coupe la charge, la tension revient évidemment à la valeur U_{eff}.

b) L'excitation est réglée pour avoir en charge la tension normale U_{eff}.

Si la charge vient à diminuer, la tension s'élève et devient égale à $U°_{eff}$, quand la charge est nulle.

La chute de tension relative est alors :

$$\frac{U°_{eff} - U_{eff}}{U_{eff}}.$$

La chute de tension ainsi considérée est plus grande que dans le cas précédent. C'est ordinairement cette dernière que l'on envisage, et c'est elle que nous considérerons pour calculer l'inducteur.

PRÉDÉTERMINATION DU NOMBRE D'AMPÈRE-TOURS INDUCTEURS PAR LE DIAGRAMME DE ROTHERT

Si l'on néglige les fuites de l'inducteur et de l'induit, on peut

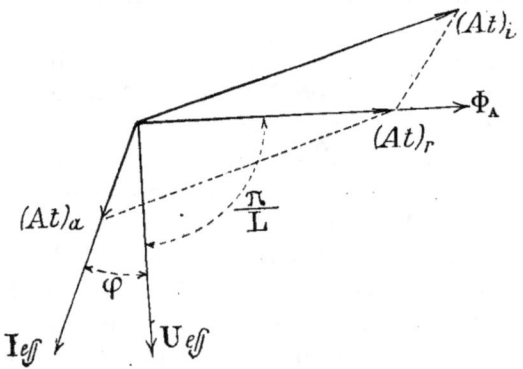

Fig. 402. — Prédétermination du nombre d'ampère-tours inducteurs par le diagramme de Rothert.

employer le diagramme de Rothert pour déterminer le nombre d'ampère-tours inducteurs (fig. 402).

Soient :

$(At)_i$ — le nombre d'ampère-tours inducteurs par pôle ;

$(At)_a$ — le nombre d'ampère-tours de réaction d'induit pour un pôle.

Négligeons la chute de tension ohmique [c'est-à-dire supposons $U_{eff} = E_{eff}$]. Pour la pleine charge, on aura le diagramme ci-dessus (fig. 402).

CALCUL DES ALTERNATEURS

φ = décalage du courant par rapport à U_{eff} (quantité donnée : $\cos\varphi = 0,70$ à $0,90$).

Φ_A = flux dans l'induit produisant la tension U_{eff}.

$(At)_r = (At)$ résultants de $(At)_i$ et $(At)_a$

$(At)_r$ donne naissance à Φ_A.

Pour la charge nulle [$I_{eff} = 0$, et par suite $(At)_a = 0$], on a le diagramme de la figure 403.

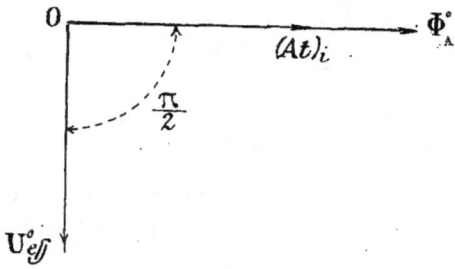

Fig. 403. — Prédétermination du nombre d'ampère-tours inducteurs par la méthode Rothert. Diagramme pour la charge nulle.

Les ampère-tours $(At)_i$ sont restés les mêmes que sur la figure 402, l'excitation étant constante.

$(\Phi^0{}_A)$ est le flux produit par $(At)_i$

$U^0{}_{eff}$ est la tension produite par $\Phi^0{}_A$.

Si l'on se fixe une chute de tension de $\dfrac{x}{100}$, on a évidemment :

$$\frac{U^0{}_{eff} - U_{eff}}{U_{eff}} = \frac{x}{100}.$$

Or les flux sont proportionnels aux tensions qu'ils produisent, car en utilisant toujours nos mêmes rotations :

$$U_{eff} = K \frac{n_1}{a} p\ \Phi_A \frac{N'}{60}\ 10^{-8}$$

et, dans un premier calcul, on peut admettre que les flux sont proportionnels aux ampère-tours.

On a en effet, comme on sait, $\mathcal{R}$ étant la réluctance du circuit magnétique :

$$1,25\ (A\,t)_i = \frac{\Phi_a{}^0}{\mathcal{R}}.$$

en supposant les perméabilités constantes pour les diverses portions de ce circuit.

On aura donc :

$$\frac{U^0_{eff} - U_{eff}}{U_{eff}} = \frac{\Phi_a^0 - \Phi_a}{\Phi_a} = \frac{(At)_i - (At)_a}{(At)_a} = \frac{x}{100} \quad (1)$$

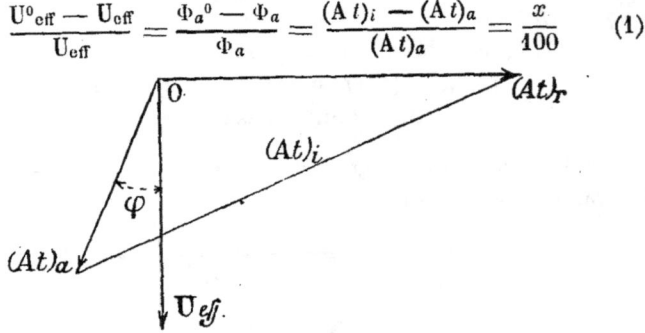

Fig. 404. — Prédétermination du nombre des ampère-tours inducteurs par la méthode Rothert. Triangle des ampère-tours.

D'autre part, si dans le diagramme de la figure 402, on ne considère que le triangle formé par les ampère-tours (fig. 404), on a immédiatement :

$$(At)^2_i = [(At)_r + (At)_a \sin\varphi]^2 + [(At)_a \cos\varphi]^2. \quad (2)$$

Les relations (1) et (2) permettent de déterminer $(At)_i$, si l'on connaît $\frac{x}{100}$, φ et $(At)_a$. Or :

$$\frac{x}{100} \text{ et } \varphi \text{ sont donnés.}$$

$(At)_a$, qui représente les ampère-tours de réaction d'induit par pôle, peut, ainsi qu'on le sait, se calculer, dans le cas du triphasé, par la formule :

$$(At)_a = \frac{3}{2} \frac{n_1}{2} \frac{1}{2p} \frac{I_{eff}\sqrt{2}}{a}.$$

n_1 = nombre de conducteurs par phase.
I_{eff} = intensité par phase en ampères.
a = nombre de circuits en parallèle.

En appelant K' une constante convenable, on aura :

$$(At)_a = K' \frac{n_1}{4p} \frac{I_{eff}\sqrt{2}}{a}.$$

Avec K' = 1,5. Mais pour tenir compte des fuites, on prend souvent pour K' la valeur 1,7.

Remarques. — a) On peut se rendre compte facilement, par le diagramme de la figure 402, de la nécessité où l'on est, pour réduire la chute de tension, de prendre un grand entrefer afin de pouvoir placer sur l'induit un grand nombre d'ampère-tours.

Formons en effet (fig. 405) les diagrammes des ampère-tours nécessaires pour obtenir le même flux Φ_A avec un petit et un grand entrefers.

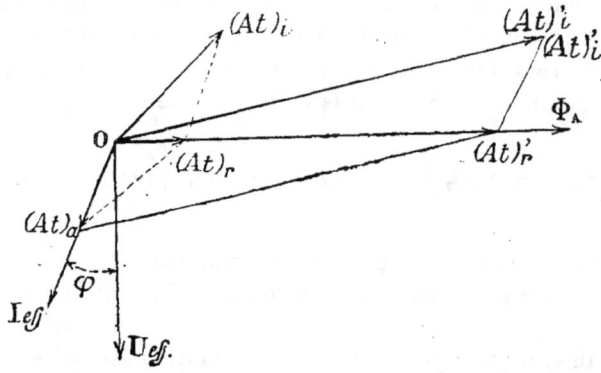

Fig. 405. — Prédétermination du nombre des ampère-tours inducteurs nécessaires par la méthode de Rothert. Comparaison des effets respectifs d'un grand et d'un petit entrefers.

Dans le premier cas, la réluctance étant faible, les ampère-tours $(At)_r$ seront réduits.

Dans le deuxième cas, il faut au contraire un nombre d'ampère-tours résultant $(At)'_r$ assez considérable.

On voit facilement que l'on a :

$$\frac{(At)_i - (At)_r}{(At)_r} > \frac{(At)'_i - (At)'_r}{(At)'_r}.$$

et que par conséquent la chute de tension sera d'autant plus faible que les ampère-tours inducteurs seront plus nombreux.

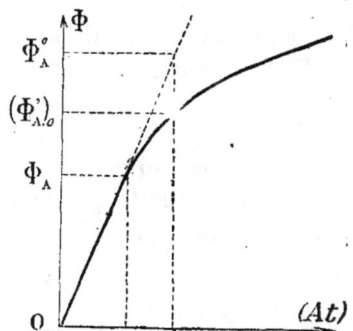

Fig. 406. — Effet de la saturation sur la prévision du flux effectif dans l'induit (méthode de Rothert). Infériorité du flux réel au flux calculé dans l'hypothèse de la proportionnalité des flux aux ampère-tours.

b) Comme ordinairement, pour la valeur du flux Φ_A donnant la tension normale, le circuit magnétique commence à être saturé, les flux ne sont pas proportionnels aux ampère-tours, ainsi qu'on l'a admis.

Le flux envisagé Φ^0_A est évidemment plus grand que le flux réel

$(\Phi'^{\Xi}_{A})_0$, ainsi qu'on le voit facilement en considérant la courbe d'aimantation (fig. 406).

On pourrait, par approximations successives, calculer $(\Phi'_A)_0$ et l'on trouverait ainsi une valeur plus faible pour la chute de tension.

Cependant, dans une première étude, on peut se dispenser de faire ce calcul, en remarquant que si l'on néglige l'influence de la saturation qui réduit la chute de tension, on compense ainsi en partie l'erreur que l'on commet en ne tenant pas compte des fuites qui, elles, augmentent la chute de tension.

DÉTERMINATION DE LA HAUTEUR DES NOYAUX POLAIRES

Soient :

v_i, le nombre de spires par bobine inductrice ;

i, le courant inducteur à pleine charge nécessaire pour avoir la tension normale U_{eff}.

Connaissant $(At)_i$, nombre d'ampère-tours nécessaire par pôle pour avoir U_{eff} en pleine charge, on aura :

$$(At)_i = v_i i.$$

D'autre part, i est déterminé, comme pour les dynamos, par la condition que la puissance perdue dans l'inducteur soit égale à $\dfrac{y}{100}$ de la puissance de l'alternateur P.

Si $U_e =$ tension d'excitation (quantité donnée), on a :

$$U_e \, i = \frac{y}{100} P.$$

D'où i et par suite v_i.

Connaissant la longueur moyenne l_m des spires inductrices, on aura la section s_i des conducteurs par la relation suivante :

$$r = \frac{U_e}{i} = \rho 2 p \frac{v_i \, l_m}{s_i}.$$

En prenant : $\rho = 2$ microhms-cm/cm², pour tenir compte de l'échauffement, on aura, en unités pratiques :

$$s_i = \frac{U_e}{i} 2.2 p . \, v_i \, l_m \, 10^{-4}.$$

Avec $s_i =$ section du conducteur inducteur en millimètres carrés.

$i =$ intensité d'excitation maxima prévue en ampères.

U_c = tension du courant d'excitation en volts.
$2p$ = nombre de pôles.
v_i = nombre de spires par bobine.
l_m = longueur moyenne de la spire en centimètres.

Pour $s_i > 40$ à 50^{mm^2}, on peut employer du ruban de cuivre enroulé sur champ. En dessous de cette section, il faut prendre du fil rond.

L'épaisseur du ruban de cuivre varie de 2 à 5^{mm}, suivant la largeur.

Pour les fortes sections, on prend plusieurs rubans en parallèle que l'on enroule en même temps, sans les isoler entre eux.

Vérification de la densité de courant. — Il faut que :

$$\delta_i = \frac{i}{s_i} \leqq 1 \text{ ou } 1{,}5 \text{ amp. par millimètre carré (fil rond).}$$

$$\delta_i \leqq 1{,}5 \text{ ou } 2 \text{ amp. par millimètre carré (ruban).}$$

Si l'on trouve une densité plus forte, on modifiera i et v_i convenablement.

Isolement des conducteurs. — A l'intérieur des bobines, les conducteurs sont isolés :

Pour le fil rond, avec 2 couches de coton.

Pour le ruban, avec un ruban de presspahn enroulé avec le conducteur.

Toutes ces indications permettent de déterminer l_n, *hauteur des noyaux polaires.*

DÉTERMINATION DU DIAMÈTRE D'ALÉSAGE DE L'INDUIT

On a vu qu'il fallait calculer ce diamètre D, en s'efforçant de réaliser le minimum de poids de cuivre sur l'inducteur.

On aura donc :

$$D = D_j + 2l_n + \underbrace{2\,(2 \text{ à } 3^{cm})}_{\text{pièces polaires}} + \underbrace{2^{cm}}_{\text{entrefer}} \text{ environ.}$$

On vérifiera enfin si la valeur de D ainsi calculée n'entraîne pas pour l'inducteur une vitesse tangentielle trop grande.

DÉTERMINATION DE LA VALEUR EXACTE DE L'ENTREFER

Les dimensions de l'induit et de l'inducteur étant connues, on calcule $(At)_f$, ampère-tours nécessaires pour aimanter la moitié du circuit magnétique (voir *Cours municipal*, première partie, courants continus, et plus spécialement leçon XI, calculs relatifs aux circuits magnétiques des dynamos multipolaires).

Si $(At)_e$ = ampère-tours à absorber dans l'entrefer :

$$(At)_e = (At)_i - (At)_f.$$

Dans l'air, il faut 800 ampère-tours /cm. pour $\mathcal{B}_e = 1.000$ gauss; l'épaisseur e de l'entrefer sera :

$$e = \frac{(At)_e''}{800} \times \frac{1000}{\mathcal{B}_e} \text{ cm}.$$

Caractéristique à vide: $E°_{\text{eff}}(i)$. — Pour tracer cette courbe, on se donnera différentes valeurs de la f.é.m. E_{eff} à vide. On calculera les flux Φ_A et Φ_i correspondants, on en déduira les inductions dans les différentes parties du circuit magnétique, les nombres d'ampère-tours correspondants, puis le nombre d'ampère-tours total, et enfin les courants inducteurs i.

Rhéostat d'excitation. — Soient :

R, la résistance totale du rhéostat;

i_o, le courant d'excitation donnant la tension normale U_{eff} à vide;

i, le courant inducteur donnant U_{eff} en charge;

r, la résistance de l'inducteur;

U_e, la tension d'excitation.

On a évidemment :

$$i = \frac{U_e}{r} \quad \text{et} \quad i_0 = \frac{}{r + R},$$

d'où R.

ALTERNATEURS MONOPHASÉS

Ainsi qu'on l'a déjà dit, le calcul d'un alternateur monophasé se conduit de la même façon que celui d'un alternateur triphasé.

On considère toujours la f.é.m. que l'on obtiendrait dans une phase si l'alternateur était triphasé (f.é.m. donnée par le 1/3 des encoches) et l'on écrit que la f.é.m. totale, c'est-à-dire la tension aux bornes, si l'on néglige la chute de tension ohmique, est $\sqrt{3}$ fois plus grande.

Les seules différences importantes sont les suivantes :

a) La valeur à donner à A (nombre d'ampères-fils par encoche.

On peut prendre pour A des valeurs plus grandes en monophasé qu'en triphasé, car pour le même courant d'induit I_{eff}, les ampère-tours de réaction d'induit sont moins considérables.

Soit $(Al)_a$ ces ampère-tours par pôle :

Monophasé : $(Al)_a = \dfrac{1}{2} \dfrac{2n_1}{2} \dfrac{1}{2p} \dfrac{I_{eff}}{a} \sqrt{2}$.

$= \dfrac{n_1}{4p} \dfrac{I_{eff}}{a} \sqrt{2}$.

Triphasé : $(Al)'_a = 1,5 \dfrac{n_1}{4p} \dfrac{I_{eff}}{a} \sqrt{2}$.

Dans les deux cas, n_1 représente le nombre de conducteurs par phase, ou mieux pour le 1/3 des encoches.

S'il n'y avait pas à tenir compte des fuites de l'induit, on pourrait donc, pour avoir la même chute de tension, augmenter de 50 %, dans le cas du monophasé, les valeurs correspondantes de A pour le triphasé.

En réalité, à cause des fuites, on ne peut augmenter A que de 30 % environ.

b) La densité de courant de l'induit, qui peut être un peu plus forte dans le cas du monophasé, l'échauffement étant moindre, par suite de la non-utilisation du 1/3 des encoches ;

La densité de courant peut être augmentée également de 30 % environ.

PUISSANCE QUE PEUT FOURNIR UN ALTERNATEUR TRIPHASÉ FONCTIONNANT EN MONOPHASÉ

Si l'intensité dans l'induit doit rester la même en monophasé qu'en triphasé, on a évidemment :

$$\dfrac{\text{Puissance en monophasé}}{\text{Puissance en triphasé}} = \dfrac{U_{eff} I_{eff} \cos \varphi}{U_{eff} I_{eff} \cos \varphi \sqrt{3}}.$$

d'où :

P. monophasé $= \dfrac{1}{\sqrt{3}}$ ou 0,57, environ, de P. triphasé.

Si l'on désire avoir la même chute de tension et le même échauffement de l'induit (cas pratique) et eu égard à ce fait que, ainsi qu'on vient de le voir, on peut, en monophasé, augmenter A et δ_a

de 30 %, on aura donc la faculté d'augmenter le courant d'induit dans les mêmes proportions. D'où :

$$\frac{\text{P. mono.}}{\text{P. triph.}} = \frac{U_{eff}\, I_{eff}\, 1,3\, \cos\varphi}{U_{eff}\, I_{eff}\, \cos\varphi\, \sqrt{3}}.$$

$$\text{P. mono.} = \sim \frac{1,3}{\sqrt{3}} \text{ ou } 0,75 \text{ P. triphasé.}$$

CALCULS MÉCANIQUES

Ils comprennent les éléments suivants :
Calcul de l'arbre,
Calcul des tourillons,
Calcul de la roue polaire et de la jante,
Calcul des boulons de fixation.

Calculs de l'arbre et des tourillons. — Nous renverrons le lecteur à nos leçons concernant les généralités sur la construction des machines électriques à courants alternatifs. [*Cours municipal*, deuxième partie, leçons III et suivantes].

Pour les alternateurs à faible ou moyenne vitesse angulaire, l'inducteur ayant toujours un poids assez considérable, on calcule l'arbre seulement à la flexion, en *doublant* le poids de l'inducteur pour tenir compte des dissymétries dans les attractions magnétiques.

Il faut, d'autre part, vérifier que la flèche de l'arbre, due à la flexion, n'est pas exagérée. Elle doit être inférieure à 10 % de l'entrefer avec le poids inducteur doublé.

Calcul de la roue polaire. — On sait que le calcul de la jante d'un volant ordinaire, lorsque celle-ci est suffisamment mince, peut être effectué en partant de la formule simple :

$$\tau = \delta\, V^2.$$

τ = travail du métal en unités C.G.S.
V = vitesse tangentielle en unités C.G.S.
δ = densité, ou mieux, poids spécifique du métal (7,8 pour le fer ou l'acier).

En prenant $\delta = 7,8$ et exprimant V en m./sec., τ sera donné en kg/cm² par la formule :

$$\tau = 7,8\, \frac{V^2\, 100^2}{981 \cdot 1000} = 0,08\, V^2.$$

Ainsi, pour V = 25 m. $\mathfrak{S}$ = 50 kg./cm².
       V = 50 m. $\mathfrak{S}$ = 200 kg./cm².
       V = 100 m. $\mathfrak{S}$ = 800 kg./cm².

Dans le cas de la roue polaire d'un alternateur, il faut tenir compte en plus :

De la force centrifuge f_c s'exerçant sur les noyaux polaires;

De l'attraction magnétique s'exerçant sur ces noyaux polaires.

Ces forces augmentent la contrainte du métal de la roue polaire.

Calcul de la force centrifuge f_c. — On sait que la force centrifuge s'exerçant sur un noyau polaire peut se calculer par la formule suivante :

$$f_c = \frac{(V_n \delta_n + V_c \delta_c) R}{9,81 \times 10^5} \left[\frac{2\pi N'}{60}\right]^2$$

Où : f_c = force centrifuge en kilogrammes.

V_n = volume du noyau en centimètres cubes.

δ_n = densité de l'acier : 7,8.

V_c = volume du cuivre de la bobine.

δ_c = densité du cuivre : 8,8.

R = rayon de gyration en cm = $\sim \frac{1}{2}[D_j + l_n]$ [1].

N' = nombre de tours par minute.

Calcul de l'attraction magnétique f_a.

$$f_a = \frac{S_p \, \mathfrak{B}_e^2}{8\pi}.$$

$\mathfrak{B}_e$ = induction dans l'entrefer

S_p = surf. pièce polaire = $\sim \frac{2}{3} \frac{\pi D l}{2p}$, D et l étant respectivement le diamètre et la largeur de l'induit.

D'où la formule pratique :

$$f_a = \frac{2}{3} \frac{\pi D l}{2p} \frac{\mathfrak{B}_e^2}{8\pi} \frac{1}{9,81 \times 10^5} \text{ kgs}$$

$$f_a = 4,26 \frac{D l \, \mathfrak{B}_e^2}{p} 10^{-8} \text{ kgs,}$$

D et l étant exprimé en centimètres, $\mathfrak{B}_e$ en gauss et p représentant le nombre de paires de pôles.

---

1. $\sim$ Signifiant approximativement.

Ces deux forces f_c et f_a s'ajoutent et donnent la résultante :

$$f = f_a + f_c.$$

Si nous coupons la roue polaire par un plan AA' passant par l'arbre, les forces f donnant naissance aux forces F (somme des projections des f suivant une direction perpendiculaire à AA') tendent à séparer la roue polaire en deux parties (fig. 407).

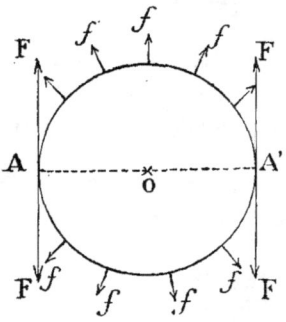

Fig. 407. — Evaluation des suppléments de pression exercés sur la jante polaire (force centrifuge sur les noyaux polaires et attractions magnétiques).

Calculons ces forces F qui augmentent la contrainte de la roue polaire.

Si le nombre des pôles inducteurs est petit, on calcule facilement la projection des forces f suivant la direction perpendiculaire à AA'.

Si le nombre des pôles est grand, on peut admettre que les forces f, étant régulièrement réparties, produisent l'effet d'une pression.

Si $D_j =$ diamètre de la jante de la roue polaire, l_j étant sa largeur, on a :

$$\text{pression} = \frac{2fp}{\pi D_j\, l_j}.$$

On déduit donc, pour la force 2 F qui tend à séparer la jante en deux pièces :

$$2F = \text{pression} \times D_j\, l_j.$$

D'où :

$$F = \frac{fp}{\pi}.$$

F et f sont ici exprimées en kilogrammes.

Soit S_j la section de la jante en centimètres carrés, son travail, ou contrainte, sera donc donné par la formule classique, modifiée comme suit :

$$\tau_j = \left[0,08\ V^2 + \frac{F}{S_j}\right]\ \text{kg/cm}^2.$$

En général, on prend
$\begin{cases} \tau_j \leq 50\ \text{kg/cm}^2\ (\text{fonte}) \\ \tau_j \leq 200\text{-}300\ (\text{fer, acier}). \end{cases}$

Calcul des boulons de fixation des noyaux polaires. — Ces boulons n'ont à résister qu'à la force centrifuge f_c s'exerçant sur le noyau et la bobine, car l'attraction magnétique de l'induit sur le noyau est annulée par celle de la jante.

Soient :

S_b, la section des boulons en centimètres carrés.

f_c, la force centrifuge en kilogrammes.

Le travail des boulons à la traction sera :

$$\tau_b = \frac{f_c}{S_b} \text{ kgs /cm}^2.$$

En général, $\tau_b = 400$ à 600 kgs/cm².

Si f_c est assez considérable, on mettra plusieurs boulons pour que le diamètre de chacun d'eux ne soit pas trop grand.

TREIZIÈME LEÇON

FONCTIONNEMENT D'UN ALTERNATEUR EN MOTEUR

MOTEURS SYNCHRONES

ÉTUDE DU PHÉNOMÈNE SOUS SA FORME LA PLUS GÉNÉRALE

Considérons encore le développement de l'inducteur d'un alternateur et un conducteur de l'induit c. La règle des trois doigts, appliquée à la main gauche, nous donne le sens du courant ⊕ dans l'induit, quand le champ et le chemin sont fixés [1]. Imaginons que cette machine marche en moteur, c'est-à-dire que l'on envoie du courant dans l'induit et que le conducteur se déplace, comme ses congénères, sous l'effet de la loi de Laplace (fig. 408.)

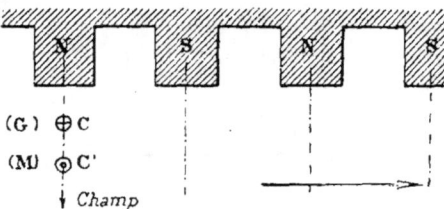

Fig. 408. — Marche d'un alternateur en moteur, sens respectifs du courant générateur et du courant moteur pour une excitation et une vitesse données.

La règle des trois doigts, appliquée à la main droite, nous montre que pour un même pôle (champ fixe) et un même sens de déplacement, le courant qu'il sera nécessaire de faire circuler dans le conducteur c′ sera de sens contraire à celui du cas précédent (génératrice, conducteur c).

Il semble donc *a priori* que, si l'on envoie du courant de phase convenable (décalé à 180° de celui que fournirait la machine fonctionnant en génératrice avec le même sens de marche) dans l'induit du générateur, celui-ci puisse fournir de l'énergie mécanique en échange de l'énergie électrique perçue.

Expérimentalement, autant cette réversibilité est facile à démontrer avec les machines à courants continus, autant elle est délicate

---

[1]. On se reportera pour tout ce qui concerne l'application de la règle des trois doigts au *Cours municipal*, première partie, IVᵉ leçon.

avec les alternateurs, ceux-ci ne fonctionnant en moteur que dans des conditions très spéciales, qui seront mieux comprises après l'exposé ci-dessous.

Couple moteur. — *Couple moteur élémentaire.* — Envoyons, comme il est dit plus haut, un courant de phase convenable dans l'induit; soit $\mathfrak{B}$ l'induction dans l'entrefer au point où se trouve le conducteur c, R le rayon d'induit, I le courant instantané, L la longueur du conducteur. On a successivement, pour l'effort électromagnétique champ-courant :

$$F = \mathfrak{B}\,IL\,[\text{Loi de Laplace}],$$

et pour le couple correspondant :

$$C = \mathfrak{B}\,ILR.$$

Considérons tous les conducteurs répartis sur un arc de circonférence de l'induit correspondant à un pôle (pas). S'ils sont tous parcourus par des courants de même sens (par le fait même de la constitution des alternateurs, cette condition est rigoureusement réalisée dans l'enroulement théorique à un trou par pôle et dans les enroulements simples qui en dérivent), tous les couples C sont concordants et s'ajoutent (comme, dans les alternateurs, les f.é.m. partielles développées dans chaque conducteur).

On voit que pour le pôle suivant, $\mathfrak{B}$ change de sens (et de signe si on considère la courbe des inductions dans l'entrefer).

Pour que les couples C' s'ajoutent entre eux et aux couples C du groupe Γ des conducteurs périphériques, il faut que le courant soit aussi de sens contraire dans les conducteurs du groupe Γ' (fig. 409).

D'autre part, quand un conducteur d'induit, dans son mouvement, vient se placer devant un pôle N' dans une situation analogue à celle qu'il occupait devant le pôle N de même nom immédiatement précédent, le courant qui parcourt ce conducteur doit avoir repris la même valeur.

Pour simplifier et pour ne pas avoir affaire dès maintenant au facteur de réduction du bobinage, substituons au faisceau de conducteurs c le conducteur théorique Γ $\left(\dfrac{n}{2p}\text{ conducteur enfilés dans le même trou}\right)$ occupant la situation décrite à propos des enroulements à un trou par pôle et par phase.

Si le maximum de $\mathfrak{B}$ correspond en valeur absolue au maximum du courant qui parcourt le conducteur, $\mathfrak{B}$ et I varieront ensemble dans les régions Γ et Γ', et d'après la règle des trois doigts, le couple moteur (ou mieux le moment correspondant) aura toujours la même direction.

On peut donc, en remarquant que les $\mathfrak{B}$ rencontrés dans l'entrefer constituent une fonction périodique du temps pour un observateur lié à un conducteur de l'induit en mouvement, tracer sur une même feuille $\mathfrak{B}(t)$ et $I(t)$, cette dernière fonction représentant les divers courants parcourant le conducteur quand celui-ci occupe les diverses positions correspondant à un déplacement d'une période complète. Le couple actionnant le conducteur est

$$C = \mathfrak{B}ILR$$

fonction de $\mathfrak{B}$ et I. Mais, comme nous l'avons dit, pour un conducteur occupant toutes les positions possibles sur l'induit, ce couple

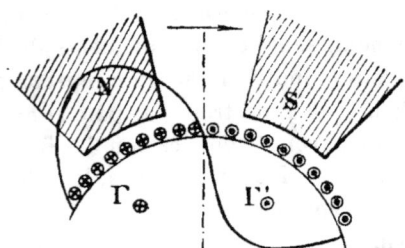
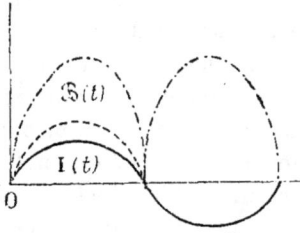

Fig. 409. — Situations relatives des inductions et des courants moteurs quand on passe d'un champ à l'autre. Alternateur fonctionnant en moteur synchrone.

Fig. 410. — Alternateur fonctionnant en moteur. Représentation graphique simultanée des courants, induction et couple moteur d'un conducteur d'induit. $\mathfrak{B}$ Induction dans l'entrefer, I courant à envoyer dans le conducteur pour réalisation d'un couple moteur optimum.

sera toujours dirigé dans le même sens si $\mathfrak{B}$ et I varient simultanément. C'est le cas de la figure précédente (fig. 410).

Le couple moyen dû à un conducteur d'induit aura pour valeur

$$C_{moy} = \frac{LR}{T} \int_0^T \mathfrak{B} I \, dt.$$

T est la période commune aux fonctions $\mathfrak{B}$ et I.

$\mathfrak{B}$ a pour pulsation Ω', celle du mouvement du moteur; $\Omega' = p'\omega'$ (p' nombre de paires de pôles; ω' vitesse angulaire).

I a pour pulsation celle du courant générateur de l'usine.

Conclusion. — En conséquence, pour que tous les couples élémentaires (dus à l'action des champs sur les conducteurs) concordent, il faut :

1° Que le courant envoyé dans l'induit ait une pulsation Ω égale à la pulsation Ω' de la machine, c'est-à-dire à $2\pi p'N'$, ou pulsation du courant alternatif qu'elle fournirait comme générateur;

2° Que les instants où un conducteur d'induit Γ rencontre l'ordonnée $\mathfrak{B}_{max}$ coïncident avec un maximum du courant qui le parcourt.

Cette dernière condition n'est pas indispensable pour qu'un couple moyen existe [nous verrons des moteurs synchrones régler leur couple par modification de ce décalage des maximum de $\mathfrak{B}$ et I]; mais elle correspond évidemment, toutes choses égales, au maximum de ce couple. En d'autres termes, il peut exister entre $\mathfrak{B}$ et I un décalage angulaire ψ positif ou négatif, mais en tout cas, en valeur absolue plus petit que $\frac{\pi}{2}$, sur le diagramme électrique, pour lequel une période correspond à 360°.

Situations respectives des maxima de l'induction et des maxima du courant I envoyé dans l'induit, les valeurs de celui-ci étant rapportées aux positions de l'axe de la bobine induite. — Nous n'avons jusqu'ici établi aucune convention de signe relative à la représentation du courant, déduit de la règle des trois doigts (main droite) par une quantité algébrique à rapprocher de $\mathfrak{B}(t)$ sur la même feuille. Il convient de fixer cette représentation. A cet effet on peut remarquer que la bobine de l'induit représentée par son axe occupera une position en quadrature avec celle de Γ ou Γ', faisceaux de conducteurs équivalents à la bobine (c'est-à-dire occupant la position décrite déjà). Il y aura un écart angulaire de $\frac{\pi}{2p}$ entre les maxima des deux courbes.

Supposons toujours les maxima de $\mathfrak{B}$ et de I (courant dans le conducteur rapporté à la position de ce conducteur) en coïncidence; si nous représentons par E la f.é.m. développée dans une spire $\Gamma\Gamma'$ (fig. 409) de la machine (fonctionnant en générateur quand l'axe de la bobine occupe les positions $a\ a'\ a''$, etc. (fig. 411), nous voyons que les courants I passant dans les spires de la machine fonctionnant en moteur, ces courants étant rapportés aussi aux positions de l'axe de la bobine, sont en opposition avec E (règle des trois doigts) ou en quadrature avec $\mathfrak{B}$.

Il est bien entendu que la valeur de ce courant d'alimentation est rapportée aux positions successives de la bobine induite, dans

352   COURS MUNICIPAL D'ÉLECTRICITÉ INDUSTRIELLE

son déplacement par rapport à l'inducteur ; l'élément I peut être

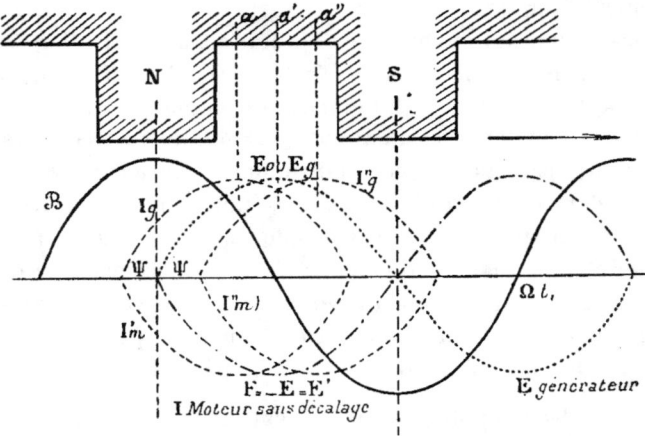

Fig. 411. — E ou E_g, f.é.m. de générateur, même sens de rotation, même induction de pôle à pôle. Alternateur fonctionnant en moteur. Représentations géométriques simultanées des inductions $\mathfrak{B}$, des f.é.m. induites E, et du courant moteur I_m.

décalé d'un angle ψ positif ou négatif par rapport à F (courbe symétrique de E) comme nous l'avons dit[1].

Remarquons que la représentation adoptée ici pour E et $\mathfrak{B}$ est

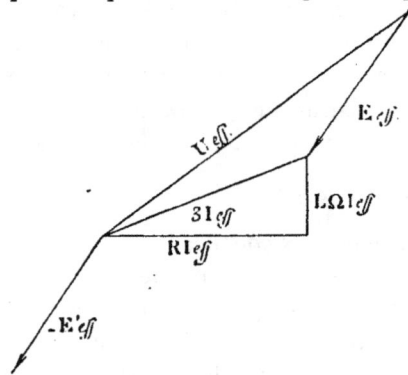

Fig. 412. — Diagramme du fonctionnement d'un alternateur en moteur. (La tension aux bornes est la résultante de la chute de tension et de la f.é.m.)

bien conforme à la théorie algébrique que nous avons donnée, E étant en retard de 90° sur le flux générateur (diagramme circulaire).

---

1. Le décalage ψ est mesuré géométriquement sur la figure par l'arc séparant les O ou les maxima des deux courbes. Le décalage *électrique* (mesuré sur le diagramme circulaire) est égal à $p\psi$, si p est le nombre de paire de pôles.

FONCTIONNEMENT D'UN ALTERNATEUR EN MOTEUR

Quant à la définition de E', f.é.m. de générateur induite dans le moteur, une difficulté se soulève. C'est ici une force contrélectromotrice, tendant à s'opposer à l'effet de la tension appliquée U. En particulier, si le moteur était uniquement résistant et non réactant, nous aurions $I = \dfrac{U - E}{R} = \dfrac{U + (-E)}{R}$, en désignant par R la résistance du moteur. Ceci nous amène à définir une force contrélectromotrice E', comme positive quand elle est dirigée en sens contraire du courant I d'alimentation, ou même quand elle tend à faire circuler un courant de sens contraire à I (fig. 412).

Dans ce cas, RI_{eff} (et plus généralement zI_{eff} dans le cas d'un moteur réactant) est la résultante de U_{eff} et de $[-E_{eff}]$, ou la différence géométrique de U_{eff} et de $E'_{eff} = -E_{eff}$.

Pour supprimer toute difficulté d'interprétation, nous poserons donc

$$\begin{cases} E' = -E \\ E'_{eff} = -E_{eff} \end{cases}$$

et nous appellerons E' la force contrélectromotrice du moteur, considérée comme correspondant à l'absorption d'une fraction $E'I$ de la puissance UI fournie aux bornes du moteur. Nous obtiendrons donc, comme représentation graphique de cette répartition des puissances, l'une des deux dispositions données sur la figure ci-contre (fig. 413).

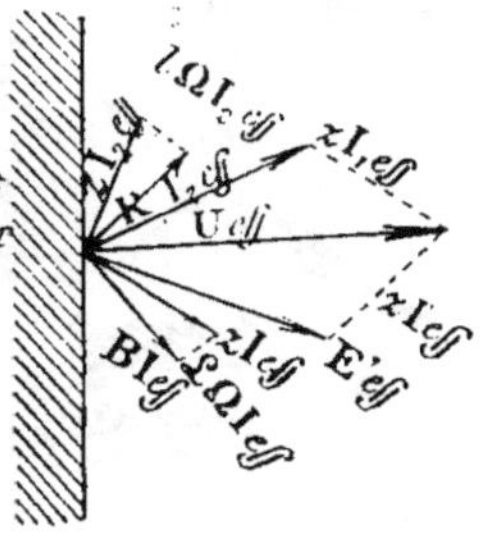

En particulier, dans la figure 411 donnant le développement de l'alternateur, la courbe $F = -E$ ne sera pas autre chose que la représentation de la fonction $E' = -E$, force contrélectromotrice du moteur.

Il est bien entendu que, dans tout ce qui précède, E' n'a pas d'autre signification objective que celle fournie par l'équation de définition $E' = -E$.

Fig. 413. — Représentation de deux modes généraux de constitution du diagramme d'un alternateur fonctionnant en moteur. Force contrélectromotrice en avance ou en retard sur la tension.

On voit sur la figure 413 que si E'_{eff} est en avance sur U_{eff}, tension aux bornes, la chute de tension zI_{eff} (cas de zI_{1eff}) est en retard sur U_{eff} et il en sera généralement de même pour RI_{eff} ou pour I_{eff}, décalé de φ en arrière sur zI_{eff}, φ étant le décalage propre du moteur (sauf naturellement dans le cas de puissantes capacités intercalées). Si au contraire E'_{eff} est en retard par rapport à U_{eff}, c'est que $=I_{eff}$ (cas de $=I_{2eff}$) est en avance sur U_{eff}. Il *pourra* en être de même pour RI_{eff}, donc pour I_{eff}, mais pas nécessairement, car la conclusion, que nous réservons provisoirement, dépendra évidemment de la valeur de l'angle φ.

Couple moteur moyen total. — S'il y a sur l'induit n conducteurs et que nous connaissions le couple moyen dû à chacun d'eux, nous aurons aisément, en le multipliant par n, le couple moyen total. On a pour C_{moy} (relatif à un conducteur)

$$C_{moy} = \frac{LR}{T} \int_0^T \mathfrak{B} I \, dt$$

ou, si $\mathfrak{B}$ et I sont de forme sinusoidale et supposées en phase,

$$C_{moy} = LR \, \mathfrak{B}_{eff} \, I_{eff}$$

d'où l'expression du couple moyen total (fig. 414).

$$C_{moy.tot.} = LR n \, \mathfrak{B}_{eff} \, I_{eff}.$$

Appelons $\mathfrak{B}_{moy}$ le quotient du nombre Φ_p des lignes de force s'échappant d'un pôle par la surface de l'entrefer, correspondant au pas. Soit :

$$\frac{2\pi}{2p} LR \text{ cette surface. On aura :}$$

$$\mathfrak{B}_{eff} = \mathfrak{B}_{moy} \frac{\pi}{2\sqrt{2}}$$

$$\mathfrak{B}_{eff} = \frac{\Phi_p}{\frac{2\pi}{2p} LR} \frac{n}{2\sqrt{2}}$$

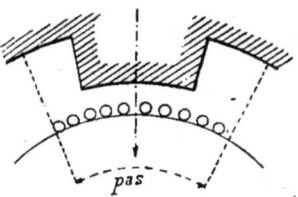

Fig. 414. — Alternateur fonctionnant en moteur. Constitution du couple total.

d'où :

$$C_{moy.tot.} = pn \, I_{eff} \frac{\Phi_p}{2\sqrt{2}}.$$

Valeur des couples dans le cas où le maximum du courant dans le conducteur théorique Γ est décalé par rapport au maximum de $\mathfrak{B}$.

Soit $\Psi = p\psi$ ce décalage: on aura évidemment pour un conducteur (Ψ écart angulaire sur le diagramme de pulsation Ω ou déphasage électrique),

$$C_{moy} = LR \, \mathfrak{B}_{eff} \, I_{eff} \cos \Psi,$$

et pour n conducteurs :

$$C_{moy.tot.} = n\, LR\, \mathcal{B}_{eff}\, I_{eff}\, \cos\Psi = pn\, I_{eff}\, \frac{\Phi_p}{2\sqrt{2}}\, \cos\Psi$$

p, nombre de paires de pôles ;
n, nombre de conducteurs ;
I_{eff}, courant efficace envoyé dans l'armature ;
Φ_p, flux émanant d'un pôle.

Ψ décalage angulaire entre les zéros de $\mathcal{B}(t)$ et de $I(t)$, I étant le courant dans le conducteur théorique Γ, ou encore Ψ représentant le décalage entre le courant dans le récepteur et la fonction F égale et opposée à E, f.é.m. qui est réellement développée dans le moteur, et qui, s'il fonctionnait en générateur et tournait en sens contraire, produirait un courant de même sens que le courant moteur actuel.

Ψ serait donc le décalage des points figuratifs terminaux de vecteurs d'un diagramme circulaire correspondant à F et I.

$I(t)$ et $F(t)$ sont supposées rapportées, non aux positions du conducteur Γ dans l'entrefer, mais à celles de l'axe de la bobine.

REMARQUE. — On remarquera l'analogie de forme existant entre les formules reliant C_{moy}, I_{eff}, $\mathcal{B}_{eff}$ dans le cas du moteur avec celles reliant P_{moy}, I_{eff} et $\mathcal{B}_{eff}$ dans le fonctionnement en génératrice.

Cette analogie va se poursuivre encore plus loin, comme on va le voir ci-dessous.

Cas d'un enroulement différent de l'enroulement théorique (un trou par pôle et par phase). — Alors cet enroulement comporte des barres ou fils parcourus par le même courant à un instant donné, bien que ces conducteurs n'occupent pas tous la même situation.

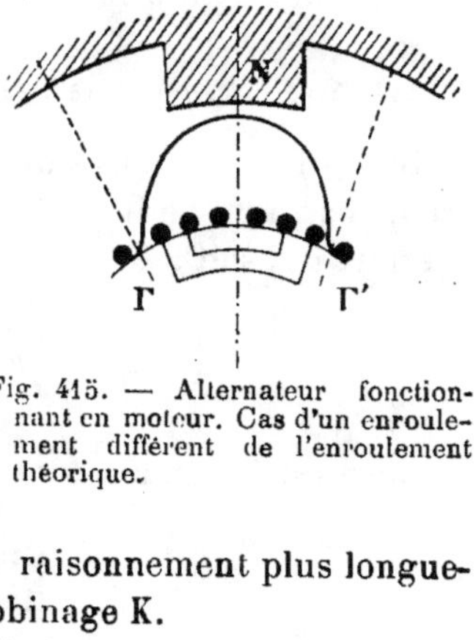

L'induction $\mathcal{B}_{max}$ dans le conducteur théorique Γ quand I y est maximum (Ψ étant nul) est différente de la valeur des inductions rencontrées par les conducteurs réels espacés sur l'entrefer. Ici intervient, sans qu'il soit nécessaire de développer le raisonnement plus longuement, le coefficient de réduction du bobinage K.

Fig. 415. — Alternateur fonctionnant en moteur. Cas d'un enroulement différent de l'enroulement théorique.

En effet, en passant de la notion d'induction et de flux dans un conducteur à la notion d'induction et de flux dans une spire, on retombe sur une théorie absolument identique à celle exposée dans nos précédentes leçons relatives aux alternateurs ; $\mathfrak{B}$ joue le rôle, dans le cas actuel, de E dans la théorie précédente.

Si K est le coefficient de réduction du bobinage, le couple sera :

$$C_{moy.tot.} = pn\, I_{eff} \frac{\Phi_p}{2\sqrt{2}}\, K,$$

dans le cas où $\Psi = 0$.

Dans le cas où Ψ est différent de 0, on a de même :

$$C_{moy.tot.} = pn\, I_{eff} \frac{\Phi_p}{2\sqrt{2}}\, K \cos\Psi.$$

REMARQUE. — Dans l'exposé des théories précédentes, au fond très simples, il n'a pas été fait, ou très peu, usage du calcul ; son emploi demande les plus grandes précautions.

Nous allons donner un exemple des difficultés auxquelles on se heurte et des divergences auxquelles on arrive, quand on se départit de cette prudence et qu'on cherche à traiter directement la question par l'analyse, sans tenir compte des simplifications utilisées dans notre théorie.

Cherchons, à titre d'exemple, à calculer le couple moteur total par une méthode analogue à celle que nous avons donnée dans la première partie du cours [*Cours municipal d'électricité industrielle*, Courants continus. Geisler, éditeurs, XVIe leçon; p. 228].

Soit n le nombre de conducteurs périphériques ; dans l'angle $\frac{2\pi}{2p}$ (ouverture correspondant au pas) il y en a $\frac{n}{2p}$.

Soit pris le courant à un instant donné. Cherchons la valeur du couple dû à un petit nombre de conducteurs correspondant à l'ouverture $d\alpha$, soit :

$$\frac{n}{2p}\left(\frac{d\alpha}{\frac{2\pi}{2p}}\right) = \frac{n\, d\alpha}{2\pi}$$

ce nombre de conducteurs. On aura pour le couple correspondant :

$$dC = \mathfrak{B}\, I \left(\frac{n\, d\alpha}{2\pi}\right) LR.$$

$\mathfrak{B}$ étant la valeur absolue de l'induction aux points considérés.

Cherchons la valeur du couple afférant aux $\frac{n}{2p}$ conducteurs correspondant à un pas (fig. 416). Ce sera :

$$C_p = \frac{n}{2\pi} \text{ILR} \, \Sigma \mathcal{B} \, d\alpha.$$

Or comme

$$\mathcal{B} \text{LR} \, d\alpha = d\Phi_p.$$

Soit le flux coupé par les $\frac{n d\alpha}{2\pi}$ conducteurs répartis dans l'angle d'ouverture $d\alpha$, on aura :

$$C_p = \frac{n}{2\pi} I \Phi_p$$

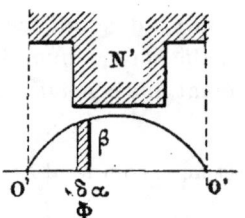

Fig. 416. — Constitution du couple instantané d'un moteur synchrone pour un pas polaire.

la somme $\Sigma \mathcal{B} \text{LR} \, d\alpha$, étendue à un pas, donnant le nombre total des lignes de forces émanant d'un pôle. Il vient donc :

$$C_p = \frac{n}{2\pi} I \Phi_p,$$

I et C_p étant des valeurs instantanées. Comme il y a $2p$ pôles, on aura pour le couple total C_T

$$C_T = \frac{pn}{\pi} I \Phi_p.$$

Si l'on cale le moteur, ce couple représente en particulier la valeur instantanée du couple de démarrage.

Notre raisonnement a été jusqu'ici correct.

Il serait inexact de continuer l'analyse ainsi : une bobine correspondant à un pôle, la valeur I du courant, passant dans les $\frac{n}{2p}$ conducteurs correspondant à un pas, oscillera entre 0 et I_{max}; sa valeur moyenne sera donc

$$I_{moy} = I_{eff} \frac{2\sqrt{2}}{\pi}.$$

On aurait alors :

$$C'_{moy.tot.} = \left(\frac{pn}{\pi}\right) \Phi_p I_{moy}$$

$$C'_{moy.tot.} = \left(\frac{pn}{\pi}\right) \Phi_p I_{eff} \frac{2\sqrt{2}}{\pi}$$

à multiplier par $\cos \Psi$ s'il y a lieu, et à rapprocher de l'expression exacte $C_{moy.tot.}$. On voit donc que

$$\frac{C'_{moy.tot.}}{C_{moy.tot.}} = \frac{2\sqrt{2}}{\pi} \left(\frac{1}{\frac{\pi}{2\sqrt{2}}} \right) = \frac{8}{9.85}$$

$C_{moy.tot.}$ relevant de l'ancien mode de calcul (le bon).

Il y a donc un écart d'environ 20 % entre $C'_{moy.tot.}$ et $C_{moy.tot.}$.

On voit en quoi le second mode de calcul est faux. En effet, A étant une constante convenable, on a rigoureusement :

$$C_{moy.tot.} = A\, (\mathcal{B} I)_{moy}.$$

et non, comme il est prétendu dans le second mode :

$$C'_{moy.tot.} = A\, \mathcal{B}_{moy} I_{moy}.$$

De même qu'une puissance alternative est représentée, non par l'expression :

$$P'_{moy} = U_{moy} I_{moy},$$

mais par l'autre

$$P_{moy} = U_{eff} I_{eff} = P\,(UI)_{moy}.$$

En supposant, pour simplifier, les décalages nuls.

CONCLUSIONS DE NOTRE ÉTUDE

Conditions d'existence du couple. — Un alternateur ne peut donc fournir un couple effectif, c'est-à-dire de la puissance mécanique, que si la pulsation

$$\Omega' = 2\pi p' N'$$

du mouvement est égale à celle du courant qui l'alimente (fig. 417).

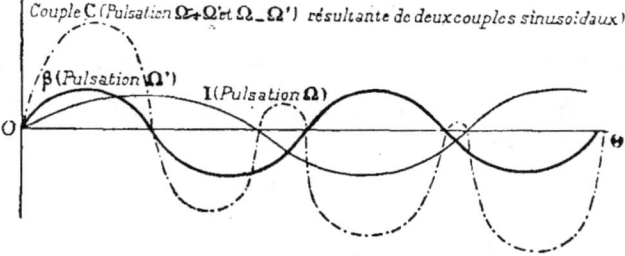

Fig. 417. — Moteur synchrone. Disparition du couple quand la vitesse de la machine n'est pas synchrone de la pulsation du courant d'alimentation.

Le couple dépend du décalage Ψ entre le maximum de l'induction dans l'entrefer et le maximum du courant envoyé (courant rapporté par exemple aux positions d'un conducteur).

FONCTIONNEMENT D'UN ALTERNATEUR EN MOTEUR

Un tel moteur, n'ayant qu'une vitesse de marche, s'appelle *moteur synchrone*.

Le graphique suivant montre qu'il ne peut y avoir en général de couple effectif si $\Omega' \neq \Omega$.

Le couple moyen pris pendant un intervalle de temps arbitraire θ sera essentiellement variable (somme algébrique des aires positives et négatives divisée par 0Θ).

Le moteur, dans ces conditions, ne peut développer aucun couple moteur effectif (ou moyen).

Nous représenterons dorénavant par C ou C_m, et C_{moy}, les valeurs respectives instantanée et moyenne des couples du moteur synchrone.

Cas où Ω_1 est un sous-multiple de Ω. — On constate expérimentalement qu'un moteur synchrone peut fonctionner d'une manière assez stable pour une pulsation Ω'_1 sous-multiple impair de Ω, donc de Ω' de régime. Les deux figures ci-dessous (fig. 418 et 419) montrent que le phénomène est possible, dans le cas d'une pulsation Ω_1 sous-multiple impair (3 par exemple, $\Omega'_1 = \dfrac{\Omega}{3}$) et ne l'est plus pour une pulsation sous-multiple pair ($\mathcal{B}$ doit être considéré comme une fonction périodique du temps, de pulsation Ω'_1; nous avons déjà dit que $\mathcal{B}$ représente les inductions rencontrées dans l'entrefer par un observateur lié à l'induit).

Cas de $\Omega'_1 = \dfrac{\Omega}{2}$.

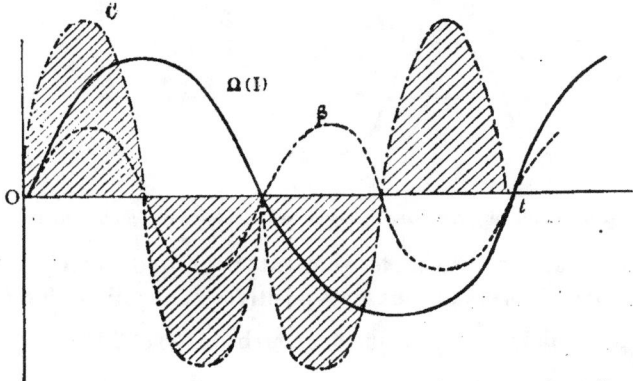

Fig. 418. — Moteur synchrone. Nullité du couple moteur moyen quand la vitesse du moteur est la moitié de celle du synchronisme.

Hypothèse. $\Psi = 0$. Même résultat pour $\Psi \neq 0$.

On arriverait au même raisonnement par considération des intégrales :
$$C_{moy} = \frac{\pi LR}{T} \int_0^T \mathcal{B}_0 I_0 \cos \Omega'_1 t \cos(\Omega t - \Psi) dt.$$

Cas de $\Omega'_1 = \dfrac{\Omega}{3}\cdot$

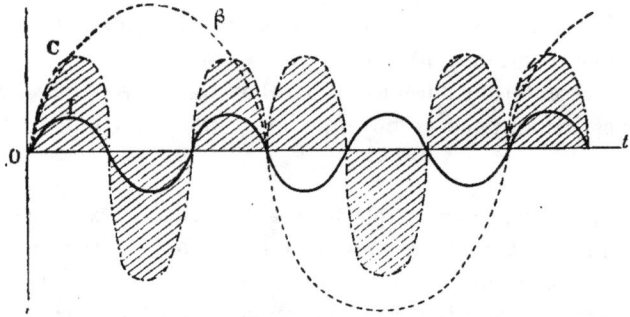

Fig. 419. — Moteur synchrone. Existence d'un couple pour une vitesse égale au tiers de celle du synchronisme.

Conclusion. — Un moteur synchrone peut donc fournir un couple (dans l'espèce très faible) à une vitesse inférieure à la vitesse Ω_1 du synchronisme ($\Omega'_1 = \Omega_1$).

Caractère pulsatoire du couple du moteur synchrone. — Rapportons les deux courbes $\mathcal{B}(t)$ et $C(t)$ à l'axe des abscisses t. Nous aurons pour le couple une courbe analogue à celle de la puissance d'un alternateur (ou du couple générateur à vitesse angulaire don-

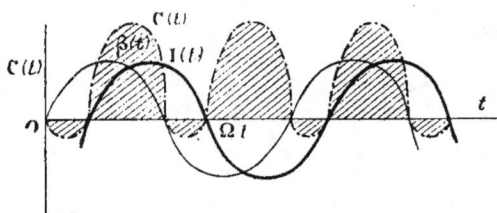

Fig. 420. — Moteur synchrone. Caractère pulsatoire du couple moteur.

née ω). Le couple moyen est le quotient, pour une demi-période, de l'aire totale (différence des aires positives et négatives, fig. 420).

L'écart angulaire géométrique des courbes $\mathcal{B}(t)$ et $C(t)$ est $\psi = \dfrac{\Psi}{p}\cdot$

L'écart électrique (angle correspondant du diagramme circulaire) est Ψ.

Ce couple a, comme on peut le remarquer, l'allure pulsatoire d'un couple de moteur à vapeur.

THÉORIE SIMPLIFIÉE DU FONCTIONNEMENT DU MOTEUR SYNCHRONE

Force électromotrice du moteur. — Le moteur étant constitué par des enroulements induits parcourus par des courants I, de valeur efficace I_{eff}, il est facile de voir que les conducteurs déplacés devant le champ, par l'action du couple moteur, vont être le siège d'une f.é.m. d'induction E', d'après la loi de Lenz, plus ou moins en opposition, en tenant compte du décalage ψ, avec le courant I_g ou plus exactement avec la courbe E. On peut admettre que les phases de U et de E sont à peu près à 180°, ce qui revient à dire que U et E' sont toujours presque en phase (fig. 421 et 422)[1].

Il est évident, d'après ce que nous savons des f.é.m. d'alternateurs, que la f.é.m. totale engendrée dans les conducteurs, soit E', aura à l'échelle près la même représentation que $\mathcal{B}$ dans l'entrefer. Donc, A étant un facteur de proportionnalité que nous connaissons, on aura en valeur absolue :

$$E'_{\text{eff}} = A \, \mathcal{B}_{\text{eff}}$$

E = — E' représentant la somme algébrique des f.é.m. développées dans les conducteurs.

Les phases de E = — E' et de $\mathcal{B}$ étant les mêmes, E = — E' qui tend à créer un courant de sens contraire au courant I d'alimentation du moteur, est dite, comme on sait, force contrélectromotrice.

Si l'on a affaire à l'enroulement théorique, $\mathcal{B}$ et E' seront uniques

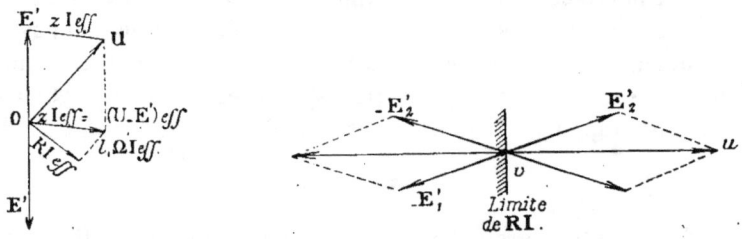

Fig. 421. Fig. 422.
Situations respectives relatives des vecteurs intensité, f. é. m. et tension dans un moteur synchrone.

pour une position donnée du conducteur Γ et reliées par un rapport de proportionnalité particulièrement simple. On ramènera

---

1. C'est du reste pratiquement évident aux chutes électriques près de tension dans le moteur, chutes généralement faibles.

facilement à ce cas celui de l'enroulement pratique, par l'emploi du facteur de réduction de l'enroulement (fig. 421 et 422).

Il est à remarquer que E' n'est pas la f.é.m. réelle du moteur synchrone, mais est égale et contraire à E, f.é.m. d'un générateur ayant même induction pôle à pôle et même sens de rotation.

Equations de fonctionnement. — Imaginons que C_r, couple résistant, soit fixé. Nous aurons donc les équations intuitives suivantes, U représentant la différence de potentiel d'alimentation (de valeur efficace constante) qui, en valeur absolue, peut être considérée comme égale à la somme géométrique de E' et de

$$ri + \frac{ld\,\mathrm{l}}{dt},$$

r étant la résistance de l'alternateur-moteur, l, la self-induction de celui-ci [1].

N. B. — Pour la définition de l et de r, se reporter à ce qui a été dit à propos des alternateurs (sur les deux méthodes de conception de variation de la f.é.m. en charge et à vide, IXe, X^e et XIe Leçons, et spécialement la dernière).

$$C_{moy} = Cr, \qquad (1)$$

$$U = rI + E' + \frac{ld\,I}{dt} \qquad (2)$$

$$C_{moy} = K_1\, I_{eff}\, \mathfrak{B}_{eff}\, \cos \Psi \qquad K_1 = LRn \qquad (3)$$

$$E' = E'_0 \sin(\Omega t + \Psi). \qquad (4)$$

$$= A\sqrt{2}\, \mathfrak{B}_{eff} \cos(\Omega t + \Psi).$$

En prenant comme origine des phases celle de I_{eff} et en admettant que $\mathfrak{B} = \mathfrak{B}'_0 \cos(\Omega t + \Psi)$ représente l'induction, supposée sinusoïdale dans l'entrefer, on sait que E_g, somme des f.é.m. instantanées développées dans les spires, est décalée à 90° en arrière par rapport à la somme correspondante des $\mathfrak{B}$.

$$E_g = \frac{-d\Phi}{dt}.$$

E', force contrélectromotrice pour un même sens de rotation, est égale et opposée, donc à 180° (fig. 423, 424 et 425).

Ψ représente le décalage existant entre le courant I_g (tel qu'il serait si la machine fonctionnait en générateur) et la f.é.m. correspondante E_g, ou encore le décalage entre le courant I_m et la fonc-

---

[1]. Pour rester en concordance avec nos théories précédentes, nous représenterons dorénavant par r la résistance du moteur synchrone.

tion E' (en opposition avec E) ; Ψ est défini comme l'angle électrique de E avec I_g ou de E' = — E avec I_m = — I_g. Donc Ψ sera négatif si I_g est en avance sur E (ou I_m sur E') et positif si I_g est en retard sur E (ou I_m sur E).

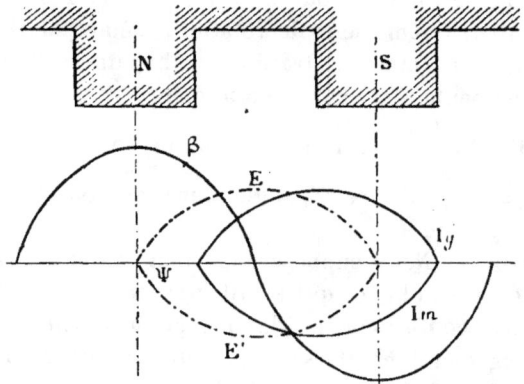

Fig. 423. — Situations géométriques relatives des tension, intensité, f. é. m. et induction dans un moteur synchrone.

Appelons χ l'angle de I_m avec E_g, ou de I_g avec E'. Nous aurons

$$\chi = \pi + \Psi,$$

sur le diagramme circulaire (formule absolument générale en tenant compte des valeurs algébriques de Ψ). Pour que la machine fonctionne en moteur, il faut, comme on sait, que le réseau fournisse de la puissance électrique, donc qu'il existe un angle $(U_{eff}, I_{eff}) \leq \frac{\pi}{2}$ en valeur absolue, et que le moteur transforme de la puissance électrique en puissance mécanique [angle $(E'_{eff}, I_{eff}) \leq \frac{\pi}{2}$ en valeur absolue].

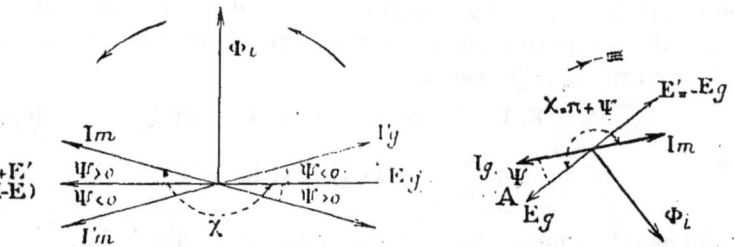

Fig. 424.   Fig. 425.
Situations vectorielles relatives des flux inducteur, tension, f.é.m. et courants dans un moteur synchrone.

Application. — On peut, débarrassant le diagramme de la figure 424 de l'une des deux hypothèses qu'il concentre, tracer le graphique ci-dessus (fig. 425).

I_m et I_g représentent respectivement le courant circulant réellement dans le moteur et le courant qui serait dû à E si l'alternateur était générateur (même sens de rotation, même polarité sur l'inducteur). Ce diagramme est tracé dans l'hypothèse $\Psi > 0$; le vecteur OA représente E_g, à 90° en arrière de Φ_i.

$E' = -E$ est à $\dfrac{3\pi}{2}$ en arrière de Φ_i, ou à $\dfrac{\pi}{2}$ en avant. Enfin I_m fait un angle $\chi = \pi + \Psi$ avec E_g, angle plus grand ou plus petit que π suivant le signe de Ψ.

Hypothèses. — Nous supposerons, pour simplifier, la réaction d'induit, non pas nulle, ce qui serait inexact, mais englobée dans le terme $l\Omega I_\text{eff}$, conformément à la conception de Behn-Eschenburg. Nous envisageons donc alors, dans cette hypothèse, non le flux inducteur effectif Φ_i réduit, mais le flux inducteur proprement dit Φ_{i0}.

Nous adoptons également les hypothèses de $\mathcal{B}$ et E' sinusoïdales [$\mathcal{B}$ induction dans l'entrefer, supposée sinusoïdale, permet de passer aisément de $\mathcal{B}_\text{eff}$ à $\mathcal{B}_\text{moy}$ et à Φ_p ; E', f.é.m. totale sinusoïdale, suppose le flux embrassé par la bobine également de forme sinusoïdale, ce qui peut être obtenu avec $\mathcal{B}$ sinusoïdale dans l'espace, et non seulement avec un enroulement induit théorique (un conducteur par pôle et par phase) ; mais avec un enroulement quelconque, dont on connaît le facteur de réduction du bobinage].

Nos équations précédentes (1) à (4), du système général, nous fournissent 4 relations entre I_eff, Ψ, E_eff et C_moy (U_eff, r et l étant supposés connus).

Ce système d'équations que nous avons donné complet pour raison de logique, car il correspond à quatre idées fondamentales et irréductibles relatives au fonctionnement des moteurs, se ramène à deux en pratique, puisque

$$C_r = K_1 \, I_\text{eff} \, \mathcal{B}_\text{eff} \cos \Psi = K' \, I_\text{eff} \, E'_\text{eff} \cos \Psi \qquad (a)$$

$$U = rI + \frac{l\,dI}{dt} + \sqrt{2}\, E'_\text{eff} \cos(\Omega t - \Psi). \qquad (b)$$

En prenant toujours comme origine des phases celle de I_eff.

Réaction d'induit du moteur synchrone. — Il faut donc déterminer pour E'_{eff} donné, c'est le cas le plus général, quel est le courant d'armature I_{eff} et quel est le facteur de puissance $\cos \Psi$ de la puissance transformée (ou, ce qui, en général, revient presque au même), quel est le facteur de puissance $\cos \Phi$ qui correspond à ce régime de marche. Or $r\, I_{eff}$ est en effet généralement faible devant E'_{eff} et U_{eff}. De plus, E'_{eff} correspond à un courant d'excitation donné, pour lequel également, suivant la conception de Behn-Eschenburg, on va chercher le z et le φ du moteur sur les caractéristiques correspondantes (fig. 426).

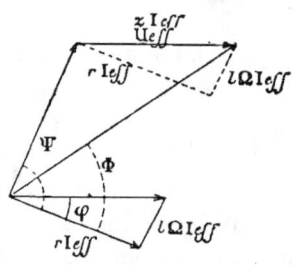

Fig. 426. — Diagramme fondamental de marche d'un moteur synchrone ; cas de $\Psi > 0$.

Cependant la question est beaucoup plus complexe que dans le cas de l'alternateur. En effet, pour celui-ci, l'effet de la réaction d'induit est toujours, ou au moins généralement, de même sens, sauf dans le cas rare d'un décalage du courant en avant de la force électromotrice (courant de capacité). Nous aurons donc des ampère-tours soustractifs

$$\frac{n}{4p}\,\frac{I_{eff}}{\sqrt{2}}\,\sin \Psi$$

venant se retrancher des ampère-tours inducteurs $\nu_i i_0$, et des ampère-tours transversaux

$$\frac{n}{4p}\,\frac{I_{eff}}{\sqrt{2}}\,\cos \Psi \qquad \text{en quadrature avec } \nu_i i_0.$$

Mêmes conclusions dans le cas du moteur synchrone, mais si $\Psi < 0$, ampère-tours soustractifs, et si $\Psi > 0$, ampère-tours additifs (voir fig. 424). Les ampère-tours effectifs $\nu_i i$ sont donc donnés par la formule générale :

$$\nu_i i = \sqrt{\left(\nu_i i_0 + \frac{n}{4p}\,\frac{I_{eff}}{\sqrt{2}}\,\sin \Psi\right)^2 + \left(\frac{n}{4p}\,\frac{I_{eff}}{\sqrt{2}}\,\cos \Psi\right)^2}$$

$\Psi < 0 \qquad \sin \Psi < 0$ amp.-tours soustractifs,

$\Psi > 0 \qquad \sin \Psi > 0$ amp.-tours additifs.

Nous verrons tout à l'heure que E'_{eff} en avance sur U_{eff} [et généralement sur I_{eff}] constitue le régime de marche stable du moteur, par opposition avec le fonctionnement instable caractérisé par E'_{eff} en retard sur U_{eff}. La conclusion générale est donc qu'en fonctionnement stable, les ampère-tours induits autres, que les transversaux, sont additifs alors qu'ils sont soustractifs, dans un alternateur[1].

On pourra donc, au moins dans le cas de ce fonctionnement stable, utiliser les caractéristiques $E_{eff}(i)$ et $z(i)$ de Behn-Eschenburg de la machine à essayer comme alternateur, pour construire le diagramme.

Remarque. — Dans la théorie qui précède, on a supposé l'induit non dispersif. La dispersion, qui est réelle, vient modifier quelque peu les phénomènes. Pour en tenir théoriquement compte, il faut adopter une représentation analogue à celle de Potier, pour les alternateurs. C'est ce que nous ferons un peu plus loin; supposons, pour l'instant et dans un but de simplification, la dispersion inexistante.

---

[1]. On voudra bien remarquer que le vecteur E', tel que nous l'avons défini, est toujours décalé à 90° en avant de Φ_i, alors que E est décalé de 90° en arrière dans un alternateur.

QUATORZIÈME LEÇON

ÉTUDE GRAPHIQUE DES PROBLÈMES RELATIFS AU FONCTIONNEMENT DES MOTEURS SYNCHRONES

VARIATION DE L'EXCITATION A PUISSANCE CONSTANTE
CARACTÉRISTIQUES DE MORDEY

RAPPEL DE NOTIONS PRÉALABLES

Nous venons de voir que l'étude du fonctionnement d'un moteur synchrone se ramenait, en somme, à la connaissance de quatre éléments philosophiquement distincts :

$$U_{eff}, E'_{eff}, I_{eff} \text{ et } P.$$

Se donner deux de ces éléments (par exemple U'_{eff}, E'_{eff}) et tracer la courbe reliant graphiquement les deux autres (par exemple I_{eff} et P), c'est établir la caractéristique correspondante $P(I_{eff})$ ou $I_{eff}(P)$ à tension constante et excitation constante.

Nous allons examiner ci-dessous chacun des cas les plus fréquemment rencontrés en pratique.

Avant de procéder à l'étude systématique de la question, tirons déjà une intéressante conséquence de la formule représentative des ampère-tours effectifs que nous venons d'établir dans la leçon précédente.

Cette formule était, rappelons-le, la suivante :

$$\nu_i i = \sqrt{\left(\nu_i i_0 + \frac{n}{4p} \frac{I_{eff}}{\sqrt{2}} \cos \Psi\right)^2 + \left(\frac{n}{4p} \frac{I_{eff}}{\sqrt{2}} \cos \Psi\right)^2}$$

Proposons-nous de voir comment va varier i_0 (courant d'excitation) quand I_{eff} varie, la puissance restant par exemple constante (Problème posé par Mordey, qui a abouti à l'établissement des courbes portant son nom, ou encore dites courbes en V, en raison de leur forme caractéristique).

MARCHE A PUISSANCE ET TENSION CONSTANTES

Courbes en V de Mordey. — Ces courbes représentent $I_{eff}(i_0)$ à U_{eff} et P constants. Ces courbes correspondent au fait expérimental suivant. Faisons développer au moteur une puissance donnée (frein de Prony, dynamo étalonnée), donc un couple donné, car ω et Ω sont constants pour le moteur synchrone.

Agissons sur l'excitation et suivons celle-ci depuis la valeur minima du courant i_0 permettant la réalisation de la puissance P jusqu'à la valeur maxima, également compatible avec le fonctionnement. On constate que I_{eff}, courant d'armature, passe par un minimum pour une valeur de i_0 d'autant plus grande, c'est-à-dire pour un point a d'autant plus éloigné de l'origine, que la puissance P est plus grande, mais ces valeurs de i_0 sont pratiquement très voisines les unes des autres.

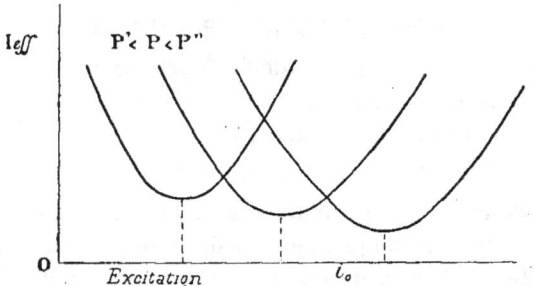

Fig. 427. — Allure générale des courbes en V de Mordey (moteur synchrone marchant à puissance constante et à tension non nécessairement constante). Si le moteur marchait à tension constante, ces courbes ne se couperaient pas, mais s'envelopperaient, la plus basse correspondant à la marche à vide, et le courant d'excitation critique, c'est-à-dire celui correspondant au minimum de I_{eff}, croissant légèrement avec la charge.

On peut, en supposant nulle la dispersion (l'introduction de cet élément peut déformer plus ou moins les courbes), obtenir très simplement l'équation des courbes en V de Mordey.

P est constant, donc $I_{eff} \cos \Psi$ l'est aussi.

Posons $\quad \dfrac{n}{4p} \dfrac{1}{\sqrt{2}} = a \nu_i.$

$$\frac{n}{4p} \frac{I_{eff}}{\sqrt{2}} \cos \Psi = b \nu_i P$$

a et b étant des constantes convenables. Il vient, après avoir divisé par ν_i

c'est-à-dire $\quad i = \sqrt{(i_0 + a I_{eff} \sqrt{1 - \cos^2 \Psi})^2 + b^2 P^2}$

$$i = \sqrt{\left[i_0 + \frac{a\, I_{eff} \sqrt{E'^2_{eff}\, I^2_{eff} - P^2}}{E'_{eff}\, I_{eff}}\right]^2 + b^2\, P^2}$$

$$i = \sqrt{\left(i_0 + \frac{a}{E'_{eff}} \sqrt{E'^2_{eff}\, I^2_{eff} - P^2}\right)^2 + b^2\, P^2}$$

Or, suivant la conception Potier-Rothert, on doit admettre aux chutes de tension $r\text{I}$ et $\lambda \dfrac{d\text{I}}{dt}$ près [1], chutes toujours relativement faibles pour un moteur fonctionnant dans des conditions normales, que $\text{E}'_{\text{eff}} = \sim \text{U}_{\text{eff}}$ (E'_{eff}, f.é.m. effective, ou résultant de l'action combinée des ampère-tours inducteurs et des ampère-tours induits).

Nous aurons donc également à admettre la constante approchée des ampère-tours effectifs et par suite de i.

L'équation ci-dessous, où i est une constante et i_0 le courant d'excitation à employer (dont les variations sont liées à celle de I_{eff}) nous donne la courbe en V cherchée.

$$(i^2 - b^2\,\text{P}^2) = \left[i_0 + \frac{a}{\text{E}'_{\text{eff}}} \sqrt{\text{E}'^2_{\text{eff}}\,\text{I}^2_{\text{eff}} - \text{P}^2}\right]^2.$$

Nous pouvons dans cette équation remplacer, pour plus de simplicité, E'_{eff} par sa valeur approchée U_{eff}, ce qui revient aussi à substituer $\cos \Phi$ à $\cos \Psi$, substitution approximativement possible. D'où :

$$(i^2 - b^2\,\text{P}^2) = \left(i_0 + a \sqrt{\text{I}^2_{\text{eff}} - \frac{\text{P}^2}{\text{U}^2_{\text{eff}}}}\right)^2$$

et enfin

$$i_0 + a \sqrt{\text{I}^2_{\text{eff}} - \frac{\text{P}^2}{\text{U}^2_{\text{eff}}}} = \sqrt{i^2 - b^2\,\text{P}^2}$$

c'est-à-dire

$$-\sqrt{\text{I}^2_{\text{eff}} - \frac{\text{P}^2}{\text{U}^2_{\text{eff}}}} = \frac{i_0 - \sqrt{i^2 - b^2\text{P}^2}}{a}$$

d'où, si l'on pose

$$\sqrt{i^2 - b^2\text{P}^2} = h \; (h > 0)$$

$$\text{I}^2_{\text{eff}} - \frac{\text{P}^2}{\text{U}^2_{\text{eff}}} = \left(\frac{i_0 - h}{a}\right)^2.$$

Posons enfin

$$\begin{cases} h - i_0 = \mathcal{J}_0 \\ (i_0 - h)^2 = \mathcal{J}_0^2. \end{cases}$$

Il vient :

$$\text{I}^2_{\text{eff}} - \frac{\mathcal{J}_0^2}{a^2} = \frac{\text{P}^2}{\text{U}^2_{\text{eff}}}.$$

[1]. Si λ est le coefficient de self-induction partielle de l'alterno-moteur

Équation réductible à celle de l'hyperbole rapportée aux axes $\mathcal{J}_0$ et I_{eff} (fig. 428)

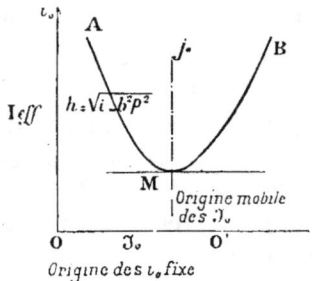

Fig. 428. — Détermination analytique de la forme des courbes en V de Mordey.

$$\frac{I^2_{eff}}{\left(\dfrac{P^2}{U^2_{eff}}\right)} - \frac{\mathcal{J}_0{}^2}{\dfrac{a^2 P^2}{U^2_{eff}}} = 1.$$

On voit aisément que les minima de I_{eff} sont d'autant moins écartés de l'origine O des i_0 que h est plus grand, donc P plus petit. On constaterait de même que la portion de la courbe AM correspond au fonctionnement stable (sous excitation normale) et la portion MB au fonctionnement instable. Nous aurons du reste l'occasion de revenir sur cette question.

PARAMÈTRES FIXANT LE RÉGIME D'UN MOTEUR SYNCHRONE PROBLÈMES LIÉS A CES PARAMÈTRES

En résumé, les paramètres fixant le régime d'un moteur synchrone peuvent se ramener à quatre, savoir :

U_{eff}, tension aux bornes ;

I_{eff}, courant d'armature ;

E'_{eff}, f.c.é.m. (liée au courant d'excitation i_0, d'après la conception de Behn-Eschenburg) et enfin :

$$C_r = C_m = \frac{P}{\omega} = \frac{Pp}{\Omega}.$$

Remarquons enfin, pour être complet, que $\cos p\psi$ et $\cos \Phi$ ne sont pas des éléments irréductibles aux précédents, car on a les équations intuitives [1] :

$$P_{fournie} = U_{eff} I_{eff} \cos \Phi + r I^2_{eff} = E'_{eff} I_{eff} \cos p\psi$$
$$= P + r I^2_{eff}.$$

Etant supposés donnés trois des quatre paramètres précédents, le problème de l'établissement du diagramme est lié à la recherche de la valeur du quatrième.

Considérons le diagramme général de fonctionnement du moteur synchrone (fig. 426 et 429).

---

[1]. L'angle ψ correspond au décalage géométrique, l'angle $p\psi = \Psi$ au décalage électrique.

PROBLÈME I. — **Variation de l'intensité d'armature et de l'excitation à puissance et tension constantes.** — Si l'on connaissait ce diagramme, on pourrait, par exemple, résoudre le problème suivant, le plus général, correspondant à l'un de ceux déjà examinés pour les alternateurs.

Le couple résistant C_r étant fixé, et par suite la puissance P fournie par le moteur à l'arbre, ou (moins exactement, au rendement près) celle absorbée par le moteur l'étant aussi, puisque Ω est constant, quelle intensité I_{eff} et quel facteur de puissance $\cos \Phi$ (Φ angle de I et de U) sont nécessaires pour réaliser ce régime?

REMARQUE. — *Construction géométrique de l'équation* $U = E' + rI$. Remarquons d'abord que l'équation simplifiée (alternateur non réactant)

$$U = E' + rI$$

construite géométriquement, nous donnera U en grandeur comme résultante des vecteurs représentatifs de rI et de E'.

On voit qu'il suffit, pour avoir rI_{eff}, de construire la résultante géométrique de U_{eff} et de $(-E'_{\text{eff}})$ ou, ce qui revient au même, la différence géométrique de E'_{eff} et de U_{eff} [1].

Revenons aux données du problème que nous nous sommes proposé.

A tension U_{eff} constante, à excitation constante ($E'_{\text{eff}} = C^{te}$), quelle intensité I_{eff} et quel facteur de puissance $\cos \Phi$ (Φ angle de U et I) correspondent à un couple C_r résistant donné?

On sait que [2]

$$C_r = C_m = K I_{\text{eff}} \mathcal{B}_{\text{eff}} \cos p \psi$$

K étant une constante dépendant de la constitution du moteur.

On peut donc écrire, A étant une nouvelle quantité constante, de dimensions et de valeurs convenables

$$C_m = C_r = A I_{\text{eff}} E'_{\text{eff}} \cos p \psi.$$

Dans le cas considéré, si nous supposons l'alternateur non réactant, et si nous appelons r sa résistance, nous pourrons

---

[1]. La connaissance de E'_{eff} correspondant à un courant d'excitation donné suppose, ou la conception simple de Behn-Eschenburg, ou la prédétermination de la réaction d'induit, qui n'est possible qu'avec une méthode d'approximations successives.

[2]. Nous emploierons indifféremment dans ce qui va suivre, sauf avis contraire, $\Psi = p\psi$ pour le décalage électrique; ψ pour le décalage géométrique en radians, une période-arc correspondant à l'angle $\dfrac{2\pi}{p}$.

372 COURS MUNICIPAL D'ÉLECTRICITÉ INDUSTRIELLE

adopter comme origine des phases, la direction — $E_{eff} = AD = E'_{eff}$ (fig. 429).

Formons $OD = rI_{eff} \cos \varphi$, quantité connue, car C_r l'est aussi, ainsi que

$$C_r \frac{\Omega}{p} = C_r \omega$$

puissance fournie par le moteur.

Menons une perpendiculaire BD à AD jusqu'à l'intersection de cette droite avec le cercle de rayon U_{eff} et de centre A.

Nous aurons ainsi en AB la tension U_{eff} en grandeur et en direction.

Fig. 429. — Construction du diagramme de marche d'un moteur synchrone à tension constante et excitation constante pour un couple résistant donné.

La direction de I_{eff} coïncide avec OB, qui est égal à rI_{eff}. Tous les éléments du problème sont donc déterminés.

Deux solutions sont possibles, représentées respectivement par les points B et B'. Elles correspondent à une même valeur des courants, mais dans le cas B la tension U_{eff} est en avance sur E'_{eff}, et dans l'autre cas (cas B'), la tension U_{eff} est en retard sur E'_{eff}.

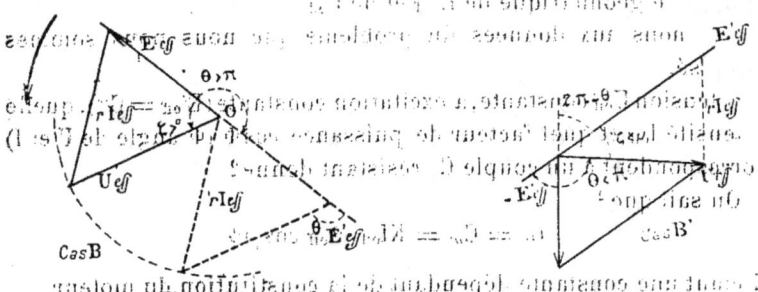

Fig. 430.   Fig. 431.

Situation relative des f.é.m., tension et courant dans un moteur synchrone (pour simplifier, non réactant).

Remarquons que dire que la force contre-électromotrice E'_{eff} est en avance sur la tension U_{eff} revient identiquement à dire que la tension U_{eff} est décalée par rapport à E'_{eff} d'un angle $\theta < 0$ compté dans le sens habituel des rotations, ou que U_{eff} est en avance de $\theta < \pi$ sur $E_{eff} = -E'_{eff}$; c'est l'inverse pour l'hypothèse contraire (fig. 430 et 431).

Stabilité du fonctionnement. — Il est intéressant de voir laquelle de ces deux solutions correspond à un fonctionnement stable du moteur.

ÉTUDE GRAPHIQUE DES PROBLÈMES 373

Supposons établi un régime (l'alterno-moteur étant, pour simplifier, supposé non réactant, conformément aux hypothèses graphiques des figures 430 et 431, bien que cette hypothèse ne modifie en rien, comme on le verra aisément, la généralité de nos conclusions).

Soit OA la force contre-électromotrice E'_{eff}, OB la quantité rI_{eff}, chute de tension dans l'alternateur, AB la tension U_{eff} (fig. 432).

Nous avons deux solutions différentes :

1° AB'', tension en avance sur — E'_{eff} d'un angle plus grand que π;
2° AB', tension en avance sur — E'_{eff} d'un angle plus petit que π.

Supposons qu'une surcharge accidentelle se produise sur le moteur. La vitesse baisse, au moins d'une façon instantanée, le déphasage θ' de ($-E'_{\text{eff}}$), par rapport à U_{eff}, augmente, c'est-à-dire que U'_{eff} va se rapprocher de OD, dans le cas de la solution B'. A la valeur OD tendra à se substituer une valeur OD' plus grande, or comme

$$OD = rI_{\text{eff}} \cos p\psi$$

donc un couple plus grand.

Nous aurons ainsi la stabilité cherchée puisque le moteur, dans

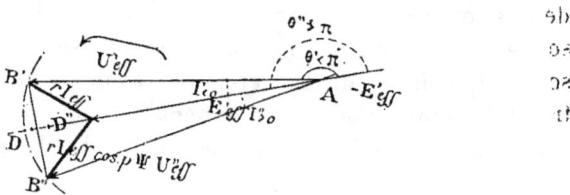

Fig. 432. — Diagramme de fonctionnement d'un moteur synchrone à tension constante et excitation constante, marches en régimes stable et instable.

ces conditions, pourra fournir un couple plus énergique, donc une puissance plus forte. Remarquons que $p\psi$ ou Ψ représente d'une façon permanente dans nos formules le décalage de la puissance transformée (E'_{eff}, I_{eff}).

Nos conclusions auraient été inversées pour la solution D''. Une avance de U''_{eff} par rapport à E'_{eff}, c'est-à-dire un accroissement de l'angle θ déjà plus grand que π, aurait eu pour conséquence la substitution à D d'un point D'' plus voisin de O, cette substitution correspondant à un couple plus petit, donc à l'impossibilité pour le moteur de fournir la puissance réclamée.

En conséquence la position stable correspond à E'_{eff}, en avance sur U_{eff}.

Conclusion générale. — Ainsi nous conserverons cette conclusion intéressante, comme absolument générale, dans tout ce qui va suivre, à savoir que la stabilité du régime correspond toujours au cas où U_{eff} est en avance de moins de π par rapport à la force contre-électromotrice ($E_{eff} = -E'_{eff}$).

Remarque. — Examinons maintenant le cas où l'alternateur est à la fois résistant et réactant. Commençons par reproduire le graphique du cas simple où l'alternateur est simplement résistant (voir fig. 429 et aussi fig. 433).

Cas où l'alternateur est également réactant. — Ce serait par exemple point pour point le tracé de Behn-Eschenburg appliqué au moteur synchrone.

La connaissance du diagramme se ramène à celle du point G, car GO nous donne u_{eff}, chute de tension dans le moteur.

G est sur le cercle de rayon U_{eff}.

De plus le triangle rectangle OBG reste semblable à lui-même, et BOG $= \varphi$, décalage propre relatif au moteur.

Il en résulte que, connaissant G, nous sommes ramenés à considérer B comme donné par l'intersection de BD avec le lieu du sommet B d'un triangle rectangle dont le sommet O est fixe, le sommet G mobile sur un cercle de rayon U_{eff} et de centre A, ce triangle restant semblable à lui-même.

On peut obtenir B comme intersection de BD avec son second

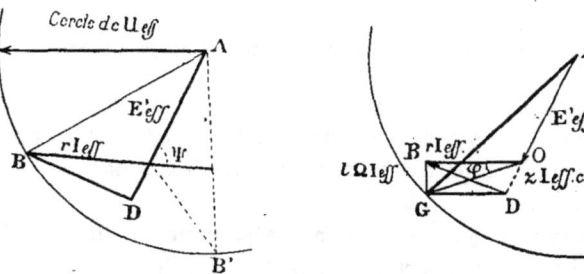

Fig. 433. Cas du moteur non réactant.   Fig. 434. Cas du moteur réactant.
Recherche des conditions de fonctionnement d'un moteur synchrone, à excitation constante et tension constante.

lieu, considéré comme celui du troisième sommet du triangle rectangle de forme semblable à lui-même dont un des sommets se déplace sur un cercle G, l'autre étant fixe (O). On a alors la méthode A.

On peut aussi déterminer G comme l'intersection du cercle de centre A et de rayon U_{eff}, avec le lieu de G, sommet du triangle GBO dont B décrit la droite BD. On a alors la méthode B.

MÉTHODE A

Le lieu de B est un cercle facile à construire. Voici, entre plusieurs, un mode de démonstration et de construction très simple.

Considérons les triangles $OG_1g_1, OG_2g_2, OG_3g_3, OG_4g_4$, correspondant deux à deux à une position différente de la droite OB ; OB_1 caractérise une inclinaison φ sur OA, et OB_2 une inclinaison $\frac{\pi}{2}+\varphi$ de cette droite.

Ces triangles semblables donnent la définition des points G et g ressortant nettement de la figure :

$$\frac{OG_1}{Og_1} \times \frac{OG_2}{Og_2} \times \frac{OG_3}{Og_3} \times \frac{OG_4}{Og_4} = K \text{ (valeur constante).}$$

d'où

$$\frac{OG_1 \times OG_2}{Og_1 \times Og_2} = \frac{OG_3 \times OG_4}{Og_3 \times Og_4}.$$

Or

$$OG_1 \times OG_2 = OG_3 \times OG_4$$

d'où

$$Og_1 \times Og_2 = Og_3 \times Og_4.$$

Les points g_1, g_2, g_3, g_4 sont sur un même cercle dont le centre O'

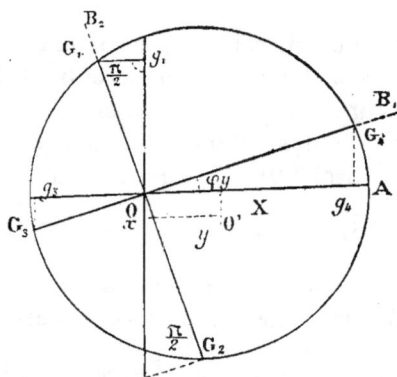

Fig. 435. — Construction du lieu du point B (diagramme de fonctionnement d'un moteur synchrone réactant, à tension et excitation constantes).

est à l'intersection des perpendiculaires xx' et yy' élevées aux milieux des droites $g_1 g_2$, $g_3 g_4$. Le point O' se trouve donc sur une perpendiculaire menée par le milieu de $g_1 g_2$ faisant l'angle φ avec la verticale du point O et sur la perpendiculaire élevée au milieu de la projection g_3g_4 de G_3G_4, faisant l'angle φ avec l'horizontale.

La construction de B est maintenant immédiate (intersection de la circonférence, lieu des g_1, g_2, etc., et de la perpendiculaire BD).

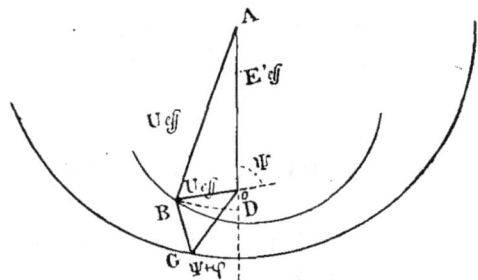

Fig. 436. — Détermination de la position du point B (diagramme de fonctionnement d'un moteur synchrone réactant, à tension et excitation constantes).

On avait OD et OA, on possède maintenant AB, OB, d'où la phase Φ et $I_{\text{eff}} = \dfrac{OB}{r}$.

Enfin, on en déduit :
$$BG = l\,\Omega\,I_{\text{eff}} \quad \text{et} \quad OG = z\,I_{\text{eff}}.$$

MÉTHODE B

On aurait encore pu définir OG comme l'intersection de la perpendiculaire BG à OB, avec OG faisant l'angle $p\psi - \varphi$ avec OD. On a alors (fig. 437) :

A droite de XX, zone interdite à I_{eff} pour la marche en moteur.

Décrivons un cercle de rayon U_{eff} et de centre A. La zone à droite de XX' ne peut convenir pour le courant I_{eff}, dans le cas de la marche en moteur. Prenons OR faisant l'angle φ en arrière de OA ; projetons sur cette droite OG ; on a projection

$$(\overline{OG}) = z\,I_{\text{eff}} \cos\Psi = \dfrac{r\,I_{\text{eff}}}{\cos\varphi}\cos\Psi.$$

Donc $\overline{Og}$, pour φ donné, est proportionnel au couple.

Dans le triangle OBG rectangle en B, on a également :

$$OG = \dfrac{OB}{\cos\varphi} = \rho_1 = \dfrac{\rho}{\cos\varphi},\ \text{si}\ \rho = OB ;$$

mais en appelant α l'angle $p\psi - \varphi$:

$$\rho \cos(\varphi + \alpha) = OD = a = C^{te}$$

donc
$$\rho_1 \cos(\varphi + \alpha) = \dfrac{a}{\cos\varphi} = b = C^{te}.$$

Donc le lieu de G est une droite GH perpendiculaire à OR, par suite faisant l'angle φ avec DB et disposée comme l'indique la figure 437 et sous une forme identique, mais rapportée au mode de repré-

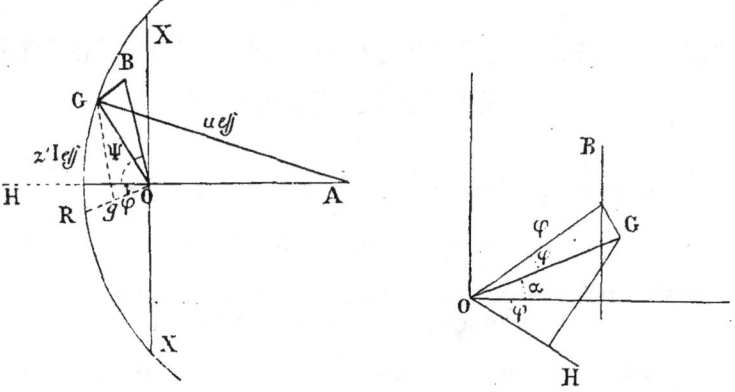

Fig. 437. Fig. 438.
Fonctionnement d'un moteur synchrone à tension et excitation constantes. Détermination du diagramme.

sentation courante, la figure 438. Appliquons cette propriété à la figure considérée plus haut (fig. 434). Nous aurons ainsi à chercher l'intersection du cercle de centre A et de rayon U_{eff} avec la droite GH.

Cette deuxième solution est évidemment la meilleure au point de vue pratique. On a immédiatement les deux points G' et G", correspondant aux deux solutions maintes fois signalées :

$$\rho_1 \cos(\varphi + \alpha) = \frac{OD}{\cos \varphi} = \frac{z I_{eff} \cos \Psi}{\cos \varphi},$$

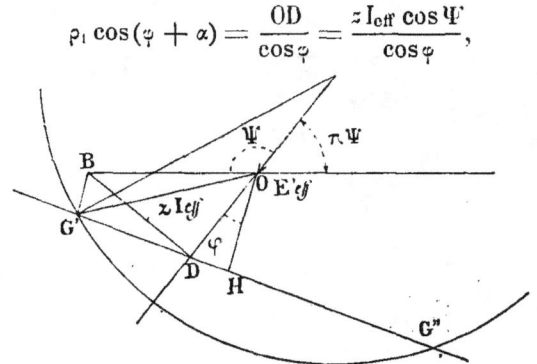

Fig. 439. — Fonctionnement d'un moteur synchrone à tension et excitation constantes. Diagramme définitif.

G', solution stable ;
G", solution instable.

QUINZIÈME LEÇON

ÉTUDE GRAPHIQUE DES CONDITIONS DE FONCTIONNEMENT DES MOTEURS SYNCHRONES

(Suite).

MARCHE A TENSION ET EXCITATION CONSTANTES
RAPPEL DE NOTIONS PRÉALABLES

SUR LA DIRECTION A ADOPTER POUR LES F.É.M. DANS LES GRAPHIQUES REPRÉSENTATIFS

Imaginons que nous revenions au graphique fondamental, dans lequel

$$GO = z\, I_{eff}$$

représente la somme des chutes de tension dans la machine, OA la f.é.m. du moteur, U_{eff} la résultante des vecteurs précédents ou tension aux bornes (fig. 440).

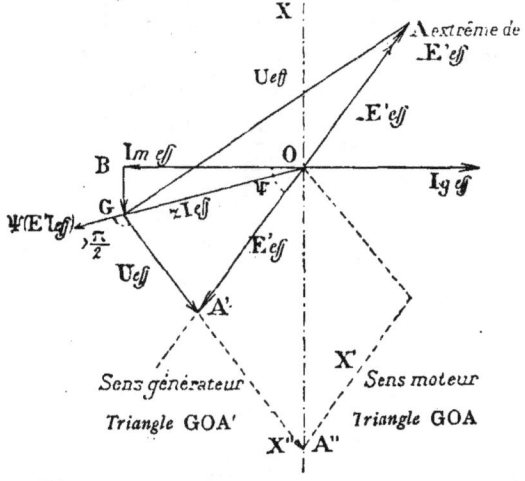

Fig. 440. — Diagramme fondamental de marche d'un moteur synchrone. Distinction des régions de marche en moteur ou en générateur.

On sait que pour que soit réalisé le fonctionnement en moteur, il faut que E [ou — E'], f.é.m. de la machine fonctionnant en génératrice, fasse avec I_m un angle obtus, c'est-à-dire que la f.c.é.m. E' doit faire avec I_m un angle compris entre $-\frac{\pi}{2}$ et $+\frac{\pi}{2}$.

C'est la condition même du fonctionnement en moteur, à savoir l'envoi d'un courant I_m de sens contraire à I_g (courant qui serait produit par la génératrice pour un sens de rotation donné et une excitation dans un sens donné des pôles inducteurs).

Donc le vecteur dirigé AO satisfait bien, non seulement en direction à la question, puisque

$$-\frac{\pi}{2} < I_m \, oA' < +\frac{\pi}{2}$$

mais aussi en sens. Ainsi donc, les vecteurs dirigés AG et OG représentent respectivement la tension appliquée et la chute de tension dans la machine. Il n'y a aucun doute à cet égard. En effet, si nous prolongeons OA en OA' (OA' = OA) et choisissons A' comme extrémité du vecteur E'_{eff} dans ce cas, la droite GA' obtenue en joignant G à A' est, non la résultante géométrique de zI_{eff} et E'_{eff}, correspondant à la formule

$$U = rI + l\frac{dI}{dt} + E'$$

mais la différence géométrique des mêmes vecteurs [1].

Le graphique GOA' correspondrait au fonctionnement en générateur, OA' étant la f.é.m. de l'alternateur constitué par le moteur

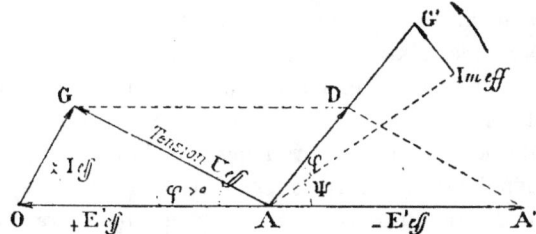

Fig. 441. — Situations comparées des diagrammes de fonctionnement d'un alternateur générateur et d'un moteur synchrone.

fonctionnant dans ces conditions. Signalons que l'angle de U_{eff} et de I_{eff}, courant débité dans ce cas, devrait être aussi plus petit que $\frac{\pi}{2}$ en valeur absolue. Nous aurons l'occasion d'étudier bientôt tout spécialement cette condition de marche.

[1]. On représentera toujours par r et l les résistance et self-induction du moteur proprement dit.

Si nous prolongeons (fig. 442)

$$OA = E'_{eff}$$

de la quantité

$$AA' = OA$$

la différence GO sera égale à AD, résultante de $AA' = - E'_{eff}$, et de $AG = U_{eff}$, et orientée non de la même façon mais en sens inverse. Si pour simplifier on suppose le moteur non réactant GO représente la direction du courant I_g fourni par un alternateur générateur, AD représente la direction du courant fourni à la même machine fonctionnant en alterno-moteur.

On retrouve ainsi le diagramme ci-dessus (fig. 441), donné sans explications suffisantes par beaucoup d'ouvrages, et où ne sont pas indiquées les positions de I_g, I_m, E', U, déduites des nécessités du fonctionnement de la machine en moteur (I_m opposé à I_g). Ne pas confondre $-I_{eff}$, vecteur de la chute de tension interne, avec le vecteur I_{eff} du courant dans le cas, pratiquement réel, du moteur réactant.

Conclusion. — Dans nos graphiques, quand il y aura ambiguïté, nous prendrons un point terminal A tel que le vecteur $A'A = - E'_{eff}$ fasse avec $I_{m\,eff}$ un angle supérieur à $\frac{\pi}{2}$ en valeur absolue.

SUR LA SIGNIFICATION EXACTE DES QUANTITÉS ENTRANT DANS LES DIAGRAMMES

REMARQUE I. — **Influence de la ligne et d'autres récepteurs.** — Dans les termes r et $l\Omega$ peuvent entrer aussi les termes résistance et réactance relatives à la ligne d'alimentation; U_{eff} représente alors la tension aux bornes de l'alternateur; de même r et $l\Omega$ peuvent comprendre aussi, avec des précautions convenables, les constantes des récepteurs branchés sur le réseau qui alimente le moteur synchrone (en série ou en dérivation); E' représente la f.é.m. à vide du moteur (par exemple interprétée suivant la théorie de Behn-Eschenburg).

Les termes r et $l\Omega$ doivent donc être considérés comme déduits de la caractéristique $z(i)$ de l'alternateur, bien que le flux effectif Φ_i dans l'induit soit parfois différent, toutes choses égales, dans le cas du moteur et du générateur. Les ampère-tours d'induit ont dans le cas de l'alternateur un effet presque toujours soustractif; des réserves doivent, comme nous l'avons dit, être faites, plus expresses, dans le cas du moteur.

REMARQUE II. — **Décalage propre du moteur φ; décalage total Φ;**

décalage de la puissance transformée Ψ. — Ces trois angles ont des significations bien distinctes sur le diagramme circulaire.

Ψ, angle de décalage de E_{eff} avec $I_{g\text{eff}}$ (ou de E'_{eff} avec $I_{m\text{eff}}$), n'a aucun rapport immédiat avec le facteur de puissance propre du

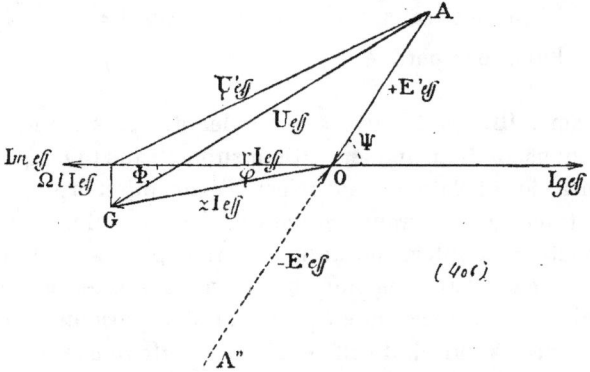

Fig. 442. — Diagramme fondamental de marche du moteur synchrone. Valeurs comparées des divers décalages à considérer.

moteur, qui est donné par $\cos \varphi$, dans le cas où r et l sont relatifs au moteur seul (fig. 442).

Ψ est l'angle de décalage qui existerait entre la f.é.m. de la machine et le courant qu'elle produirait en fonctionnant en génératrice, ou encore la valeur du décalage correspondant à la fraction de la puissance électrique fournie

$$U_{\text{eff}} I_{\text{eff}} \cos \Phi$$

transformée en puissance mécanique

$$E'_{\text{eff}} I_{\text{eff}} \cos p\psi = E'_{\text{eff}} I_{\text{eff}} \cos \Psi.$$

Le décalage propre du moteur est donné par

$$\cot \varphi = \frac{r}{l\Omega}$$

ou, si r' et $l'\Omega$ sont relatifs au moteur seul, et si r'' et $l''\Omega$ sont relatifs à la ligne et aux récepteurs intercalés, par

$$\cot \varphi' = \frac{r'}{l\Omega'}$$

$$\cot \varphi' = \frac{r - r''}{(l - l'')\Omega}.$$

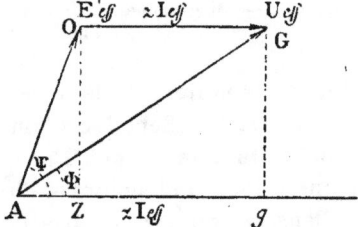

Fig 443. — Comparaison graphique des puissances fournie, transformée et perdue dans un moteur synchrone.

En général, si la ligne est courte et ne comporte pas

d'autres récepteurs, on peut regarder en première approximation Φ comme égal à $p\psi = \Psi$.

Dans le diagramme ci-dessus (fig. 443), on a :

Puissance fournie $\quad= U_{\text{eff}} I_{\text{eff}} \cos \Phi = I_{\text{eff}} . \overline{Ag}$

Puissance transformée $= E'_{\text{eff}} I_{\text{eff}} \cos \Psi = I_{\text{eff}} . \overline{AZ}$

Puissance perdue $\quad= r I^2_{\text{eff}} = I_{\text{eff}} \overline{Zg}$

REMARQUE III. — **Relations entre les diverses f.é.m. pouvant figurer dans un diagramme.** — On a supposé jusqu'ici que E' était la f.é.m. à vide de l'alternateur ; c'est la conception la plus commode pour le tracé des diagrammes (conception de Behn-Eschenburg).

On peut en adopter une autre, comme pour les alternateurs. Bien que n'en devant pas faire usage, nous la citerons cependant de manière à dissiper toute équivoque et à permettre au lecteur de reprendre s'il lui plaît cette étude par cette nouvelle voie.

Supposons le diagramme tracé, par suite E'_{eff} connue et l'in-

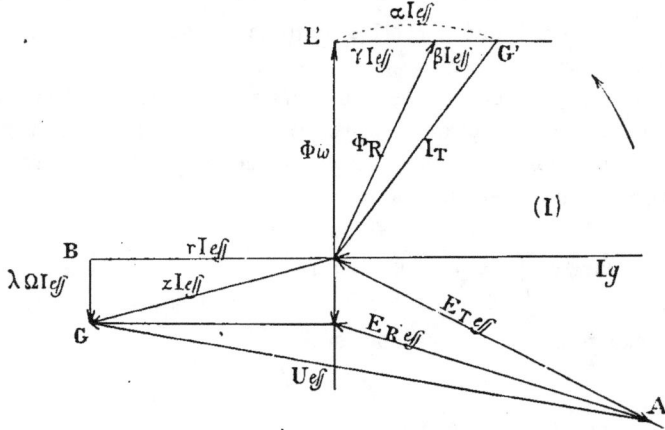

Fig. 444. — Diagrammes de Potier et de Rothert dans le cas d'un moteur synchrone (fonctionnement instable).

fluence de la ligne et des récepteurs écartée. Suivant que BG représentera $l\Omega I_{\text{eff}}$ (Behn-Eschenburg) ou ΛI_{eff} (Potier), l'élément E'_{eff} représentera la f.é.m. E^0_{eff} à vide ou $E_{R\text{eff}}$ (f.é.m. résultant des ampère-tours inducteurs et d'induit non dispersifs).

Dans le premier cas, pas de difficultés pour déterminer i_0 par la caractéristique à vide, à condition toutefois que l'on connaisse le z de l'alternateur pour les diverses valeurs de l'extciation, et de supposer que la courbe soit la même pour la machine fonctionnant en moteur ou en générateur, ce qui n'est qu'approché.

Dans le second cas, nous obtiendrons le courant i_0, comme pour les alternateurs, en regardant Φ_R (ou i) générateur de E'_{eff} comme

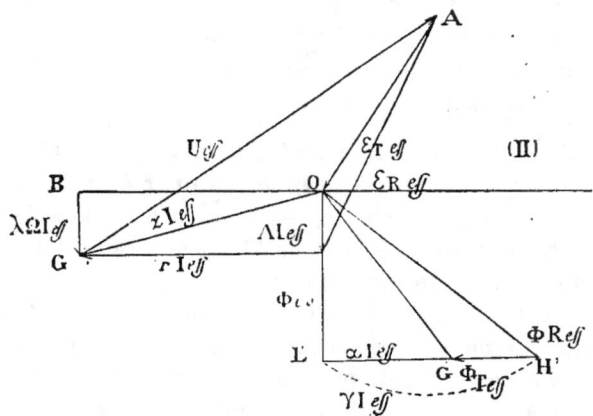

Fig. 445. — Diagrammes de Potier et de Rothert dans le cas d'un moteur synchrone (fonctionnement stable).

résultant du flux $A\gamma I_{\text{eff}}$ proportionnel aux ampère-tours γI_{eff} (ou au courant I_{eff} d'induit) de Rothert combiné avec le flux inducteur Φ_i (ou le courant i_0). Nous pourrons envisager encore $E_{T\text{eff}} = \varepsilon'_{T\text{eff}}$, résultant de ΛI_{eff} et de $\varepsilon'_{R\text{eff}}$, comme résultant d'un flux Φ_T normal à ε'_T, résultant lui-même du flux Φ_{i0} combiné avec le flux dû aux ampère-tours αI_{eff} de Potier.

ΛI_{eff}, f.é.m. de self-induction partielle décalée à 90° du flux générateur.

I. *Cas du régime instable*, tension en avance sur la f.é.m. E'.

II. *Cas du régime stable*, tension en retard sur la f.é.m. E'.

1er CAS : U en avance par rapport à E', décalage de E' avec zI_{eff} compris entre 0 et $\dfrac{\pi}{2}$ (fig. 444).

$$L'G' = \alpha I_{\text{eff}} = L'H' + H'G' = (\gamma + \beta)I_{\text{eff}};$$

2e CAS : U en retard sur E', décalage de E'_{eff} avec zI_{eff} compris entre $-\dfrac{\pi}{2}$ et 0.

$$G'L' = \alpha I_{\text{eff}} = H'L' - H'G',$$

$$G'L' = (\gamma - \beta) I_{\text{eff}}.$$

On remarquera, à l'aide des figures précédentes, que dans un moteur, à l'inverse de ce qui se passe dans un alternateur, la relation

$$\alpha = \gamma - \beta$$

entre les coefficients d'équivalence des ampère-tours β de fuite, γ de Rothert, et α de Potier (ε_T) n'est pas toujours vérifiée. Elle ne l'est que dans le cas de fonctionnement stable, de même que dans le cas d'un alternateur, lorsque la tension aux bornes est en avance sur l'intensité.

Résolution graphique des problèmes relatifs au fonctionnement des moteurs synchrones. — *Rappel du problème I* (traité dans la première partie de cette leçon). — Nous avions, à titre d'exemple, étudié au début de cette leçon le problème suivant, relatif au tracé du diagramme d'un alterno-moteur.

Connaissant U_{eff}, E'_{eff}, P ou C_r, puisque Ω est constant, d'un alterno-moteur, en déduire le courant I_{eff} et le facteur de puissance $\cos \Phi$. On a dit que P est la puissance mécanique fournie à l'arbre par le moteur. En réalité, P représente la puissance électrique transformée en puissance mécanique, c'est-à-dire celle-là diminuée des seules pertes ohmiques dans l'induit. En fait, on doit diminuer encore, comme on sait, pour avoir la puissance utile à l'arbre, P des pertes magnétiques, mécaniques et ohmiques dans l'excitation.

Ces pertes sont du reste faciles à connaître. Nous supposerons, pour simplifier, dans ce qui va suivre, cette correction faite.

Revenant au problème précédent, rappelons que nous avons résolu cette question en considérant la droite OD comme fixe, en prenant dans le diagramme de la figure 429 pour OD la valeur :

$$OD = \frac{Pr}{E'_{eff}} = r I_{eff} \cos p \psi.$$

en remarquant que B décrit un lieu facile à construire (cercle) et que O en décrit un autre encore plus aisé à tracer (droite), et qu'il est aussi sur la perpendiculaire élevée en D à AD.

G est donné par la perpendiculaire à OB en B, de longueur $l \Omega I_{eff}$.

Le diagramme est donc déterminé.

Ainsi, connaissant à priori U_{eff}, E'_{eff}

$$P = C_r \omega = \Omega K \mathcal{B}_{eff} I_{eff} \cos \Psi$$

ou
$$P = E'_{eff} I_{eff} \cos p \psi$$

nous avons déterminé I_{eff} et $\Psi = p \psi$, correspondant à ces conditions de marche.

Remarquons que les quatre éléments U_{eff}, I_{eff}, E'_{eff} et C_m sont seuls distincts, les autres Φ, ψ, etc., se ramènent aux précédents par des formules et des constructions intuitives.

On a en particulier

$$\cos \Psi = \frac{P}{E'_{\text{eff}} I_{\text{eff}}}$$

et Φ est donné par l'angle de la résultante de U_{eff} et de I_{eff}.

Puissance mécanique du moteur. — L'expression de la fraction de la puissance électrique débitée par la source, théoriquement transformable en puissance mécanique, est :

$$C_m \omega = C_m \frac{\Omega}{p} = E'_{\text{eff}} I_{\text{eff}} \cos \Psi$$

C_m est, comme nous l'avons dit, le couple théorique; pour avoir le couple utile correspondant C_u, il faut en retrancher C_p, couple correspondant aux pertes d'ordre mécanique (ventilation, frottements des tourillons sur les paliers) ou d'ordre électrique (courants de Foucault et hystérésis et même excitation, pour être complet).

Il est facile de constater, par une autre voie, que l'expression du couple théorique nous amenait logiquement à l'équation

$$P = C_m \omega = E'_{\text{eff}} I_{\text{eff}} \cos \Psi.$$

En effet, E'_{eff}, f.é.m. de l'alternateur que constituerait le moteur synchrone, si on lui communiquait le même mouvement avec la même excitation, a pour valeur (voir IXe leçon, page 249 et suivantes) :

$$E'_{\text{eff}} = p N n \Phi_p \frac{\pi}{\sqrt{2}} \sin p \frac{\theta}{2}.$$

Rappelons que l'on doit, s'il y a lieu, multiplier cette expression par K, coefficient de réduction du bobinage.

En supposant, pour simplifier, réalisé l'enroulement théorique à un trou par pôle et par phase, avec ouverture de bobine égale au pas, on doit faire :

$$K = 1 \qquad \sin p \frac{\theta}{2} = 1$$

d'où

$$E'_{\text{eff}} = p N n \frac{\Phi_p}{\sqrt{2}} \pi$$

d'où
$$\frac{pN\Phi_p\pi}{2\sqrt{2}} = \frac{E'_{\text{eff}}}{2N}.$$

Portons cette valeur dans l'équation précédente. Il vient :
$$C_{\text{moy}} = \frac{pn\Phi_p}{2\sqrt{2}} I_{\text{eff}} \cos p\psi = \frac{E'_{\text{eff}} I_{\text{eff}} \cos p\psi}{2\pi N}.$$

Nous aboutissons à une identité, ce qui confirme notre manière de voir.

Caractéristique de couple C_m (I_{eff}) à tension U_{eff} et à excitation constante E'_{eff}. — Cherchons P (I_{eff}) et C_m (I_{eff}), c'est-à-dire la courbe caractéristique du couple en fonction de I_{eff}, à tension constante U_{eff} et à excitation constante E'_{eff}.

Donnons nous une valeur de I_{eff}, donc OB, BG et le point G, le point B étant pris variable sur le côté de l'angle φ, de sommet O et de côtés BO et GO (fig. 446).

Traçons un cercle de centre O et de rayon E'_{eff}, et un autre de centre G et de rayon U_{eff}. Nous aurons, le lieu de D étant un cercle de diamètre OB, à déterminer D sur ce lieu. On sait que le vecteur OD proportionnel à $r I_{\text{eff}} \cos \Psi$ constitue une représentation commode de la puissance [1].

Dans le cas de la figure, A' et A" appartiennent à des régions telles que
$$\Psi = p\psi < \frac{\pi}{2}$$

A' et A" conviennent donc, au moins dans le cas de la figure. Pour A', il pourrait en être autrement.

La construction suppose donc les opérations suivantes :

Choix de B correspondant à un I_{eff} donné, construction de BG perpendiculaire à OB, de G, de A' (ou de A"), de A'OD' (ou de A"OD") et évaluation de OD' ou de OD", prolongement de A'O ou de A"O, dont la valeur est proportionnelle à
$$I_{\text{eff}} \cos \Psi$$

ou à la puissance mécanique fournie, ou enfin au couple, car :
$$\omega = \frac{\Omega}{p} = \text{constante}.$$

On voit donc que, pour que le problème admette deux solutions

[1]. Le point D est à l'intersection de la droite AO (E'_{eff}) et de la perpendiculaire abaissée de B sur celle-ci. On a en outre $\pi - \Psi = \widehat{A'OB}$.

(recherche de Ψ, ou de P, ou de C_m correspondant à un courant donné I_{eff}, à une tension donnée U_{eff} et à une excitation donnée E'_{eff}), il faut que A′ et A″ tombent à droite de A′$_0$ ou de A″$_0$.

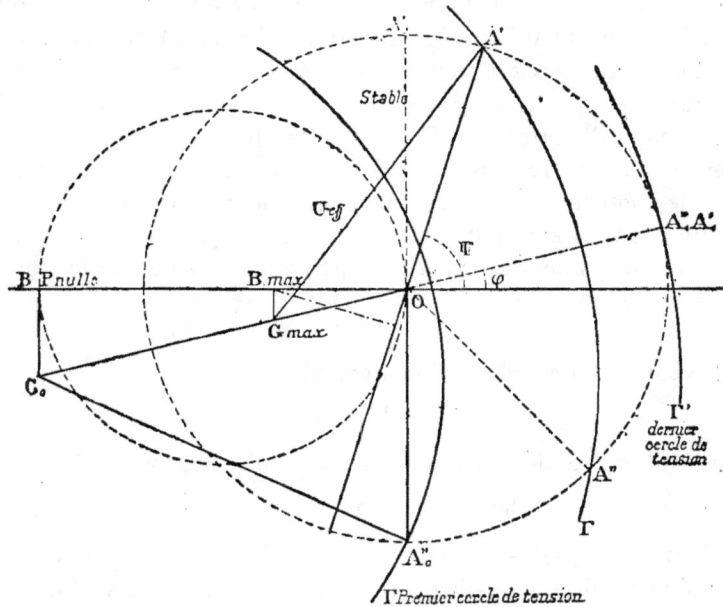

Fig. 446. — Détermination graphique de la caractéristique de couple d'un moteur synchrone en fonction de l'intensité (tension et excitation constantes).

La courbe des valeurs OD (OB) nous donne la caractéristique de couple
$$C_m (I_{eff})$$
dans ces conditions.

Au moment où A″ coïncide avec A″$_0$, on trouve pour A′, à gauche de A′$_0$, une valeur ne convenant pas encore.

On a, puisque :
$$OG = zI_{eff}$$
$$OA''_0 = E'_{eff} \qquad A''_0 G = U_{eff}$$
$$U_{eff}^2 = \overline{zI_{eff}^2} + E'^2_{eff} - 2E'_{eff} \cdot zI_{eff} \cos\left(\frac{\pi}{2} - \varphi\right)$$

donc
$$zI_{eff} = E'_{eff} \sin\varphi + \sqrt{U_{eff}^2 - E'^2_{eff} \cos^2\varphi}.$$

Le point A′$_0$ (commencement du fonctionnement stable), correspond au contraire à la valeur
$$zI_{eff} = E'_{eff} \sin\varphi - \sqrt{U_{eff}^2 - E'^2_{eff} \cos^2\varphi}.$$

Le courant I_{eff}, donc le vecteur zI_{eff}, est plus petit évidemment dans ce cas.

Les puissances OD, OD', etc..., depuis le premier cercle Γ, ou de puissance nulle, passant par A''_0, vont croître jusqu'à la puissance maxima pour laquelle les deux solutions A', A'' se confondront en une seule (cercle Γ' tangent en ce point au cercle de centre O, de rayon E'_{eff}).

Au point G_{max} (intersection de OG avec un cercle de rayon U_{eff} de centre $A'A''$) correspond la puissance maxima P_{max}, développée par le moteur; il lui correspond également un point D_{max}, projection de B_{max} sur la droite OG [1].

Pour cette valeur maxima de la puissance fournie par le moteur, on a évidemment

$$zI_{eff} = U_{eff} - E'_{eff}$$

cette condition correspond également à

$$\Psi = \varphi$$

c'est-à-dire à la situation sur la même droite des vecteurs

$$zI_{eff} = u_{eff}, \quad U_{eff} \quad \text{et} \quad E'_{eff}.$$

Courbe C_m (I_{eff}). — On peut tracer la courbe du couple OD en fonction de OB, c'est-à-dire du couple C_m en fonction de l'intensité I_{eff}, à tension U_{eff} constante et à excitation E'_{eff} constante

$$E'_{eff} = A'O.$$

L'intensité I_{eff} part de I''_{eff}, donné par

$$I''_{eff} = \frac{E'_{eff} \sin\varphi + \sqrt{U^2_{eff} - E'^2_{eff} \cos^2\varphi}}{z}$$

valeur pour laquelle la puissance est nulle (U_{eff} et E'_{eff} donnés), la tension étant décalée en avant de E'_{eff} (fonctionnement instable), puis le décalage de U_{eff} diminuant par rapport à E'_{eff}, il atteint 0 (puissance maxima, régime stable); enfin la puissance diminue et s'annule pour

$$I'_{eff} = \frac{E'_{eff} \sin\varphi - \sqrt{U^2_{eff} - E'^2_{eff} \cos^2\varphi}}{z}.$$

On peut donc tracer la courbe

$$\text{OD (OB)} \quad \text{ou} \quad C_m (I_{eff})$$

---

[1]. Le point D_{max} n'est pas représenté sur la figure 446.

ÉTUDE GRAPHIQUE DES CONDITIONS DE FONCTIONNEMENT

et la courbe
$$\frac{OD}{OB} = \cos \Psi (I_{\text{eff}})$$

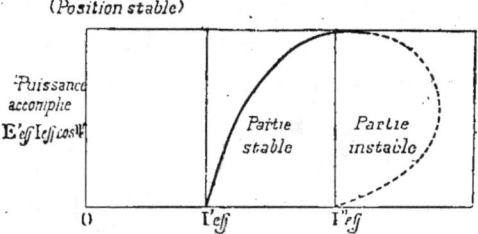

Fig. 447. — Caractéristique du couple du moteur synchrone en fonction de l'intensité d'armature. (Tension et excitation constantes.)

c'est-à-dire la caractéristique de couple C_m (I_{eff}) et la courbe de facteur de puissance $\cos \Psi$ (I_{eff}) (fig. 447).

Forme algébrique de la caractéristique C_m (I_{eff}) et de quelques autres. — On peut trouver du reste une relation algébrique permettant de tracer la courbe ci-dessus.

On a en effet, dans le triangle OGA' (fig. 446).

$$U_{\text{eff}}^2 = z^2 I_{\text{eff}}^2 + E'^2_{\text{eff}} - 2z I_{\text{eff}} \times E'_{\text{eff}} \cos (\pi - \psi + \varphi)$$

d'où

Solution A' stable
$$U_{\text{eff}}^2 = z^2 I_{\text{eff}}^2 + E'^2_{\text{eff}} + 2z I_{\text{eff}} E'_{\text{eff}} \cos (\psi - \varphi).$$

La solution correspondant au triangle OGA" entraîne simplement le changement de signe, qui de + devient — dans le double produit. C'est donc :

Solution A" instable
$$U_{\text{eff}}^2 = z^2 I_{\text{eff}}^2 + E'^2_{\text{eff}} + 2z I_{\text{eff}} E'_{\text{eff}} \cos (\psi + \varphi).$$

Cette équation est générale; elle nous servira pour l'étude algébrique de toutes les caractéristiques qu'on peut obtenir en combinant deux des quantités U_{eff}, I_{eff}, E'_{eff}, C_m (ou P, ou $I_{\text{eff}} \cos \Psi$), les deux autres restant constantes.

Si nous cherchons, par exemple, à mettre en évidence dans l'équation générale de la caractéristique la relation

$$P_m (I_{\text{eff}})$$

il suffit d'exprimer Ψ en fonction de P.

On a en effet
$$P = E'_{\text{eff}} I_{\text{eff}} \cos \Psi = C_m \omega$$

d'où l'expression de la puissance P en fonction de I_{eff}

$$U_{\text{eff}}^2 - z^2 I_{\text{eff}}^2 - E'^2_{\text{eff}} - 2z I_{\text{eff}} E'_{\text{eff}} \cos\varphi \cos\Psi$$
$$- 2z I_{\text{eff}} E'_{\text{eff}} \sin\varphi \sin\Psi = 0$$

équation dans laquelle on pourra remplacer
$$E'_{\text{eff}} I_{\text{eff}} \cos \Psi$$
par sa valeur P, d'où enfin :

$$0 = U_{\text{eff}}^2 - z^2 I_{\text{eff}}^2 - E'^2_{\text{eff}} - 2z I_{\text{eff}} E'_{\text{eff}} \left[\cos\varphi \frac{P}{E'_{\text{eff}} I_{\text{eff}}} + \sin\varphi \frac{\sqrt{E'^2_{\text{eff}} I^2_{\text{eff}} - P^2}}{E'_{\text{eff}} I_{\text{eff}}} \right]$$

Solution A' stable :
$$0 = U_{\text{eff}}^2 - E'^2_{\text{eff}} - 2z \left[P \cos\varphi + \sin\varphi \sqrt{E'^2_{\text{eff}} I^2_{\text{eff}} - P^2} \right] - z^2 I^2_{\text{eff}}$$

Solution A″ instable :
$$0 = U_{\text{eff}}^2 - E'^2_{\text{eff}} - 2z \left[P \cos\varphi - \sin\varphi \sqrt{E'^2_{\text{eff}} I^2_{\text{eff}} - P^2} \right] - z^2 I^2_{\text{eff}}.$$

Les deux solutions peuvent donc tenir dans la formule suivante :

Les signes se répartissant ainsi $\begin{cases} + \text{ Solution A' stable} \\ - \text{ Solution A'' instable} \end{cases}$

$$0 = z^2 I^2_{\text{eff}} + 2z P \cos\varphi - U_{\text{eff}}^2 + E'^2_{\text{eff}} \pm 2z \sin\varphi \sqrt{E'^2_{\text{eff}} I^2_{\text{eff}} - P^2}$$

c'est-à-dire, en posant :
$$A^2 = U_{\text{eff}}^2 - E'^2_{\text{eff}}$$

A^2 forcément positif dans la marche en moteur, au moins non surexcité :

$$[z^2 I^2_{\text{eff}} + 2z P \cos\varphi - A^2]^2 = 4 z^2 \sin^2\varphi [E'^2_{\text{eff}} I^2_{\text{eff}} - P^2].$$

Cette équation, qui ne présente aucune difficulté de construction, nous donne la caractéristique de puissance
$$P(I_{\text{eff}})$$
en fonction de I_{eff}.

REMARQUE. — On peut abaisser le degré de l'équation et rendre la construction plus aisée, en permettant néanmoins l'établissement de la caractéristique $P(I_{\text{eff}})$, par l'élimination graphique obtenue grâce à la substitution à $r I^2_{\text{eff}}$, de la puissance p (puissance ohmique perdue dans l'alternateur).

En effet, exprimons I^2_{eff} en fonction de la puissance
$$p = r I^2_{\text{eff}}$$

perdue dans l'alternateur, et remarquons que

$$z\, I_{\text{eff}}^2 = \frac{p}{r} z = \frac{p}{\cos\varphi}.$$

Posons également

$$q = \frac{pz}{\cos\varphi} \qquad Q = Pz\cos\varphi$$

pour simplifier. Nous aurons, tous calculs faits, l'équation :

$$(q + 2Q)^2 - 4Q^2\, tq^2\varphi - 2A^2(q + 2Q) - 4q\sin^2\varphi\, E'^2_{\text{eff}} + A^4 = 0.$$

Pour une valeur de p, donc de I_{eff}, elle se décompose en deux équations correspondant respectivement aux deux valeurs A' et A''.

Nous aurons ainsi, pour les solutions A' et A'', les deux racines Q', Q'' de l'équation

$$(q + 2Q)^2 - 4Q^2\, tq^2\varphi - 2A^2(q + 2Q) - 4q\sin^2\varphi\, E'^2_{\text{eff}} + A^4 = 0.$$

Posons encore :

$$q + 2Q = X$$

on a l'équation transformée :

$$X^2 - 4Q^2\, tq^2\varphi - 2A^2 X - 4(X - 2Q)\sin^2\varphi\, E'^2_{\text{eff}} + A^4 = 0,$$

équation d'une hyperbole facile à construire en X et Q, et qui donne Q' et Q'' cherchés, correspondant à une même valeur de I_{eff} ou de p.

Rappelons, pour interpréter la signification électrique de la courbe représentée par cette équation, que

$$q = \frac{pz}{\cos\varphi} \qquad Q = Pz\cos\varphi$$

donc que

$$X = q + 2Q = \frac{pz}{\cos\varphi} + 2Pz\cos\varphi$$

c'est-à-dire

$$X = \frac{r\, I_{\text{eff}}^2\, r}{\cos^2\varphi} + 2Pz\cos\varphi$$

ou enfin

$$X = \frac{r^2\, I_{\text{eff}}^2}{\cos^2\varphi} + 2Pz\cos\varphi$$

$$X = z^2\, I_{\text{eff}}^2 + 2Pz\cos\varphi.$$

Nous laissons au lecteur le soin de déterminer par cette voie analytique la forme de la courbe que nous avons déjà obtenue directement par voie graphique.

Ainsi, ces équations nous donnent p en fonction de P ou C_m (I_{eff})

392   COURS MUNICIPAL D'ÉLECTRICITÉ INDUSTRIELLE

et constituent, par cette expression de C_m, la solution algébrique du premier problème que nous nous étions proposé.

Autre méthode graphique. — Beaucoup plus simple, elle con-

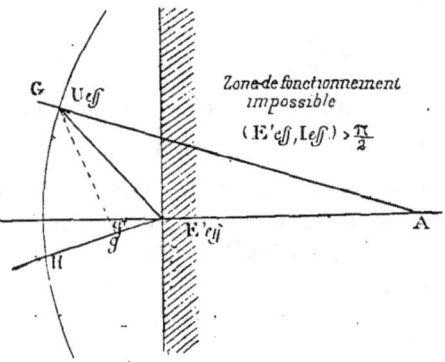

Fig. 448. — Fonctionnement d'un moteur synchrone. Procédé graphique simplifié pour établissement du diagramme.

siste à utiliser le second mode d'établissement du diagramme donné plus haut (p. 376 et 384), et à en suivre les déformations quand I_{eff} varie (fig. 448 et 449).

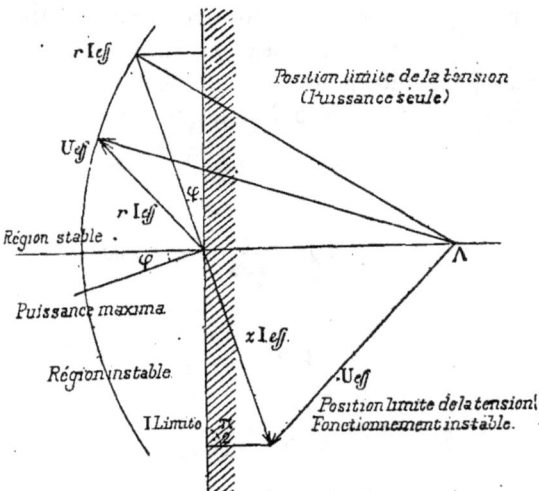

Fig. 449. — Fonctionnement d'un moteur synchrone. Procédé graphique simplifié pour établissement du diagramme.

Considérons le triangle OGA dont les côtés sont respectivement égaux, AG à U_{eff}, AO à E'_{eff} et OG à zI_{eff}.

Deux procédés sont possibles.

1° Ou bien prendre comme variable $z\,I_{eff} = OG$ ou I_{eff}, et tracer la courbe

$$Og\,(OG)$$

courbe qui, à l'échelle près, représente $C_m\,(I_{eff})$, étant rappelé que Og est la projection de OG sur la droite OH faisant l'angle φ en avant de AO.

Alors, on doit couper le cercle de centre A et de rayon U_{eff} par un arc de cercle de rayon zI_{eff} variable (deux solutions G′, G″, pour chaque cas, G′ solution stable).

2° Ou bien on doit se donner Og proportionnel à Pm, et chercher les intersections avec le cercle U_{eff} des droites parallèles gG situées à des distances variables de O; on a encore les points G′ G″. La puissance maxima correspond à zI_{eff} recouvrant Og. Elle délimite la région stable. On retrouve sur ce diagramme tout ce que nous avons tiré du précédent.

SEIZIÈME LEÇON

MOTEURS SYNCHRONES

ÉTUDE GRAPHIQUE DES PROBLÈMES RELATIFS AU FONCTIONNEMENT
DE CES MOTEURS. — CARACTÉRISTIQUES DE TENSION
AUX BORNES ET DE F.É.M. A PUISSANCE OU DÉBIT VARIABLES

ÉNONCÉS DES PROBLÈMES A TRAITER

Problème II. — $U_{eff}(I_{eff})$. — $U_{eff}(P)$. — On se donne E'_{eff}, f. é. m. ou excitation, et l'on cherche la tension U_{eff} du moteur quand I_{eff} et P sont aussi donnés. Modification du diagramme $U_{eff}(I_{eff})$ quand P est constant et du diagramme $U_{eff}(P)$ quand I_{eff} est constant.

C'est là un problème de régulation pour un alternateur commandant un moteur synchrone à excitation constante et fonctionnant à débit ou à puissance constante.

Problème III. — $E'_{eff}(I)_{eff}$. — $E_{eff}'(P)$. — On se donne U_{eff}, tension aux bornes de l'alternateur, et l'on cherche E'_{eff} nécessaire pour réaliser P donné sous I_{eff} donné.

Modification du diagramme $E'_{eff}(P)$, quand I_{eff} est constant et du diagramme $E'_{eff}(I_{eff})$ quand P est constant.

C'est un problème de régulation du moteur fonctionnant à tension constante et à débit ou puissance constante.

Problème II. — Régulation de l'alternateur fournissant U_{eff} à excitation constante du moteur, à I_{eff} ou à P constant.

CONSTITUTION DU DIAGRAMME

Cherchons d'abord à résoudre le problème simple suivant :

Étant donné E'_{eff}, correspondant pour l'alterno-moteur à une excitation donnée, I_{eff} ou zI_{eff}, et C_m, ou encore P_m, ou enfin $I_{eff} \cos p\psi$, déterminer la tension nécessaire U_{eff}.

Les points B', B″ sont à l'intersection de la perpendiculaire à AOD, soit B'B″, et du cercle de rayon rI_{eff} et de centre O.

On a donc le graphique intuitif suivant, dans lequel on a pris

MOTEURS SYNCHRONES. ÉTUDE GRAPHIQUE DU FONCTIONNEMENT 395

comme origine des phases la direction AOD de la f.c.é.m. du moteur.

Deux solutions sont possibles, au point de vue du choix des points B' et B'', suivant le signe des angles $\Psi = p\psi$ (fig. 450).

A chacune des solutions B' ou B'' correspond une solution pour la tension à employer, solution qui ne correspond à une même valeur absolue de U_{eff} que dans le cas théorique d'un moteur sans

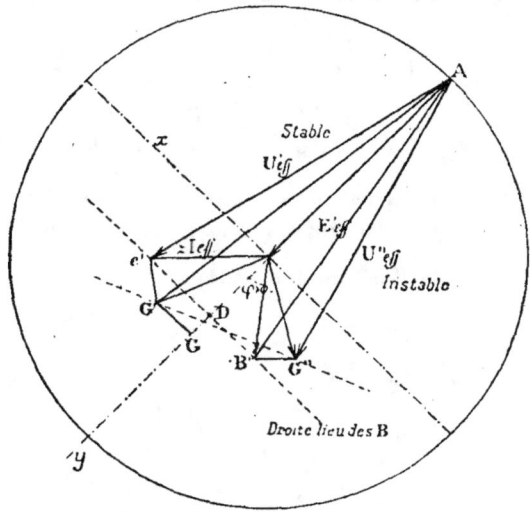

Fig. 450.
Marche d'un moteur synchrone à puissance constante et à excitation constante.
Construction du diagramme donnant la tension aux bornes nécessaires quand I_{eff} varie.

réactance et qui suppose un déphasage de U_{eff}, soit en avant de E'_{eff}, soit en arrière.

On voit que, le lieu du point B étant une droite perpendiculaire à AD, l'achèvement du diagramme est bien lié au choix d'une valeur déterminée de I_{eff}.

CARACTÉRISTIQUE U_{eff} (I_{eff}) pour $P = C^{te}$ ET A EXCITATION CONSTANTE.

Le lieu du point G peut être obtenu algébriquement de la manière suivante, quand I_{eff} varie.

On a évidemment sur la figure, en appelant x et y les coordonnées de G et prenant comme origine le point O, intersection de Ay et de xx' :

$$OG = z\, I_{eff} = z\left(\frac{OD}{r \cos \Psi}\right)$$

$$AG = \sqrt{(y_g + E'_{\text{eff}})^2 + x^2_g}$$

$$\begin{cases} x_g = z\left(\dfrac{OD}{r\cos\Psi}\right)\sin(\Psi - \varphi) \\ y_g = z\left(\dfrac{OD}{r\cos\Psi}\right)\cos(\Psi - \varphi) \end{cases}$$

Additionnons après avoir élevé au carré :

$$x^2_g + y^2_g = \overline{OG}^2 = z^2\,\dfrac{\overline{OD}^2}{r^2\cos^2\Psi}$$

$$OG = z\,\dfrac{OD}{r\cos\Psi} = \dfrac{OD}{\cos\varphi}\,\dfrac{1}{\cos\Psi}.$$

Le lieu des points G est donc, quand varie I_{eff}, c'est-à-dire OB, une droite inclinée de l'angle φ sur la droite lieu des B et située à la distance $\dfrac{OD}{\cos\varphi}$ de l'origine fig. (451).

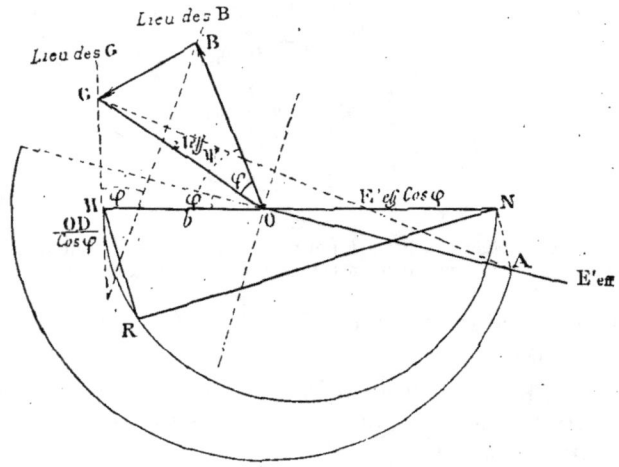

Fig. 451.
Diagramme de marche d'un moteur synchrone à excitation constante et à puissance constante.

Équation de la caractéristique U_{eff} (I_{eff}) *à* E'_{eff} *et P constants.*

Elle a, sous forme brute, l'équation évidente du quatrième degré :

$$U^2_{\text{eff}} = E'^2_{\text{eff}} + z^2 I^2_{\text{eff}} + 2 E'_{\text{eff}}\left[OD + \operatorname{tg}\varphi\,\sqrt{r^2 I^2_{\text{eff}} - \overline{OD}^2}\right].$$

On a en effet les égalités suivantes :

$$U^2_{\text{eff}} = E'^2_{\text{eff}} + z^2 I^2_{\text{eff}} + 2 E'_{\text{eff}} z I_{\text{eff}} \cos(\Psi - \varphi).$$

MOTEURS SYNCHRONES. ÉTUDE GRAPHIQUE DU FONCTIONNEMENT

Mais on a identiquement aussi :

$$z \mathrm{I}_{\mathrm{eff}} \cos(\Psi - \varphi) = r \mathrm{I}_{\mathrm{eff}} \cos \Psi + r \mathrm{I}_{\mathrm{eff}} \operatorname{tg} \varphi \sin \Psi$$

et en remplaçant $\sin \Psi$ par sa valeur

$$\sin \Psi = \sqrt{1 - \frac{\overline{\mathrm{OD}}^2}{r^2 \mathrm{I}_{\mathrm{eff}}^2}}$$

et simplifiant l'équation définitive cherchée

$$\mathrm{U}_{\mathrm{eff}}^2 = \mathrm{E}'^2_{\mathrm{eff}} + z^2 \mathrm{I}_{\mathrm{eff}}^2 + 2 \mathrm{E}'_{\mathrm{eff}} \left[\mathrm{OD} + \operatorname{tg} \varphi \sqrt{r^2 \mathrm{I}_{\mathrm{eff}}^2 - \overline{\mathrm{OD}}^2} \right].$$

mais elle peut être obtenue par une élimination graphique du paramètre ψ entre les deux caractéristiques à $\mathrm{E}'_{\mathrm{eff}}$ et P constants, $\mathrm{U}_{\mathrm{eff}}(\psi)$ et $\mathrm{I}_{\mathrm{eff}}(\psi)$. En effet, partons des expressions précédemment données des coordonnées du point G, savoir :

$$\mathrm{OG} = z \mathrm{I}_{\mathrm{eff}} = z \frac{\mathrm{OD}}{r \cos \Psi}$$

puisque

$$\mathrm{OD} = z \mathrm{I}_{\mathrm{eff}} \cos \Psi$$

$$\mathrm{AG} = \sqrt{(y_g + \mathrm{E}'_{\mathrm{eff}})^2 + x^2_g}$$

$$\begin{cases} x_g = z \dfrac{\mathrm{OD}}{r \cos \Psi} \sin(\Psi - \varphi) \\ y_g = z \dfrac{\mathrm{OD}}{r \cos \Psi} \cos(\Psi - \varphi) \end{cases}$$

d'où

$$\mathrm{AG} = \mathrm{U}_{\mathrm{eff}} = \sqrt{z^2 \frac{\overline{\mathrm{OD}}^2}{r^2 \cos^2 \Psi} + \mathrm{E}'^2_{\mathrm{eff}} + 2 \mathrm{E}'_{\mathrm{eff}} z \frac{\mathrm{OD}}{r \cos \Psi} \cos(\Psi - \varphi)}$$

$$\mathrm{U}_{\mathrm{eff}}^2 = z^2 \frac{\overline{\mathrm{OD}}^2}{r^2 \cos^2 \Psi} + \mathrm{E}'^2_{\mathrm{eff}} + 2 \mathrm{E}'_{\mathrm{eff}} z \frac{\mathrm{OD}}{r \cos \Psi} [\cos \varphi + \sin \varphi \operatorname{tg} \Psi] \cos \Psi.$$

Soit

$$\frac{\mathrm{OD}}{r} = a,$$

la quantité a ayant donc les dimensions d'une intensité, il vient :

$$\mathrm{U}_{\mathrm{eff}}^2 = z^2 a^2 (1 + \operatorname{tg}^2 \Psi) + \mathrm{E}'^2_{\mathrm{eff}} + 2 \mathrm{E}'_{\mathrm{eff}} z a (\cos \varphi + \sin \varphi \operatorname{tg} \Psi).$$

$$\boxed{\mathrm{U}_{\mathrm{eff}}^2 = z^2 a^2 \operatorname{tg}^2 \Psi + 2 \mathrm{E}'_{\mathrm{eff}} z a \sin \varphi \operatorname{tg} \Psi + \mathrm{E}'^2_{\mathrm{eff}} + z^2 a^2 + 2 \mathrm{E}'_{\mathrm{eff}} z a \cos \varphi}$$

Posons encore :

$$za = b \qquad b = \frac{z}{r} \mathrm{OD} = \frac{\mathrm{OD}}{\cos \varphi}.$$

On a alors :

$$\boxed{U_{\text{eff}}^2 = b^2 \operatorname{tg}^2 \Psi + 2 E'_{\text{eff}} b \sin\varphi \operatorname{tg}\Psi + E'^2_{\text{eff}} + b^2 + 2 E'_{\text{eff}} b \cos\varphi}$$

Caractéristique $U_{\text{eff}}(\operatorname{tg}\Psi)$ *à* P *et* E'_{eff} *constants.*

On peut arriver à cette forme en posant, **rappelons** le :

$$\begin{cases} \dfrac{OD}{\cos\varphi} = b \\ b = \dfrac{OD}{\cos\varphi} = \dfrac{P\,rz}{E'_{\text{eff}}\,r} = \dfrac{Pz}{E'_{\text{eff}}} \end{cases} \text{en remarquant que} \begin{cases} OD = C^{\text{te}} \\ OD = \dfrac{Pr}{E'_{\text{eff}}} \end{cases}$$

$$U_{\text{eff}}^2 = b^2 \operatorname{tg}^2 \Psi + 2 E'_{\text{eff}} b \sin\varphi \operatorname{tg}\Psi + E'^2_{\text{eff}} + 2 E'_{\text{eff}} b \cos\varphi + b^2.$$

Cette équation nous donne une hyperbole; posons

$$b \operatorname{tg}\Psi = y$$

Nous aurons ainsi, puisque :

$$E'_{\text{eff}} \cos\varphi + b = C^{\text{te}}$$

$$y^2 - U_{\text{eff}}^2 + 2 E'_{\text{eff}} y \sin\varphi + E'^2_{\text{eff}} \sin^2\varphi + [E'_{\text{eff}} \cos\varphi + b]^2 = 0$$

ou aisément

$$[y + E'_{\text{eff}} \sin\varphi]^2 - U_{\text{eff}}^2 + [E'_{\text{eff}} \cos\varphi + b]^2 = 0$$

équation que, en posant encore :

$$y' = y + E'_{\text{eff}} \sin\varphi$$

l'on **peut écrire** :

$$y'^2 - U_{\text{eff}}^2 + [E'_{\text{eff}} \cos\varphi + b]^2 = 0$$

ou enfin, en posant

$$[E'_{\text{eff}} \cos\varphi + b]^2 = d^2$$

$$\boxed{y'^2 - U_{\text{eff}}^2 + d^2 = 0.}$$

Prolongeons, sur la figure 451, la perpendiculaire à la droite lieu de G de l'autre côté de O et projetons E'_{eff} sur cette direction. Nous avons

$$E'_{\text{eff}} \cos\varphi = ON$$

de même prenons à partir de O vers la gauche :

$$b = \dfrac{OD}{\cos\varphi}.$$

MOTEURS SYNCHRONES. ÉTUDE GRAPHIQUE DU FONCTIONNEMENT 399

Cette quantité représente la longueur OH séparant le point d'intersection de cette droite GH, avec l'axe origine, ou des E'_{eff}, de l'origine O. Nous pouvons donc former facilement

$$(\overline{ON} + \overline{OH})^2.$$

Décrivons un demi-cercle sur $ON + OH = HN$ comme **diamètre**.

Le diamètre du cercle en question représente précisément la quantité d de l'équation précédente.

Notre hyperbole équilatère prendra donc la forme suivante :

$$y'^2 - U_{eff}^2 + \overline{HN}^2 = 0.$$

Effectuons un changement d'axes par rapport à ceux des figures 450 et 451, prenons une nouvelle coordonnée y' définie par

$$y' = y + E'_{eff} \sin \varphi$$

nous aurons en X, X_1 le nouvel axe des U_{eff} (fig. 452). Enfin remarquons que

$$b \operatorname{tg} \Psi = y = \frac{OD}{\cos \varphi} \operatorname{tg} \Psi.$$

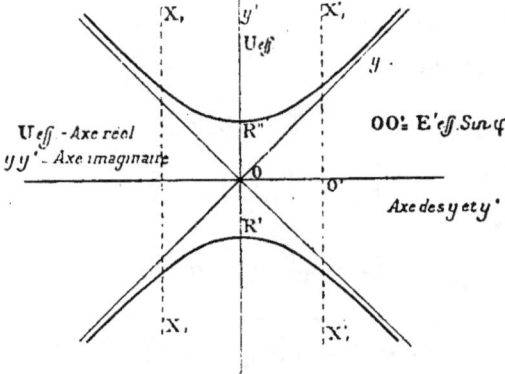

Fig. 452.
Caractéristique U_{eff} ($\operatorname{tg}\Psi$) d'un moteur synchrone marchant à excitation constante et à puissance constante.

Pour plus de facilité faisons subir à la figure 452 une rotation d'un quart de cercle; nous aurons donc la courbe définitive suivante (fig. 453) :

La quantité $\operatorname{tg}\Psi$ varie de $+\infty$ à 0 et à $-\infty$ quand le vecteur OB, d'abord perpendiculaire à OD et à droite de celui-ci, passe à sa gauche et lui redevient enfin perpendiculaire.

U_{eff} étant essentiellement positif, la partie de la courbe tracée en traits forts (région de droite) convient seule

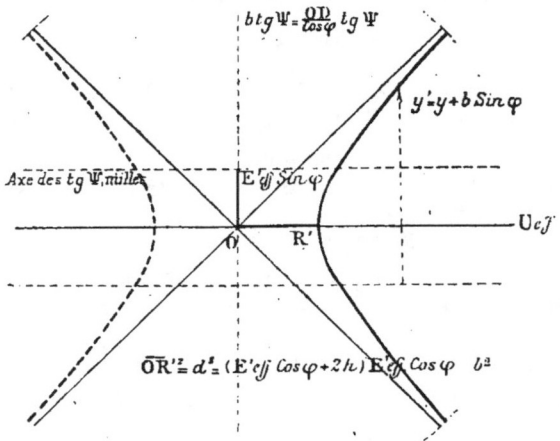

Fig. 453.
Caractéristique U_{eff} (tg ψ) d'un moteur synchrone marchant à excitation constante et à puissance constante.

Caractéristique I_{eff} (tg Ψ) *à* P *et* E'_{eff} *constants.*

On a évidemment :

$$z\, I_{eff} = \frac{OD}{\cos \Psi}$$

donc

$$I_{eff} = \frac{OD}{r} \sqrt{1 + tg^2 \Psi}$$

$$I^2_{eff} = \frac{\overline{OD}^2}{r^2} + (1\, tg^2 \Psi)$$

$$\boxed{r^2\, I^2_{eff} - \overline{OD}^2\, tg^2 \Psi = \overline{OD}^2}$$

C'est encore une hyperbole équilatère, qu'on peut transformer de la manière suivante, pour la rendre immédiatement comparable à l'autre :

$$\frac{r^2\, I^2_{eff}}{\cos^2 \varphi} - \frac{\overline{OD}^2}{\cos^2 \varphi} tg^2 \Psi = \frac{\overline{OD}^2}{\cos^2 \varphi}$$

ou encore

$$\frac{\overline{OD}^2}{\cos^2 \varphi} tg^2 \Psi - z^2\, I^2_{eff} + \frac{\overline{OD}^2}{\cos^2 \varphi} = 0.$$

MOTEURS SYNCHRONES. ÉTUDE GRAPHIQUE DU FONCTIONNEMENT 401

or

$$\frac{OD}{\cos\varphi} = OH = b$$

$$b^2 \operatorname{tg}^2 \Psi - z^2 I_{\text{eff}}^2 + b^2 = 0$$

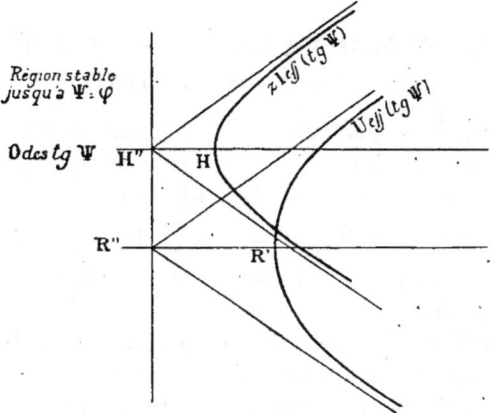

Fig. 454. — Marche d'un moteur synchrone à excitation et à puissance constantes. Rapprochement des caractéristiques $U_{\text{eff}}(\operatorname{tg}\Psi)$ et $I_{\text{eff}}(\operatorname{tg}\Psi)$.

hyperbole équilatère très facile à construire. Nous aurons donc les deux caractéristiques conjuguées $U_{\text{eff}}(\operatorname{tg}\Psi)$ et $I_{\text{eff}}(\operatorname{tg}\Psi)$, pour E'_{eff} et P constants (fig. 454), avec les relations :

$$\frac{OD}{\cos\varphi} \operatorname{tg}\Psi = OH \operatorname{tg}\Psi = b \operatorname{tg}\Psi.$$

On peut maintenant, très simplement, procéder à l'élimination graphique de $\operatorname{tg}\Psi$ entre ces deux caractéristiques (fig. 455).

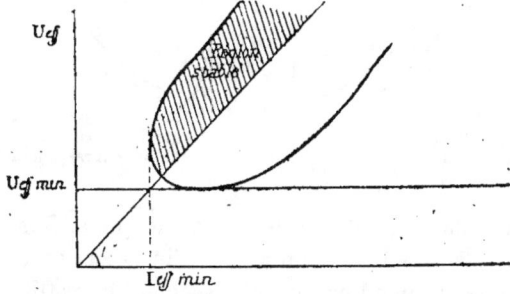

Fig. 455. — Obtention de la caractéristique $U_{\text{eff}}(I_{\text{eff}})$ de marche d'un moteur synchrone à excitation constante et puissance constante, par élimination du paramètre Ψ entre les caractéristiques auxiliaires $U_{\text{eff}}(\Psi)$ et $I_{\text{eff}}(\Psi)$.

26

L'élimination graphique ne peut donner les points U_{eff}, I_{eff}, pour

$$\operatorname{tg} \Psi = \pm \infty$$

qui correspondent à une impossibilité du problème, car la puissance, proportionnelle à $I_{eff} \cos \Psi$, ne saurait être nulle.

CARACTÉRISTIQUE U_{eff} (P) A I_{eff} CONSTANT ET A EXCITATION CONSTANTE

On voit alors que, puisque I_{eff} est constant, B est donc sur un cercle de rayon $r\, I_{eff}$, et que ce qui est ici variable, c'est l'angle Ψ, les modifications de sa valeur entraînant celle de

$$OD = C_m.$$

On voit de même que G se déplace sur un cercle concentrique à celui de B (fig. 456).

On aura donc, le triangle OGB se déformant en restant semblable à lui-même et G se déplaçant sur un cercle (probl. II, p. 395, deuxième partie), facile à construire, le diagramme ci-dessous (fig. 456).

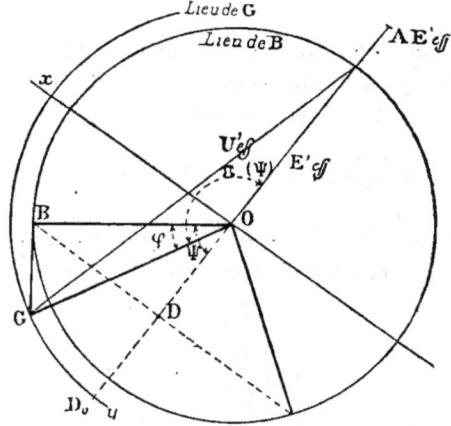

Fg. 456. — Marche d'un moteur synchrone à excitation constante et à intensité constante. Tracé du diagramme donnant la tension correspondant à une puissance donnée.

A chaque valeur de P correspondra un point B sur le cercle de rayon OB et un point G obtenu par l'intersection du cercle lieu des G avec une perpendiculaire abaissée de B sur OB.

On peut avoir facilement l'équation de la caractéristique U_{eff} (P). En effet, le triangle AGO donne, en adoptant les axes représentés par

MOTEURS SYNCHRONES. ÉTUDE GRAPHIQUE DU FONCTIONNEMENT

la figure et utilisant l'équation qui nous a maintes fois servi :

$$U_{eff}^2 = E'^2_{eff} + z^2 I^2_{eff} + 2 z\, E'_{eff}\, I_{eff} \cos\varphi\, [\cos\Psi + \tg\varphi \sin\Psi]$$

or

$$\sin\Psi = \sqrt{1 - \frac{P^2}{E'^2_{eff} I^2_{eff}}}$$

$$U_{eff}^2 = E'^2_{eff} + z^2 I^2_{eff} + 2 z \cos\varphi \left[\tg\varphi \sqrt{E'^2_{eff} I^2_{eff} - P^2} + P \right]$$

car on a

$$P = E'_{eff}\, I_{eff} \cos\Psi$$

d'où

$$\cos\Psi = \frac{P}{E'_{eff}\, I_{eff}}.$$

Portons ces valeurs dans la caractéristique $U_{eff}(P)$ à I_{eff} constant : on aura donc, pour l'équation cherchée :

$$\boxed{U_{eff}^2 = E'^2_{eff} + z^2 I^2_{eff} + 2 z \cos\varphi \left[P + \tg\varphi \sqrt{E'^2_{eff} I^2_{eff} - P^2} \right]}$$

C'est en effet l'équation de la caractéristique qui nous préoccupe.

On voit que dans le cas d'un alternomoteur non réactant ($\tg\varphi = 0$) la tension ne devrait cesser de croître, quand la puissance augmente.

Avec un alternateur résistant et réactant à la fois, la conclusion n'est pas aussi stricte.

On peut chercher la valeur P_1 de P pour laquelle U_{eff} sera maximum. En vertu de la réactance de l'alternateur, cela n'arrivera pas nécessairement pour P_{max}, mais graphiquement pour la position de $z I_{eff}$ dans le prolongement de E'_{eff}, c'est-à-dire pour

$$\Psi = \varphi.$$

Au contraire, la puissance sera maxima quand OG aura dépassé OD d'un angle φ ($\Psi = 0$).

Pour trouver algébriquement cette puissance, correspondant au maximum de U_{eff}, formons la dérivée :

$$\frac{d(U_{eff}^2)}{dP} = z \cos\varphi \left[1 + \tg\varphi\, \frac{\frac{1}{2}(-2P)}{\sqrt{E'^2_{eff} I^2_{eff} - P^2}} \right]$$

d'où

$$\sqrt{E'^2_{eff} I^2_{eff} - P^2} = P \tg\varphi$$

$$E'^2_{eff}\, I^2_{eff} = P^2 (1 + \tg^2\varphi)$$

d'où encore, pour cette puissance, dénommée P_1 :

$$P_1 = \frac{E'_{eff} I_{eff}}{\sqrt{1 + tg^2 \varphi}}$$

ou enfin

$$P_1 = E'_{eff} I_{eff} \cos \varphi,$$

c'est-à-dire que la puissance P_1, qui correspondra au maximum de la tension, sera donnée par

$$P_1 = E'_{eff} I_{eff} \cos \varphi$$

c'est-à-dire sera réalisée pour

$$\cos \varphi = \cos \Psi.$$

REMARQUE. — Nous laissons au lecteur le soin de construire géométriquement, en partant de son équation, cette caractéristique.

Par contre, à titre d'exemple de la méthode graphique déjà employée, nous allons encore revenir aux expressions, qui nous ont déjà servi pour la caractéristique $U_{eff}(I_{eff})$ à P constant, des quantités U_{eff}, P et I_{eff}, en fonction de la variable auxiliaire $tg \Psi$.

Nous avions construit la caractéristique $U_{eff}(tg \Psi)$ en remarquant que U_{eff} était donné par le côté d'un triangle dont les autres étaient $z I_{eff}$ et E'_{eff}, donc par l'expression

$$U_{eff}^2 = z^2 I_{eff}^2 + E'^2_{eff} + 2z I_{eff} E'_{eff} \cos(\varphi - \Psi)$$

avec I_{eff}, E'_{eff}, φ et z constants.

D'autre part, P étant variable, I_{eff} étant constant, et puisque l'on peut écrire

$$P = E'_{eff} I_{eff} \cos \Psi$$

P étant proportionnel simplement à $E'_{eff} \cos \Psi$, donc à $\cos \Psi$, posons :

$$P = K \cos \Psi.$$

Adoptons comme nouvelle variable

$$\cos(\Psi - \varphi) = \cos \sigma.$$

Alors l'expression

$$P = E'_{eff} I_{eff} \cos \Psi,$$

puisque

$$\cos \Psi = \cos(\sigma + \varphi)$$

$$\cos \Psi = \cos \sigma \cos \varphi - \sin \sigma \sin \varphi$$

devient
$$P = E'_{eff} I_{eff} \cos\varphi \,[\cos\sigma - \sin\sigma \,\text{tg}\,\varphi]$$
$$P = E'_{eff} I_{eff} \cos\varphi \,[\cos\sigma - \text{tg}\,\varphi \sqrt{1-\cos^2\sigma}]$$

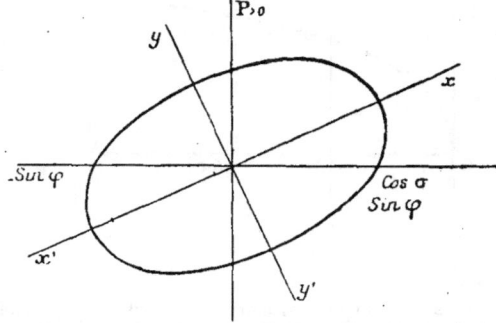

Fig. 457. — Marche d'un moteur synchrone à excitation constante et intensité constante. Construction de la caractéristique auxiliaire P (Ψ).

Rapprochons les deux équations

$$U^2_{eff}(\cos\sigma) \quad \text{et} \quad P(\cos\sigma)$$

savoir,

$$P = E'_{eff} I_{eff} \cos\varphi \,[\cos\sigma - \text{tg}\,\varphi \sqrt{1-\cos^2\sigma}] \qquad (1)$$
$$U^2_{eff} = z^2 I^2_{eff} + E'^2_{eff} + 2 z I_{eff} E'_{eff} \cos\sigma \qquad (2)$$

L'équation (1) peut s'écrire

$$(P - E'_{eff} I_{eff} \cos\varphi \cos\sigma) = - E'_{eff} I_{eff} \sin\varphi \sqrt{1-\cos^2\sigma}$$

Ou encore, en élevant les deux termes au carré :

$$P^2 + E'^2_{eff} I^2_{eff} \cos^2\sigma - 2 P E'_{eff} I_{eff} \cos\varphi \cos\sigma$$
$$- E'^2_{eff} I^2_{eff} \sin^2\varphi = 0.$$

Posons encore

$$\varpi = I_{eff} E'_{eff}.$$

Nous aurons, tous calculs faits

$$P^2 + \varpi^2 \cos^2\sigma - 2 P \varpi \cos\sigma \cos\varphi - \varpi^2 \sin^2\varphi = 0. \qquad (3)$$

Cette équation du second degré, en P et $\varpi \cos\sigma$, représente une ellipse de centre à l'origine (fig. 457).

On voit que la quantité $\cos\sigma$ sera > 0 ou < 0, suivant que $\cos\sigma$ variera de

$$\cos\sigma = \sin\varphi \left(\Psi = \frac{\pi}{2}\right) \text{ à } 0$$
$$\text{et de } 0 \text{ à } \cos\left(-\frac{\pi}{2} - \varphi\right) = -\sin\varphi \left(\Psi = -\frac{\pi}{2}\right)$$

les puissances P étant nulles dans chaque cas extrême.

On voit d'autre part que la représentation de la fonction

$$U_{\text{eff}}(\cos\sigma)$$

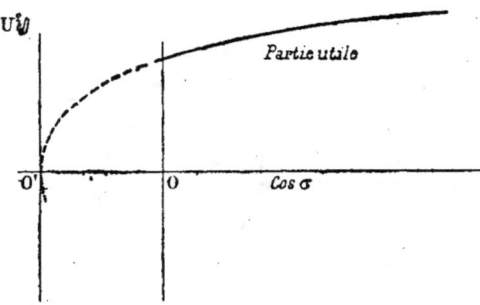

Fig. 458. — Marche d'un moteur synchrone à excitation constante et intensité constante. Construction de la caractéristique auxiliaire $U_{\text{eff}}(\Psi)$.

a pour expression analytique, si

$$A^2 = E'^2_{\text{eff}} + z^2\, I^2_{\text{eff}},$$
$$U^2_{\text{eff}} = 2\,z\,\varpi \cos\sigma + A^2 \qquad (4)$$

en posant

$$\begin{cases} \varpi = E'_{\text{eff}}\, I_{\text{eff}} \\ 2\,z\,\varpi = q \end{cases}$$

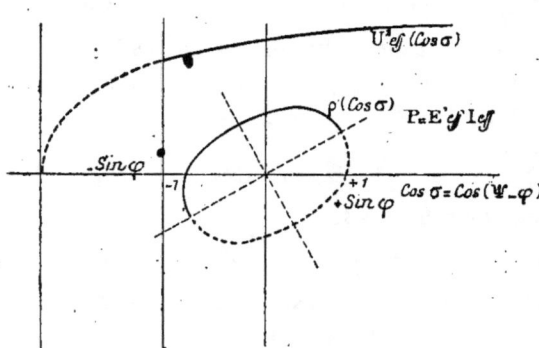

Fig. 459. — Marche d'un moteur synchrone à excitation constante et intensité constante. Rapprochement des caractéristiques auxiliaires $U_{\text{eff}}(\Psi)$ et $P(\Psi)$.

C'est une parabole (fig. 458) de la forme

$$U^2_{\text{eff}} = q\cos\sigma + A^2 = q\left(\cos\sigma + \frac{A^2}{q}\right)$$

soit encore

$$U^2_{\text{eff}} = q\,X$$

si
$$X = \cos\sigma + \frac{A^2}{q},$$

d'où enfin, par élimination graphique (fig. 459), la caractéristique $U_{eff}^2(P)$ de la figure 460.

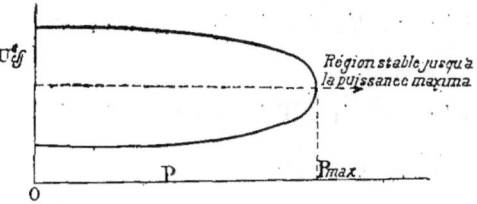

Fig. 460. — Marche d'un moteur synchrone à excitation constante et intensité constante. Tracé de la caractéristique $U_{eff}(P)$ par élimination graphique de Ψ entre les caractéristiques auxiliaires $U_{eff}(\Psi)$ et $P(\Psi)$.

Remarque sur la stabilité du régime. — Ce que nous avons dit au sujet de la stabilité du régime, pour le problème I, se retrouve ici intégralement. Pour plus de simplicité, rappelons-en ici les principaux éléments (fig. 450 et 456).

Deux solutions U', U" existent auxquelles correspondent deux points D', D", tous deux acceptables théoriquement, car

$$\frac{3\pi}{2} > \pi - \Psi > \frac{\pi}{2}$$

donc deux tensions GA' et GA".

Remarquons que, si une surcharge vient à se produire dans le moteur (P croissant dans un instant très court), le moteur ralentira, la phase de E'_{eff} sera légèrement en retard par rapport à celle qui précédait. Pour que le fonctionnement du moteur soit stable, il faut que, ralentissant ou plutôt tendant à ralentir, il puisse fournir une puissance plus grande, c'est-à-dire que la perpendiculaire abaissée de B sur E'_{eff} soit tangente à un cercle de rayon plus grand (puissance plus grande, fig. 456).

Donc A' conviendra (rapprochement de A' vers X'); au contraire A" ne conviendra pas, sauf dans le cas où le moteur aurait à fournir une puissance rigoureusement fixe (c'est-à-dire dans un cas à peu près théorique ou dans celui de marche à vide).

Remarquons que le raisonnement aurait été le même, si l'on avait supposé la puissance à fournir tendant à diminuer; alors tendance à l'emballement et à la progression de E'_{eff} en avant de la position qu'elle occupait dans le diagramme.

Application de la caractéristique U_{eff} **(P)** ***à*** I_{eff} ***constant (excitation*** E'_{eff} ***constante).*** — **Marche à intensité constante.** — Rappelons-nous que, pour les positions extrêmes A'_0 et A''_0, nous avons les valeurs critiques de la tension suivantes, du reste, très faciles à retrouver géométriquement :

$$U_{\text{eff}}^2 = z^2 I_{\text{eff}}^2 + E'^2_{\text{eff}} + 2 z\, I_{\text{eff}} E'_{\text{eff}} \sin\varphi \qquad (A'_0)$$

origine de la région stable

$$U_{\text{eff}}^2 = z^2 I_{\text{eff}}^2 + E'^2_{\text{eff}} - 2 z\, I_{\text{eff}} E'_{\text{eff}} \sin\varphi \qquad (A''_0)$$

origine de la région instable.

Transmission d'énergie à intensité efficace constante. — La caractéristique précédente est intéressante, car elle donne les tensions nécessaires à réaliser aux bornes d'un alternateur, pour faire fournir à un moteur synchrone à E'_{eff} constant, sous I_{eff} constant, diverses puissances P, P', P'' (analogie avec le problème des transmissions d'énergie par courants continus série); le problème est cependant plus compliqué en courants alternatifs (influence du facteur de puissance).

Il n'en est cependant pas moins intéressant de faire travailler un moteur synchrone à I_{eff} constant sous E'_{eff} constant, d'abord parce que l'excitation effective ($\varepsilon'_{\text{reff}}$, $\varepsilon_{\text{Reff}}$ des diagrammes de Potier et Rothert) provenant de E''_{eff} de Behn-Eschenburg, combinée avec l'influence de I_{eff}, est relativement plus constante, ne variant plus qu'avec $\cos\Psi$ au lieu de varier avec $I_{\text{eff}} \cos\Psi$ comme dans le cas général de marche à U_{eff} constant, avec I_{eff} et Ψ variables.

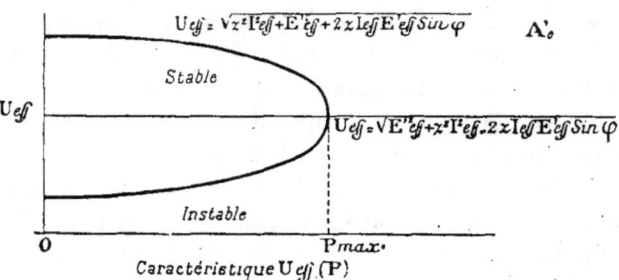

Fig. 461. — Marche d'un moteur synchrone à excitation constante. Réglage de la tension aux bornes en fonction de la puissance à fournir pour maintien de l'intensité I_{eff} constante.

La seule variation de la réaction d'induit avec Ψ rend ici les tentatives de compoundage et de régulation automatique d'excitation beaucoup plus logiques. Enfin le travail d'une ligne d'alimentation, envisagé au point de vue de l'échauffement et considéré dans ses rapports avec l'immobilisation d'un capital cuivre, est ici plus

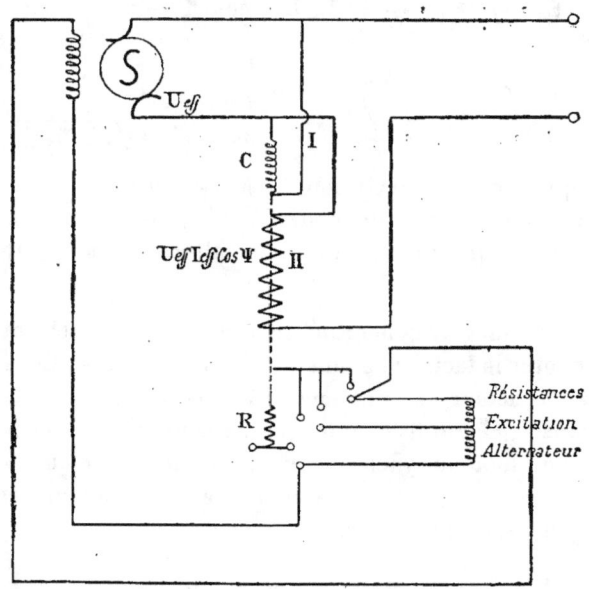

Fig. 462. — Marche d'un moteur synchrone à excitation constante et intensité constante. Régulation automatique de la tension U_{eff} aux bornes en fonction de la puissance nécessaire.

logique que le travail de cette ligne à I_{eff} variable, sans préjudice de l'abaissement possible de la tension U_{eff} aux heures de faible charge.

Comment pourrait-on réaliser une telle transmission d'énergie? En réglant la tension de l'alternateur conformément aux indications de la courbe de la figure 461, région stable, suivant les puissances P transformées, ou grossièrement, suivant la puissance $U_{eff} I_{eff} \cos \Phi$ débitée par celui-ci.

Imaginons qu'on installe un solénoïde régulateur à deux enroulements I et II, mobiles l'un par rapport à l'autre, l'un parcouru par un courant de tension de valeur maxima constante débitant sur une résistance C de réactance négligeable, le second par un courant de ligne I_{eff}.

Contrebalançons par l'action d'un ressort R, par exemple, l'action de I sur II (principe analogue à celui du wattmètre). L'armature mobile entraîne avec elle des contacts qui insèrent ou suppriment automatiquement, en venant **en prise avec des plots** fixes, des résistances dans le circuit d'excitation de l'alternateur.

Algébriquement, rappelons que nous avons obtenu l'équation

$$E'^2_{\text{eff}} + z^2 I^2_{\text{eff}} + 2 z I_{\text{eff}} E'_{\text{eff}} \cos(\Psi - \varphi) = U^2_{\text{eff}},$$

d'où comme

$$\cos \Psi = \frac{P}{E'_{\text{eff}} I_{\text{eff}}}$$

$$U^2_{\text{eff}} = E'^2_{\text{eff}} + z^2 I^2_{\text{eff}} + 2 z \left(P \cos\varphi + \sin\varphi \sqrt{E'^2_{\text{eff}} I^2_{\text{eff}} - P^2} \right)$$

Cette équation peut servir de base à la réalisation d'une régulation convenable, pour laquelle nous renvoyons le lecteur à l'étude de cette même question relative aux alternateurs [1]. (XIe Leçon, p. 292.)

Emploi d'un moteur synchrone en série ou en parallèle, et à vide, pour améliorer le facteur de puissance d'un réseau. — Considérons un réseau à facteur de puissance mauvais (cos φ faible, φ grand), les tensions U_{eff} étant fixes ainsi que les courants I_{eff}. On peut, par l'emploi d'un moteur synchrone excité de façon convenable et disposé sur le réseau, en série avec les récepteurs, améliorer le facteur de puissance dudit réseau.

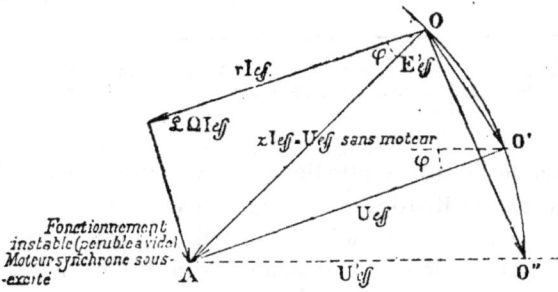

Fig. 463. — Moteur synchrone. Marche à vide en série sur des récepteurs. Amélioration du facteur de puissance.

Le point d'extrémité mobile de la tension U_{eff} se déplaçant sur un cercle de centre A, on doit remarquer que le moteur marchant à vide, la puissance transformée est théoriquement très faible (et que par suite E'_{eff} est presque perpendiculaire à I_{eff}).

Donc, distinguons deux cas :

1er Cas. — *Moteur en série.* — U_{eff} est donné (fig. 463) et l'on veut

---

[1]. Le lecteur consultera encore avec intérêt à cet égard les deux fascicules n°s 38 et 39 de l'*Encyclopédie Électrotechnique* consacrés à la Régulation des groupes électrogènes. (Geisler, éditeur, à Paris.)

distribuer au réseau (z, φ) la même puissance $U_{eff} I_{eff} \cos \varphi$, en améliorant seulement le facteur de puissance général.

Le vecteur zI_{eff} est constant, le triangle ABC est indéformable ; U_{eff} se déplacerait, s'il était constant, sur un cercle de rayon AB. La force contre-électromotrice E'_{eff} est dirigée suivant BC (région stable) ou suivant CD (région instable, mais possible quand le moteur fonctionne à vide). Dans ce cas, U_{eff} sera en avance par rapport à I_{eff} (fig. 464).

Pour qu'il y ait compensation parfaite, il faudra, l'angle $(U_{eff} I_{eff})$ étant nul, que G vienne en C, donc qu'on réduise la tension dans le rapport $\cos \varphi$.

En général, on n'aura pas besoin de modifier dans des propor-

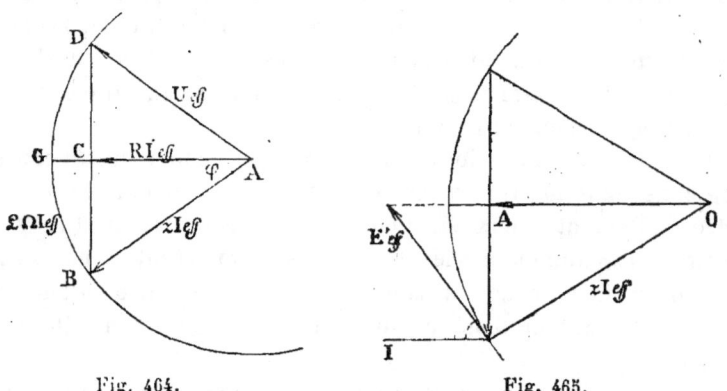

Fig. 464.   Fig. 465.
Moteur synchrone. Marche à vide en série sur des récepteurs.
Amélioration du facteur de puissance.

tions aussi importantes la tension fournie au départ par l'usine, car le moteur prendra toujours une certaine puissance pour qu'il soit permis d'arriver à ce résultat.

On aura donc à peu près le diagramme ci-dessus (fig. 465).

Le fonctionnement représenté dans ces conditions caractérise la marche en régime dit instable, c'est-à-dire *à une excitation poussée;* d'où l'expression *industrielle* qu'on peut améliorer le facteur de puissance d'un réseau par l'emploi d'un moteur *synchrone surexcité*, c'est-à-dire donnant une f. c. é. m. E'_{eff} généralement en arrière de la tension aux bornes. Donc, à la présence et à ce régime du moteur synchrone, correspondra une valeur donnée, mais meilleure, du facteur de puissance.

Si l'on dispose d'une excitation fixe de l'alternateur, on pourra modifier la tension aux bornes U_{eff} de manière à améliorer encore le facteur de puissance et l'amener à la valeur voulue.

La suppression du décalage nécessiterait le parallélisme de U''_{eff} à rI_{eff}.

La question de la stabilité ne se pose pas ici pour le moteur synchrone, qui, marchant à vide, absorbe juste la puissance pour se remorquer lui-même.

Remarquons que ce mode de marche correspond à une excitation supérieure à celle prévue pour la puissance considérée, sous l'intensité I_{eff} minima, puisque c'était sur la région instable (courbe en V) que se deplaçait le point figuratif A''.

2ᵉ Cas. — *Emploi d'un moteur synchrone en parallèle sur le réseau, avec des récepteurs dont le facteur de puissance impose à l'alternateur un décalage qu'on désire améliorer.* — On peut, dans le même ordre d'idées, et quand les circonstances le permettent, améliorer le facteur de puissance de l'alternateur en faisant travailler un moteur synchrone en parallèle avec les récepteurs.

Pour une puissance donnée P, fournie par ce moteur, un courant I_{eff}, consommé par lui, correspond à une excitation donnée; I_{eff} peut être facilement amené en avance de phase par rapport à l'autre courant I'_{eff} alimentant les récepteurs. Il en résulte une amélioration du facteur de puissance du réseau global sur lequel travaille l'alternateur (cosinus du décalage du courant résultant sur la tension).

C'est ce qui justifie cette remarque, généralement faite, qu'on peut ainsi facilement améliorer les facteurs de puissance des réseaux sur lesquels sont branchés des moteurs synchrones de puissance convenable.

DIX-SEPTIEME LEÇON

MOTEURS SYNCHRONES
(Suite)

ÉTUDE GRAPHIQUE
DES
CONDITIONS DE FONCTIONNEMENT DE CES MOTEURS

DÉTERMINATION DE L'EXCITATION NÉCESSAIRE A UN MOTEUR SYNCHRONE POUR ASSURER UN SERVICE DÉTERMINÉ

PROBLÈME III. — Recherche du courant d'excitation nécessaire (i ou E'_{eff}) pour produire une puissance P donnée sous I_{eff} et U_{eff} donnés. — Nous effectuerons d'abord cette recherche pour les valeurs fixes

$$I_{eff} = c^{te} \quad U_{eff} = c^{te} \quad \text{P donnée}$$

puis nous chercherons à déterminer les lieux

$$\begin{cases} i\,(P) & \text{à} \quad I_{eff} \text{ donné} \\ i\,(I_{eff}) & \text{à} \quad \text{P donnée,} \end{cases}$$

ou, ce qui revient au même, comme on l'a dit, les deux autres

$$\begin{cases} E'_{eff}\,(P) & \text{à} \quad I_{eff} \text{ donné} \\ E'_{eff}\,(I_{eff}) & \text{à} \quad \text{P donnée.} \end{cases}$$

Recherche du régime. — Nous aurons toujours le même diagramme général, en supposant le problème résolu et posant :

$$P = E'_{eff}\, I_{eff} \cos \Psi$$

d'où

$$E'_{eff} \cos \Psi = \text{constante,}$$

l'inconnue étant E'_{eff}, si l'on marche à $I_{eff} = C^{te}$ (fig. 466).

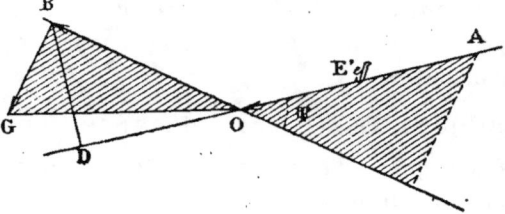

Fig. 466. — Marche d'un moteur synchrone à tension, intensité et puissance constantes. Recherche de l'excitation correspondante.

En d'autres termes, la projection de E'_{eff} sur une **direction** prolongeant I_{eff} est constante et connue. Nous avons en OB **la longueur** rI_{eff}; en BG, $l\Omega I_{eff}$, enfin en OG $= u^{eff}$, la chute de ten**sion** dans l'électromoteur.

Le triangle BGO est fixe, GA est mobile, mais A est sur un cercle de centre G et de rayon U_{eff}.

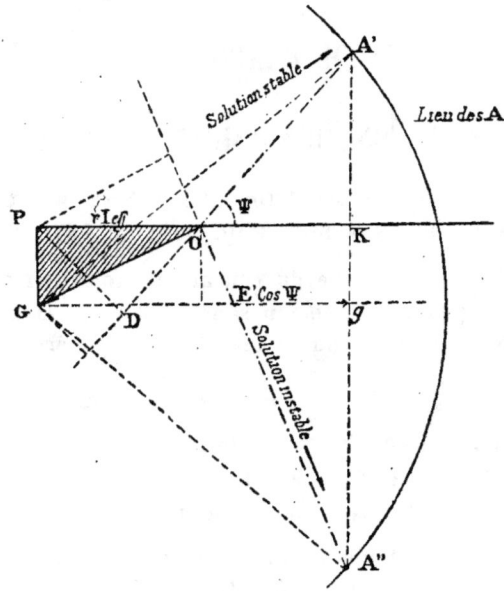

Fig. 467. — Marche d'un moteur synchrone à tension, intensité et puissance données. Recherche de l'excitation correspondante.

Donc le point cherché, A' ou A", est donné par l'intersection du cercle de rayon U_{eff} et de centre G, avec la droite A'A" perpendiculaire en K à la droite OK :

$$OK = E'_{eff} \cos \Psi.$$

On constate encore l'existence de deux solutions symétriques par rapport à la perpendiculaire Gg abaissée de G sur A'A", parallèle à OK.

On obtient ainsi les forces contre-électromotrices et les excitations correspondantes.

Caractéristiques E'_{eff} (I_{eff}) à puissance constante P.

Equation algébrique. — Cherchons l'équation algébrique de cette caractéristique. On aura toujours

$$U_{eff}^2 = z^2 I_{eff}^2 + E'^2_{eff} + 2z I_{eff} E'_{eff} \cos(\Psi \pm \varphi) \qquad (1)$$

le double signe étant employé pour tenir compte des deux solutions (A' —) (A" +). On a ensuite :

$$\boxed{P = E'_{eff} I_{eff} \cos \Psi} \qquad (2)$$

mais (1) peut s'écrire, comme nous l'avons vu :

$$U^2_{eff} = z^2 I^2_{eff} + E'^2_{eff} + 2z I_{eff} E'_{eff} (\cos \varphi \cos \psi \pm \sin \varphi \sin \psi). \quad (1)$$

On a aussi

$$\cos \Psi = \frac{P}{E'_{eff} I_{eff}} \qquad (2)'$$

$$U^2_{eff} = z^2 I^2_{eff} + E'^2_{eff} + 2z I_{eff} E'_{eff} \left[\cos \varphi \frac{P}{E'_{eff} I_{eff}} \pm \sqrt{\frac{E'^2_{eff} I^2_{eff} - P^2}{E'_{eff} I_{eff}}} \sin \varphi \right]$$

ou

$$U^2_{eff} = z^2 I^2_{eff} + E'^2_{eff} + 2z \cos \varphi \left[P \pm \tg \varphi \sqrt{E'^2_{eff} I^2_{eff} - P^2} \right].$$

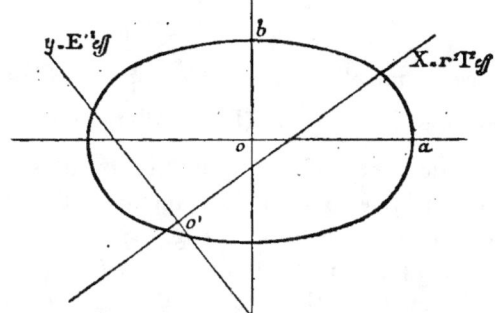

Fig. 468. — Caractéristique E'_{eff} (I_{eff}) d'un moteur synchrone marchant à puissance constante P sous tension constante U_{eff}.

Forme de la caractéristique en E'_{eff} et I_{eff}. — Nous avons l'équation

$$E'^2_{eff} + z^2 I^2_{eff} + \overline{2Pz \cos \varphi - U^2_{eff}} = \mp 2z \sin \varphi \sqrt{E'^2_{eff} I^2_{eff} - P^2}$$

ou encore, en posant

$$- A^2 = - U^2_{eff} + 2Pz \cos \varphi$$

car

$$- U^2_{eff} + 2Pz \cos \varphi$$

est toujours négatif [1], on aura

$$[E'^2_{eff} + z^2 I^2_{eff} - A^2]^2 = 4z^2 \sin^2 \varphi [E'^2_{eff} I^2_{eff} - P^2].$$

---

1. En vertu de la faiblesse du terme $r = z \cos \varphi$, résistance propre de l'alternomoteur, devant le terme

$$\frac{U^2_{eff}}{2P}, \quad \text{c'est-à-dire} \quad \frac{U^2_{eff}}{2U^2_{eff} \dfrac{\cos \Phi}{Z}} = \frac{R}{2},$$

moitié de la résistance du réseau extérieur.

Tous calculs faits, cette équation peut s'écrire

$$E'^4_{eff} + z^4 I^4_{eff} + 2z^2 I^2_{eff} E'^2_{eff} \cos^2\varphi - 2A^2(E'^2_{eff} + z^2 I^2_{eff}) + A^4 + 4z^2 P^2 \sin^2\varphi = 0$$

équation du 4e degré en E'_{eff} et I_{eff}. Nous aurons donc, pour l'équation de la caractéristique $E'_{eff}(I_{eff})$:

$$E'^4_{eff} + z^4 I^4_{eff} + 2z^2 I^2_{eff} E'^2_{eff} \cos^2\varphi - 2A^2(E'^2_{eff} + z^2 I^2_{eff}) + A^4 + 4z^2 P^2 \sin^2\varphi = 0$$

avec
$$-A^2 = -U^2_{eff} + 2Pz \cos\varphi.$$

On voit que la valeur de A^2 est unique, donc que l'équation double, trouvée plus haut, est graphiquement représentable par une courbe unique.

Nous laissons au lecteur le soin de construire géométriquement cette courbe, devant la retrouver, nous-même, par une autre voie.

Mais cette équation, abaissée au second degré, en posant

$$X = E'^2_{eff} \qquad Y = z^2 I^2_{eff}$$

représente du reste une ellipse facile à construire. L'ellipse

$$E'^4_{eff} + z^4 I^4_{eff} + 2z^2 I^2_{eff} E'^2_{eff} \cos^2\varphi - 2A^2(E'^2_{eff} + z^2 I^2_{eff}) + A^4 + 4z^2 P^2 \sin^2\varphi = 0$$

est rapportée à des axes $O'X$, $O'Y$, différents de ses axes propres oa, ob ; elle peut être aisément ramenée à l'équation canonique par un changement de ces axes (fig. 468).

Elle présente d'intéressantes analogies de forme avec les caractéristiques externes $U_{eff}(I_{eff})$ d'alternateurs travaillant sur un réseau à impédance variable et à décalage constant.

Tracé de la caractéristique $E'_{eff}(I_{eff})$ par voie graphique. — Nous avons à construire la caractéristique $E'_{eff}(I_{eff})$ à tension efficace constante. Dire que P est constant, c'est dire que le produit

$$P = E'_{eff} I_{eff} \cos\Psi$$

ou encore, que le suivant

$$r P = r E'_{eff} I_{eff} \cos\Psi$$

est constant.

D'un point O pris comme origine, menons l'axe XX' des intensités I_{eff}, la direction OX étant prise pour représenter les intensités.

Menons en O une perpendiculaire OH de longueur $\sqrt{Pr}$. Nous pourrons considérer les quantités $E'_{eff} \cos\Psi$ et rI_{eff} comme représentées graphiquement par OB et OK (fig. 469).

Nous aurons ainsi, en prenant un autre paramètre variable,

MOTEURS SYNCHRONES. ÉTUDE GRAPHIQUE DU FONCTIONNEMENT

l'angle ζ fait par une droite issue de H et venant déterminer par son intersection ω avec XX' le centre d'un cercle passant par H et K, pour ces conditions de régime, OB et OK étant les valeurs simultanées de $r\, I_{eff}$ et $E'_{eff} \cos \Psi$ correspondantes :

$$OB \times OK = \overline{OH}^2.$$

Une condition supplémentaire résulte des données. Si l'on construit la droite OG faisant l'angle φ avec l'axe des intensités et qu'on élève en B une perpendiculaire à OB, l'intersection G de cette perpendiculaire avec OG nous donne la tension effective

$$OG = z\, I_{eff}.$$

Un cercle de rayon U_{eff}, de centre G, nous donne, par son intersection avec la perpendiculaire élevée en K à OK, les deux solu-

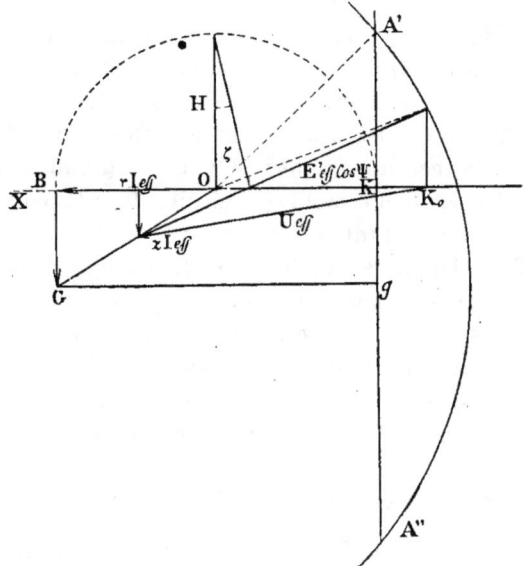

Fig. 469. — Marche d'un moteur synchrone à tension constante et à puissance donnée. Recherche graphique de la forme de la caractéristique $E'_{eff}(I_{eff})$.

tions A', A" (nos deux forces contre-électro-motrices OA', OA" habituelles), l'une ne convenant que théoriquement (région instable, c'est-à-dire celle qui correspond à des vecteurs tension faisant un angle en avance avec les forces contre-électro-motrices, mais à puissance constante, en particulier à vide, on n'a pas à craindre l'instabilité).

On peut donc se proposer de voir comment varie dans tout le domaine possible, correspondant à une compatibilité matérielle, savoir Ψ inférieur à $\frac{\pi}{2}$ en valeur absolue, I_{eff} en fonction de E'_{eff}.

En ce qui concerne la première hypothèse (ζ positif) ou ω à droite de 0, on peut construire facilement E'_{eff} et I_{eff} correspondant à la puissance étudiée. En effet, on peut construire (fig. 470)

$$OH' = \sqrt{P\zeta}$$

OH' étant portée à partir du point O sur une perpendiculaire à GO. Remarquons que $OG = \dfrac{OB}{\cos \varphi}$, donc qu'en considérant les cercles passant par G et H' (fig. 470) toutes les propriétés précédentes se conserveront.

Cherchons d'abord les configurations extrêmes du diagramme correspondant à ω à droite du point O. Le cercle de centre O et de rayon U_{eff} constitue évidemment une limite de fonctionnement théorique (chute de tension nulle, donc courant très faible dans l'alternateur). Le cercle passant par B et O confondus se déforme jusqu'à s'aplatir indéfiniment (la droite HA devient parallèle à OK); le point ω est à l'infini (fig. 470).

Dès que B se déplace à gauche de O, le triangle BHK existe, le centre ω aussi. Donc, à puissance donnée P, nous avons le point K', donc les points A' et A'' d'intersection de la perpendiculaire A'K à OK, avec le cercle de centre G et de rayon U_{eff}.

Pour avoir précisément le point à partir duquel le fonctionnement devient possible, nous pouvons opérer de la manière suivante :

Nous devrons donc, pour avoir le régime correspondant, chercher l'intersection Ω de zI_{eff} avec le cercle de rayon $\dfrac{U_{eff}}{2}$ décrit de H' comme centre. On a deux solutions Ω, Ω', l'une Ω correspond à la puissance maxima. Décrivons de Ω un cercle avec le rayon $\dfrac{U_{eff}}{2}$, nous avons les deux points A'_0 (extrémité de $DA'_0 = E'_{eff}$ correspondant) et B'_0 (extrémité de $OB'_0 = zI_{0eff}$). On a facilement le cercle de centre ω correspondant, les points K'_0, etc... quand Ω, ou ω, s'écarte vers la droite. Remarquons que pour ζ positif, c'est-à-dire ω à droite de O, il n'y a, pour ainsi dire, rien à construire

MOTEURS SYNCHRONES. ÉTUDE GRAPHIQUE DU FONCTIONNEMENT 419

pour la détermination de E'_{eff}. En effet, I_{eff} est toujours faible.

$$OA' = \sim U_{eff}$$
$$OK = OA' \cos \Psi = \sim OA' \cos \varphi$$

$r I_{eff}$ se réduit au minimum et U_{eff}, $z I_{eff}$ et E'_{eff} sont à peu près en coïncidence de phase. Ce sont des conditions optima de réalisation

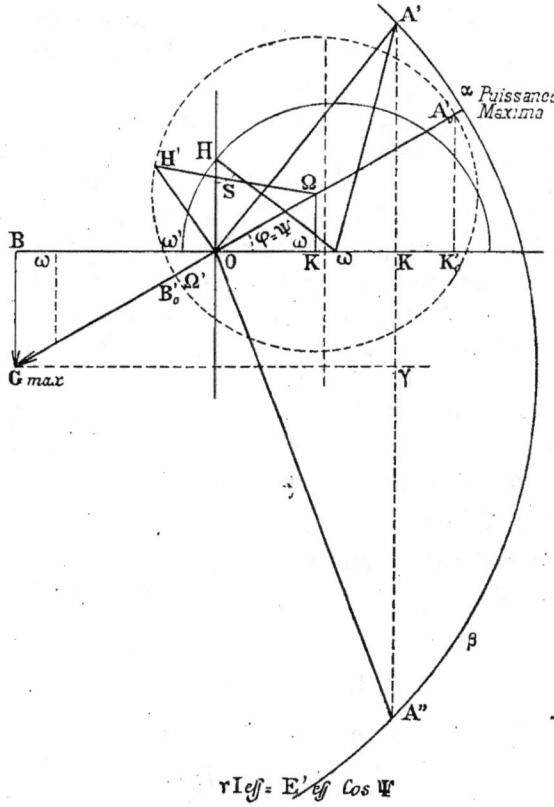

$$r I_{eff} = E'_{eff} \cos \Psi$$

Fig. 470. — Marche d'un moteur synchrone à puissance constante et à tension constante. Détermination graphique de la caractéristique $I_{eff}(i)$ ou $E'_{eff}(I_{eff})$.

de la puissance P, au moins au point de vue de l'excitation nécessaire.

Nous avons donc comme valeur extrême de $E'_{eff} \cos \Psi$

$$OK_0 = \sim U_{eff} \cos \varphi.$$

Dans l'autre cas (ζ négatif, ω à gauche de O), la position limite de E'_{eff} est la droite OH, mais cette solution est une solution asymptotique, car pour produire P constant, avec $E'_{eff} \cos \Psi$ nul, il faudrait I_{eff} infini.

A partir de cette position commence alors le fonctionnement instable, les vecteurs OA' ayant leurs extrémités dans les régions $\alpha\beta$, c'est-à-dire que E'_{eff} est en retard sur U_{eff}.

Ainsi donc, l'axe $o\alpha$ limite, avec la portion supérieure de la verticale OH, la zone de variation de E'_{eff} en régime stable.

L'axe oz et la portion inférieure de la verticale OH limitent la zone de variation de E'_{eff} (régime instable).

A chaque valeur zI_{eff} correspond un point B, une direction BH, une direction HK et deux solutions A'A'', symétriques par rapport à une perpendiculaire abaissée de G sur A'A'', c'est-à-dire par rapport au point g, mais telles que la f.é.m. correspondant à OA'' (instable) soit plus grande que celle correspondant à OA' (stable).

Ainsi I_{eff} ne cesse de décroître et OA' croît (fonctionnement stable, décroissance de I_{eff} avec augmentation de i), puis se produit le minimum de I_{eff} (allure générale bien connue de la courbe en V).

Enfin I_{eff} et U_{eff} d'une part, I_{eff} et E'_{eff} d'autre part, se superposent en directions, relativement à une puissance donnée, après le minimum du courant I_{eff} et pour des valeurs du courant afférentes à la zone de fonctionnement instable, correspondant à une surexcitation du moteur.

Cas de la réalisation optima de la puissance donnée. — E'_{eff}, zI_{eff} et U_{eff} sont alors en phase. L'excitation E'_{eff} est minima pour cette puissance.

Quand
$$r I_{eff} = E'_{eff} \cos \Psi$$

$\overline{H\omega}$ vient en $\overline{HO}$: l'angle ζ est nul. On a ainsi

$$E'_{eff} \cos \Psi = r I_{eff}$$

ce qui peut s'écrire

$$E'_{eff} \frac{\cos \Psi}{\cos \varphi} = z I_{eff},$$

ce qui nous donne, le $\cos \Psi$ étant déterminé dans ce cas par l'intersection du cercle U_{eff} avec KA' (fig. 471), la f.é.m. E'_{eff}.

On voit que I_{eff} ne cesse de décroître et que E'_{eff} croît toujours.

Soit
$$\cos \Psi = \cos \varphi$$
$$BK = U_{eff} \cos \Psi = U_{eff} \cos \varphi.$$

MOTEURS SYNCHRONES. ÉTUDE GRAPHIQUE DU FONCTIONNEMENT 421

Décrivons donc, de H comme centre, un cercle de rayon

$$\frac{U_{eff}\cos\varphi}{2}$$

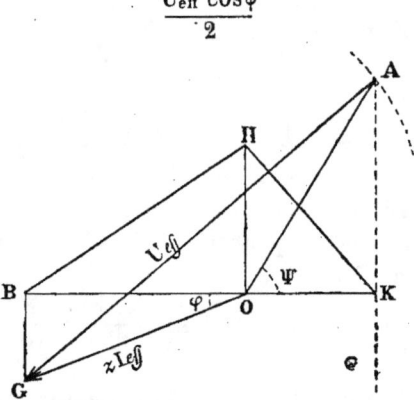

Fig. 471. — Marche d'un moteur synchrone à tension constante et à puissance constante. Construction graphique de la caractéristique $E'_{eff}(I_{eff})$.

et remarquons que

$$H\omega = \frac{U_{eff}\cos\varphi}{2}$$

d'où

$$O\omega = \sqrt{\frac{U_{eff}^2\cos^2\varphi}{4} - Pr}$$

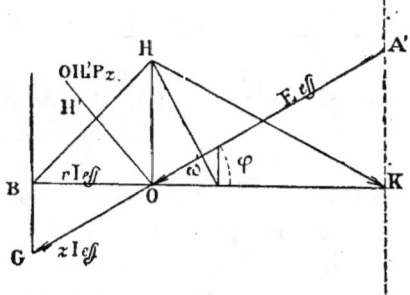

Fig. 472. — Marche d'un moteur synchrone à tension constante et à puissance constante. Construction graphique de la caractéristique $E'_{eff}(I_{eff})$.

ce qui nous donne

$$OB = rI_{eff} = \omega B - O\omega = \frac{U_{eff}\cos\varphi}{2} - \sqrt{\frac{U_{eff}^2\cos^2\varphi}{4} - Pr}$$

$$OK = E'_{eff}\cos\varphi = O\omega + OK$$

$$OK = \sqrt{\frac{U_{eff}^2\cos^2\varphi}{4} - Pr} + \frac{U_{eff}\cos\varphi}{2}$$

d'où, enfin, la force contre-électromotrice à ce moment :

$$E'_{\text{eff}} = \frac{OK}{\cos\varphi} = \frac{U_{\text{eff}}}{2} + \sqrt{\frac{U^2_{\text{eff}}}{4} - \frac{Pr}{\cos^2\varphi}}$$

et le courant

$$r I_{\text{eff}} = \frac{U_{\text{eff}} \cos\varphi}{2} - \sqrt{\frac{U^2_{\text{eff}} \cos^2\varphi}{4} - Pr}.$$

Cas où E'_{eff} coïncide avec I_{eff} en phase. — Quand E'_{eff} coïncide en direction avec OK, on peut calculer aisément la valeur de I_{eff} et de E'_{eff}. On a en effet

$$E'_{\text{eff}} \cos\Psi = E'_{\text{eff}} = \frac{Pr}{rI_{\text{eff}}} = \frac{P}{I_{\text{eff}}}$$

et

$$U^2_{\text{eff}} = z^2 I^2_{\text{eff}} + E'^2_{\text{eff}} + 2z I_{\text{eff}} E'_{\text{eff}} \cos\varphi$$

donc

$$U^2_{\text{eff}} = z^2 I^2_{\text{eff}} + \frac{P^2}{I^2_{\text{eff}}} + 2zP\cos\varphi$$

ou enfin

$$U^2_{\text{eff}} I^2_{\text{eff}} - I^4_{\text{eff}} z^2 - 2Pz I^2_{\text{eff}} \cos\varphi - P^2 = 0.$$

Cette équation bicarrée en I_{eff}, résolue par les procédés ordinaires, donne pour I_{eff} la valeur convenable ici :

$$I^2_{\text{eff}} = \frac{+\left[U^2_{\text{eff}} - 2Pz\cos\varphi\right] + \sqrt{(U^2_{\text{eff}} - 2Pz\cos\varphi)^2 - 4P^2 z^2}}{2z^2}$$

On constate que cette valeur est déjà plus grande que celle correspondant à la condition $z I_{\text{eff}}$ et E'_{eff} en prolongement l'un de l'autre [1].

Du reste, on peut voir aisément, en suivant la déformation du diagramme, que, au fur et à mesure que les solutions A'' se substituent aux solutions A', les quantités E'_{eff} continuent à croître avec les I_{eff} également (fonctionnement instable). Il arrivera un moment où le vecteur OA' (f.e.m. E'_{eff}) finira par acquérir une inclinaison sur OB supérieure à celle du vecteur tension U_{eff} (soit A'G). A partir de ce moment, le moteur développera une f.c.é.m. supérieure à la tension aux bornes (surexcitation).

Conclusion. — En un mot, à une même valeur de I_{eff}, donc de $z I_{\text{eff}}$, correspondent deux valeurs E'_{eff} (solutions A' et A'').

[1]. On se reportera à ce qui a été dit plus haut (page 415) sur le signe de la quantité $U^2_{\text{eff}} - 2Pz\cos\varphi$.

Les OA' croissent du commencement du fonctionnement en régime jusqu'à la concordance de $z\, I_{eff}$ avec E'_{eff}.

Les OA" décroissent au contraire, pour le même sens de variation de I'_{eff}.

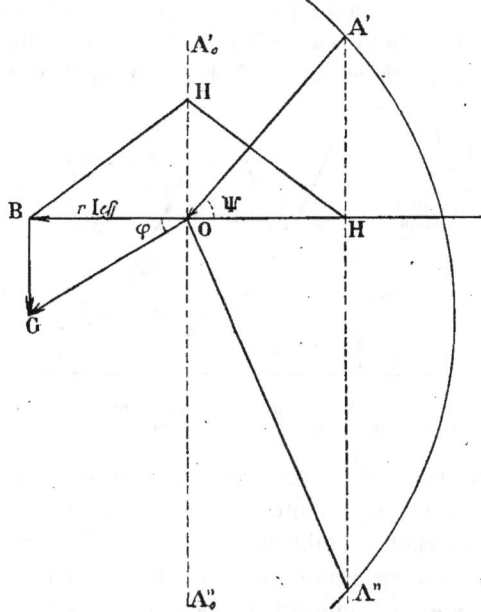

Fig. 473. — Marche d'un moteur synchrone à puissance constante et à tension constante. Construction graphique de la caractéristique $E'_{eff}(I_{eff})$.

La solution limite A''_0 correspond à la solution limite A'_0, les deux points A' et A" étant sur la même perpendiculaire à XX'.

On voit que, dans ce mode de variation des régimes, la f.c.é.m. E'_{eff} ne peut atteindre la position limite de perpendicularité à XX'. En effet, E'_{eff} a pour limite supérieure U_{eff}, et $E'_{eff} \cos \Psi$ ne peut devenir nul, puisque P est constant.

Cette caractéristique $I_{eff}(i)$ ou, ce qui revient au même, la caractéristique $E'_{eff}(I_{eff})$, joue un rôle important et a été appelée à cause de sa forme la courbe en V du moteur synchrone. Son importance et la forme de la variation du courant d'armature I_{eff}, en fonction du courant d'excitation i, ont été signalées pour la première fois par Mordey (voir XIVe Leçon, p. 367).

Les courbes $I_{eff}(i)$ à P constant présentent des minima de I_{eff} correspondant à des abcisses (valeurs de i) d'autant plus grandes que la puissance à laquelle on fait fonctionner le moteur est plus grande.

Les courbes présentent aussi des formes différentes de part et d'autre de I_{eff} minimum, la branche décroissante (la plus rapprochée de l'axe des I_{eff}) pouvant, pour des raisons liées à la valeur de φ, être d'autant plus tombante que φ est plus voisin de 90° (donc que l'alternomoteur a une plus grande self-induction, ou totale, conception de Behn-Eschenburg, ou partielle de fuite, conception Potier).

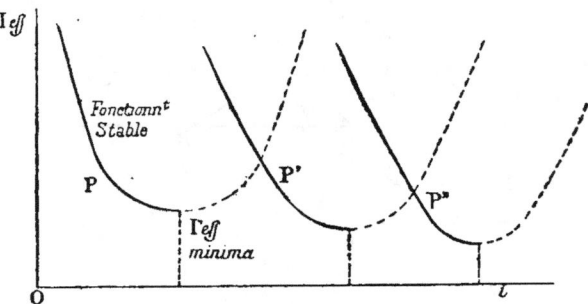

Fig. 474. — Marche d'un moteur synchrone à tension non nécessairement constante mais à puissance constante. Courbe en V, ou de $I_{eff}(i)$ [1].

Remarquons que, dans notre étude donnée préalablement de la courbe en V, nous avions supposé $\varepsilon_{R\,eff}$, ou U_{eff}, et i (conception de Potier) constants, donc négligeables les fuites. Sur les diagrammes actuels, $l\Omega I_{eff}$ peut représenter, c'est une question de choix de notation ou de conception, la chute de tension inductive totale ou la chute de tension de fuite dans l'alternateur. Toutes ces conclusions sont facilement déduites des diagrammes que nous avons donnés plus haut.

Caractéristique E'_{eff} (P) à I_{eff} constant.

Equation de cette caractéristique. — Soit à chercher l'équation de cette caractéristique. On a toujours

$$P = E'_{eff}\, I_{eff} \cos \Psi$$

donc

$$\cos \Psi = \frac{P}{E'_{eff}\, I_{eff}}$$

d'où il résulte, en remplaçant $\cos \Psi$ par sa valeur, qui nous a déjà servi :

$$\widetilde{U^2_{eff}} = \overbrace{z^2 I^2_{eff}}^{C^{te}} + E'^2_{eff} + 2z \cos\varphi\, [P + \operatorname{tg}\varphi \sqrt{E'^2_{eff}\, I'^2_{eff} - P^2}]$$

[1]. Sur la forme de ces courbes à tension constante, se reporter à ce qui a déjà été dit (XIV° Leçon, p. 368).

MOTEURS SYNCHRONES. ÉTUDE GRAPHIQUE DU FONCTIONNEMENT 425

Mise sous cette forme, cette équation peut s'écrire

$$E'^4_{\text{eff}} + z^4 I^4_{\text{eff}} + 2z^2 \cos^2\varphi\, I^2_{\text{eff}} E'^2_{\text{eff}} - 2(U^2_{\text{eff}} - 2Pz\cos\varphi)(E'^2_{\text{eff}} + z^2 I^2_{\text{eff}})$$
$$+ U^4_{\text{eff}} + 4z^2 P^2 - 4Pz\cos\varphi\, U^2_{\text{eff}} = 0,$$

ou enfin

$$[U^2_{\text{eff}} - z^2 I^2_{\text{eff}} - E'^2_{\text{eff}} - 2Pz\cos\varphi]^2 = 4z^2 \sin^2\varphi\,[E'^2_{\text{eff}} I^2_{\text{eff}} - P^2].$$

Dans cette équation, la quantité $U^2_{\text{eff}} - z^2 I^2_{\text{eff}}$ étant constante et positive, nous pouvons la représenter par B^2.

Nous aurons ainsi la formule définitive

$$[B^2 - E'^2_{\text{eff}} - 2Pz\cos\varphi]^2 = 4z^2 \sin^2\varphi\,[E'^2_{\text{eff}} I^2_{\text{eff}} - P^2]$$

avec

$$B^2 = U^2_{\text{eff}} - z^2 I^2_{\text{eff}}.$$

Cette caractéristique est évidemment très facile à construire, en partant de la précédente équation, qui s'abaisse au second degré par la substitution à la variable E'_{eff} de la nouvelle $y = E'^2_{\text{eff}}$. Nous en laissons le soin au lecteur et tracerons, au contraire, cette caractéristique par la méthode habituelle d'étude des déformations des diagrammes.

Tracé de la caractéristique $E'_{\text{eff}}(P)$ à I_{eff} constant. — Elle est extrêmement simple à tracer (fig. 475 et 476). Construisons le triangle fixe OGB.

On a, pour l'hypoténuse de ce triangle :

$$z\, I_{\text{eff}} = OG\,;$$

d'autre part, P est proportionnel à $E'_{\text{eff}} \cos\Psi$.

Nous aurons donc une représentation de la puissance, pour chaque valeur de E'_{eff}, en décrivant un cercle de rayon U_{eff} et de centre G, et en menant les vecteurs successifs OA, OA', OA'' des f. é. m. et leurs projections OK, OK', OK'' qui nous donnent les puissances cherchées.

Les positions extrêmes de E'_{eff} sont OA'_0, OA''_0, correspondant à des angles de $\frac{\pi}{2}$ avec I_{eff}, ces angles constituant les limites inférieures au-dessous desquelles la machine ne fonctionnerait plus en moteur.

On voit que les puissances croissent de 0 au maximum correspondant, non à OX, mais à la concordance de U_{eff} avec I_{eff}, puis qu'elles décroissent ensuite, malgré l'augmentation continue de l'excitation. La puissance fournie passe donc par un maximum beaucoup plus net que le maximum de I_{eff} dans la caractéristique $E'_{\text{eff}}(I_{\text{eff}})$.

Même remarque en ce qui concerne les zones stable et instable.

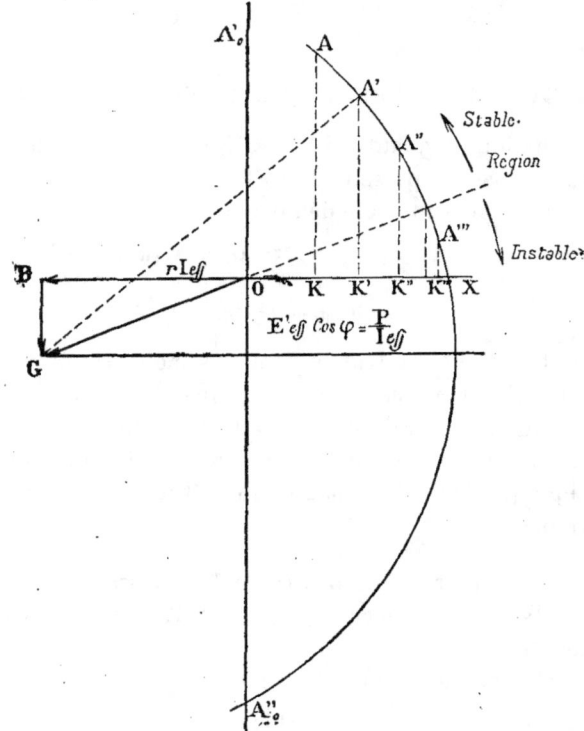

Fig. 475. — Marche d'un moteur synchrone à tension constante et intensité constante. Tracé graphique de la caractéristique E'_{eff} (P), de la f.c.é.m. en fonction de la puissance.

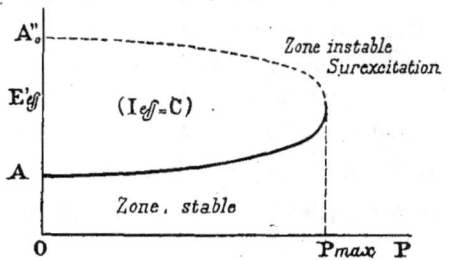

Fig. 476. — Marche d'un moteur synchrone à tension constante et intensité constante. Caractéristique E'_{eff} (P) de la f.c.é.m. en fonction de la puissance développée.

Cette caractéristique, théoriquement très intéressante, correspond à un cas industriellement très rare.

DIAGRAMME DE BLONDEL

Les résultats que nous avons obtenus d'une manière si simple, par nos diagrammes, peuvent être acquis également par une autre voie très élégante, plus synthétique et beaucoup plus classique. Cette méthode, déjà ancienne, mais qui a su ne pas vieillir, est due à Blondel.

Nous allons l'exposer ci-dessous.

Nous supposerons, dans ce qui va suivre, que la connaissance de la f.é.m. du moteur E'_{eff} est suffisante pour parvenir à celle de i_0, courant d'excitation, ce qui nécessite, on le sait, la constitution d'un diagramme des flux et la possession des coefficients α de Potier ou γ de Rothert, à moins que E'_{eff} ne représente la f.é.m. totale à vide de l'alternateur, avec $l\Omega$ comme réactance complète (Behn-Eschenburg).

Définitions. Puissance mécanique transformable.
Puissance développée par le moteur.

Appelons C_{moy} ou C_m le couple moteur moyen du moteur synchrone. Cherchons l'expression de la puissance développée par cet alternomoteur.

C'est évidemment :

$$C_{moy} \frac{\Omega}{p} = C_m \omega,$$

Ω, pulsation du mouvement du moteur ou du courant d'alimentation ; ω, vitesse angulaire

$$P = C_{moy} \omega = E'_{eff} I_{eff} \cos \Psi$$

dans le cas où E'_{eff} représente la véritable force contre-électromotrice du moteur. Dans le cas contraire, il faut, comme nous l'avons dit, construire le diagramme de Potier. On remarquera que l'expression ci-dessus de la puissance est relative à un moteur qui n'aurait pas d'autres pertes que celle due à la dissipation d'énergie ohmique dans l'induit. Pour avoir la puissance (ou le couple) réellement utilisable sur l'arbre, il faut retrancher des expressions correspondantes les pertes par frottements mécaniques, celles d'ordre magnétique, voire celles dues à l'excitation.

Les deux formules correspondant à ces deux cas sont naturellement identiques, mais il faut bien spécifier les quantités employées

Ces remarques faites, revenons à notre diagramme (fig. 477).
Appelons θ l'angle de U_{eff} et de $- E'_{\text{eff}} = E_{\text{eff}}$. Pour construire le

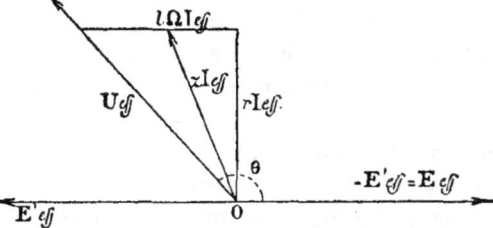

Fig. 477. — Diagramme de Blondel pour l'étude graphique du fonctionnement des moteurs synchrones. Définition géométrique des éléments constitutifs de ce diagramme.

diagramme, la connaissance de U_{eff}, E'_{eff}, en grandeur, ainsi que celle de zI_{eff}, est nécessaire et suffisante.

Car, si l'on prend comme origine des phases la grandeur zI_{eff}, le point A se trouve à l'intersection de deux cercles, l'un de rayon U_{eff} et de centre O, l'autre de centre B et de rayon E'_{eff}.

On retrouve encore les deux solutions symétriques dont nous avons fréquemment parlé.

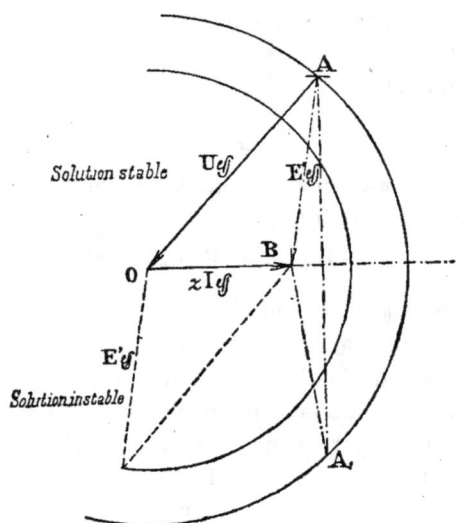

Fig. 478. — Moteurs synchrones. Diagramme de Blondel; sa construction par la connaissance de zI_{eff}, E'_{eff} et U_{eff}.

On peut donc remplacer la connaissance de E'_{eff} par celle de l'angle θ (ou mieux π — θ) que fait cette force contre-électro-motrice avec la tension U_{eff} (fig. 477 et 479).

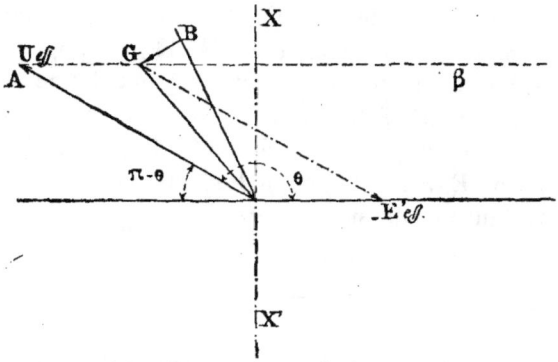

Fig. 479. — Moteurs synchrones. Diagramme de Blondel. Sa construction par la connaissance de U_{eff}, zI_{eff} et θ (angle de U_{eff} et E'_{eff}).

Le problème, comme on le voit, consiste, étant donné U_{eff}, en grandeur et l'angle θ, à chercher les intersections avec la droite AB, parallèle à E'_{eff}, du cercle de rayon zI_{eff} (fig. 478).

On voit que, dans ce cas, une seule solution est possible, celle correspondant au point G situé à gauche de XX', et encore cette conclusion n'est-elle pas toujours valable, car pour la marche en moteur, il faut que non seulement zI_{eff}, représenté par le vecteur OG, tombe à gauche de XX', mais qu'il en soit encore de même pour I_{eff}, ce qui limite la possibilité du régime dans ces conditions.

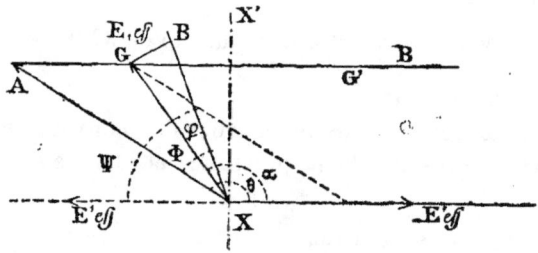

Fig. 480. — Moteurs synchrones. Diagramme de Blondel. Relation entre les angles des théories précédentes et ceux de la théorie Blondel.

$$\theta = \alpha + \Phi - \varphi$$
$$\Psi = \pi - (\alpha - \varphi)$$

Autre représentation du diagramme des moteurs synchrones. — Ceci nous amène à une autre représentation, par diagramme tournant, des relations existant entre les diverses quantités U_{eff}, I_{eff} et $E_{eff} = - E'_{eff}$, etc...

Soit U_{eff} la tension aux bornes, E'_{eff} la f.c.é.m. et $E_{eff} = - E'_{eff}$. La résultante géométrique de U_{eff} et E_{eff}, soit E_{1eff}, s'appelle souvent la f.é.m. résultante ou effective. C'est celle qui donnerait lieu au courant I_{eff} dans le circuit (z, φ ou $r, l\Omega$) si le moteur n'existait pas.

On voit que si l'on appelle θ l'angle de ($- E'_{eff}$) et de U_{eff}, α celui de ($- E'_{eff}$) avec E_{1eff} ou zI_{eff}, on a les relations ci-dessous, évidentes sur la figure ci-dessus (fig. 480) :

$$\theta = \alpha + \Psi - \varphi$$
$$\Psi = \pi - (\alpha - \varphi).$$

Convention de signe relative à la puissance P. — Comme dans le diagramme de Blondel, nous allons étudier également le fonctionnement éventuel du moteur en générateur, nous prendrons, comme point de départ, la f.é.m. E_{eff}, engendrée dans le moteur, l'expression de la puissance fournie étant :

Marche en moteur :

$$P = E_{eff} I_{eff} \cos(\pi - \Psi).$$

Cette expression peut être considérée comme générale. En effet, si

$$\cos(\pi - \Psi) > 0 \text{ (B à droite de XX')}$$

alors la puissance électrique est réellement fournie, moteur marchant en générateur. Si

$$\cos(\pi - \Psi) < 0 \text{ (B à gauche de XX')}$$

marche réelle en moteur.

On peut donc écrire, sous le bénéfice des conventions précédentes, pour l'expression de la puissance électrique afférente au moteur :

$$P > 0 \text{ si fournie,} \quad P < 0 \text{ si reçue}$$
$$P = E_{eff} I_{eff} \cos(\pi - \Psi) = - E_{eff} I_{eff} \cos \Psi$$

ou dans tous les cas

$$\alpha - \varphi = \pi - \Psi$$

donc la nouvelle expression de la puissance peut s'écrire

$$\boxed{P = E_{eff} I_{eff} \cos(\alpha - \varphi)} \qquad (1)$$

MOTEURS SYNCHRONES. ÉTUDE GRAPHIQUE DU FONCTIONNEMENT 431

mais
$$I_{eff} = \frac{E_{1eff}}{\sqrt{r^2 + l^2 \Omega^2}} \qquad (2)$$

de plus, dans le triangle OGA, on a :
$$\frac{E_{1eff}}{\sin(\pi - \theta)} = \frac{U_{eff}}{\sin(\pi - \alpha)} \qquad (3)$$

c'est-à-dire
$$\frac{E_{1eff}}{\sin \theta} = \frac{U_{eff}}{\sin \alpha} \qquad (3')$$

on a aussi
$$E_{1eff}^2 = U_{eff}^2 + E_{eff}^2 + 2 U_{eff} E_{eff} \cos \theta \qquad (4)$$

d'où
$$\cos \theta < 0 \qquad \text{car} \qquad \theta > \frac{\pi}{2}$$

de même
$$\begin{cases} \cos \theta = -\sqrt{\dfrac{U_{eff}^2 - E_{1eff}^2 \sin^2 \alpha}{U_{eff}^2}} \\ \cos \alpha = -\sqrt{\dfrac{E_{1eff}^2 - U_{eff}^2 \sin^2 \theta}{E_{1eff}^2}} \end{cases}$$

il en résulte que
$$P = E_{eff} \frac{E_{1eff}}{\sqrt{r^2 + l^2 \Omega^2}} \left[-\frac{\cos \varphi \sqrt{E_{1eff}^2 - U_{eff}^2 \sin^2 \theta}}{E_{1eff}} + \frac{U_{eff}}{E_{1eff}} \sin \varphi \sin \theta \right]$$

or, d'après (4)
$$E_{1eff}^2 - U_{eff}^2 \sin^2 \theta = E_{eff}^2 + U_{eff}^2 \cos^2 \theta + 2 U_{eff} E_{eff} \cos \theta$$

d'où
$$E_{1eff}^2 - U_{eff}^2 \sin^2 \theta = (E_{eff} + U_{eff} \cos \theta)^2.$$

On a donc en remplaçant

$$\cos \varphi \qquad \text{par} \qquad \frac{r}{\sqrt{r^2 + l^2 \Omega^2}}$$

$$\sin \varphi \qquad \text{par} \qquad \frac{l\Omega}{\sqrt{r^2 + l^2 \Omega^2}}$$

l'expression définitive suivante de la puissance :

$$P = \frac{E'_{\text{eff}}}{r^2 + l^2 \Omega^2} \left[\pm r(E_{\text{eff}} + U_{\text{eff}} \cos\theta) + l\Omega U_{\text{eff}} \sin\theta \right].$$

Quel signe adopter des deux $\pm$?

On sait que si $P < 0$, il y a alors fonctionnement en moteur, c'est-à-dire que pour θ compris entre $\frac{\pi}{2}$ et π, ou puisque

$$\pi > \theta > \frac{\pi}{2}$$

$\cos\theta$ est négatif; choisissons :

$$(E_{\text{eff}} + U_{\text{eff}} \cos\theta) + l\Omega U_{\text{eff}} \sin\theta,$$

ce qui entraîne en général le choix du signe —. Pour $\theta = \pi$, c'est-à-dire E'_{eff} et U_{eff} en phase, on vérifie aisément que P est < 0.

Pour la discussion complète, se reporter à ce que nous avons dit des deux solutions que nous avons tracées et utilisées si souvent dans notre étude préalable [leçons XIV, XV et XVI].

Nous aurons donc la formule générale :

$$\boxed{P = \frac{E_{\text{eff}}}{r^2 + l^2 \Omega^2} \left[- rE_{\text{eff}} - r U_{\text{eff}} \cos\theta + l\Omega U_{\text{eff}} \sin\theta \right]} \quad (5)$$

Remarque. — On pourrait prendre pour variable θ', c'est-à-dire l'angle de E'_{eff} avec U_{eff} :

$$\theta' = \pi - \theta$$

la formule deviendrait alors E'_{eff} et E_{eff} étant de même valeur absolue :

$$P = \frac{E'_{\text{eff}}}{r^2 + l^2 \Omega^2} \left[- r E'_{\text{eff}} + r U_{\text{eff}} \cos\theta' + l\Omega U_{\text{eff}} \sin\theta' \right]$$

$\cos\theta'$ et $\sin\theta'$ étant tous deux positifs dans la marche en moteur.

Problème traité par Blondel. — Le problème envisagé par Blondel est donc le suivant, de nature identique à ceux déjà traités.

Pour une puissance mécanique donnée P, une tension donnée U_{eff} et E'_{eff} donnée, quelles valeurs de I_{eff} et de Φ (décalage du courant par rapport à la tension aux bornes) y correspondent?

Ces valeurs de Φ et de I_{eff} seront données, quand on connaîtra θ ou θ'.

Nous rappellerons les remarques fondamentales suivantes.

MOTEURS SYNCHRONES. ÉTUDE GRAPHIQUE DU FONCTIONNEMENT

Remarques. — 1° On pourrait se donner P, U_{eff} et Φ (ou I_{eff}), et chercher, comme nous l'avons fait, quelles valeurs de i (courant d'excitation) et de I_{eff} (ou de Φ) y correspondent (caractéristiques de régulation).

2° La puissance mécanique

$$P = C_m \omega$$

est théorique. Le couple utile C_u doit être considéré comme égal à

$$C_m - C_\rho = C_u$$

C_p, ensemble des couples représentatifs des pertes, de natures mécanique et magnétique dans la machine, et même des pertes électriques, si on y englobe l'excitation.

Le triangle OGB peut englober le z du moteur et celui de la ligne d'alimentation (R, L Ω). Si le z du moteur est celui de Behn-Eschenburg, savoir :

$$z = \sqrt{r^2 + l^2 \Omega^2}$$

E'_{eff} représentera la f.é.m. à vide E'_{eff}.

C'est la représentation la plus commode, à l'exactitude près du diagramme de Behn-Eschenburg.

Si le z du moteur n'est relatif qu'aux fuites ΛI_{eff}, on opérera comme pour les alternateurs. (Voir X^e et XIe Leçons.)

Equation de Blondel. — C'est, rappelons-le :

$$\boxed{P = \frac{E'_{eff}}{r^2 + l^2 \Omega^2} \left[- r E'_{eff} + r U_{eff} \cos \theta' + l \Omega U_{eff} \sin \theta' \right]}$$

avec

$$\theta' = \pi - \theta.$$

Rappelons, à propos de notre convention de signes sur les puissances, que nous avons considéré la puissance P comme positive si elle était fournie (sous forme électrique) par la machine fonctionnant alors en générateur, comme négative si elle était distribuée à la machine.

Dans l'équation (5) que nous venons d'établir, si

P > 0, ce sera le fonctionnement en générateur,
P < 0, ce sera le fonctionnement en moteur,

que nous aurons à considérer.

Nous aurons donc en posant :
$$x = \text{E}'_{\text{eff}} \cos \theta'$$
$$y = \text{E}'_{\text{eff}} \sin \theta'$$

et en remarquant que E'_{eff} peut être mis sous la forme
$$\text{E}'^2_{\text{eff}} (\cos^2\theta' + \sin^2\theta')$$

nous écrirons :

$$\boxed{x\, \text{U}_{\text{eff}} + y\, \text{U}_{\text{eff}} \frac{l\Omega}{r} - (x^2 + y^2) - \text{P}\frac{r^2 + l^2\Omega^2}{r} = 0} \quad (5')$$

ou encore, en remarquant que c'est l'équation d'un cercle, et mettant cette équation sous la forme canonique, après avoir posé

$$x_0 = \frac{\text{U}_{\text{eff}}}{2} \qquad y_0 = \frac{\text{U}_{\text{eff}}}{2}\frac{l\Omega}{r}$$

$$\boxed{(x - x_0)^2 + (y - y_0)^2 = [-r\text{P} + x_0^2 + y_0^2]\frac{r^2 + l^2\Omega^2}{r^2}} \quad (5'')$$

ou enfin

$$\boxed{(x - x_0)^2 + (y - y_0)^2 = [-r\text{P} + x_0^2 + y_0^2]\frac{1}{\cos^2\varphi}} \quad (5''')$$

Etude du diagramme. — Le centre du cercle est le point $\text{O}'\,(x_0\,y_0)$ défini par

$$\text{O}'\text{B} = \frac{\text{U}_{\text{eff}}}{2} \qquad \text{tg}\,\text{B}'\text{OO}' = \text{tg}\,\varphi.$$

Tel est le centre du cercle. Son rayon est

$$\rho = \frac{\sqrt{-r\text{P} + x_0^2 + y_0^2}}{\cos \varphi}.$$

Remarquons que P est négatif pour le fonctionnement en moteur.

OX représente la direction de U, tension aux bornes ; l'intersection du cercle de centre O' et de rayon

$$\rho = \sqrt{-\frac{r\text{P}}{\cos^2\varphi} + \frac{\overline{\text{OO}'}^2}{\cos^2\varphi}}$$

avec le cercle de centre O et de rayon E'_{eff} nous donne les deux points A′ A″ correspondant aux deux angles 0′ 0″ de U_{eff} avec E′_{eff}.

Connaissant O, une fois fait le choix convenable entre 0′, 0″, nous pouvons construire complètement le diagramme de fonctionnement.

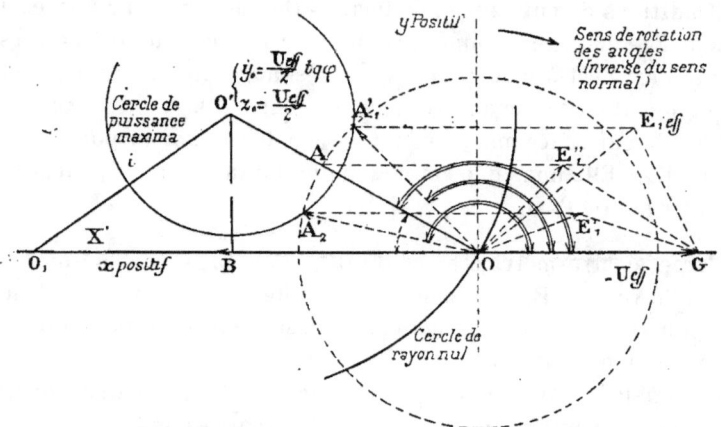

Fig. 481. — Moteur synchrone. Marche à puissance constante et à tension constante. Diagramme de Blondel.

Nous retrouvons sous cette forme nos conclusions précédentes. L'expression

$$\rho = \sqrt{\frac{\overline{OO'}^{\,2}}{\cos^2 \varphi} - \frac{r \mathrm{P}}{\cos^2 \varphi}}$$

nous montre que les cercles correspondent à des puissances mécaniques P′ = — P d'autant plus petites que les rayons sont plus grands.

Le cercle de puissance nulle passe par O. Le cercle de puissance maxima a un rayon nul et se réduit à O′.

Choix entre $0'_1$ **et** $0'_2$. — Le point A′ correspond à un fonctionnement stable, car s'il se produit une surcharge du moteur, E′_{eff} restant constant, le vecteur f. é. m. retarde, c'est-à-dire se déplace en sens contraire de la flèche représentative du mouvement général du diagramme.

Mais le point A′ va rencontrer, dans son mouvement rétrograde, un cercle de rayon plus petit, donc de puissance plus grande que pourra fournir le moteur au nouveau régime 0″_1, E′_{eff}.

La solution, pour tous les points à droite de OO′, correspond donc au régime stable, celle correspondant aux points à gauche de OO', connaissant O, une fois fait le choix du fonctionnement, nous pourrons construire complètement le diagramme de fonctionnement.

Conditions de puissance maxima. — On voit que pour une excitation E'_{eff} donnée, la puissance fournie est maxima quand ρ est minimum, c'est-à-dire quand A″ et A‴ sont confondus en A (cercle E'_{eff} tangent au cercle de rayon ρ et de centre O').

C'est la puissance maxima dont est capable le moteur pour l'excitation E'_{eff}. Elle nous détermine l'angle θ unique correspondant à tous les points P_{max}.

Force électro-motrice et courant. — Si nous considérons de même le vecteur $E_{1\,eff}$, appelé f. é. m. effective, de valeur efficace zI_{eff}, on voit que, pour une même puissance P, I_{eff} sera minimum en même temps que $E_{1\,eff}$.

On constatera aisément qu'à puissance constante comme moteur, le courant est minimum pour l'excitation correspondant à

$$E'_{eff} = \frac{U_{eff}}{\cos \varphi}$$

L′ étant l'intersection du cercle de puissance P′ avec OO_1. On voit également que

donc I_{eff} est minimum pour cette excitation, et le courant I_{eff}, décalé de φ en arrière de OK, est en phase avec U_{eff}. Cela résulte immédiatement de l'égalité des angles KOX et L′O_1O, tous deux égaux à φ dans ce cas. On a de plus

d'où une représentation de I_{eff}.

Pour toute autre valeur de l'excitation, on a un décalage φ de I_{eff} par rapport à U_{eff}, soit en avant, soit en arrière.

Marche en génératrice. — C'est celle qui correspond aux cercles extérieurs passant par O′. Ce mode de marche constitue en somme l'équivalent lointain d'un survoltage en courant continu (fig. 482).

La f.é.m. E'_{eff}, et, non plus contre-électro-motrice du moteur, supposé ici entraîné par une puissance mécanique étrangère, combinée avec la tension aux bornes U_{eff}, nous donne une tension résultante U'_{eff} fournie par la diagonale d'un parallélogramme construit sur...

et

Dans ces conditions, la tension aux bornes U_{eff} est accrue; c'est un véritable problème de couplage d'alternateurs qui trouvera sa place

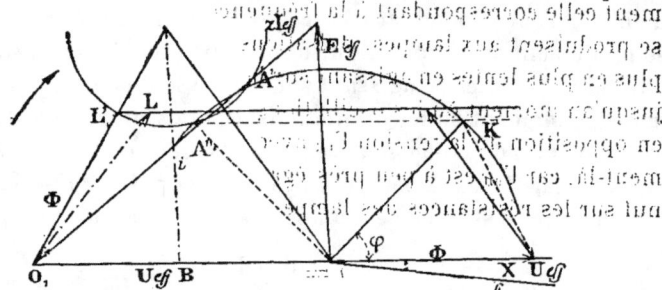

Fig. 482. — Moteur synchrone. Diagramme de Blondel. Examen du mode de marche en moteur proprement dit et du mode de marche en dynamotrice.

dans les leçons spéciales que nous consacrerons à cette question.

PRATIQUE DE L'EMPLOI DES MOTEURS SYNCHRONES

Mise en route des moteurs synchrones. — *Principes généraux.* — Un moteur synchrone doit être amené au synchronisme par une source de puissance étrangère, puis, quand la tension U' aux bornes, c'est-à-dire la f. é. m. E', est à peu près égale (on le constate par les valeurs lues aux appareils) et opposée à U, tension du réseau, on couple le réseau sur le moteur qui s'accroche (fig. 483).

Essais à faire subir aux moteurs synchrones. — Ce sont les mêmes que pour tous les moteurs (détermination de la caractéris-

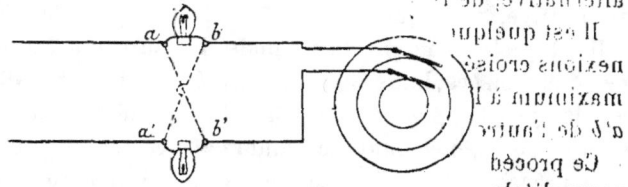

Fig. 483. — Dispositif pour mise en marche de moteur synchrone. Couplage sur le réseau.

$$\begin{cases} a & b \\ a' & b' \end{cases} \text{couplage à l'extinction}$$

$$\begin{cases} a' & b \\ a & b' \end{cases} \text{couplage à l'extinction}$$

tique de couple pour une excitation donnée, etc., avec, en moins, naturellement, celle de la caractéristique électro-mécanique de vitesse).

Quand la vitesse donnée au moteur synchrone n'est pas exactement celle correspondant à la fréquence du réseau, des pulsations se produisent aux lampes, pulsations que l'on cherche à rendre de plus en plus lentes en agissant sur la vitesse du moteur synchrone, jusqu'au moment où les oscillations desdites lampes, dues à la mise en opposition de la tension U_{eff} avec E'_{eff}, seront éteintes. A ce moment-là, car U_{eff} est à peu près égale et opposée à E'_{eff} (courant i nul sur les résistances des lampes r et r'), on aura :

$$i = \frac{U - E'}{r + r'},$$

l'extinction dure un certain temps, car au pseudo-synchronisme, Ω_1, pulsation du moteur, est très voisine de Ω, pulsation du réseau.

Le mouvement relatif des deux diagrammes, animés des deux vitesses respectives Ω et Ω_1, est donc donné par $\Omega - \Omega_1$; la période du mouvement relatif X est de même donnée par

$$\frac{2\pi}{X} = \frac{2\pi}{T} - \frac{2\pi}{T_1}$$

donc par :

$$X = \left(\frac{T_1 - T}{TT_1}\right),$$

d'où il résulte entre a et b, a' et b' une différence de potentie alternative, de fréquence très faible ou de période très longue X.

Il est quelquefois plus commode de coupler à l'allumage (connexions croisées, lampes entre ab', $a'b$). Les lampes s'illuminent au maximum à l'opposition de phase, la tension entre ab' d'une part, $a'b$ de l'autre, devenant maximum dans ce cas (fig. 483).

Ce procédé est le plus efficace, car on apprécie mieux un maximum d'éclat qu'une extinction, celle-ci se produisant du reste avant que la différence de potentiel s'annule.

Pratique de la mise en marche des moteurs synchrones. — Le couple moyen du moteur synchrone n'est réellement constant qu'au synchronisme. Il est essentiel, par suite, de ne mettre le moteur en charge qu'après l'avoir amené préalablement à la vitesse du synchronisme (par l'emploi de moteurs mécaniques ou électriques).

D'après ce que nous avons dit, la mise en marche comprend les opérations suivantes :

A) Le démarrage du moteur à vide, c'est-à-dire la courroie étant placée sur la poulie folle de la transmission qu'il doit mener ;

B) La mise en marche progressive par passage de la courroie de la poulie folle sur la poulie active.

Démarrage des moteurs synchrones à vide. — Les procédés diffèrent suivant les sources de force motrice dont on dispose pour amener le moteur au synchronisme.

Moteurs synchrones monophasés. — 1er Cas. — Le moteur possède une excitatrice calée sur son arbre et l'on dispose d'une source électrique à courant continu extérieur (fig. 484).

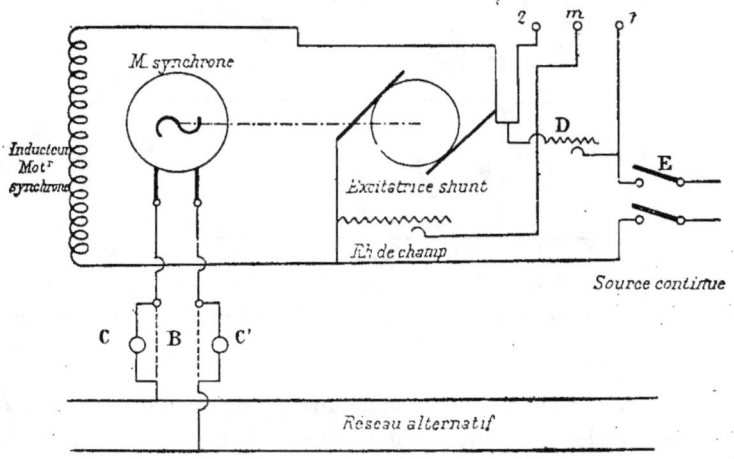

Fig. 484. — Moteur synchrone avec excitatrice en bout d'arbre. Dispositif de démarrage avec source de courant continu extérieur.

L'excitatrice, recevant le courant continu extérieur, fonctionne en moteur ; un rhéostat, placé dans son circuit inducteur, permet de faire varier la vitesse.

Le synchronisme obtenu, on couple le circuit induit du moteur synchrone avec le réseau.

Le moteur synchrone se trouve donc, pendant le démarrage

dans la situation d'un alternateur que l'on accouplerait purement et simplement à un réseau.

Le schéma ci-dessus nous renseigne sur les manœuvres à effectuer dans ce cas (fig. 484) :

Placer m sur le plot 1.
Fermer E.
Démarrer excitatrice (rhéostat D).
Modifier la vitesse (rhéostat C).
Quand le synchronisme est atteint, les lampes ll' s'éteignent.
Fermer B, ouvrir E.
Placer m sur 2.

2ᵉ Cas. — L'inducteur du moteur est alimenté directement par une source extérieure, c'est-à-dire que le moteur n'a pas d'excitatrice.

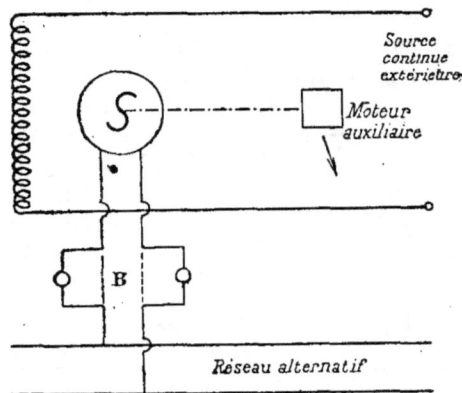

Fig. 485. — Moteur synchrone avec inducteur alimenté par une source extérieure. Dispositif de démarrage.

Le moteur synchrone est amené au synchronisme au moyen de la force motrice auxiliaire, l'inducteur étant relié à la source extérieure ; B est fermé lorsque ll' s'éteignent (fig. 485).

3ᵉ Cas. — Le moteur possède une excitatrice, mais on ne dispose d'aucune source de force motrice auxiliaire, ni d'aucun courant continu extérieur.

Il est alors indispensable de mettre en marche au moyen du courant alternatif du réseau (fig. 486).

Dans ce cas, l'induit du moteur porte un enroulement supplémentaire dans lequel on envoie un courant décalé (au moyen d'une bobine de self-induction) par rapport au courant principale.

Le moteur démarre en asynchrone sous l'influence du champ tournant créé par les deux champs alternatifs décalés.

Le synchronisme étant atteint à 1 ou 2 % près, on réunit l'inducteur du moteur synchrone à l'excitation.

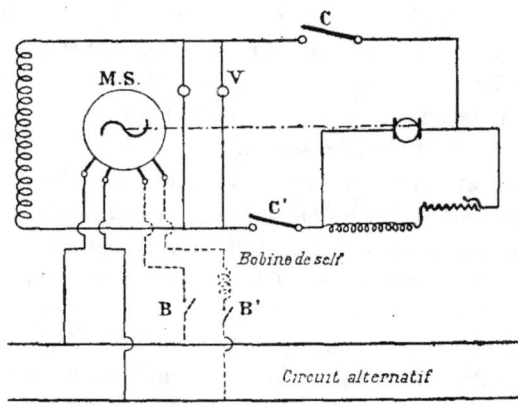

Fig. 486. — Moteur synchrone avec excitatrice en bout d'arbre. Dispositif de démarrage quand on ne possède ni force motrice extérieure, ni courant continu extérieur.

C, C' étant ouverts, fermer B' et B. Si la tension alternative était très élevée, on l'abaisserait pour le démarrage au moyen d'un transformateur.

Quand le synchronisme est atteint, la lampe l est éteinte ; fermer CC', ouvrir B'.

On peut consulter le voltmètre B.

Il est essentiel de ne fermer CC' qu'après l'extinction de l.

EMPLOI DES MOTEURS SYNCHRONES POLYPHASÉS

Les procédés correspondant aux deux premiers cas sont ici applicables.

Le procédé correspondant au 3ᵉ cas se trouve simplifié en pratique, du moins le plus souvent, car le champ tournant existant naturellement dans le moteur, par suite de la présence de ses enroulements, il est inutile d'introduire aucun enroulement supplémentaire.

Si le moteur à courant monophasé ou polyphasé comporte un collecteur à courant continu, c'est-à-dire s'il est organisé en commutatrice, on peut le démarrer, soit du côté continu, soit du côté alternatif.

Mise en marche progressive du moteur. — Cette opération se fait généralement par passage de la poulie folle sur la poulie fixe. Elle ne présente pratiquement aucune difficulté.

Incidents de marche. — Le seul incident qui puisse se produire est le décrochage. Le moteur est alors en court-circuit et son induit absorbe un courant déwatté considérable (enroulement présentant de la self, de beaucoup prépondérante, et soumis à la différence de potentiel du réseau).

On en est prévenu par le déplacement de l'aiguille de l'ampèremètre du moteur et, en même temps, par un ronflement dû à la présence d'harmoniques résultant de la composition des courants du réseau et des courants de périodes différentes engendrés par la f.c.é.m. de l'induit.

Le moteur continue à tourner à faible vitesse (égale généralement au tiers de ω' normale) et il se produit des courants de Foucault considérables dans les pièces polaires et les parties massives des circuits magnétiques.

Quand cet incident se produit, on doit arrêter aussitôt le moteur.

Arrêts des moteurs synchrones. — L'arrêt d'un moteur synchrone est précédé d'un passage de la courroie de la poulie fixe sur la poulie mobile.

Le moteur fonctionnant à vide, le courant alternatif qui traverse ses enroulements est relativement faible. On peut le couper sans difficulté en ouvrant l'interrupteur B (fig. 486). Si l'on veut réduire le courant à sa valeur minima, on augmente l'excitation de manière à faire travailler le moteur sous l'excitation qui correspond au point le plus bas de la courbe de Mordey.

REMARQUES SUR LA MARCHE EN MOTEUR SYNCHRONE SUREXCITÉ

Surexcitation et sous-excitation. — La propriété qu'ont les moteurs synchrones de fournir aux réseaux qui les alimentent des courants déwattés en avance, lorsqu'ils sont convenablement surexcités, est utilisée pour améliorer le cos φ de ces réseaux. Cette amélioration du facteur de puissance constitue une propriété caractéristique de ce genre de moteur, la seule qui justifie leur emploi dans l'industrie et que nous avons déjà signalée.

Il est intéressant de pouvoir se rendre compte si un **moteur** fonctionne en sous-excitation ou en surexcitation, et en outre, de savoir quelle puissance déwattée en avance il pourra, par la surexcitation, donner au réseau qui l'alimente.

La courbe en V de Mordey, tracée pour un certain nombre de charges, donne ces renseignements (fig. 487).

Tant que l'excitation reste inférieure à Oa, le moteur marche en sous-excitation.

Pour l'excitation Oa, il n'absorbe que du courant watté.

La charge réelle est sensiblement égale au produit de $OI_{1\text{eff}}$ par la tension d'alimentation. C'est celle pour laquelle la courbe à été tracée.

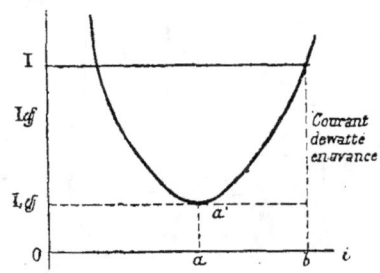

Fig. 487. — Tracé de la courbe en V de Mordey. (Moteur synchrone.)

Quand l'excitation est supérieure à Oa, le moteur fournit du courant déwatté au réseau.

Si OI_n représente le courant normal, la surexcitation pourra se faire pour des valeurs du courant d'excitation comprises entre Oa et Ob, et le courant déwatté, donné par le moteur, sera

$$I_{\text{eff } dw} = \sqrt{\overline{OI_n}^2 - \overline{OI_{1\text{eff}}}^2}.$$

En traçant les courbes en V pour un certain nombre de charges, on aurait par interpolation ces mêmes renseignements pour toutes les charges du moteur.

Un wattmètre ferait connaître, pour chacune de ces courbes en V, la puissance qui correspond à la charge prise par le moteur.

Un ampèremètre placé dans le circuit inducteur donnerait l'abscisse du point de fonctionnement extrême.

On aurait ainsi le point de fonctionnement du moteur, et l'on pourrait savoir dans quel sens et jusqu'à quelle valeur il convient de faire varier l'excitation pour produire telle surexcitation que l'on veut.

Un seul appareil, le phasemètre, donne des renseignements analogues en ce qui concerne le sens et la valeur du décalage. C'est généralement cet appareil qui est employé dans la pratique.

Tracé de la courbe en V de Mordey. — L'expérience est montée conformément au schéma ci-contre (fig. 488).

La charge du moteur est réglée au moyen d'une dynamo frein.

Laissant la charge constante, on fait varier l'excitation, en notant simultanément les indications fournies pour I et i.

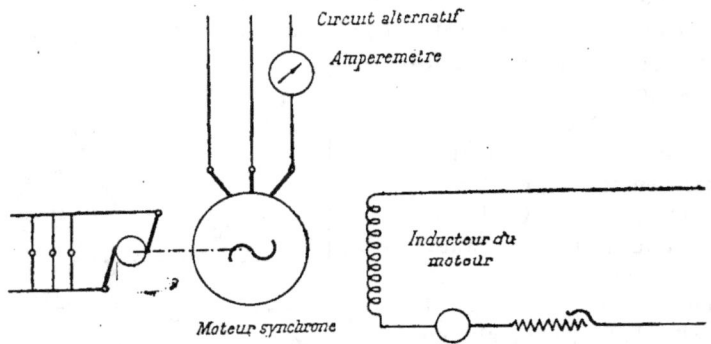

Fig. 488. — Moteur synchrone. Dispositif expérimental pour tracé de la courbe en V de Mordey.

Graphique de marche du moteur synchrone surexcité. — Soit à étudier graphiquement la marche d'un moteur synchrone à puissance constante en surexcitation.

Les figures 489 et 490 représentent les situations relatives des courants total, watté, déwatté, des diverses tensions, f.c.é.m. et chutes de tension.

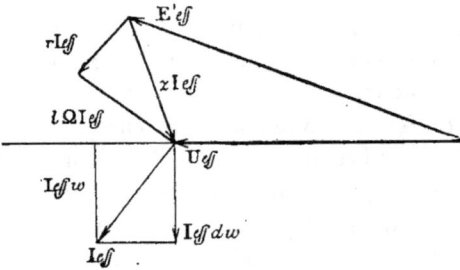

Fig. 489. — Moteur synchrone. Marche à puissance constante en surexcitation

On constate que $I_{eff\,dw}$ est bien en avance sur U_{eff}, d'où, l'application à l'amélioration du facteur de puissance du réseau.

Cherchons le lieu des points extrémités de E'_{eff} (ou des courants d'excitation) correspondant à la fourniture d'une puissance donnée dans les conditions optima, au point de vue du déphasage.

On sait que I_{eff} passe, pour une puissance donnée, par un minimum correspondant à la position de symphasisme de I_{eff} et U_{eff}.

MOTEURS SYNCHRONES. ÉTUDE GRAPHIQUE DU FONCTIONNEMENT 445

La marche en sous-excitation, quelle que soit du reste la situation relative de U_{eff} et E_{eff}, se traduit du reste toujours par un courant déwatté en retard.

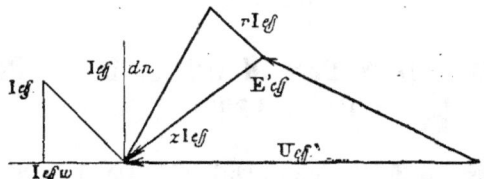

Fig. 490. — Moteur synchrone. Marche à puissance constante en sous-excitation.

Construisons la tension U_{eff} en OO_1. Menons la perpendiculaire OB_1 à OO_1 et la droite OA faisant l'angle φ avec OB. Le triangle de fonctionnement du moteur synchrone peut être représenté à chaque instant par OO_1A. Voyons comment doit varier $E'_{eff} = OA$ quand on s'impose la condition d'avoir un courant I_{eff} constamment en phase avec la tension U_{eff} (fig. 491). On voit aisément que les puissances absorbées seront proportionnelles aux aires des triangles O_1OB, les puissances transformées proportionnelles à $rI_{eff} \cos \Psi$, c'est-à-dire aux aires des triangles OBA.

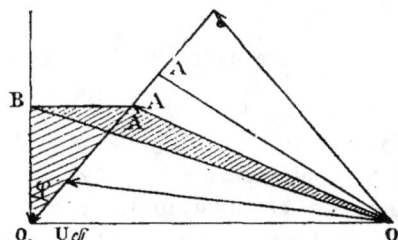

Fig. 491. — Marche d'un moteur synchrone sans déphasage: Détermination des excitations nécessaires quand la puissance varie.

Ce graphique permet de déterminer les excitations correspondant, pour chaque puissance réclamée au moteur, au symphasisme de U_{eff} et de I_{eff}.

APPENDICE I

DÉTERMINATION DES QUALITÉS INDUSTRIELLES D'UN ALTERNATEUR

PERTES DE PUISSANCE, SPÉCIFICATION, RENDEMENT
ET APPRÉCIATION D'UN ALTERNATEUR DONNÉ [1]

PERTES DE PUISSANCE DANS UN ALTERNATEUR

Les pertes de puissance dans un alternateur peuvent se diviser de la manière suivante :

1º Les pertes par effet Joule dans les circuits électriques ;

2º Les pertes d'ordre électromagnétique : ce sont les pertes par hystérésis et courants de Foucault, ces dernières pouvant se décomposer en pertes dans le fer et pertes dans le cuivre ;

3º Les pertes d'ordre mécanique, se subdivisant en pertes par frottements mécaniques proprement dits, et pertes dues à la résistance de l'air.

Pertes par effet Joule dans les circuits électriques.

Elles comprennent :
1º Les pertes dans l'induit ;
2º Les pertes dans l'inducteur.

Ces dernières pertes se calculent toujours. Il suffit de connaître la résistance ohmique R_e de ce circuit et l'intensité du courant qui le traverse. On forme donc le produit $R_e i^2$, où i est le courant d'excitation nécessaire pour que l'induit fournisse la puissance normale au circuit extérieur.

Pour évaluer la perte dans l'induit, il suffit de connaître la résistance du circuit induit et l'intensité I_{eff} du courant qui le traverse ; I_{eff} est l'intensité qui correspond à la charge considérée.

---

[1]. En collaboration avec le commandant Cordier, de la Section technique de l'artillerie, ancien professeur d'électricité industrielle à l'Ecole d'application de l'artillerie et du génie à Fontainebleau. Nous nous sommes déjà félicités par ailleurs (voir notamment, Cours municipal, 1re partie, courants continus, p. 258, XVIIIe Leçon), d'avoir pu bénéficier de cette féconde collaboration, que la science et la compétence du commandant Cordier nous ont rendue si précieuse.

DÉTERMINATION DES QUALITÉS INDUSTRIELLES D'UN ALTERNATEUR

Si le facteur de puissance $\cos\varphi$ est spécifié au cahier des charges, on prendra

$$I_{\text{eff}} = \frac{P}{U_{\text{eff}} \cos\varphi}$$

Dans les alternateurs triphasés, les pertes par effet Joule dans l'induit comprennent les pertes par effet Joule dans les trois circuits.

Pertes d'ordre magnétique.

Les pertes d'ordre magnétique sont calculées lorsqu'il s'agit de l'établissement d'un avant-projet. Elles sont mesurées en bloc, avec les pertes d'ordre mécanique dans les essais.

Pertes par hystérésis.

Elles sont proportionnelles au volume du fer de l'induit, à la puissance 1,6 de l'induction maxima, et au nombre de cycles parcourus par seconde, c'est-à-dire à la fréquence du courant alternatif engendré.

Pertes par courants de Foucault.

Elles se produisent dans toutes les pièces massives qui sont le siège de variations de champ, c'est-à-dire dans toutes les parties magnétiques de l'induit.

Elles sont proportionnelles au carré de l'induction magnétique maxima, au carré de la fréquence et au carré de l'épaisseur des tôles.

On a signalé à propos de la réaction d'induit (Voir IIIe leçon, p. 71) la production de courants de Foucault, dans les pièces polaires des alternateurs monophasés.

Ces courants de Foucault varient avec le décalage φ du réseau.

Les pertes dans le cuivre dues à cette cause sont généralement négligeables (cuivre divisé à cet effet et dans ce but).

Pertes d'ordre mécanique.

Les pertes par frottement et celles qui sont dues à la résistance de l'air sont proportionnelles à la vitesse. Elles sont constantes pour une vitesse constante.

CONDITIONS A IMPOSER DANS UN CAHIER DES CHARGES POUR LA FOURNITURE D'UN ALTERNATEUR

Spécification de l'alternateur.

Nombre de phases.
Puissance apparente en K.V.A.
— pour un cos φ donné ou puissance réelle.
Fréquence.
Voltage aux bornes.
Imposer un rapport $\frac{I_{eccit}}{I_{norm.eff}} = 3$ ou 4, et un poids maximum pour le volant, s'il doit être accouplé en parallèle avec d'autres alternateurs.

Imposer une chute de tension maxima pour la charge normale et le cos φ minimum.

Echauffement maximum des diverses parties après l'essai en pleine charge, sous le cos φ minimum.

Essais.

Ils doivent comprendre :
Essais d'isolement.
Marche à vide, caractéristique à vide.
Marche en charge : caractéristiques externes, caractéristique en court-circuit.

Tracé d'une courbe de f.é.m. à l'ondographe ou à l'oscillographe [si le constructeur est en mesure de faire cette épreuve]. Détermination des harmoniques de la f.é.m.

Rendement imposé à diverses charges et diverses valeurs de cos φ.

Exécution des essais.

Mesure de l'isolement. — Ohmètre.

Marche à vide. — Caractéristique à vide. On profitera de la marche à vide pour juger la machine au point de vue mécanique.

Le tracé de la caractéristique se fera en employant des courants croissants, puis des courants décroissants.

Tracé de la courbe de f.é.m. — Si le constructeur possède un ondographe, on tracera la courbe :
1° Lorsque la charge est non inductive ;
2° Lorsque la charge est inductive.

De ce tracé, on déduira les harmoniques, leurs causes, et on étudiera le moyen de les étouffer, s'ils risquent d'être gênants.

Marche en charge. — Emploi des bobines de réaction. Echauffement des diverses parties. Courant d'excitation correspondant aux diverses charges.

La machine sera étudiée aux divers régimes spécifiés au cahier des charges.

Caractéristique externe $U_{eff}(I_{eff})$ pour $\cos\varphi$ donné.

EXEMPLE DE GARANTIES IMPOSÉES A UN ALTERNATEUR

Spécification.

Alternateur triphasé-étoile.
Puissance absorbée : 2.000 HP.
Puissance élect. apparente : 1.850 K.V.A.
Tension composée : 6.000 V.
Fréquence : 50 périodes par seconde.
Tours par minute : 300.
Tension d'excitation : 100 volts.

Garanties.

1° *Rendement* (non compris les pertes d'excitation) :

Pleine charge $\begin{cases} \cos\varphi = 1 & \eta = 0,96 \\ \cos\varphi = 0,75 & \eta = 0,95 \end{cases}$

Demi-charge $\begin{cases} \cos\varphi = 0,93 & \eta = 0,93 \\ \cos\varphi = 0,92 & \eta = 0,92 \end{cases}$

2° *Énergie d'excitation maximum :*

Pleine charge avec $\cos\varphi = 1$:   3 kw;
— — $\cos\varphi = 0,75$ 20 kw.

3° *Élévation de tension entre la marche à vide et la marche en pleine charge :*

$\cos\varphi = 1 : -7\%$ $\cos\varphi = 0,75 : -17\%$

4° *Plus grande élévation de température* (pleine charge) : 40 degrés.

5° *Surcharge admissible :* 25 % pendant 2 heures, avec échauffement maximum de 50° C pour 6.000 v.

6° *Isolement.* — $\begin{cases} \text{A chaud, entre enroulement et masse} \\ \text{tension alternative de 12 000 volts pendant 1 h.} \\ \text{Tension d'essai pour l'excitation : 500 volts.} \end{cases}$

CHOISIR UN ALTERNATEUR POUR UN USAGE DONNÉ — APPRÉCIER UN ALTERNATEUR DONNÉ

A. — Choix d'un alternateur.

Les machines à pôles alternés ont, pour un poids donné de matière, une puissance plus grande que les machines homopolaires.

Leur courbe de tension est plus régulière, les pertes de flux moins grandes que dans ces dernières machines.

Pour les grandes puissances : alternateurs volants, induit fixe, inducteur mobile. Les machines homopolaires étaient néanmoins autrefois préférées pour certaines applications, quand les vitesses tangentielles élevées ne pouvaient être assurées dans les conditions de sécurité désirables.

Les hautes tensions directes s'obtiennent plus facilement dans les alternateurs à pôles alternés que dans les alternateurs homopolaires.

Nous avons déjà étudié [V^e leçon] les conditions que devaient remplir un alternateur suivant sa destination. Nous n'y reviendrons donc pas.

La plupart des installations se rapportent à des exploitations par stations centrales, dans lesquelles il est indispensable d'accoupler les alternateurs en parallèle et de maintenir ces machines au synchronisme.

La puissance P_d à mettre en jeu pour décrocher un alternateur synchronisé dépend du rapport ci-dessous, c'est-à-dire du courant du court-circuit au courant normal :

$$K = \frac{I_{cc\ eff}}{I_{n\ eff}}$$

et l'on a, en pratique, Pn étant la puissance normale de l'alternateur :

$$P_d = Pn + \frac{K}{2} P_n.$$

De plus, il est nécessaire que, par suite de son inertie, l'alternateur n'ait pas une période d'oscillation propre voisine de celle du courant, sinon, il y aurait décrochage par résonance (insuffisance du volant).

Enfin, si la machine motrice qui doit conduire l'alternateur possède **un régulateur de vitesse**, il est indispensable que ce **régula-**

teur soit convenablement amorti. [Sinon le décrochage peut être provoqué par le régulateur.] [1]

Il conviendra d'éviter les harmoniques dans tous les cas.

Toutes ces considérations devront intervenir dans le choix judicieux d'un alternateur destiné à un service de station centrale.

Dans certains cas, il pourra y avoir avantage à employer des alternateurs compound. [Voir *Cours municipal d'électricité industrielle*, 2ᵉ partie. *Courants alternatifs*, fascicule II.]

B. — Apprécier un alternateur.

Avant essais.

On ne peut qu'examiner l'avant-projet relatif à sa construction.

Dans l'examen d'un avant-projet, on portera son attention sur les points suivants :

Partie mécanique. — Équilibre de la machine; facilités de montage, de démontage; entretien; graissage; coussinets; paliers; produit pv :

$$pv \begin{cases} p = \text{pression en kgs/cm}^2 \\ v = \text{vitesse en m/sec.} \end{cases}$$

Poids des éléments démontables.

Partie électrique. — Nombre d'encoches par pôle. Harmoniques. Forme de pièces polaires. Démontage des bobines magnétisantes. Remplacement d'une section. Moment d'inertie du volant. Prédétermination des irrégularités de vitesse venant du moteur.

Après essais.

Étude de la caractéristique à vide. — La forme et l'inclinaison de la caractéristique ont une importance en ce qui concerne le fonctionnement et l'aptitude que possède l'alternateur pour assurer tel ou tel service [alternateur d'éclairage à caractéristique différente d'un alternateur prévu pour service d'électrométallurgie].

Étude de la caractéristique en court-circuit. — En reportant sur un même dessin la caractéristique en court-circuit et les caractéristiques externes correspondant aux conditions de marche imposées par le cahier des charges, on peut en déduire les coefficients K

---

[1]. On consultera à ce sujet avec avantage « la Régulation des groupes électrogènes », fascicules nᵒˢ 38 et 39 de l'*Encyclopédie électrotechnique*, Geisler, éditeur, à Paris.

correspondant aux diverses conditions de fonctionnement, et par suite l'aptitude au couplage.

Étude de la caractéristique externe. — La caractéristique externe tracée dans les conditions normales de marche de la machine donnera un moyen de vérifier si les chutes de tension ne dépassent pas celles qui sont imposées dans le cahier des charges.

Étude du rendement. — Cette étude donne une idée de la valeur commerciale d'une machine, mais il y a lieu, ce qu'on ne saurait trop répéter, de se préoccuper plutôt du soin apporté dans sa fabrication que de son rendement.

Détermination du moment d'inertie. Prédétermination des irrégularités de vitesse d'un alternateur accouplé. — Le moment d'inertie de la partie tournante, déterminé par la méthode chronométrique, permettra de se rendre compte de l'action du volant dans le maintien du synchronisme [si l'alternateur doit être accouplé][1].

L'étude du mouvement du régulateur de la machine, jointe à la connaissance du moment d'inertie et de K, permet de se rendre compte de ces irrégularités, donc des tendances au décrochage.

Comment se comportent les pièces mécaniques. — L'appréciation d'une machine dont les paliers chauffent [insuffisance des coussinets, mauvais fonctionnement des organes de graissage] doit être toujours très sévère, car pratiquement de tels défauts introduisent dans l'exploitation de graves perturbations.

Spécification relative à l'emballement (cahier des charges). — L'alternateur devra pouvoir résister aux efforts mécaniques résultant d'une vitesse double de la vitesse normale.

ESSAIS DES ALTERNATEURS

Les épreuves que doivent subir les alternateurs se rapportent :
1° A l'isolement des divers circuits par rapport à la masse;
2° Au fonctionnement en charge normale et en particulier à la chute de tension et à l'échauffement maximum des diverses parties, après une marche de durée déterminée, suivie s'il y a lieu d'une marche en surcharge;
3° Au rendement aux diverses charges;
4° A la recherche des harmoniques de la f.é.m.

---

[1]. Pour l'application de la méthode chronométrique, voir *Cours Municipal*, 1re partie, Courants continus, XXe leçon, page 298 et suivantes.

Ces épreuves doivent être mentionnées au cahier des charges et les opérations qu'elles nécessitent doivent être exécutées en usine.

Elles peuvent être complétées, après montage et installation, par un essai en charge dans les conditions d'emploi, c'est-à-dire l'alternateur étant conduit par la machine motrice qui lui est affectée, et alimentant le réseau dont il doit assurer le service.

Essais d'isolement.

Les isolants doivent pouvoir supporter à froid, sans claquer, une tension égale à 2 fois la tension normale, lorsqu'il s'agit de grands alternateurs à haute tension, et égale à 5 ou 6 fois cette tension lorsque les alternateurs sont à basse tension.

Si, pour des raisons particulières, on prévoit que l'essai ne pourra être fait, on imposera une mesure de l'isolement à l'ohmmètre. Dans cette mesure, on devra trouver une résistance d'isolement de 1 mégohm au moins par 1.000 volts de tension, si elle est effectuée à froid. Elle sera réduite de 1/3 environ, si la mesure doit être faite à chaud.

Essai en charge, en surcharge. Caractéristique externe.

La durée de l'essai en charge, ainsi que l'importance et la durée de la surcharge à imposer à un alternateur, dépendent de ses conditions de service.

A défaut de renseignements précis en ce qui concerne ces éléments, on mentionnera au cahier des charges, une épreuve en régime normal[1] d'une durée de plusieurs heures, suivie sans interruption d'une épreuve en surcharge de 10 à 20 % pendant deux heures.

Le relevé des températures des diverses parties, les mesures nécessaires à l'évaluation du rendement, sont toujours faits après ces épreuves, de façon que les mesures relatives à l'évaluation des pertes soient opérées à chaud.

Lorsqu'il s'agit d'alternateurs chargés d'un service d'éclairage ou d'un service mixte, la chute de tension en régime normal ne doit pas dépasser la valeur

$$u_{\text{eff}} = 10\ \%$$

[1]. Le régime normal d'un alternateur défini par sa spécification est le régime de charge qui correspond au $\cos \varphi$ mentionné au cahier des charges.

et pour une charge exclusivement wattée, correspondant à $\cos\varphi = 1$, cette charge ne doit pas dépasser

$$u_{\text{eff}} = 5 \%.$$

La détermination de cette chute de tension résulte du tracé de la caractéristique externe.

Le tracé, ainsi que l'essai en charge, peuvent être effectués par la méthode directe et par la méthode indirecte.

Essai direct.

La méthode directe est celle dans laquelle le courant correspondant à la charge normale est obtenu au moyen de selfs et de résistances appropriées.

On peut les régler de façon à faire varier la charge en conservant le même $\cos\varphi$ et obtenir les divers points de la caractéristique externe.

Calcul des bobines de réaction [1].

Résistances et bobines de réaction nécessaires pour l'exécution d'un essai d'alternateur.

Calcul des résistances ohmique et inductive à placer dans le circuit extérieur pour exécuter un essai direct en charge correspondant à un $\cos\varphi$ imposé.

Données :

Alternateur triphasé étoile.

Fréquence : 50 périodes ou cycles/sec.
Tension simple : 110 v.
Puissance réelle : 100 kw.
Préparer l'essai direct pour $\cos\varphi = 0,8$.

Puissance réclamée par le circuit extérieur :
P. R. réelle : 100.000 w.

P. M (*magnétisante*) :
$$100.000 \times \frac{0,6}{0,8} = 75.000$$

P. A. (*apparente*) :
$$100.000 \times \frac{1}{0,8} = 125.000 \text{ VA.}$$

---

[1]. D'après le commandant Cordier, de la section technique de l'artillerie, ancien professeur d'électricité industrielle à l'École d'application de Fontainebleau.

DÉTERMINATION DES QUALITÉS INDUSTRIELLES D'UN ALTERNATEUR

Intensité dans chaque fil (ligne principale) :

$$\frac{125.000}{3 \times 110} = 380 \text{ amp.}$$

Constitution du circuit extérieur (fig. 492) :

1° Un rhéostat liquide à trois bacs absorbant 100.000 w. réels;

2° Un système de trois bobines de réaction à noyau de fer, absorbant 75.000 w. magnétisants.

On prendra les mesures convenables pour que :

1° Les bobines de réaction aient une résistance ohmique négligeable [c'est-à-dire qu'elles n'absorbent à peu près que de la puissance magnétisante];

2° Les résistances R_1, R_2, R_3 ne possèdent ni capacité, ni self, c'est-à-dire qu'elles n'absorbent que la puissance réelle.

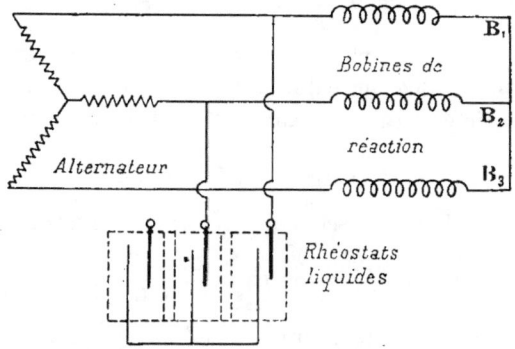

Fig. 492. — Constitution d'un circuit inductif de cos φ donné et réglable pour essai d'alternateur en charge.

On s'assurera que le cos φ du réseau a bien la valeur 0,8, en faisant des mesures simultanées au voltmètre, à l'ampèremètre et au wattmètre, dans le circuit principal.

Si l'on ne possède qu'un wattmètre, on s'assurera en outre que les circuits sont équilibrés [ampèremètres]; s'ils ne l'étaient pas, on agirait sur les noyaux de B_1, B_2, B_3 ou sur l'écartement des électrodes de R_1, R_2, R_3 pour que cette condition soit remplie.

La question se ramène donc au calcul :

1° D'un rhéostat liquide à 3 bacs absorbant 100.000 w. réels;

2° D'une bobine triple absorbant 75.000 w. magnétisants.

Intensité traversant chaque rhéostat :

$$\frac{100.000}{3 \times 110} = 330 \text{ amp.}$$

Intensité dans chaque bobine :
$$\frac{75.000}{3 \times 110} = 227 \text{ amp.}$$

La résistance de chaque bac devra être :
$$R = \frac{110}{330} = 0^\omega,33.$$

La réactance de chaque bobine devra être :
$$l\Omega = \frac{110}{270} = 0^\omega,407.$$

La réalisation d'un rhéostat liquide ayant une résistance de $0^\omega 33$ est très facile. On constituera l'électrolyte par de l'eau acidulée à 25 %, ayant $9^\omega,24 \times 10^{-6}$ de résistivité, c'est-à-dire :

$$9^\omega,24 \times 10^{-6} \text{ par cm-cm}^2.$$

On essayera une surface de plaque de 10 cm² par ampère. On calculera le nombre de calories-seconde cédées au liquide. Une grande calorie équivaut à 425 kgm. et 1 kgm. vaut 9,81 joules, d'où
$$1 \text{ calorie} = 4.170 \text{ joules.}$$

Dans chaque bac, par seconde, on aura à absorber :
$$\frac{100.000}{3} \text{ joules} = \frac{33.333}{4.170} \text{ cal.}$$

d'où une élévation de température de l'électrolyte.

Sa résistance diminue lorsque la température augmente. Pour conserver un régime régulier, il faudra ajouter une certaine quantité d'eau froide par seconde et évacuer la même quantité d'eau chaude. Cette quantité d'eau est facile à déterminer.

La réalisation d'une bobine possédant $0^\omega 407$ de réactance, ou ayant un coefficient de self égal à :

$$\frac{0^\omega 406}{2\pi \times 50} = L \text{ henrys}$$

est difficile, lorsque l'on envisage la question sous cette forme.

Dans la pratique, on ne calcule presque jamais un coefficient de self, et on ramène le problème à la réalisation d'une bobine telle que la f. é. m. de self-induction soit égale à la tension d'alimentation, c'est-à-dire une bobine qui, étant parcourue par un courant de 227 amp. sous une fréquence de 50 périodes, produise une f. é. m. de 110 volts.

La réalisation d'une bobine B absorbant $\frac{75.000}{3}$ v.-a. magnétisants se ramène donc au calcul d'une bobine donnant 110 v. de f. c. é. m. quand elle est parcourue par 227 amp.

Calcul d'une bobine de réaction B :

Le calcul se fait rapidement lorsqu'on connaît et applique les résultats pratiques suivants (fig. 493) :

a) Une spire enroulée sur un circuit magnétique fermé, de section égale à 1 dm², dans lequel l'induction maxima est de 5.000 gauss, est le siège d'une f.é.m. de 1 v. 1.

[Ce fait résulte de la formule générale
$$E_{\text{eff}} = \frac{2\pi F}{\sqrt{2}} \Phi_{\max} 10^{-8}$$
]

pour un courant de fréquence 50 cycles/sec, $\Phi_{\max}$, valeur maxima du flux embrassé dans la bobine.

b) Pour entretenir une induction maxima de 5.000 gauss dans du fer, il faut 2.5 amp.-tours max. par cm.

Pour entretenir une induction maxima de 5.000 gauss dans l'air, il faut $5.000 \times 0,8 = 4.000$ amp.-tours par cm.

c) Les circuits magnétiques A et B de même longueur et de même section sont équivalents au point de vue de l'induction, à condition que l'entrefer de A soit de plus de 1 cm. (résultat expérimental).

Le résultat (c) nous permet de remplacer la réluctance du tube de force extérieur par celle d'un cm. d'air, ce dernier tube étant pris de section égale à celle du circuit fer.

Le nombre d'ampères-tours correspondant à la partie métallique du circuit magnétique est 250 (At)max au maximum[1].

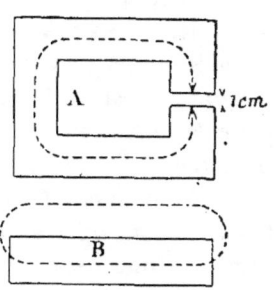

Fig. 493. — Equivalence au point de vue des ampère-tours, d'un circuit magnétique ouvert et d'un circuit magnétique quasi fermé, lorsque l'entrefer de celui-ci est supérieur à 1 cm.

La bobine étant parcourue par le courant de 227 amp., on doit réaliser :

$$4.000 \text{ (At)}_{\max} + 250 \text{ (At)}_{\max} = 4.250 \text{ (At)}_{\max}$$

[1]. Ce chiffre constitue en effet une limite supérieure pratique, car il correspondrait à une longueur de fer de 1 m., si les enroulements étaient régulièrement répartis (2,5 amp.-tours max. par cm.).

ou
$$\frac{4.250}{\sqrt{2}} (At)_{\text{eff}},$$

c'est-à-dire que la bobine doit comporter :
$$\frac{4.250}{\sqrt{2}} \cdot \frac{1}{227} = 13,2 \text{ spires.}$$

On prendra 14 spires.

Section des spires :

Pour que leur résistance soit négligeable par rapport à leur self, il faudra faire travailler le fil à 1 amp./m² au plus.

Section du noyau :

Les 14 spires doivent donner une f.é.m. de 110 v. Chaque spire devra fournir :
$$\frac{110}{14} = 7,85 \text{ volts.}$$

La section du noyau pour 5.000 gauss sera donc :
$$\frac{7,85}{1,1} = 7,16 \text{ dm}^2.$$

On forcera un peu cette section de manière à ne pas utiliser toutes les spires prévues et se réserver ainsi un moyen de réglage.

Constitution pratique de la bobine :

Le noyau est avalé par la bobine ; on l'enfonce plus ou moins pour faire varier la charge qui est, bien entendu, entièrement inductive.

Dans cet essai, l'énergie calorifique dépensée dans les résistances est dissipée afin d'éviter les échauffements exagérés. Elle constitue une dépense effectuée en pure perte, que la dotation en force motrice des usines de construction ne leur permet pas toujours de supporter, surtout s'il s'agit de puissants alternateurs.

On cherche alors à récupérer une partie de cette énergie en l'envoyant, soit par l'intermédiaire de transformateurs de tension dans un réseau de distribution à courants alternatifs, soit par l'intermédiaire de commutatrices ou de convertisseurs dans un réseau à courant continu.

Mais il arrive souvent que l'énergie dépensée ainsi ne peut être récupérée, et alors le constructeur ne peut accepter l'essai direct en usine. Il convient dans ce cas d'employer l'essai indirect.

DÉTERMINATION DES QUALITÉS INDUSTRIELLES D'UN ALTERNATEUR

Essai indirect.

La méthode indirecte est, rappelons-le, celle dans laquelle on fait traverser l'alternateur par un courant égal à celui qui correspond à sa charge normale [et à la surcharge qu'on lui impose] sans dépense notable d'énergie, c'est-à-dire, en ne faisant traverser la machine que par des courants presque exclusivement déwattés.

Ces courants sont obtenus en mettant l'alternateur en court-circuit, et en réglant l'excitation de manière à réaliser l'intensité voulue (fig. 494).

La caractéristique externe, donnant la chute de tension, est tracée, dans ce cas, par la méthode de Behn-Eschenburg ou par une méthode analogue.

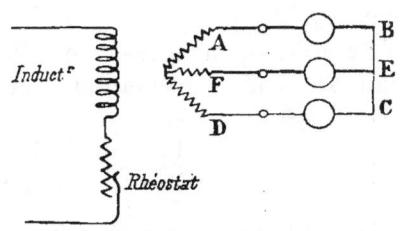

Fig. 494. — Essai d'un alternateur en court-circuit. Dispositif expérimental.

EXEMPLE. — Soit à essayer un alternateur triphasé étoilé de

pour
$$\begin{cases} 450 \text{ kw.} \\ 50 \text{ périodes/sec} \\ 250 \text{ volts} \end{cases}$$

$$\cos \varphi = 0,7.$$

Le courant de charge normale est :

$$\frac{450.000}{3.250} \times \frac{1}{0,7} = 860 \text{ amp.}$$

Les connexions AB, DC, FE seront calculées de manière à pouvoir calculer ce courant sans danger [câbles de 400-500 mm²].

Échauffement des diverses parties après l'essai en charge.

La température des diverses parties de la machine ne doit pas dépasser de plus de 40 à 45° la température ambiante, si le relevé se fait directement au moyen du thermomètre. S'il résulte d'une mesure indirecte [variation de la résistance des circuits à chaud et à froid], on augmente par prudence les chiffres trouvés de 20 à 25°.

ÉVALUATION DU RENDEMENT

Le rendement aux diverses charges peut s'évaluer par la méthode directe ou par une méthode indirecte, celle dite des pertes séparées par exemple.

Méthode directe.

L'alternateur est commandé au moyen d'une machine motrice, à vapeur par exemple, ou mieux, d'un moteur électrique dont on connaît le rendement à toutes les charges. (Moteur étalonné.)

Le rapport de la puissance fournie par l'alternateur [mesurée au wattmètre] à la puissance dépensée par la machine motrice, multipliée par son rendement propre, donne le rendement de l'alternateur.

Exemple. — Un alternateur débitant 7.000 watts dans son circuit extérieur est conduit par une machine à vapeur dont le rendement est :

$$\frac{\text{Puissance effective}}{\text{Puissance indiquée}} = 0,85.$$

Le relevé des diagrammes fait constater l'existence d'une puissance indiquée de 15 HP.

Calculons le rendement de l'alternateur à cette charge.

Puissance reçue par l'alternateur :

$$15 \times 736 \times 0,85 = 9.375 \text{ watts.}$$

Puissance donnée par l'alternateur, 7.000 watts.

Le rendement (à la charge 7.000 w.) est :

$$\eta_{(7.000)} = \frac{7.000}{9.375} = 0,746.$$

Méthode des pertes séparées.

Cette méthode consiste à évaluer séparément toutes les causes de pertes de puissance.

Ces pertes consistent en :

(I). Pertes par effet Joule dans les circuits électriques.

(II). Pertes par hystérésis et courants de Foucault dans les circuits magnétiques.

(III). Pertes mécaniques, frottements, résistance de l'air.

Les pertes (I) dans les circuits électriques se calculent.

Les pertes (II), par hystérésis et courants de Foucault, et (III), par frottements, se mesurent quelquefois séparément, mais souvent aussi en bloc.

DÉTERMINATION DES QUALITÉS INDUSTRIELLES D'UN ALTERNATEUR 461

Calcul des pertes électriques.

Pour calculer les pertes (I) il suffit de connaître :
1° La résistance R_e de l'inducteur et le courant i qui le traverse. La perte dans l'inducteur est :

$$R_e i^2.$$

2° La résistance r des circuits induits et les courants I_{eff} qui parcourent chacun d'eux.

Alternateurs monophasés.

Perte Joule. Circuits induits en série. La résistance R_a de l'induit est égale à celle r mesurée (fig. 495).

$$r I_{eff}^2$$

Fig. 495. — Détermination de la perte Joule dans un induit d'alternateur. Alternateur monophasé.

Alternateurs triphasés.

Plusieurs cas peuvent se présenter :
a) **Le montage est en étoile.** — 1° *Le point neutre est accessible.* — On mesure la résistance r d'un des circuits induits (fig. 496).
La perte par effet Joule est

$$3 r I_{eff}^2$$

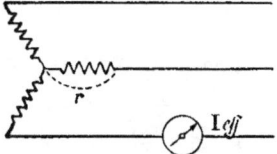 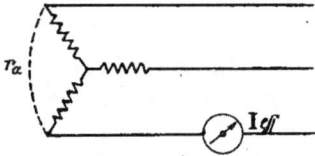

Fig. 496.   Fig. 497.
Détermination de la perte Joule dans un induit d'alternateur.
Alternateur triphasé en étoile.

2° *Le point neutre n'est pas accessible.* — On mesure la résistance r_a entre deux bornes (fig. 497).

$$r_a = 2r.$$

La perte est :

$$\frac{3}{2} r_a I_{eff}^2.$$

b) **Le montage est triangulaire.** — On mesure (fig. 498).

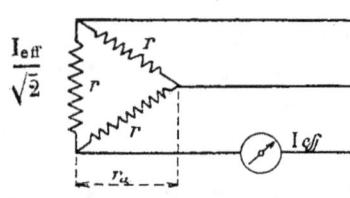

Fig. 498. — Détermination de la perte Joule dans un alternateur. Alternateur triphasé en triangle.

$$r_a = \frac{r \times 2r}{r + 2r}$$

$$r_a = \frac{2}{3} r$$

r étant la résistance ohmique d'une branche séparée des deux autres.

La perte Joule est :

$$3 \times \frac{3}{2} r_a \frac{I_{\text{eff}}^2}{3} = \frac{3}{2} r_a I_{\text{eff}}^2.$$

Les résistances de circuits induits sont très faibles; elles ne peuvent pas, comme on sait, se mesurer au pont de Wheatstone.

Il faut employer la méthode de la perte de charge avec du courant continu, ou opérer au pont de Thomson.

Perte Joule totale. — La perte totale par effet Joule dans l'induit et dans l'inducteur est :

$$P_j = R_e i^2 + \Sigma r\, I_{\text{eff}}^2.$$

P_j est égal à 4 à 5 % environ de la puissance totale.

EXEMPLE. — Pertes électriques d'un alternateur de

$$\begin{cases} 450 \text{ kw} \\ 50 \text{ périodes/sec.} \\ 250 \text{ volts} \end{cases}$$

montage étoile, pour la charge normale et $\cos \varphi = 0,7$ (fig. 499).

Courant mesuré dans chaque phase :

$$860^{\text{amp}}.$$

Courant inducteur mesuré en régime normal :

$$i = 120^{\text{amp}}.$$

Voltage mesuré aux bornes de l'inducteur en régime normal :

$$100^v.$$

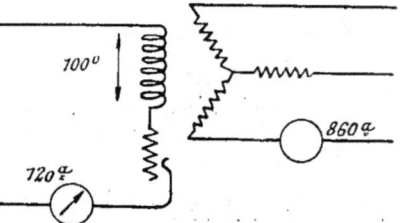

Fig. 499. — Détermination de la perte Joule dans un alternateur. Alternateur triphasé en étoile. Montage expérimental.

Résistance [à chaud] d'une phase :

$$r = 0^\omega,0027.$$

Pertes dans l'inducteur :

$$100^a \times 100^v = 10.000^w.$$

Pertes dans l'induit :

$$3 \times 0,0027 \times \overline{860}^2 = 6.000^w$$
$$\text{Total :} \quad \overline{16.000 \text{ watts}}.$$

Soit

$$3,5 \text{ \% de } 450 \text{ kw}.$$

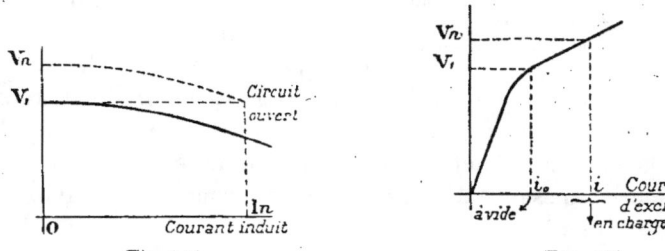

Fig. 500.   Fig. 501

Utilisation des caractéristiques pour la prédétermination des pertes dans un alternateur.

Ces données supposent qu'il a été possible de faire l'essai direct en charge et que, dans cet essai, on a noté le courant inducteur i correspondant au régime normal caractérisé par $I_{n\,\text{ell}}$ (fig. 500 et 501).

Si l'essai direct n'a pas pu être fait, le courant i est inconnu. On peut en faire une évaluation approchée en utilisant la caractéristique externe, correspondant au régime normal, tracée par un procédé indirect [Potier, Blondel, Behn-Eschenburg].

La perte $R_c i^2$ qui en résulte n'est pas exactement celle qui correspond à la perte réelle, mais elle en est très voisine. Elle est approchée par excès quand on trace la caractéristique externe par la méthode de Behn-Eschenburg.

ÉVALUATION DES PERTES (II) ET (III) PAR HYSTÉRÉSIS, PAR COURANTS DE FOUCAULT ET PAR FROTTEMENTS MÉCANIQUES.

Plusieurs procédés :

I. — L'alternateur tournant en moteur synchrone à vide, on détermine au wattmètre la puissance P qu'il absorbe (fig. 502).

$$P = P_{\text{Joule induit}} + P_{\text{c. Fouc. et H.}} + P_{\text{frottements}}.$$

Les mesures précédentes [pertes électriques] permettent de tenir compte de P_{jo}, puissance Joule perdue dans l'induit, par le fait du courant I_o de marche à vide. Dès lors :

$$P_j - P_{jo}$$

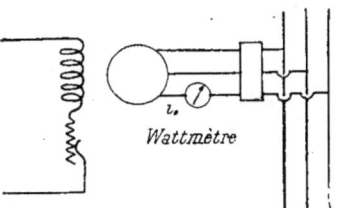

Fig. 502. — Détermination par le wattmètre de la puissance correspondant à la marche à vide d'un alternateur.

représente la somme des autres pertes.

P_{jo} est négligeable, si on le compare aux autres pertes. Il n'est donc pas nécessaire de tenir compte de la variation de i_o provenant de la variation de courant inducteur. On règle ce courant à la valeur i déterminée ci-dessus.

II. — On emploie la méthode chronométrique, basée sur l'étude de la loi de décroissance des vitesses de l'alternateur aux environs de la vitesse de régime[1].

Cette étude se fait :

1° A vide, la machine n'étant soumise à d'autre couple résistant que celui qui correspond aux frottements mécaniques ;

2° Avec une excitation qui met la machine dans le même état magnétique à vide qu'en charge. Le courant d'excitation a la valeur déterminée ci-dessus ;

3° Sans excitation, mais avec un frein d'absorption dont on mesure le couple résistant.

La machine est lancée, c'est-à-dire amenée à une vitesse supérieure à la vitesse de régime, dans les trois expériences, au moyen d'un petit moteur auxiliaire.

Si les diminutions du nombre de tours par unité de temps [5 sec., 10 sec., suivant la vitesse de la machine] sont, par exemple entre elles, dans les expériences dénommées ci-dessus, 1°, 2°, 3°, comme les nombres 1, 3, 5, la perte de puissance P_f due aux frottements mécaniques est égale, on le voit aisément, à :

$$\frac{1}{5-3} \times P' = \frac{1}{2} P'.$$

P' étant la puissance dépensée par le frein mécanique.

La perte par hystérésis et courants de Foucault est égale à :

$$\frac{3-1}{5-3} = P'.$$

---

1. Voir *Cours Municipal*, 1re partie, Courants continus, XXe leçon, page 298.

DÉTERMINATION DES QUALITÉS INDUSTRIELLES D'UN ALTERNATEUR

Si, par exemple, la puissance dépensée dans le frein est de 1.600 kgm/sec, soit :

$$1.600 \times 9{,}81 = 15.700^w,$$

la perte de puissance par frottement sera :

$$\frac{15.700}{2} \text{ watts}$$

et celle par H et CF (hystérésis et courants de Foucault) :

$$P_{H+F} = 15.700^w.$$

La somme des pertes, dans l'exemple envisagé, se décompose comme suit :

Pertes électriques	Inducteur	10.000w	3,3	%
	Induit	6.000w		
Pertes magnétiques		15.500w	3,5	%
Pertes mécaniques		7.850w	1,75	%
Total		39.550w.	8,75	%

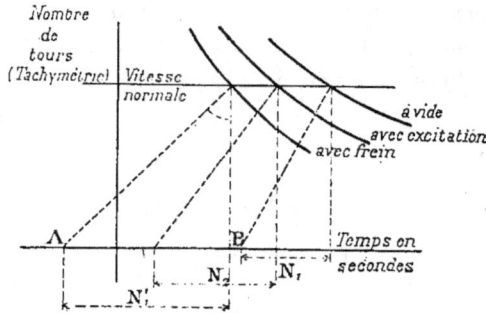

Fig. 503. — Application de la méthode chronométrique à la détermination et à la séparation des pertes dans un alternateur.

Rendement.

$$\eta = \frac{450.000}{450.000 + 39.550} = 0{,}92.$$

Pour faciliter l'application par le lecteur des règles qui précèdent, l'exposé théorique du principe de la méthode chronométrique, perfectionnée, comme nous l'avons dit, par M. J.-L. Routin, est donné ci-dessous :

Soit C le couple résistant, K le moment d'inertie de la partie tournante, ω la vitesse angulaire instantanée. On a évidemment :

$$C\omega = K\omega \frac{d\omega}{dt},$$

d'où, pour la puissance perdue P_p, quel que soit le couple résistant C

$$P_p = K\omega \operatorname{tg}\alpha = K.AB$$

Soit AB la sous-normale de la courbe de ralentissement (fig. 503).
Soit N_1, N'_1, N_2 les valeurs de la sous-normale AB (en secondes) correspondant à la 1re, à la 2e et à la 3e expérience.

1° On a :

$$P_f = KN_1 \text{ (frottements)}.$$

(3°) Soit P' la puissance supplémentaire absorbée par le frein.
On a évidemment (fig. 504) :

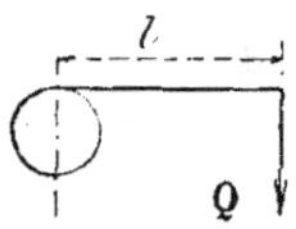

$$P'_{\text{kgm sec}} = \frac{2\pi RN'}{60} \times p = \frac{2\pi N'}{60} C$$
$$= 0{,}105\, C_r.$$

Fig. 504. — Création d'un couple-frein résistant supplémentaire.

P, effort exercé par le rabot ;
R, rayon de la poulie ;
N', nombre de tours par minute

Or, en appelant Q le poids disposé à l'extrémité du frein, l la longueur du bras de levier, on peut écrire évidemment :

$$C_r = Ql.$$

On a donc :

$$P' + P_f = KN'_1 = P_f \frac{N'_1}{N_1}$$

$$P_f = P' \frac{N_1}{N'_1 - N_1}$$

$$K = \frac{P'}{N'_1 - N_1}$$

(2°) $$P_f + P_H + P_{cF} = KN_2 = P_f \frac{N_2}{N_1}$$

$$P_H + P_{cF} = P_f \frac{N_2 - N_1}{N_1} = P' \frac{N_2 - N_1}{N'_1 - N_2}$$

Nota. — Le lecteur se reportera avec fruit, comme nous l'avons déjà dit, pour l'exposé de ces méthodes au *Cours municipal d'Electricité industrielle*, 1re partie (Courants continus, XVe leçon, p. 288).

APPENDICE II

AVANT-PROJET D'ALTERNATEUR

MARCHE GÉNÉRALE DU CALCUL

Données.

    Alternateur triphasé étoilé.
    Puissance : 130 kw.
    Fréquence : 50 pér./sec. Vitesse 300 t/m. (5 tours par seconde).
    Tension simple : 1.800 volts.
    Destiné à un service de station centrale.
    Cos φ du réseau alimenté : 0,8.

Type choisi.
Alternateur à pôles alternés, induit fixe.
Nombre de paires de pôles :

$$\frac{50}{5} = 10.$$

Nombre de pôles :

$$20.$$

Vitesse périphérique admise :

$$30 \text{ m/sec environ.}$$

Remarquons que, en pratique, la vitesse périphérique dépend beaucoup de la vitesse de la machine motrice employée.

Diamètre induit :

$$200^{cm} \text{ environ.}$$

Longueur de la circonférence induit :

$$600^{cm}.$$

Pas :

$$30^{cm}.$$

Largeur de l'alternateur :

$$L = 30^{cm}. \text{ (dimension à essayer).}$$

Pour les machines bien construites, L est approximativement au pas.

Kapp a donné une formule empirique reliant la puissance apparente d'un alternateur à son diamètre D', à sa largeur L et au nombre de tours N' qu'il fait par minute ; cette formule est la suivante :

$$P_{kw} = 0{,}35 \text{ à } 0{,}40 \; D^2 L N' \; 10^{-6}.$$

Courant dans chaque fil.

Pour $\cos\varphi = 1$

$$\frac{130.000}{3 \times 1.800} = 24 \text{ amp.},$$

d'où alors, pour la puissance apparente

$$P_a = 130.000 \text{ V.A.}$$

Pour $\cos\varphi = 0{,}8$

$$\frac{130.000}{3 \times 1.800 \times 0{,}8} = 30 \text{ amp.}$$

d'où :

$$P_a = 162.500 \text{ V.A.}$$

Différence de potentiel en charge :

$$1.800^v.$$

F. é. m. à réaliser : 1.800 volts, plus la perte de charge dans les fils induits, plus, enfin, la chute de tension due à la réaction d'induit.

On calculera un induit donnant 1.820 volts et un inducteur donnant les ampère-tours nécessaires pour réaliser ce voltage dans l'induit et compenser les ampère-tours de réaction.

Largeur d'un pôle (fig. 505).

$$2/3 \text{ du pas, soit } 20^{cm},$$

proportion choisie pour favoriser le plus possible la création d'une f. é. m. sinusoïdale.

Surface d'un épanouissement polaire :

$$600^{cm2}.$$

Induction admise dans le pôle :

$$7.500 \text{ gauss.}$$

Flux émis par un pôle :

$$\Phi_p = 4{,}5 \text{ méga-maxwells.}$$

Flux agissant sur les fils induits :

$$\frac{4,5}{1,2} = 3,74 \text{ méga-maxwells}$$

avec 1,2 comme coefficient d'Hopkinson.

Nombre de fils par encoche:
Enroulements à bobines longues :

    1 encoche par pôle et par phase.
    Coefficient de Kapp : 2,2.
    20 encoches par phase.
    60   »   au total.

Écartement des encoches (fig. 505).
10 cm. Si ν_1 est le nombre de fils par encoches, n_i le nombre total des conducteurs par phase, on a évidemment :

$$1,820^{v} = \underbrace{2,2}_{K} \times \underbrace{10}_{p} \times \underbrace{20\nu_1}_{n_1} \times \underbrace{5}_{N} \times \underbrace{3.74 \times 10^6}_{\Phi_p} \times 10^{-8}$$

ν_1, nombre entier le plus voisin et immédiatement supérieur à la valeur trouvée à l'aide de cette formule, vaut 22.

ci : 22 fils par encoche.

Nombre de spires par bobine : 11.
Longueur d'une spire:

$$2 \text{ mètres.}$$

Longueur du fil (une phase) :

$$11 \times 20 \times 2 = 440 \text{ mètres.}$$

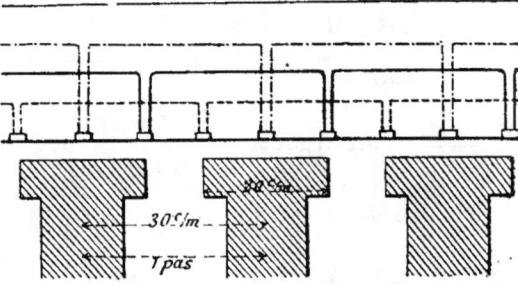

Fig. 505. — Avant-projet d'alternateur. Bobinage induit et pôles inducteurs.

Section du fil induit.

En le faisant travailler à 1 ampère par mm²., la perte de charge est de :

$$2 \times 4,4 = 8^v,8, \text{ soit } 0,5\%.$$

On a admis 1 %. Le fil devra donc travailler à 2 ampères par mm².

Section fil induit :

$$\frac{30}{2} = 15^{mm^2}, \text{ donc fil de } \frac{44}{10}.$$

Poids : 130^{gr} par mètre.

Longueur totale du fil induit

$$3 \times 440 = 1.320^m.$$

Poids du cuivre induit

$$175^{kg}$$

Dimensions des encoches (fig. 506 et 507).

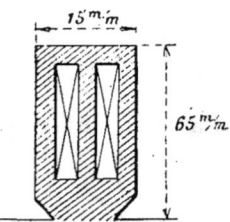

Fig. 506. — Avant-projet d'alternateur. Détail des encoches.

[On a prévu une épaisseur d'isolement très largement suffisante pour résister à la tension].

$$65^{mm} \times 15^{mm}$$

Dimensions de l'armature :

$D = 200^{cm}$
$L = 30^{cm}$
$L \text{ utile} = 25^{cm}$

L'induction doit être de 5.000 gauss dans le fer. L'épaisseur sera, la largeur utile de l'induit étant de 25^{cm} :

$$\frac{20}{2} \times \frac{7.500}{1,2} \times \frac{7}{5.000} \times \frac{30}{25} = 16.5^{cm}.$$

Poids.

Ce sera :

$$\pi \times 22,05 \times 1,65 \times 2,5 \times 7,8 = 2.200^{kg}.$$

Induction dans l'entrefer

$$\frac{7.500 \times 20}{30} = 5.000 \text{ gauss}$$

Induction dans les dents

$$\frac{7.500 \times 20}{25,5} = 5.800 \text{ gauss}.$$

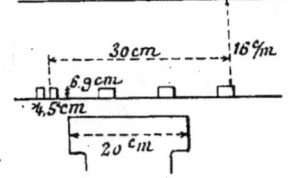

Fig. 507. — Avant-projet d'alternateur. Dimensions comparées des pôles, des dents et des encoches d'induit.

Épaisseur de l'entrefer.

Pour atténuer les harmoniques de denture et assurer une meilleure répartition du flux dans l'entrefer, on choisira une épaisseur au moins égale à l'ouverture d'une encoche, soit 1^{cm},8. On prendra 2^{cm}.

Calcul des ampère-tours inducteurs :

Il faut pour l'entrefer [1] :

$$2^{cm} \times 5.000 \times 0,8 = 8.000$$

Pour le fer induit :   = 200

Total :   8.200 ampère-tours.

Ampère-tours de réaction :

Spires 11. I_{eff} = 30 ampères.

Réaction totale par pôle :

$$\frac{3}{2} v_a I_{eff} = 1,5 \times 11 \times 30^a \sqrt{2} = 700 \text{ ampère-tours.}$$

Ampère-tours résultants par pôle :

$$\sqrt{(8.200 + 700 \times 0,6)^2 + (700 \times 0,8)^2} = 8.600 \ (At).$$

On calculera les bobines magnétisantes pour :

$$9.000 \ (At).$$

REMARQUE. — Il faut vérifier si les dimensions ci-dessus ne correspondent pas à des difficultés de construction trop grandes et, en outre, si le rendement est acceptable.

Rendement approximatif.

Pertes électriques dans l'induit : 1 %.

Pertes magnétiques :

$$2.200^{kg} \times 2^w = 4.400^w = 3 \%.$$

Les deux pertes sont acceptables.

En admettant dans le calcul de l'inducteur une perte Joule de 2,5 % et évaluant les pertes mécaniques à 1,5 %, on aura un rendement approximatif, mais néanmoins suffisamment exact et rassurant.

Calcul de l'inducteur.

Il faut, avons-nous dit,

$$9.000 \ (At) \text{ par pôle.}$$

---

[1] On se souviendra qu'il faut par cm. 0,8 × 5.000 ampère-tours pour créer une induction de 5.000 gauss dans un entrefer.

Supposons que la tension d'excitation soit de 100 volts et que les pôles soient alimentés en série.

Voltage par bobine :

$$\frac{100}{20} = 5 \text{ volts.}$$

Résistance d'une spire moyenne :

$$\frac{5}{9.000} = 0^\omega,00055.$$

Longueur de la spire moyenne :
Lue sur le dessin

$$\ldots\ldots 1 \text{ cm.}$$

Section du fil inducteur :

$$s_{\text{cm}^2} = \frac{1,8\, l}{10^6 \times 0,00055}.$$

On mettra un poids de cuivre suffisant autour des pôles pour que la perte par effet Joule soit inférieure à 2,5 %. On rectifiera au besoin la dimension de la roue inductrice.

Essais de l'alternateur :

Nota. — La machine construite, on procédera aux essais ci-dessus détaillés (Appendice I).

Nous en rappelons les principaux points.

1° Tracé de la caractéristique à vide et relevé de la puissance absorbée à vide, ainsi que du courant d'excitation absorbé.

2° Relevé de la puissance absorbée par l'alternateur pour marcher à vide sans excitation.

On déduit, de ces deux essais, les pertes par frottements, les pertes par hystérésis et courants de Foucault.

3° Mesure des résistances ohmiques des circuits de l'induit et de l'inducteur.

Évaluation des pertes électriques pour

$$\cos \varphi = 1$$

et

$$\cos \varphi = 0,8.$$

TABLE DES MATIÈRES

PREMIÈRE LEÇON

Généralités. — Rappel de notions fondamentales. — Forces électro-motrices alternatives.

Rappel de la loi de Laplace. — Généralisation. — Induction dans un conducteur déplacé dans un champ magnétique. — Forces électromotrices périodiques, alternatives et polyphasées.............. Pages 1 à 17

DEUXIÈME LEÇON

Alternateurs industriels. — Notions fondamentales. — Enroulements. — Classification.

Principes d'établissement des alternateurs. — Enroulements des alternateurs : I. Alternateurs hétéropolaires monophasés. — II. Alternateurs hétéropolaires polyphasés. — Classification et étude des anciens types d'alternateurs. Généralités : *a)* Classification suivant la nature de l'induit. — *b)* Classification suivant la nature de l'inducteur : 1° Alternateurs homopolaires; 2° Alternateurs hétéropolaires. — Considérations sur les divers types d'alternateurs................. Pages 18 à 54

TROISIÈME LEÇON

Construction des alternateurs modernes.

Généralités. — Classification des alternateurs modernes. — Dimensions des alternateurs. — *a)* Etude détaillée de l'*induit* : I. Carcasse de l'induit. — II. Tôles de l'induit. — III. Enroulements de l'induit : 1° avec bobines séparées; 2° avec bobines enchevêtrées; 3° avec barres. — Bobinage de l'induit................................. Pages 55 à 94

QUATRIÈME LEÇON

Construction des alternateurs modernes (*Suite*).

b) Étude détaillée de l'*inducteur*. — Éléments mécaniques de sa construction : arbre, coussinets, paliers, bâti, roue et noyaux polaires, pièces polaires, bobines inductrices................Pages 95 à 124

CINQUIÈME LEÇON

Etude des différents types d'alternateurs modernes. — Alternateurs spéciaux.

Rappel de la classification précédente.—Alternateurs à faible vitesse angulaire. — Alternateurs à grande vitesse angulaire. — Construction des alternateurs suivant leur destination. — Construction des alternateurs suivant la chute de tension. — Construction des alternateurs suivant le nombre de phases. — Alternateurs à arbre vertical...Pages 125 à 147

SIXIÈME LEÇON

Lois fondamentales des courants alternatifs.

Rappel de diverses notions préalables. — Représentation géométrique des grandeurs sinusoïdales, diagrammes tournants. — Etude des lois de la circulation d'un courant dans un circuit soumis à une tension alternative. — Emploi des quantités imaginaires dans l'étude des courants alternatifs. Propriétés simples des quantités complexes. — Lois d'Ohm et de Kirchoff en courants alternatifs. — Pont de Wheatstone, conducteurs en faisceau, dérivation en divers points d'une transmission d'énergie. — Application aux câbles armés..........Pages 148 à 184

SEPTIÈME LEÇON

Forces électromotrices d'alternateurs industriels.

Rappel de notions préalables. — Dispositifs d'atelier destinés à donner aux f. é. m la forme sinusoïdale. — Détermination de la forme réelle des f. é. m. d'alternateurs (oscillographes, ondographes, rhéographes, méthodes électrochimiques).....................Pages 185 à 209

HUITIÈME LEÇON

Mesure de la puissance mise en jeu dans les circuits parcourus par des courants alternatifs.

Considérations générales. Puissance fournie à un circuit inductif. — Wattmètres. Mesures de puissances. — Divers types de wattmètres. —

Composantes wattée et déwattée d'un courant. — Puissances mises en jeu par des courants polyphasés. — Relations générales entre les quantités simples et composées. — Comparaison entre les courants, alternatifs : mono et polyphasés, et continu. — Mesure des puissances polyphasées..Pages 210 à 236

NEUVIÈME LEÇON

Fonctionnement d'un alternateur sur un réseau.

Première conception de ce fonctionnement. — Caractéristiques. — Méthode de Behn-Eschenburg. — Calcul de la f. é. m. développée par un alternateur. — Expression la plus générale de la f. é. m. d'un alternateur. Harmoniques...Pages 237 à 262

DIXIÈME LEÇON

Réaction d'induit dans les alternateurs.

Notions préliminaires : fait expérimental de la chute de tension en charge. — Réaction d'induit dans les alternateurs. — Généralités. — Etude détaillée de la réaction d'induit. — Alternateur monophasé. — Alternateur triphasé...Pages 263 à 280

ONZIÈME LEÇON

Divers modes de conception de la chute de tension dans un alternateur.

Modification de la théorie primitive. Nouveau diagramme. Champ propre d'induit ; dispersion magnétique. — Relation de la nouvelle théorie avec l'ancienne. — Nouveau diagramme de fonctionnement des alternateurs. — Recherche de la f. é. m. effective et du courant d'excitation correspondant à un régime donné. — Régulation d'un alternateur. — Compoundage d'un alternateur. — Méthode de Potier. — Observations sur la méthode de Potier. — Théorie de Blondel. — Méthode de Rothert. — Comparaison des méthodes de Behn-Eschenburg, de Potier et de Rothert...Pages 281 à 308

DOUZIÈME LEÇON

Calcul des alternateurs.

Données à fixer au constructeur. — Choix du type d'alternateur. — Calculs électriques. — Détermination du coefficient de bobinage. — Détermination du nombre de conducteurs par phase. — Détermination de l'induction moyenne dans l'entrefer. — Détermination des valeurs les plus convenables à donner au diamètre et à la largeur de l'induit. — Influence des variations de ces dimensions sur le poids des matières actives, sur le poids des matériaux de soutènement. — Vérification de la vitesse tangentielle. — Détermination de la largeur utile du fer induit. — Dimensions des encoches. — Coefficient d'utilisation des encoches. — Détermination du diamètre extérieur des tôles. — Calcul des pertes dans l'induit. — Détermination de la longueur moyenne des spires induites. — Dimensions des noyaux polaires. — Calcul des ampère-tours inducteurs. — Prédétermination du nombre d'ampère-tours inducteurs par le diagramme de Rothert.—Détermination de la hauteur des noyaux polaires.—Détermination du diamètre d'alésage de l'induit. — Détermination de la valeur exacte de l'entrefer. — Alternateurs monophasés. — Puissance que peut fournir un alternateur triphasé fonctionnant en monophasé. — Calculs mécaniques...Pages 309 à 347.

TREIZIÈME LEÇON
Fonctionnement d'un alternateur en moteur.

Moteurs synchrones : Etude du phénomène sous sa forme la plus générale. — Couple moteur dans un conducteur. — Couple moteur total. — Conditions d'existence du couple. — Condition de nullité. — Théorie simplifiée du fonctionnement du moteur synchrone...Pages 348 à 366.

QUATORZIÈME LEÇON
Etude graphique des problèmes relatifs au fonctionnement des moteurs synchrones.

Variation de l'excitation à puissance constante. — Caractéristiques de Mordey. — Rappel de notions préalables. — Marche à puissance et tension constantes. — Paramètres fixant le régime d'un moteur synchrone. — Problèmes liés à ces paramètres. — Méthodes diverses d'établissement du diagramme....................Pages 367 à 377

QUINZIÈME LEÇON
Etude graphique des problèmes relatifs au fonctionnement des moteurs synchrones. (Suite.)

Marche à tension et excitation constantes. — Rappel de notions préalables. — Remarque sur la direction à adopter pour les f. é. m. dans les graphiques représentatifs. — Remarque sur la signification exacte des quantités entrant dans les diagrammes. — Caractéristique de couple C_m (I_{eff}) à tension constante U_{eff} et à excitation constante E'_{eff}. — Méthode graphique........................Pages 378 à 393.

SEIZIÈME LEÇON
Etude graphique des problèmes relatifs au fonctionnement des moteurs synchrones. (Suite.)

Caractéristiques de tension aux bornes et de f. é. m. à puissance ou débit variables. — Enoncés des problèmes à traiter. — Constitution du diagramme. — Caractéristique I_{eff} (I_{eff}) à P constante, sous-excitation constante. — Caractéristique U_{eff} (P) à I_{eff} constant, sous-excitation constante. — Stabilité du régime. — Transmission d'énergie à intensité efficace constante. — Emploi d'un moteur synchrone fonctionnant à vide pour améliorer le facteur de puissance d'un réseau. — Cas du moteur en série. — Cas du moteur en parallèle sur le réseau..Pages 394 à 412

DIX-SEPTIÈME LEÇON

Etude graphique des conditions de fonctionnement des moteurs synchrones. (*Suite*.)

Détermination de l'excitation nécessaire à un moteur synchrone pour assurer un service déterminé. — Caractéristique E'_{eff} (I_{eff}) à puissance constante P et sous tension constante. — Equation de cette caractéristique. — Tracé graphique. — Considérations sur cette méthode graphique. — Caractéristique E'_{eff}(P) à intensité constante et sous tension constante. — Tracé graphique. — Diagramme de Blondel. — Etude de ce diagramme. — Pratique de l'emploi des moteurs synchrones. — Mise en marche. — Régulation. — Arrêt. — Emploi des moteurs synchrones polyphasés. — Remarque sur la marche en moteur synchrone surexcité..Pages 413 à 445

APPENDICE I

Détermination des qualités industrielles d'un alternateur. — Pertes de puissance dans un alternateur. — Spécification, rendement et appréciation d'un alternateur donné.

Pertes de puissance dans un alternateur. — Conditions à imposer dans un cahier des charges pour la fourniture d'un alternateur. — Exemple de garanties imposées à un alternateur. — Choix d'un alternateur pour un usage donné. — Appréciation d'un alternateur donné. — Essais des alternateurs. — Evaluation du rendement. — Evaluation des pertes par hystérésis, par courants de Foucault et par frottements mécaniques..Pages 446 à 466

APPENDICE II

Avant-projet d'un alternateur.

Marche générale du calcul..................................Pages 467 à 472

LIBRAIRIE DES SCIENCES ET DE L'INDUSTRIE
1, rue de Médicis, Paris.

COURS DE MÉCANIQUE APPLIQUÉE AUX MACHINES
Par J. BOULVIN
INGÉNIEUR HONORAIRE DES PONTS ET CHAUSSÉES
ANCIEN ÉLÈVE DE L'ÉCOLE D'APPLICATION DU GÉNIE MARITIME DE FRANCE
PROFESSEUR A L'UNIVERSITÉ DE GAND

(1er volume). — **Théorie générale des Mécanismes.** (2e Edition) revue et considérablement augmentée.
Equation générale des machines. — Etude des résistances passives. — Equilibre des mécanismes soumis à des résistances passives. — Régulateurs du mouvement. — Mesure expérimentale du travail des forces et de la puissance des machines.
Un volume in-8° de 290 pages et 172 figures. Prix : **10 fr.** »

(2e volume). — **Moteurs animés, récepteurs hydrauliques, récepteurs pneumatiques.**
Machines servant à recueillir l'action des moteurs animés. — Récepteurs hydrauliques. — Machines dans lesquelles l'eau agit par son poids. — Machines dans lesquelles l'eau agit par sa vitesse. — Machines dans lesquelles l'eau agit par pression. — Moulins à vent.
Un volume in-8° de 284 pages et 176 figures. Prix : **10 fr.** »

(3e volume). — **Théorie des Machines thermiques.** (2e Edition) revue et considérablement augmentée.
Thermodynamique générale. — Ecoulement des fluides. — Machines à air chaud. — Machines à gaz ou à mélanges détonants. — Machines à vapeur. — Machines pour la production industrielle du froid.
Un volume in-8° de 560 pages et 203 figures. Prix : **12 fr. 50**

(4e volume). — **Générateur de vapeur.** (2e Edition) revue, corrigée et augmentée.
Production de la chaleur. — Utilisation de la chaleur. — Dispositions générales des générateurs. — Alimentation. — Prise de vapeur et canalisation. — Appareils de sûreté. — Causes de destruction des chaudières, explosions, mesures de sécurité.
Un volume in-8° de 3 8 pages et 204 fig. et 1 pl. Prix : **10 fr.** »

5e volume). — **Machines à vapeur, Turbines à vapeur.**
Disposition d'ensemble. — Théorie dynamique des moteurs à vapeur. — Distribution de la vapeur. — Régulateurs. — Servo-moteurs. — Condenseur et pompe à air. — Turbines diverses. — Particularités. — Calcul des turbines.
Un volume in-8° de 566 pages et 438 figures et 12 pl. Prix : **15 fr.** »

(6e volume). — **Locomotives et Machines marines.**
Machines locomotives. — Dispositions générales. — Etude mécanique. — Appareil de vaporisation. — Châssis et suspension sur le train de roues. — Mécanisme moteur. — Tender et approvisionnements. — Divers types de locomotives. — Lignes de montagne, funiculaires, chemins de fer aériens.
Machines marines. — Propulsion. — Description de l'appareil moteur.
Un volume in-8° de 350 pages et 293 figures. Prix : **10 fr.** »

(7e volume). — **Machines servant à déplacer les fluides** (3e Edition).
Machines servant à élever l'eau. — Machines opérant par transport direct. — Pompes à piston. — Pompes rotatives à capacité variable. — Pompes à réaction et centrifuges. — Appareil agissant par communication de force vive.
Machines servant à déplacer l'air. — Machines opérant par transport direct. — Machines à capacité variable. — Ventilateurs à réaction et centrifuges. — Appareils à jet de vapeur.
Un volume in-8° de 300 pages et 300 figures. Prix : **10 fr.** »

(8e volume). — **Transport du travail à distance et appareils de levage.**
Transmissions télédynamiques. — Transmission hydraulique. — Transmission par l'air comprimé.
Appareils de levage. — Crics et vérins, palans, treuils, cabestans. — Grues, bigues, ponts roulants. — Appareils dépendant d'une station centrale. — Ascenseurs.
Un volume in-8° de 248 pages et 200 figures. Prix : **7 fr. 50**

Prix de l'ouvrage complet : **75 francs.**

LIBRAIRIE DES SCIENCES ET DE L'INDUSTRIE
1, rue de Médicis, Paris.

DE LAHARPE

NOTES & FORMULES

DE L'INGÉNIEUR

ET DU

Constructeur-Mécanicien

MATHÉMATIQUES, MÉCANIQUE,
ÉLECTRICITÉ, CHEMINS DE FER, MINES,
MÉTALLURGIE, ETC.

Par un Comité d'Ingénieurs, sous la Direction de

CH. VIGREUX | **CH. MILANDRE**
Ingénieur des Arts et Manufactures | Ingénieur Civil

16ᵉ ÉDITION

revue, corrigée et considérablement augmentée.
contenant 2.000 pages et 1.500 figures

SUIVI D'UN

Vocabulaire technique en Français, Anglais, Allemand

Prix de l'ouvrage cartonné : 12 fr. 50, franco de port

Le catalogue de la Librairie des Sciences et de l'Industrie
est envoyé franco sur demande.

www.ingramcontent.com/pod-product-compliance
Lightning Source LLC
Chambersburg PA
CBHW060234230426
43664CB00011B/1646